The Theoretical Logic
and Practical Investigation
of the Law

法的理论逻辑与实践考察

唐芬◎著

社会科学文献出版社
SOCIAL SCIENCES ACADEMIC PRESS (CHINA)

本书受西华师范大学出版基金及西华师范大学英才基金项目（项目编号：463019）资助出版。

目 录

序 001

导论：困惑与出路 001
  第一节 困惑：法学无用，法理学更是无聊加无用？ 001
  第二节 出路：法理学教育不应该居庙堂之高处江湖之远 003
  第三节 方向：法理学教学如何做到趣味化 004

第一章 法的学科归属：法理学是什么？ 014
  第一节 法理学的名：权威解读与相关概念 014
  第二节 法理学的义：对"法理无用论"的回应 020

第二章 法的实然界定：法究竟是什么？ 036
  第一节 法的词源流变及当代中国法学者对法的界定与反思 036
  第二节 有关法本质的学说纷争 058
  第三节 马克思主义法学关于法基本特征的理论 068
  第四节 我国少数民族地区习惯法的"法"属性 087
  第五节 全面客观正确认识法的作用 094

第三章 法的应然目标：法为何而生？ 116
  第一节 法的价值是法追求的应然目标 116
  第二节 法的价值体系图谱 119
  第三节 法的价值冲突及其解决原则 145

第四章 法的要素与体系：法长什么样？ 157
第一节 法的要素是法的微观模样 157
第二节 法的体系是法的宏观结构 183

第五章 法的渊源：法从何处来？ 195
第一节 法的渊源的各种学说 195
第二节 正式渊源与非正式渊源：如何选择？ 198
第三节 当代中国法的渊源以及习惯法的法渊源地位 200

第六章 法律责任：法到何处去？ 221
第一节 法律责任是法的归属 221
第二节 归责与免责 228
第三节 法律责任的承担 244

第七章 法运行的一般原理：法要怎么用？ 249
第一节 法的适用概说 249
第二节 法律证成活动的展开 255
第三节 法律推理技术的运用 261
第四节 法律解释方法的奥妙 267

第八章 法律关系：法如何做到微观运行？ 285
第一节 小案件大关系：法律关系之重要性 285
第二节 法律关系的静态要素 296
第三节 法律关系的动态运行 305
第四节 法律权利与法律义务 317

第九章 法的创制与实施：法如何展开宏观运行？ 327
第一节 法的创制：将自然法转化为人定法的过程 327
第二节 法的实施：将人定法进行自然法检验的过程 333
第三节 我国少数民族地区习惯法的司法衡平 342

参考文献 346

序

党的十九大报告提出，要优先发展教育事业，把建设教育强国作为中华民族伟大复兴的基础工程，这为大学的加快发展提供了新的时代机遇。同时，党的十九大报告也充分肯定了社会主义法治建设取得的重大成就，并部署了全面依法治国的重大举措，意味着中国特色社会主义法治也进入了新时代。习近平总书记考察中国政法大学时的重要讲话，最直接、最鲜明地阐述了法学学科建设、法学教育和法治人才培养等重大问题，为中国特色社会主义法治人才的培养教育指明了方向。因此，承担着法治人才培养重要工作的法学教学科研单位，尤其是大学，应该以十九大精神为契机，认清法治人才培养的新时代新使命，深入研究新时代对法治人才的新需求，推进法学教材体系、教学制度、教学方法和教学实践等方面新时代法治人才教育培养体系的改革创新，培养适应新时代法治需要的懂法治、顾大局、精通法律、熟知国情的高素质社会主义法治人才，切实肩负起时代新使命，完成时代新任务，建设中国特色社会主义法治新时代。

"法理学"作为培养法治人才法治思维、法治理念的基础课程，作为为部门法提供理论指导的核心主干课程，是构建法治大厦的基石，自然有其重要意义。然而，长期以来，无论是法学理论界抑或法律实务界，都有一种轻视法学理论的倾向，认为法理学自说自话，对法律实践指手画脚；认为只要学好部门法，就可以处理应对法律事务，不需要再学习晦涩难懂的法理学。为此，如何让法学学子爱上法理学？如何让他们成长为具备深厚法理素养的法律职业人，成为中国特色社会主义法治建设的优秀法治人才，而不是一个机械的法条主义者？

长期以来，经常听到一些学生的抱怨："法理学都讲的啥啊，又难懂又没用！""这个学说那个门派，又不说人话，又不解决实际问题，真是浪费时间！""我有那时间，我还不如好好研究一下法条，还能解决实际问题。"2015年，笔者作为法学院教师代表为学院新生致辞。想到曾经听到过的那些对法理学的误解和抱怨，心想怎么样才能让面前这些刚踏入法学之门（甚至只能说刚踏入一只脚）的莘莘（懵懂）学子爱上法理学，爱上法学。首先就是必须让大家了解法学和法理学的魅力，而这魅力，更多的就是来自学会运用法理学理论知识，去发现你生活周围发生的日常事件，乃至更大范围内的国家、国际事件中法律的魅力。

经过多年的摸索，笔者认为有必要给法理学正名，而正名的途径，就是笔者要写这样一本小书，让那些不了解法学的人，误解法理学的人，能真正地爱上法学，爱上法理学。从笔者学习法律以来，笔者所看到的法理学教科书形式都比较单调，援引的材料也相对老旧，以传统的理论灌输为目的，无暇关注现实生活与法理学之间的联系，这对于刚刚进入法学之门的同学来说，很难真切体会法理学之魅力。那种一味拔高法理学的理论地位的观点，只会让法理学曲高和寡，有一种自说自话的感觉，一大段一大段的纯理论晦涩难懂，让人不知所云，从而让法理学失去了关注现实生活，回归现实世界，对部门法应有的指导价值。同样，那些完全否认法理学对部门法的理论指导价值的人（不仅仅是刚入门的学生和不了解法学的人会这样想，其实，笔者在清华大学做访问学者期间，听一个物权法老师授课时，他就曾对法理学的存在价值提出了质疑，认为法理学纯粹多余），也没有真正认识到法理学之于部门法那种高屋建瓴的现实意义，以及对于社会生活的那种哲学高度和深度的思考，这只是一种将法学作为训练工匠型、纯粹技艺式的实用工具式教学。作为一个"准法律人"，既应具备深厚的法理学功底，又应该重视体察社会外部对法理学的反射效应。

在这之前，笔者看过英国法理学者雷蒙德·瓦克斯写的一本叫作《读懂法理学》的著作，该书是"一部……堪称这个难以对付的学科的引路之作"。但是，作为翻译的外来之作，对于中国法科学生来讲，还是过于晦涩难懂。而《法的理论逻辑与实践考察》这本拙作，以感性的生活情怀为出发点，以中国背景下的司法实践和中国特色社会主义法治理论为基础，以课堂模拟的形式展开，将法律社会实践活动与法学理念、法学思维、法学文化等紧密结合、有效整合，最后达致对法理精神与规范分析、社会分析、价值分析的全面理性的思维考察。期盼通过这本拙作，再加上全新的教学环境和丰富的教学手段，能够改变传统的教学结构，突破机械法条主义的束缚制约，将单方面的教义理论灌输转变为自主法律思维并密切与现实生活相结合的法学生活辩证法教育，能够获得良好的教学实效，能够让大家都真正爱上法理学，开启法律之门去感受法学的无限魅力。

导论：困惑与出路

知之者不如好之者，好之者不如乐之者。

——孔子

第一节　困惑：法学无用，法理学更是无聊加无用？

当每一个法学学子步入法学院大门的时候，他们带着梦想和憧憬而来，也带着困惑与迷茫而来。2016 年 6 月，网上传出一则消息称，法学专业连续 6 年被评为"最没用的专业"。根据 2010~2015 年 6 年间各专业被列为"红牌"的次数，统计出大学本科最没用的十大专业如表 0-1 所示。①

表 0-1　大学本科最没用的十大专业

单位：%

专业	2015 年	2014 年	2013 年	2012 年	2011 年	2010 年	红牌率
法学							100
生物科学							100
生物工程							100
生物技术							83
动画							83
体育教育							83

---

① 《笑不出来！法学专业连续 6 年被评为最没用的专业？》，http://mp.weixin.qq.com/s?__biz=MzIzNTMyOTc5Mg%3D%3D&idx=3&mid=2247484970&sn=b76959de7beda1d9141ac26b21b02e3c，最后访问日期：2017 年 11 月 10 日。

续表

专业	2015 年	2014 年	2013 年	2012 年	2011 年	2010 年	红牌率
英语							67
数学与应用数学							67
美术学							50
国际经济与贸易							50

注：阴影部分表示没用。

这真是一件令所有法律人都沮丧的事情。毕竟我们当年选择法学专业时，都认为它一定是一个热门专业，对吧？当然，热门不等于有用，但若说法学是最没用的专业，你认同吗？你认为法学是最无用的专业吗？当笔者在课堂上抛出这一问题时，底下的同学们就发出了不以为然的嘘声，并开始七嘴八舌地反驳了起来：怎么可能？我们认为法律很有用啊！这都是哪个部门做出的哪门子统计啊？真是胡说八道啊！

"那好，既然你们认为法学很有用，哪位同学能不能给我举几个法学对你们的影响的例子呢？"笔者进一步诱导大家能站出来单独发言，而不是躲在人群里嗡嗡发声。可是，大家沉默了。终于，有一个同学站起来说："我觉得法律对我没有什么影响，因为我没去触犯法律。"

"是吗？大家都这样认为吗？"我反问大家。同学们有的点着头，有的闪着犹豫的目光，但始终没有同学站出来举出一个法律影响我们生活的例子。

在"法治中国"建设得如火如荼的今天，面对法学院这些未来中国法治建设中坚力量的法律人，却说不出法律对我们生活的影响，笔者顿觉作为一个法学教师肩上的责任有多重。此外，初步接触法律知识之后，这些法学院学生们的脑袋里会装满"公平""正义""平等""人权"等形而上又高大上的词，但对于究竟什么是"公平""正义""平等"却又充满了困惑与不解，对遇到的一件件普普通通的法律纠纷，却又不知如何维护自己或者别人的"权利"。

究其原因，在法学界，无论法学理论界抑或法律实务界，都有一种轻视法学理论的倾向，对法理学多多少少都有一些误解，认为法理学与法律实践各自为政，法理学自说自话，对法律实践指手画脚，等等。只要学好部门法，就可以处理法律事务，不需要学习这些隐晦难懂的法理学。而美国前总统尼克松在他的《六次危机》一书中的一段话告诉我们,"从事公职的人不仅必须知道法律,他还必须知道它是怎样成为这样的法律以及为什么是这样的法律缘由",而这些,就是法理学这门课程应该告诉我们的。

第二节　出路：法理学教育不应该居庙堂之高处江湖之远

文本上的法律来源于现实生活中人们的自然观理念,但最终文本法必须回到现实生活。因此,文本法（人定法）如何回应现实法（自然法）,如何应对现实生活,这需要一个以法理学为指导的制度观念的变革过程（见图0-1）。因此,法律实践离不开法理学。美国的法理学家德沃金教授在《法律帝国》中讲道："在法理学与判案或法律实践的任何其他方面之间,不能划出一条固定不变的界线。……任何实际的法律论证,不论其内容多么具体和有限,都采用法理学所提供的一种抽象基础,而且当这些对立的基础产生矛盾时,法律论证就只能采用其中之一而反对其他。因此,任何法官的意见本身就是法哲学的一个片段……法理学是判决的一般组成部分,亦即任何依法判决的无声开场白。"[1]

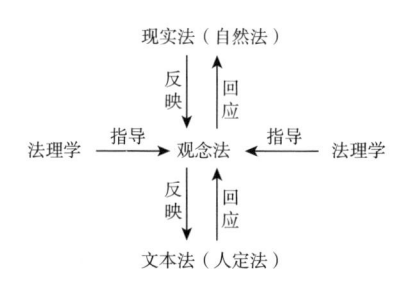

图 0-1　人定法与自然法

法律来源于生活又高于生活,但始终以生活为基础。因而,以法律为研究对象的法理学,不应该是远离世俗社会、高高在上的阳春白雪。法理学不应该只是一门居庙堂之高、处江湖之远的关门学问,它更应该关注社会实践生活,它应该与我们面对面对话。

---

[1] 〔美〕罗纳德·M. 德沃金：《法律帝国》,李常青译,中国大百科全书出版社,1996,第83页。

面对晦涩难懂的法理学理论，刚刚进入法学院的学生没有兴趣学习也在情理之中。但是没有学好法理学这门课程，就无从领会"法"的真谛，甚而会对未来的法律职业从根本上进行否定和怀疑。作为法学院的一名法理学教师，面对学生们困惑的眼神，笔者一直在思考如何能让学生们爱上隐晦难懂的法理学知识，并能够认识到法理学对法律实践的重要意义。改变教学方法，将传统的灌输式教学转变为现代的启发式教学，综合运用多种教学手段，将学生作为教学的主体而不是客体，发挥学生的主观能动性，这样才能有效实现法理学的教学目的。应充分利用案例和故事，在各种游戏中与学生进行互动和交流，让学生参与角色体验，多方位进行法理思考，缓解枯燥的法理教学给学生带来的困惑。

第三节　方向：法理学教学如何做到趣味化

一　让学生感受法理魅力

在法理学的第一次课堂上，针对前述学生对法学以及法理学认识的一片茫然空白，笔者让大家仔细看看上课前给大家立下的上课纪律，即"上课几点说明"："上课时不准玩手机，不准大声说话……以上说明的解释权在××老师。"笔者告诉大家，如果你学好了法理学，你就会知道这个规则对于你们而言的意义所在：

1. 法理学认为，"法无禁止皆自由"，因此"不准"二字意味着你在"玩手机"和"大声说话"之外，你还有很多其他的自由，比如玩电脑、玩iPad、大声唱歌、小声说话等。

2. 老师有没有权力去限制同学们的权利？如何平衡权力和权利之间的关系？

3. 法律解释的方法有很多，什么叫"玩"？什么叫"说话"？你可以字面解释，也可以目的解释、历史解释、系统解释、比较解释。

4. 享有解释权的主体是谁？规则的制定者应不应该享有最终的解释权？

接着，笔者又举出了现实中经常会出现的一种现象，妻子（女朋友）给丈夫（男朋友）约定"十不准"，其实也是关于法理学中非常重要的一个知识点——"权利与权力"。

听到笔者将一个上课纪律讲得都跟法理学知识密切相关，同学们发出了会心的笑声。当读到伯尔曼（当代美国最具世界影响力的法学家之一，世界知名的比较法学家、国际法学家、法史学家、社会主义法专家，以及法与宗教关系领域最著名的先驱人物）先生的一段话"你看一个五岁的小孩，从未学过法律，但他也会说：这个玩具是我的！这就说明他有物权的朦胧意识；他说：他打了我，所以我才打了他的。这就说明他有侵权法乃至刑法的观念；他说：你曾经答应过我的！这就表明了他有类似于合同法的意识；而当他说：这是爸爸允许做的，那么这就说明他有宪法的观念了。而所有这些观念意识，都是一个五岁的从未接触过法律的小孩自然而然拥有的观念意识"时，笔者问大家有没有过这样的经历，大家这回都一起点头了，并七嘴八舌开始说起了自己小时候的经历。

二 关注时事新闻，生活处处闪耀法理智慧光芒

新闻具有及时性和新奇性，利用新闻事件讲授法理学知识，对正处于好奇心旺盛阶段的大学生来说，非常具有吸引力。新闻带给学生的新鲜感，会带动学生调动所有热情参与到课堂讨论中来，而且可以通过法理学知识的学习反过来促进学生更多地关注社会生活，关注国家法律的进步和完善。

课堂上，笔者给大家举出了十个跟法理学知识密切相关的新闻事件，让同学明白"生活处处闪耀着法理的智慧光芒"。

1. 船长弃船逃生（2015年6月1日"东方之星"沉船事件与2014年4月16日韩国"岁月号"沉船事故）；2008年"范跑跑"事件——法律规制与职业道德。

2. 优衣库事件——法律解释、秩序与自由。

3. "禁止网络裸聊""禁止在地铁内吃零食、乞讨、卖艺"——秩序与自由、道德与法律。

4. 让座引发的问题：立法规定"不让座就赶下车"；不给孕妇换下

铺被拘留——道德义务与法律义务。

5. 2011年广州小悦悦事件——见死不救的道德观与法律规制。

6. "贩卖妇女儿童一律判死刑"——权利义务的一致性、法律的作用。

7. 北京大学是北京人的大学？奥巴马谈最高法裁定同性婚姻合法——法的价值：平等。

8. 吃凉皮被认定吸毒被拘留——法律责任。

9. 妇女拿柠果扔委内瑞拉总统，反而获赠一套公寓——法治与人治。

10. 成都女司机被打事件的惊天逆袭——舆论审判与法治。

三 影像资料的视觉冲击，更加生动形象地理解法理学的运用

心理学实验证明，在视觉、听觉和触觉这三种信息接收方式中，通过视觉方式接收到的信息量最大。因此，影像资料作为法学课堂上的生动素材资料来源，是很受法学学生欢迎的。

对于影像资料的播放，切忌一放到底，放完之后就完事。不加节选地放映，一方面浪费有限的课堂时间，另一方面会导致学生沉浸在故事情节中而无法深入讨论法理知识。一般来说，可以提前让学生带着相关问题在课外时间自行进行观看，而课堂上只是截取跟法理知识有关的影像进行播放。这样不但可以让学生提高对课堂教学理论知识的兴趣，而且可以让学生有更多时间进行思考和讨论。比如，笔者曾让学生在课外完整观看了美国经典电影《控方证人》，法理思维一个非常重要的方面——对"事实"的理解，在本片中的体现更多的是在法庭辩论之中，因此，在课堂上笔者主要截取了法庭辩论的一些片段。1954年的伦敦，美国人雷纳被控谋杀富有的情妇借以取得其巨额遗产。著名的刑案辩护律师韦菲爵士接办此案。在法庭上，雷纳的妻子克莉丝汀竟然做了控方证人，指出雷纳的确杀了人。在最后关头，韦菲接获神秘妇人来电，表示她握有克莉丝汀写给情夫的信件。案情急转直下，雷纳被判无罪。律师韦菲爵士和陪审团所找出的所谓"真相"也仅仅是根据证据得出来的"法律事实"，然而，"客观事实"却令人震惊。但是，你能说法院的判决就是错误的吗？这能算是错案吗？包括我们的国产电影《十二公民》

与《全民目击》，这些影片通过一个个形象而又有说服力的画面，比教师在讲台上讲一百遍"客观事实与法律事实"的区别更能充分说明："以事实为依据"中的"事实"不是以上帝视角看到的"客观事实"，只能是由证据证明的"法律事实"。

四 角色互换，让学生当老师，发挥学生的主观能动性

让学生与老师互换角色，让学生当"老师"，这需要学生对老师给出的题目有一定的兴趣。一般来说，人们对于与自己无关的事情的关注度不高，即使关注，其持续时间也不会很久。因此，笔者经常会选择一些跟学生生活密切相关的案件，让学生提前搜集资料，然后在课堂上作为"老师"，给大家分析案件中所涉及的法理知识。当然，由于现在基本上都是大班教学，不可能让每个学生都能以"老师"的身份给大家展示教学。因此，可以根据法理知识的专题对学生进行分组，小组里的学生进行分工，一些学生负责基本的文字和图片资料的搜集，一些学生负责法理知识梳理和分析，一些学生负责PPT制作，最后由1~3名同学进行讲台讲解和展示。当然，对于不负责这个专题的同学，并不能就此懈怠，老师可以在学生讲授完之后，当堂提问，由其他小组的同学进行点评，或者布置课后测验等。

通过这样的角色互换，学生由被动接受变为主动学习，尤其又是跟自己生活密切相关的事件，这种兴趣激发了学生的求知欲。通过这样一种"老师"体验的方式，学生学会了怎么样去搜集相关资料、找出有用资料，并将资料呈现在大家面前，并学会了理解老师的辛苦，在以后的课堂上会更加尊重老师。

比如，针对课堂上学生吃零食的现象，笔者选择了网上讨论非常热烈的"禁止在地铁内吃零食"议题，让同学自己当老师来进行分析。再比如，收快递是每个学生都会遇到的事情。快递柜是近年来物联网发展起来后兴起的新事物，快递员使用设置在小区里的箱格进行投递时，将会按其使用的箱子大小和时间收取投递服务费。那么，快递柜的超期服务费，你说该不该收？当大家在享受拆包裹的快感的时候，你是否想过其中涉及的法理知识？由于这些事件都是学生能够亲身经历和感受的，让他们去查资料和进行讨论就能激起他们极大的参与热情。分配任务后，学生们分工负责，找到了相关资料，

结合价值冲突的相关法理知识，图文并茂地给大家上了一堂生动的法理课。

五 案例教学讨论，让学生提前进入法律人思维模式

案例教学方式在法学教育领域已不算是新鲜事物，但是这种教学方式更多的是运用在部门法领域，在法理学领域却甚是少见，最多也就是在讲法理学学派的时候会给同学们介绍到最著名的《洞穴奇案》。这个案例虽然很出名，却只是一个假想公案，更多老师也仅仅是把这个案例作为法理学教学的一个点缀而已。法理学教学中，很少结合现实生活中的实际案例进行法理分析，这一方面是与前述对法理学较少关注司法实践的误解有关，另一方面也与现实司法判决书中几乎见不到法理分析密切相关。很多人认为，司法判决就是找到大前提（法律规定），运用于小前提（法律事实），得出结论，这样一个简单的三段论推论过程。至于小前提中的证据与所谓的事实结论之间是否符合推理逻辑，大前提的法律规定是否满足法理学中"法"的界定，大小前提之间是否运用逻辑推理进行了充分论证，却一概不论。其实，这种简单而粗暴的判决书，已经在司法改革实践中引起了关注，而其中最关键的改革方向，笔者认为，就是要在判决书中注入更多的法理论证和说理。"任何法官的意见本身就是法哲学的一个片段……法理学是判决的一般组成部分，亦即任何依法判决的无声开场白。"①

当然，在案件的选择上，最好选择授课老师自己经办过的真实案件，这样会更具有现实感。由于是真实案件，可以不局限于案件的裁判文书，还可以将案件的原始资料包括进去。为了培养学生对法理学的兴趣，在介绍案例时，不要太过于刻板生硬、书面化，可以采取多种形式，比如让学生代入角色，进行案例重演。让学生体会作为一个法律人全程参与如何接触案件、分析案件和处理案件。此外，选择的案件要有超越个案发现普遍规律的典型性，能够通过案例，培养学生从个案中发现问题并能将问题提升到法学理论层面上进行分析的能力。

分析案件的最首要的工作是要准确分析把握案件所涉及的法律关系，以便针对每种法律关系结合相关法律知识进行准确分析。因此，在讲到"法律关系"理论的时候，笔者就结合一个真实案例"李某某、富强物流公司诉太

---

① 〔美〕罗纳德·M.德沃金：《法律帝国》，李常青译，中国大百科全书出版社，1996，第83页。

平洋保险公司、光辉汽修厂等合同纠纷案"进行了分析。本案虽然是一个看似简单的民事案件，但有着错综复杂的法律关系。为了让同学在学习"法律关系"这一内容时能认识到准确分析"法律关系"对于解决一个法律纠纷的重要性，选择这样一个看似简单的案件尤其具有意义。

通过让学生扮演各方角色了解案情之后，对学生进行一次次发问与提示，最后通过图 0-2 总结出本案所涉及的法律关系。

图 0-2 法律关系

本案涉及的法律关系主要有：①富强物流有限公司与卖方同创工程机械有限公司、出租人中恒国际租赁有限公司之间的融资租赁合同法律关系。②富强物流公司与太平洋财保丙县支公司之间的保险合同法律关系。在这一保险合同中，投保人是富强物流公司，保险人是太平洋财保丙县支公司，受益人是中恒国际租赁有限公司。③富强物流公司与光辉汽修厂的维修合同法律关系。④李某某与富强物流公司的挂靠法律关系。

根据本案原告的诉讼请求，确定出该案最核心的法律关系，即富强物流公司与太平洋财保丙县支公司之间的保险合同法律关系，以及富强物流公司与光辉汽修厂的维修合同法律关系。但由于涉案事故车辆的法律属性涉及挂靠法律关系，这关系到原告的主体资格问题，因此，挂靠法律关系也是分析本案例时需要重点解决的法律关系。原告在诉讼过程中将法律关系混淆，对其提到的"解除融资租赁合同"的诉讼请求，涉及融资租赁合同法律关系，也是分析本案例需要简单学习和了解的。

六 小论文作业，让学生学会法律书面语言的运用

厦门大学法学院教授徐国栋说："欲治法学，必先治语言学。欲当罗马法

学者，必先当语言学家。"麦考密克说："法学其实不过是一门法律语言学。"丹宁勋爵也说："要想在与法律有关的职业中取得成功，你必须尽力培养自己掌握语言的能力。……你希望法官相信你的理由正确，所依靠的也正是你的语言。"①

作为一个法律职业人，"你希望法官相信你的理由正确，所依靠的也正是你的语言"，所以语言能力除了口头表达能力之外，还有代理词、辩护词、法律意见书等各种法律文书的书面表达能力，但这种能力必须通过长期的实践训练才能造就。经常性的小论文写作训练，可以帮助学生运用法律语言进行法学思维。因此，经常性地布置小论文写作作业，对于提升学生的法律语言运用能力是非常有必要的。但由于大一新生对于法学的理解还处于懵懂阶段，第一次的论文写作可以不必做形式上的严格要求，只需要有感而发。于是，笔者第一次收到了除论文形式的小短文之外，还有以叙事方式谈到了自己生活中遇到过的法律问题，或者以散文形式将法理学比拟为酿酒等形象而生动的过程，或者以小说的形式讲述法理学对实际生活的观照。其中一篇《扑克牌通缉令，好牌还是错牌》（见附录），以巧妙的构思讲述了一张本为娱乐工具的扑克牌如何改头换面成为通缉令，为抓捕犯罪嫌疑人立下汗马功劳之后的曲折遭遇，从法理上对这种新型侦查技术手段进行了反思和质疑，令笔者读来意趣盎然。读这一篇篇妙趣横生的小短文，比起读那种纯粹为了应付而从网上下载的所谓"论文"，笔者总会心生感动。

七 结语

看到法学学子们逐渐认识到法律随时在我们身边，运用法理学知识分析生活法律事件的乐趣，笔者告诉大家，我们国家正在努力建设法治国家，我们的现任国家领导人很多都是法学专业出身，甚至我们的李克强总理在他就读于北京大学法学院时，以第一译者的身份翻译了第二次世界大战以后英国最著名的法官和享有世界声誉的法学家之一阿尔弗雷德·汤普森·丹宁（Alfred Thompson Denning）的著作——《法律的正当程序》。大家对我国当前的法治社会建设有了更加坚定的信心。

---

① 转引自何兵《利害的分配》，上海三联书店，2005，第203页。

因此，笔者告诉同学们，既然选择了法学，如果爱，请深爱！深爱法学，就请更要深爱法理学！因为法理学是通往法律之门的关键钥匙！

附录　学生小论文《扑克牌通缉令，好牌还是错牌》

扑克牌通缉令，好牌还是错牌

名字：扑克牌。

年龄：不详，大概有几千年了。

我本是一种普通的娱乐工具，奈何本工具生来便轻巧灵活，玩法多样，所以十分受大众欢迎，因而很快便成了一种流行于全世界的娱乐工具。

然而，自从有关赌博法律处罚规定出台之后，随时可能演变成赌博工具的我，每天只得小心翼翼地生活在人们狭小的娱乐生活中，作为人们的一种生活调味剂，丝毫不敢大肆张扬，公开聚众娱乐。

日子一久，这种简单的娱乐便不能够满足我对自身价值的定位了。

直到某一天，河南的老大爷甲一手攥着我，和老大爷乙、老大爷丙娱乐，不时地捋捋胡须，满嘴嘟囔着叹息自己那当局长的儿子实在太辛苦，每天为抓犯罪嫌疑人忙得死去活来，平时竟连看他的时间都没有，语气中既有无奈又有心疼。

我本来在老老实实地执行着自己娱乐的本职，忽地听闻稀罕事，我不由得怔了怔，然后乐于助人的美好品质下意识地让我转了转脑袋，灵光一闪，计上心来。

第二天，修行了千年的我便化为人形，然后拾掇拾掇了自己，大摇大摆地走进了河南省的警察局内，大手一拍，对着那些穿着警服，庄严肃穆的冰块脸说："我找你们局长，有重要事情禀报！"

两三个小时后，我春风得意地走出了警察局。

两三天后，我换上了一副新的躯体，印着通缉嫌疑犯头像、资料以及悬赏奖金的新的躯体，而我要扮演的那个角儿，也不再只是普通的娱乐了，而是肩负起了通缉追捕的任务。

然后，我的兄弟姐妹也齐齐上阵，在本人的强烈号召下，他们通通都为自己换上了一副新的躯体。

一个星期后，我和我的兄弟姐妹在郑州公车站分别。自此，50多万的兄弟姐妹跑遍全国。

俗话说得好，人多力量大，又奈何是我那50多万的兄弟姐妹呢？自从我的兄弟姐妹跑遍全国，我熟识各类人群——老的、少的、男的、女的，应有尽有，无所不识。于是在这短短的时间内，那些印着资料的犯罪嫌疑人便无处遁形，撕下了高超的伪装，现出原形，被警局逮捕。

困扰河南省警察局局长多年的难题竟被我这个小小的扑克牌解决了。于是我被授予了光荣勋章，我立即改名为：扑克牌通缉令！

然后，我出名了，火遍了全国，各大微博论坛、报纸媒体无不在报道我的光辉事迹。一瞬间掌声、赞美、鲜花接踵而来。

然而，物极必反。

当犯罪嫌疑人一个又一个被逮捕归案，我和我的兄弟姐妹的通缉任务也应当到此为止。但奈何本人的兄弟姐妹数目太过庞大，在全国人民中又太受欢迎，所以我和我的兄弟姐妹实在难以退出历史舞台，那么这通缉的任务便一直会被通缉下去，无法撤回。

于是各种对本扑克牌的质疑投诉便扑面而来。

1. 本扑克牌通缉令不合法。《刑事诉讼法》第153条规定，应当逮捕的犯罪嫌疑人如果在逃，公安机关可以发布通缉令，采取有效措施，逮捕归案。

各级公安机关在自己管辖的地区以内，可以直接发布通缉令；超出自己管辖的地区，应当报请有权决定的上级机关发布。

而本扑克牌通缉令其发布范围不可控，全国都可流通，所以本人作为扑克牌通缉令是不合法的。

2. 本人及兄弟姐妹的扑克牌通缉令数目庞大，不可收回，也不可撤销。

3. 嫌疑人不一定都会被确定有罪，那么我和我的兄弟姐妹——扑克牌通缉令，就会给嫌疑人造成名誉损害、精神损害，影响其正常生活。

……………

我的各种弊端显现，我的光荣称号也成了一种讽刺。我开始反省自己，反省自己的狂妄自大，反省自己的不明智计策……

经过这次事件，我也终于明白，无论做什么，实践都是认识的真理。所以，吃一堑长一智，既然实践了不可行，那么就换一种方法。

总之，天网恢恢，疏而不漏。

我始终相信，法制天下，法治天下！

姓名：余若蓝

学号：201619140143

法学院2016级1班

第一章　法的学科归属：法理学是什么？

> 不论哪个时代，如果在法庭上和在教室里进行的各种阐述理论所产生的意见分歧太大，那么法律就会失去力量。
>
> ——德沃金

学习法理学这门课程，首先需要明白我们要学习的究竟是一门关于什么的课程，学了它又有什么意义。但现实却是，"法理学"这一概念以及相关用语在我国名称上显得非常之混乱，以及"法理无用论"甚是流行。有学者认为，"法理学"之所以令修习者难解，一个重要原因恐怕是"法理学"一词本身就不甚清晰，不如其他法学科目如民法、刑法，一看便能初步掌握其所欲处理之对象素材。[①] 也有学者认为："从根本上说，是因为近百年来我国并没有从一个方面吸收和借鉴外来文化，而是从四面八方和通过各种渠道，有日本的、德国的、美国的。我国法学界对……概念使用的不统一，正是多种法律文化在中国国内冲突的一种表现。"[②] 因此，对法理学以及相关概念进行梳理，并明了法理学的重要意义，是非常必要的。

第一节　法理学的名：权威解读与相关概念

一　法理学的权威解读

法理学（jurisprudence）一词，最早来源于拉丁语"法学"（jurisprudentia）。

[①] 颜厥安：《法与实践理性》，中国政法大学出版社，2003，第 4 页。
[②] 严存生：《法理学、法哲学关系辨析》，《法律科学》2000 年第 5 期。

因此，可以先了解西方国家对法理学的权威解释。

《不列颠百科全书》的解释是："法理学是关于法律的性质、目的、为实现那些目的所必要的（组织上的和概念上的）手段、法律实效的限度，法律对正义和道德的关系以及法律在历史上改变和成长的方式。"

《布莱克法律辞典》的解释是："法理学，即法律哲学，或者指有关论述实在法和法律关系原理的科学。"就词意本身而言，"法理学"是有关法律的科学。换言之，这门科学的功用在于阐明法律规则所依赖的基本原理，它不仅对法律规则依适当顺序做出分类和表明这些法律规则之间的效力关系，而且还为新的或疑难案件的依法解决提供模式。法理学与有形科学（material science）相比，是一种形式科学（formal science）或形而上学。它并不直接涉及道德或政治政策问题，因为这些属于伦理学和立法学的范畴。

《牛津法律理论词典》的界定是：法理学是对法律的哲学式研究。有些人在更为宽泛的意义上使用这个词，指适用于任何对法律的理论研究，甚至任何的法律研究，不管它是否具有理论性。①

《牛津法律大辞典》的解释是："'法理学'一词包括有多种含义。第一，作为'法律知识'或者'法律科学'，在最为广泛的意义上使用，包括法律的研究与知识。与最广义理解的法律科学一词同义。第二，作为最一般地研究法律的法律科学的一个分支，有别于某一特定法律制度的制定、阐述、解释、评价和应用，是对法律的一般性研究，着重于法律中最普遍、最抽象、最基本的理论和问题。该词的这种含义常常可与法律理论、法律科学（狭义上的）、法哲学等词相通。第三，该术语还作为法律的比较夸张的同义语来使用，例如法医学，特别是在使用法律一词很不恰当的场合，如衡平法学等。"

因此，"法理学"更多是英语世界法学家常用的一个用语。该用语在法学史上经历了一个演变过程，其内涵已经确定下来，并通常被用于指称一个法学基础学科。②

在中国，大多数法理学教材认为，法理学是以整个法律现象的共同发展

---

① 〔美〕布赖恩·H.比克斯：《牛津法律理论词典》，邱昭继等译，法律出版社，2007，第115页。
② 以上各种西方法律词典对法理学的权威解释，主要参考了焦宝乾《"法理学"及相关用语辨析》，《华东政法大学学报》2012年第2期，第3~11页。

规律和共同问题为研究对象,讲述法学一般道理的学科。法理学是把法律现象作为一个整体,研究其产生、发展规律、本质和作用等基本问题。

关于法理学的研究范围,学者们的观点很多。如哈里斯指出:"法理学是一个'杂货袋',关于法律的各种各样的一般思辨都可放到这个袋中:法律是干什么的?法律要实现什么?我们应重视法律吗?对法律如何加以改进?可以不要法律吗?谁创制法律?我们从哪里去找法律?法律与道德、正义、政治、社会实践或赤裸裸的武力有何关系?我们应遵守法律吗?法律究竟为谁服务?"[1]

综合法学派的霍尔主张法理学分为以本体论为中心而又紧密联系的四个部分:主要研究法律强制的可行性,特别是强制的伦理问题的"法律价值论";主要研究法律规则的目的、应用和效果等问题的"法律社会学";主要对法律术语、规则、裁决等进行逻辑分析的"形式法律科学";主要研究法理学主题的性质,也即基本概念问题的"法律本体论"。[2]

丹麦法学家罗斯则认为,"jurisprudence"一词涵盖了三个方面的研究。一是实证法学,研究法律的概念问题或者法律的本质;二是自然法学,研究法律的目的问题或者法律的理念;三是社会法学,研究法律与社会的交互作用的问题。[3]

从当代法学家的论述中,我们大体能够了解法理学学科研究和关注的问题,即通常认为的五大门派(见表1-1)。

表 1-1　法理学科五大门派

五大门派	自然法学派	着重于法的内在精神(心灵)
	分析法学派	着重于法的自然面貌(包括外在形象及躯体结构)
	经济分析法学派	着重于法的成本和收益
	历史法学派	着重于法的历史表现
	社会法学派	着重于法的社会关系

---

[1] J. W. Harris, *Legal Philosophies* (London: Butterworths, 1980), p.1.
[2] 转引自沈宗灵《现代西方法理学》,北京大学出版社,1996,第3页。
[3] Alf Ross, *On Law and Justice* (California: University of California Press, 1959), pp.1-3.

法理学是把法律现象作为一个整体，研究其产生、发展规律、本质和作用等基本问题。总而言之，法理学其实就研究一件事——什么是法律。法理学带领我们认识法律、理解法律和运用法律！

二　法理学与相关概念

"法理学""法学""法律科学""法哲学""法律理论"等，这些有着西方特定历史背景和文化语境的概念被移植并用于中国语境下之后，在用法上就显得较为混乱。法理学及相关用语在我国名称上的混乱显示，百余年来的中国法学对那些植入的出自不同历史文化传统背景下的法学基本概念未能充分消化。法理学在我国还是一门尚未成熟的学科，亟须重新进行深刻的学理反思和检讨。

（一）法理学与法学（法律科学）

法学是不是科学？如果是，法学又在何种意义上是一种科学？尽管截至目前，自然科学者依然会对这个问题嗤之以鼻，但法学界基本达成了共识：法学是一门有别于自然科学的科学。如法国《拉鲁斯大百科全书》认为："法学是关于法律的制订、实施、研究及教育等领域的各种科学性活动的总体。……法学确实是一门科学。"近年来，我国学者对此问题亦有一定的研究。国内学界以北大教授朱苏力为首的一批学者有一种强有力的观点，将法学主要定位于社会科学，以法学的经验研究和实证研究为主要方法，以推动法学与其他诸多社会科学的交叉学科研究。[①]

法学作为一门科学，有没有自己的研究方法？争议很大。但通常认为不能脱离法律本身去研究法律，法学有着自己独特的研究方法。比如，刑法规定"携带"凶器抢夺的按抢劫罪定罪处罚（抢夺转抢劫，《刑法》第267条第2款），"携带"凶器盗窃的就是盗窃罪（《刑法》第264条）。那么，如果"携带"的是锁在密码箱里的凶器，是不是法学中的"携带"？在抢夺的时候就不算"携带"，不构成转化，依然只是构成抢夺罪。但是，在盗窃的时候就应该算"携带"，构成盗窃罪。这是单靠查中文字典不能解释的。

[①] 苏力主编《法律和社会科学》（第2卷），法律出版社，2007，第7页。

在西方国家，目前的三大法学主流对应着三大法学研究方法。

规范分析方法：基本问题是"是什么"；注重对法律的概念、渊源、形式和效力进行解释；很少甚至不考虑法律以外的因素对法律的影响，而仅限于法律规范本身的内容。

社会实证方法：基本问题是"实际上是什么"；注重对法律进行社会和文化事实的现实主义的解释。

价值分析方法：基本问题是"应当是什么"；注重对法律的价值（诸如正义、自由、平等、效率、秩序等）进行解释。

以上三种研究方法是西方三大法学主流（即分析法学、社会法学、自然法学）的主要研究方法，它们各有自己的基点、功能和优势。在当代法学中出现了某些相互渗透、兼收并蓄的迹象。有学者提出把三种研究方法统一起来建立一门联合诸法学流派的"统一法学"（见图1-1）。

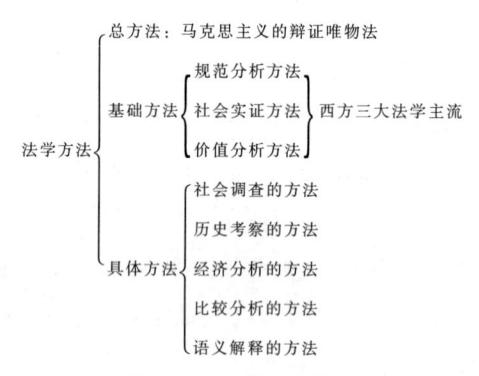

$$
\text{法学方法}\begin{cases} \text{总方法：马克思主义的辩证唯物法} \\ \text{基础方法}\begin{cases}\text{规范分析方法}\\ \text{社会实证方法}\\ \text{价值分析方法}\end{cases}\text{西方三大法学主流} \\ \text{具体方法}\begin{cases}\text{社会调查的方法}\\ \text{历史考察的方法}\\ \text{经济分析的方法}\\ \text{比较分析的方法}\\ \text{语义解释的方法}\end{cases} \end{cases}
$$

图1-1　法学方法体系

在当代法学研究背景下，"法律科学"一词被赋予了更为广泛的内涵。比如，《牛津法律大辞典》在界定法律科学（legal science）时认为，法律科学是"广义的法理学"，指从哲学的、历史的、比较的、评注的和其他各个角度对法律的和有关法律的发展、变化、制定、评注、运用的系统化了的和经过组织加工了的知识。同其他科学一样，它主要有两大分支，即纯法律科学或理论法律科学。《牛津法律大辞典》还把法律科学的主要学科划分为7个部门，即法学理论和法哲学、法的历史和各法律体系的历史、法的比较研究、国际法、超国家法、各个地方可以被确认为独特体系的国家和国内法、附属法律的学科。由此可以认为，法学（science of law）又称法律科学，是指一切以法律现象及其发展规律为研究对象的学科的总称。

因此，我们在对法学进行分类的时候，通常情况下会将法理学作为法学的一个主要分支，划分在理论法学范畴（见图1-2）。

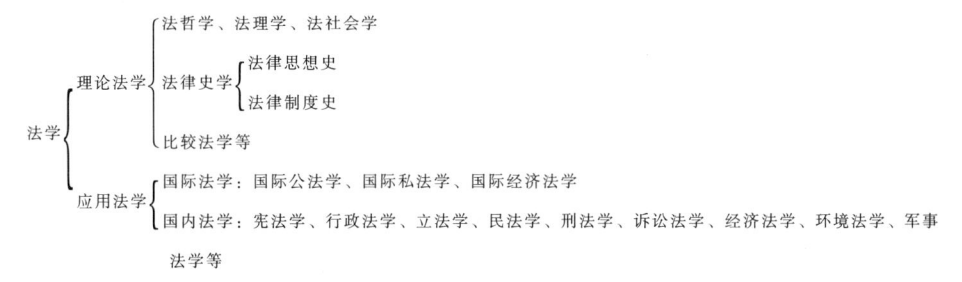

```
        ┌ 理论法学 ┬ 法哲学、法理学、法社会学
        │         │ 法律史学 ┬ 法律思想史
        │         │         └ 法律制度史
法学 ───┤         └ 比较法学等
        │ 应用法学 ┬ 国际法学：国际公法学、国际私法学、国际经济法学
        │         └ 国内法学：宪法学、行政法学、立法学、民法学、刑法学、诉讼法学、经济法学、环境法学、军事法学等
```

图 1-2 法学分类

（二）法理学与法哲学（法律哲学）

虽然早在古希腊、古罗马时期就已经存在"法哲学"，但是"法哲学"这一名称却是到18世纪、19世纪才逐渐盛行起来的。根据学者郑永流的考证，德国的克乌格是法哲学（rechtsphilosophie）一词的缔造者。[①]

一般来说，"法理学"、"法律哲学"和"法律理论"等词语是可以互换使用的。比如，《牛津法律大辞典》中解释法哲学（legal philosophy）时就认为："过去常被用作狭义上的法理学的同义词，并且被视为法理学的一个分支，即它是用哲学的观点来检验法律或者将哲学的方法适用于法律问题，例如法律的定义和性质，法律和道德的关系，法律与社会和国家的关系，法律所要达到的目的，服从法律，法律概念和词语的解释，法律推理的本质和效力等。"美国学者波斯纳也认为："法理学的许多问题是跨越原理、时间和民族的界限的……我们通常将对根本性问题的分析称为'哲学'，因此，传统将法理学定义为法律哲学或哲学在法律中的运用，这显然是恰当的。"[②]

其实，中国学者一开始接受"法理学"而非"法哲学"，是因为受日本研究的影响。当年日本学者穗积陈重在翻译"rechtsphilosophie"时，嫌"法哲学"译法的形而上学气息过浓，而译为"法理学"。目前，大多数学者认为

---

① 郑永流：《法哲学名词的产生及传播考略》，《中外法学》1999年第1期。
② 〔美〕理查德·A.波斯纳：《法理学问题》，苏力译，中国政法大学出版社，1994，序言。

法理学和法哲学之间没有严格的区分，法哲学与法理学是两个可以交互使用并可以互相代替的概念。① 当然也有观点认为，法理学与法哲学是两种不同性质的学科。② 其实，正如学者颜厥安所理解的那样，"由于中文世界所有这些领域都仅有极单薄的研究成果，为避免繁复，中文里使用'法理学'一词反而意外地有着调和的作用，可同时表述法哲学与法理论的研究领域，这可称之为广义之法理学。"③ 因此，到底是用"法理学"还是"法哲学"或者其他用语来指称这一学科或课程，对此，我们完全没有必要纠结。最重要的是要吸收各种法学理论知识，建立起自己的法学理论体系，更好地为中国的法律实践服务。

"法理学"及其相关概念，在形成过程中，由于强烈的时代背景、文化背景、地域经济、法律传统，以及各法学流派等方面的原因，形成了各自模糊不清的内涵和外延，这些概念之间的关系因而也极为复杂。而在西学东渐的法律移植背景下，"法理学"用语的使用，也就形成了法理学及相关用语在中文语境下的混乱局面。经过百余年来我国法学界对之名称上的演变，目前，我国法学界基本确立了"法理学"这一名称。④

第二节 法理学的义：对"法理无用论"的回应

一 "法理无用论"的泛滥

在笔者教授法理学之前，每当与学生提起法理学，他们对法理学的印象，基本上就是："听天书""抽象""难懂""无用"。当然，正如陈景辉教授所说，像数学、逻辑学等因为高深而"抽象难懂"一样，"抽象难懂"的法理

---

① 张文显：《法哲学通论》，辽宁人民出版社，2009，第31页。
② 如严存生通过对"法理学"与"法哲学"分与不分问题进行的利弊分析，认为二者属于不同的理论层面，并对如何区分做了初步探讨。参见严存生《法理学、法哲学关系辨析》，《法律科学》2000年第5期。
③ 颜厥安：《法与实践理性》，中国政法大学出版社，2003，第12页。
④ 自民国时期起，我国法律课程中关于法理学的称谓就有很多种，如法理学、法哲学、法律哲学、法学绪论、法学通论等。新中国成立后，受苏联法学影响，法理学又经历了"国家与法的理论""法学基础理论""法的一般理论"等称谓。到后来逐渐确立了"法理学"的学名。从百余年来法理学在我国名称上的演变，实际上也可以看出我国法学思想观念的变迁。

学有时候"其实意味着颇具正面意义的'高深'",所以这并不必然蕴含着批评意味的话。但是,说法理学"学而无用","就带有明显的负面意义了,说得严重一点,这甚至等于说法理学只是一套无意义的废话,虽然它对获得法学学位、通过司法考试而言是重要的"。[①]

虽然在陈景辉教授看来,"作为法律实践主要参与者的法律人——主要是律师、法官和检察官,经常也会分享怀疑论的看法,他们可能会说:由于法理学无助于案件的裁判与纠纷的解决,所以它在实践上是没用的或者是不重要的"。但通过笔者接触的一些律师、法官朋友来看,要成为一个真正有理论素养的律师和法官,而不仅仅是法律的工匠,法学本科阶段最重要的课程之一就是法理学,尤其是面对一些我国法律没有明确规定的疑难案件,单纯的机械法条主义者、法律工匠主义者往往就会束手无策,无处下手处理案件。笔者认为,那些持"法理缺乏实践性"观点的法律实践者们,更多的是在大量案件压力之下懒于深入思考的机械法条主义者,而不是真正愿意做更多深入研究的学者型法律实践者。

让笔者非常惊讶的是,法理学"无用论"竟然在法学理论研究者中相当常见。笔者在清华大学访学期间,在旁听一位物权法老师授课时,当他听说笔者教授法理学,当即说,法理学中的很多理论,比如法律规范、权利义务、法律责任、法律解释等,都是从部门法理论中抽象出来的,是对部门法理论的无用重复,法理学显得冗余;相反,部门法理论主要针对现行实在法,与法律实践的联系更为紧密,更符合法律实践的要求。因此,法理学是不重要的,在学科上完全是没必要存在的。[②]

[①] 陈景辉:《法理论为什么是重要的——法学的知识框架及法理学在其中的位置》,《法学》2014年第3期。陈景辉教授认为,初学者粗陋的直观看法并不能真的说明法理学的"无用","所以无需太过当真",他认为值得我们格外认真对待的是,来自法律实践界和理论界的两种更为重要的怀疑论主张。

[②] 对此,陈景辉教授也提到,在部门法学者看来,由于在法学的整体知识结构中,法理学可以被部门法学完全取代,所以它会因为冗余而变得不重要。比如说关于法律解释的问题,法理学只能简单讲授一般的解释方法,而部门法却会结合实在法体系和司法实践所累积的经验,以更为实践化和类型化的方式来说明在特定案件类型中,法律解释的恰当方法到底是什么。从这个角度讲,法理学实际上是不具备知识增量的,它在现在的法学教育中,往往也只是热身或者垫场,谁会在观看表演时被垫场的部分吸引呢?参见陈景辉《法理论为什么是重要的——法学的知识框架及法理学在其中的位置》,《法学》2014年第3期。

除了法理学理论抽象于部门法学理论而显得冗余之外，法理学还有一个令人诟病的问题，那就是法理学与部门法学的看法不一致。比较典型的例子是"法律行为"这个概念。法律行为的概念最多使用的部门法学是民法和行政法。民法上的法律行为即使不等同于意思表示，起码也是以意思表示为中心的，行政法上的法律行为并不专以意思表示为限，而法理学中的法律行为就根本不关心意思表示的问题，而转换成只要具备法律效力的行为就是法律行为。① 因此原本在各自部门法中比较清晰的概念，经过法理学的一般化处理，反而制造出新的学习障碍，以至于态度激烈的部门法授课教师会直接说，法理学抽象出了错误的概念；即使是态度相对温和的教师也会说，法理学上的那个概念跟我们所要讲的不一样。②

二 对"法理无用论"质疑的回应

由于受到来自法律实践界和理论界"法理无用论"的双重质疑，法理学的学科重要性受到严重威胁。要想化解这种窘境，必须先回应以上质疑。

（一）"缺乏实践效果"而无用？

正是由于"法理学所涉及的问题所使用的视角，大部分与法律实务者的日常关心相距甚远。它所涉及的问题无法参照或根据常规的法律文件推理而加以解决，它所运用的视角也无法演绎出法律原理和法律推理"③，因此，在司法实践中遇到一个具体的法律问题，大家一开始想到的肯定是这是属于哪个部门法的法律问题。是民法、行政法还是刑法问题。但是一旦深入思考下去，你会发现所有的部门法问题最终都不可避免地遭遇一个终极瓶颈：如何在法学理论上获得最终支持？不能将问题停留在部门法的局部层面，而只有将部门法的实践问题提升到法理学的理论高度，进入法理学的最一般和最普遍的"原理"层面进行分析，才能最终找到解决实践难题的出口。

---

① 民法、行政法和法理学关于"法律行为"的讨论，请参见郑永流主编《法哲学与法社会学论丛》第 10 期，北京大学出版社，2007，第 3~74 页。
② 陈景辉：《法理论为什么是重要的——法学的知识框架及法理学在其中的位置》，《法学》2014 年第 3 期。
③ 〔美〕理查德·A. 波斯纳：《法理学问题》，苏力译，中国政法大学出版社，1994，序言。

事实上,"缺乏实践效果"并不是法理学本身的问题,而是司法实践中相当一部分法律人懒于思考、缺乏用法理关照司法实务的意识造成的无奈局面,"理想照不进现实"。

比如最近引起舆论哗然的几件奇葩判决,天津老太气枪案、内蒙古农民无证收玉米案、河南农民采"野草"案等,从实在法的规定来看,这些判决也许没有任何问题。但是,如果从法理来分析,什么是法?实在法是否优先于社会大众而独立存在?是否应该考虑社会共同守护的价值观?如果这些判决确实符合法治精神,就需要法官做出明确的、专业的法律解释。

多年前的"泸州二奶继承遗产案"也是一个部门法实践未经法理学指导而备受争议的典型案例。本案的判决一方面获得了当地民众和部分学者的支持;另一方面很多法律界人士却认为这是道德与法、情与法的一次冲突,甚至认为这是在舆论的压力下所作出的错误判决。他们认为在有具体的实体法规则——《继承法》可依的情况下却依据法律原则进行裁判,这样的判决是错误的。该案本来属于民法问题,法官用了民法中的一个原则——"公序良俗"原则来做出判决。通过法理分析,我们发现出现争议的原因就是,法院在适用法律原则时是否遵循了法律原则适用的条件。适用法律原则要受到三个限制——顺序限制(穷尽法律规则,方得适用法律原则)、目的限制(除非为了实现个案正义,否则不得舍弃法律规则而直接适用法律原则)和说理限制(没有更强理由,不得径行适用法律原则),也就是适用法律原则的前提是没有规则或者规则本身不正义,而且适用法律原则必须进行充分说理。而"泸州二奶继承遗产案"中法官适用民法中"公序良俗"原则作判决的时候,是否遵循了以上法律原则的适用限制?是否进行了更强理由的说明而非径行适用了法律原则?如果当时的法官是一个法理学造诣颇深的学术性法官,也许本案就会因为得到了法理学的深度关照而成为像"里格斯诉埃尔默案"那样的经典案例而流传千古。

(二)"与部门法知识重合"而无用?

法理学的知识体系是否完全与部门法的知识重合。其实,法理学虽然是从部门法抽象而来,但正如理论来源于实践但高于实践一样,法理学来源于部门法不等于就完全等同于部门法而是高于部门法,否则就没有抽象的必要。

1. 法理学在与部门法共同的研究领域里，作用无可替代

法理学这种理论化的工作，因为侧重道德原则，而不是实在法体系，可以区别于部门法的讨论，并且无法被后者取代。

例如，同样是关于物权法的研究，部门法理论（实在法理论）试图告诉我们，物权法的具体内容是什么以及它为什么会是这样，侧重说明或者描述实在法体系的具体内容和要求，关心的是事实问题，这是从实然法的角度进行研究；关于物权法的法理理论则要证明，什么样的物权法才是（最）好的，侧重道德原则而与道德理论紧密相关，关心的是价值问题，这是从应然法的角度进行研究。

2. 法理学存在自身独特的研究领域，因此它在知识上并非冗余

法理学除了与部门法共同的研究领域之外还存在自身独特的研究领域，因为任何其他部门法理论都无法在此领域给出系统性的回答。

以死刑问题为例，就法理学理论与部门法理论的区分而言，法理学理论关心的是这些问题：死刑的存在有正当性吗？人的生命是自然的过程，那么以死刑这种非自然的方式剥夺人的生命还具备合理性吗？报应一个极端严重的罪行，死刑是唯一值得选择的恰当手段吗（报应论能够辩护死刑吗）？这些问题之所以是法理学的研究对象，是因为它们不仅仅是关于中国实在法体系和法律实践的问题，还是关于全人类的问题。而部门法理论关心的是这些问题：在中国现行法体系之下，死刑有存在的正当性基础吗？中国人"欠债还钱，杀人偿命"的传统想法，能够为死刑的存在提供有效辩护吗？由于中国死刑的规定极为广泛，它们与相应的罪行之间形成了充足的报应关系了吗？这些问题之所以是部门法理论的对象，是因为它们必须考虑中国的实在法体系与相应的法律实践。[①] 而在中国藏族地区，由于受"不杀生"的宗教信仰的影响，对于按照我国刑法应当处以死刑的刑事案件，藏族地区却以广泛存在的"赔命价"习惯法对我国统一的刑事法律制度进行挑战。按照以上部门法的理论视角，死刑制度很显然是能够获得部门法学者的极力支持的，而藏族地区的"赔命价"习惯法因违反部门法理论是没有其

[①] 以上参考了陈景辉的观点。详见陈景辉《法理论为什么是重要的——法学的知识框架及法理学在其中的位置》，《法学》2014年第3期。

存在空间的。但是，如果从法理学的理论视角来看，藏族地区的"赔命价"习惯法因其关注个体生命价值，从全人类的自然生命价值视角（而不仅仅是具体到中国人的传统价值观）来关注死刑的正当性基础，而具有了法理学的探讨空间。

三　法理学的重要意义

（一）法理学在法学体系中的地位

作为各部门法学的最一般的基础理论，法理学是法学体系中最具有前沿和尖端意义的学科。法理学既是学习法学的基础理论课程，更是研究法学领域中前沿问题的学科。因此，法理学是一门系统阐述关于法律本身的构成原理、存在价值、发展方向的学科。类似于武侠小说里学招式前修炼的内功，法理学的基础具备了，学习具体的部门法就是见招拆招，最终化为己用。正如内力的修习不同于招式的练习一样，法理学的范围也不等同于部门法的范围，而是建立在各个部门法之上的对法律这一事物本身规律的分析。

法理学对于一个法科生的重要影响，不是一时一地的，而是持久长远的，它的重要性会在今后的学习和工作生活中逐渐显露出来。对于此，不管是作为政治家的美国前总统尼克松，还是作为一名普普通通的中国法官，他们根据自身的切身体会，提出了自己对于法理学重要意义的看法：

名人与法理学

回顾我自己在法学院（杜克大学）的岁月，从准备参加政治生活的观点来看，我所选修的最有价值的一门课程就是郎·富勒博士讲授的法理学，即法律哲学。这不是一门要考学位的必修课。但是在我看来，对于任何一个有志于从事公共生活的法律系学生来说，它是一门基础课。因为从事公职的人不仅必须知道法律，他还必须知道它是怎样成为这样的法律以及为什么是这样的法律缘由。而要获得这种知识背景的时期，又是在学院和大学期间，这时一个人还有可以悠闲自得地从事阅读和思考的时间……如果他在大学期间没有获得这种眼界和知识背景，那他也许永远得不到了。

——〔美〕尼克松：《六次危机》

法官与法理学

《给法科新生的四个嘱咐》（作者刘彦，中南财经政法大学法学学士、法学硕士，在省市县三级法院当了五年法官，现就职于浙江省湖州市吴兴区纪委）

嘱咐一：竭尽全力学好法理学

法学绝不仅仅是法条，法条的变化虽说不上是日新月异，但用"隔三岔五"来形容并不过分……但是，法学理论是相对稳定的。深厚的法理功底在你将来的法律实践中将起到至关重要的作用。当你对行为性质难以界定时、当你对基本概念含糊不清时、当你遇到遗憾案件不知所措时、当你的正确分析遇到他人质疑时，千万不要忘记法理学，她是你最值得信赖的老师，是你最真诚的朋友，是你最铁杆的粉丝。在我多年的司法实践中，无论我在哪个岗位，我总会把张文显老师的《法理学》带在身边，圈圈点点、翻翻划划，我都记不清究竟已经读过多少遍了。随着司法实践工作经验的累积，每读一遍都有新的发现、顿悟、领悟，更深、更透、更远。

（二）法理学的实践意义

学好法理学可以树立法学的世界观，获得学习和掌握各部门法律知识的钥匙，形成法理思维方式，为弥补法律漏洞提供依据。法理学与部门法的区别就在于，法理学为我们观察世界提供了一个多元的视角，对于具体案件法理学不会提供唯一正确的答案；其他部门法如民法、刑法等则为我们遇到具体案件时看法律的具体规定是什么，如何根据具体规则去判定案件。

学习法理学，必须精确掌握并理解相关概念，掌握法律理论，树立社会主义法治理念，学以致用，运用法理思维将所学知识分析、理解一些社会现象和法律案件。

1. 理解基本概念

法理之难，难在它的抽象性和概念繁多。因此，学习法理学首先必须注意其中的一些基本概念，注意法言法语与普通语言的区别。比如我们在说"死亡方式"的时候，普通人会想到上吊、喝药、跳楼等死亡的方式，但作为一名法律人，法学上的"死亡方式"指的是自然死亡和宣告死亡。

虽然法学上的"死亡方式"包括自然死亡和宣告死亡，但是有的时候也会遇到难题。比如，刑法上规定的交通肇事罪的构成前提是"致人死亡"，但是，究竟是"自然死亡"还是"宣告死亡"，刑法并没有进一步明确界定。如果被害人被宣告"死亡"是否构成交通肇事罪？曾经就有这样一个真实的案例。2001年6月16日傍晚，村民彭某在没有适航证的情况下，驾驶一条旧帆船搭载同村村民金某及其7岁女儿金乙过河。在帆船就要与水坝相撞时，金某抱着自己的女儿跳水求生。金某被救起，其女儿失踪。金某向法院提出宣告死亡的申请，法院遂于2003年6月26日宣告其女儿死亡。金乙宣告死亡，彭某是否因此构成交通肇事罪？金乙的宣告死亡是不是我国刑法规定的交通肇事罪中的"致人重伤、死亡……"中的死亡，这是需要结合法理学的理论知识来进行解释的。

从目前我国法律规定来看，宣告死亡制度仅仅存在于民事法律规范中。那么，民事法律领域中宣告的公民死亡，能否直接援引到刑事法律领域之中，这在法律上还未能找到明确的答案。所以要确认交通肇事罪的死亡结果是否包括宣告死亡，要从宣告死亡的立法目的方面进行法理分析。

民法上之所以规定宣告死亡制度，其立法目的是尽快结束因为失踪人长期下落不明而使公民的人身和财产关系处于不稳定状态，在于解决公民参与的民事法律关系因其长期下落不明造成的不确定状态问题，维护正常的社会秩序和生活秩序。而刑事立法的目的不仅在于打击犯罪分子，更要保护人权，因而刑法中禁止不利于行为人的类推解释，在刑法条文没有明确规定的情况下，将死亡解释为"包括宣告死亡"就属于对行为人不利的类推解释。因为有可能被宣告死亡的人实际上并没有真正死亡，而只是在别的地方继续其生活。但如果将宣告死亡也解释为刑法中的"死亡"，因此而追究所谓"加害人"的刑事法律责任，一旦被宣告死亡人"亡者归来"，加于所谓"加害人"身上的刑事法律责任已经不可逆转，即使以国家赔偿的方式对所谓"加害人"进行经济上的弥补，但其精神上的伤害以及可能因为受刑而产生的连锁后果效应（比如妻离子散、亲人受受害人家属指责等）是永远无法抹除掉的。因而，从法理学的角度来分析，刑法中的"死亡"不应该包括"宣告死亡"。

2. 掌握法理理论

从立体的角度来看，法理学研究的内容就犹如一个球体，我们需要从球体自身出发，挖掘自身的内涵与外延，需要观察过去、现在和未来，需要关注自身与周围环境之间的关系。

通过法理学的体系结构图，可以看出法理学的体系主要包括内、外、纵、横四个方面，也即本体论、发展论、运行论和关联论四个部分（见图1-3）。

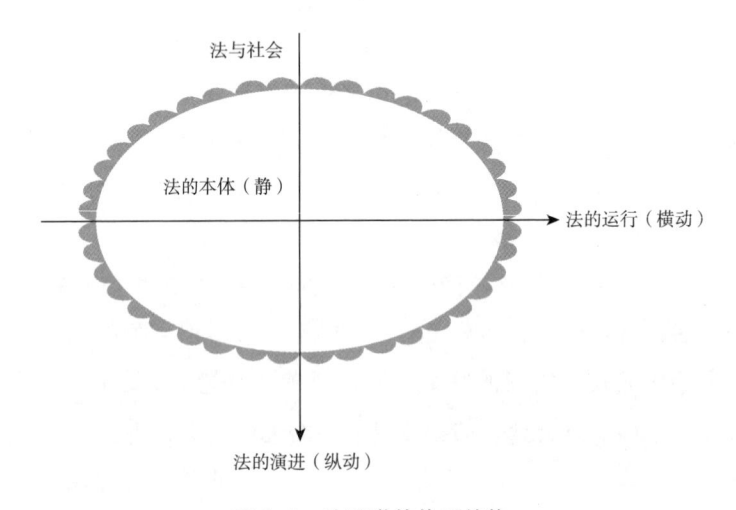

图 1-3 法理学的体系结构

（1）法的本体论，是关于解决"法是什么"和"法应当是什么"的问题的理论。这是从法的内部去发掘"法是什么"，主要包括法的含义（法的概念、特征、本质、作用）、法的价值、法的要素、法的渊源与效力、法律体系、法律关系和法律责任。

（2）法的发展论，是关于法的纵向发展的理论，是从历史纵深的角度考察，主要包括法的起源、历史类型、继承、移植和发展。

（3）法的运行论，是关于法的横向运行的理论，是从横向推进的角度考察，主要包括立法制度、执法制度、司法制度和法律监督制度。

（4）法的关联论，是关于法与社会的全面关系的理论。这是跳出法本身的视域，从法与外部的关联性去考察，主要是法与政治、经济、道德、文化等社会关系是如何相互作用的理论。

3. 法理思维的养成与实践

法理思维方式是法律人按照法律逻辑（包括法律规则、原则、精神）来观察、思考、分析和解决社会问题和法律问题的方式。作为一名法律人，必须首先从日常思维向法律思维转变，否则就背离了法治精神。一只表不走了，普通人会说"这只表坏了"，法律人只能说"这只表不走了"。

法理思维其实就是辩证思维。因为不同的学派有不同的观点，所以法理学不是研究"1+1=2"，而是研究"1+1=N"。虽然说"杀人偿命"，但法律规定故意杀人可以判死刑也可以判无期徒刑，你不能说法官判无期徒刑就错了；行人闯红灯应该罚款50~100元，你不能说交警罚甲50元而罚乙100元就错了。尤其是在法律没有明确规定或者法律规定模糊的时候，裁判者的法理素养和法理立场，就决定了案件的处理结果。这时候，你不能说非要得出一个绝对正确的标准答案，那就不是法理思维了。

"以事实为依据，以法律为准绳"是我们耳熟能详的一个法律原则，不管是法学专家还是普通老百姓都能倒背如流，这也是一名法律人毕生所应追求的目标。但是，这简简单单的十二个字，很多人包括我们的法律人，实际上根本不能真正理解其中的法理深意。我们认为，所谓的法理思维方式其实就是围绕着这一法律原则而展开的。

法理思维之一——事实

"以事实为依据，以法律为准绳"——究竟什么是事实？

对于什么是事实，很多人会认为就是实实在在、的的确确、客观真实发生过的事件。但在法学上，所谓的"事实"仅仅指能够被具有合法性、真实性和关联性的证据所能证明成立的事实，也就是我们说的"法律事实"。比如，生活中常见的恋爱期间的借款纠纷，当事人之间究竟有没有真实发生过借款事实，就只能是天知地知你知我知，而一旦发生纠纷诉至法院，法官也只能根据双方提交的证据来判断借款事实是否存在。

客观真实与法律真实之间永远处于一种纠缠不清的状态，而究竟是要根据证据来判断法律真实还是要力图回到客观真实那个瞬间,是法律人法理思维和普通人朴素情感的重大区别。著名的彭宇案和许云鹤案所引起的网络热议,就反映了法律人与普通人的不同思维方式。

彭宇案和许云鹤案——难以复原的瞬间

南京彭宇案

2006年11月20日上午9点30分左右,在南京市83路公交车水西门广场站,两辆83路车前后进站,南京市民彭宇在第一辆车上,车进站后,后门打开,他第一个走出车门。66岁的老人徐寿兰拎着保温瓶,赶去搭乘第二辆83路车,她行至彭宇所乘坐的那辆车的后门附近位置跌倒。

彭宇:老太太自己跌倒,我是做好人好事扶起老太太并带去医院治疗。

徐寿兰:是彭宇撞倒我的。

备受质疑的一审判决如下。

"从常理上分析,其(彭宇)与原告相撞的可能性较大,如被告是见义勇为做好事,更符合实际的做法应是抓住撞倒原告的人,而不是仅仅好心相扶。如被告是做好事,根据社会情理,在原告家人到达后,其完全可以在言明事实经过并让原告家人将原告送往医院,然后自行离开,但被告未做此等选择,其行为显然与情理相悖。"由此认定,虽然双方均无过错,但应按照公平责任合理分担损失,彭宇补偿徐寿兰损失的40%,共计4.5万多元。

天津许云鹤案

案例视频:说事拉理之天津许云鹤案引争议

2009年10月21日上午,许云鹤驾车沿天津市红桥区红旗路由南向北行驶,在行驶到红星美凯龙家具装饰广场附近时,恰巧看见王老太由西向东跨越路中心的护栏,后王老太倒地受伤。

许云鹤:自己并没有撞人,他主动停车,下车搀扶,是助人为乐。

王秀芝:是许云鹤的车撞倒自己的。

2011年6月16日,天津市红桥区人民法院就此事做出判决,王老太跨越中心隔离护栏属违法行为,对事故的发生负有不可推卸的责任,许云鹤被判决承担40%的民事责任，赔偿王老太108606.34元，其中包括残疾赔偿金87454.8元。

这份民事判决书上，法院并无证据证明许云鹤撞人。天津市天通司法鉴定中心出具的具体情况说明为"不能确定小客车与人的身体接触部位"。人民医院对王老太伤情的诊断是"无法确定原告伤情的具体成因，但能够确定原告伤情系外伤所致"。

许云鹤案部分判词：

"不能确定小客车与王老太身体有接触，也不能排除小客车与王老太没有接触。被告发现原告时只有4~5米，在此短距离内作为行人的原告突然发现车辆向其驶来，必然会发生惊慌错乱，其倒地定然会受到驶来车辆的影响"。

精彩评论文章：《最高法为何重提天津"许云鹤案"？》[①]

一审的判决似乎在说，也许王老太真的不是你许云鹤撞倒的，但是你突然驾车而来，吓也能将王老太吓倒，她因此而摔伤是有可能的，所以你得赔偿。显然，这种推理没有多少道理，有驾车经验的人都知道，在如此情况下，应该是王老太横穿马路、翻越护栏、突然出现在许云鹤的车前而把驾车中的许云鹤吓了一跳，被迫进行紧急制动，一审判决有点倒打一耙的味道，所以才引起公众的极大关注而成为舆论焦点。

彭宇案和许云鹤案之后，舆论一片哗然，人们将"不敢做好人好事"的道德滑坡现象归咎于这两个判决带来的恶果。最高法院和主流媒体几次发声，试图证明：客观事实就是彭宇撞人了，判决没有错，错的是谣言。最高法院虽然一再发声，力图挽回因法院判决而造成的社会道德滑坡影响，但彭宇案和许云鹤案判决所带来的影响，短时间内已经无法消除。

2014年7月24日，最高人民法院发布许云鹤与王秀芝道路交通事故人身损害赔偿纠纷案等四起侵权纠纷典型案例。案例发布后，最高人民法院民一庭负责人就案例所涉相关重大问题回答了记者提问。认为"前几年的彭宇案，

[①] 《最高法为何重提天津"许云鹤案"？》，http://www.360doc.com/content/14/0726/17/1290544_397243646.shtml，最后访问日期：2017年10月3日。

从一审的证据看，彭宇确实与原告发生了碰撞，一审判决在证据评价和事实认定上并无错误，在审理结果上也并无不当，但为何会引起争论。一个重要的原因就是一审判决没有正确理解和运用生活经验推理。本次公布的案例，同样在不同程度上运用了生活经验，比较好地把握了日常生活经验、司法推理和公序良俗之间的关系，在正确认定事实的同时，在价值倡导、教育引导方面，也起到了积极的作用"。①

2015年2月9日晚，央视《焦点访谈》披露彭宇案真相：彭宇承认撞人。在央视题为《谣言乱"法"法不容》的报道中，提到了著名的"南京彭宇案"。报道称，2006年，南京小伙彭宇和老太发生纠纷，在法院审判中，彭宇声称自己是做好事反被诬陷，一审被判向老太太赔付损失4万多元，一时间舆论认为法院错判。央视的上述报道指出，2012年，事实被披露，彭宇承认撞人。可是时隔6年，"南京法院法官判案水平低、老人倒地不敢扶"的认识已深入人心，难以磨灭。因此，法学专家认为，在关于法院的不真实、不准确信息前，坚决、及时地公布真相是维护法律权威、避免误导公众的最好办法。

2017年6月，河南驻马店一女子被汽车撞了之后，无人上前施救而导致二次碾压。于是，2017年6月15日，最高院再谈彭宇案，并在《人民法院报》第一版的位置刊发《十年前彭宇案的真相是什么？》（见附录）一文。

"彭宇案"如同一个神奇的符咒，每次国内道德问题引发舆论争议时，"他"就会浮出水面，作为一个靶子，供全国人民抨击。待抨击结束，舆情消退，"他"又悄然退至幕后。② 正如法律读库评论文章《彭宇认错了，判决也对不了》里评论所说："无论真相如何，彭宇案的判决依然被死死地钉在邪恶判决的耻辱柱上。诚然，查明真相，是保障司法公正的最重要前提。但判决的对错，与判决是否契合真相没有必然联系。"③ 我们认为：作为一个法律人，我们关心的不是客观事实上彭宇和许云鹤是不是撞了人，我们质疑的是法院

---

① 最高人民法院：《应对社会舆论压力 依法独立公正审判——最高法民一庭负责人答记者问》，http://mp.weixin.qq.com/s?_biz=MzA3MjEwNzYzOQ%3D%3D&idx=2&mid=200430772&sn=7b5aa06eb9a756d66fb02e1683909625，最后访问日期：2017年9月3日。

② 王勇：《彭宇案的判决书错在何处》，http://www.sohu.com/a/32943696_120032，最后访问日期：2017年9月7日。

③ 笨熊图灵：《彭宇认错了，判决也对不了》，http://www.sohu.com/a/32880485_120032，最后访问日期：2017年9月8日。

在得出所谓"事实"结论的时候的逻辑推理。今天再来指责媒体不客观、网民情绪化,这种行为本身就不客观。人民关心的是到底有没有刑讯逼供(有没有合法有效的证据证明侵权),你却告诉我当事人确实有罪(侵权),他自己都承认了。这才是问题的实质所在。

附录　十年前彭宇案的真相是什么?

近日,网上流传这样一个视频:河南驻马店一女子过马路时,被一辆出租车撞倒在地,事发后,被撞倒女子横躺在马路上一动不动,其间多辆汽车和多名行人路过,无一辆车停车查看情况,也无一人上前施救,一分钟后,该女子遭到另一辆汽车二次碾压。不少人在感慨、悲愤世态炎凉、路人冷漠的同时,却将众人的冷漠归过于十年前的"彭宇案"。

近年来,路人对遇险者作壁上观的类似新闻不断在各地反复上演,而每当类似新闻出现,"彭宇案"就会被再次纳入公共讨论的范围。一时间,"扶不扶"仿佛成了一个困扰人们多年的中国式难题,提供救助怕被对方反咬一口,不提供救助又将面临良心上的谴责,甚至这个话题还上了春晚。其实,在再次讨论这一话题之时,我们不妨重新回到"彭宇案"案情本身。

该案中,从法律真实看来,彭宇在第二次庭审时承认"我下车的时候是与人撞了",但否认是与老太太相撞。第三次开庭中,原告方提供了一份主要内容为彭宇陈述两人相撞情况的笔录照片,虽然这份笔录因警方失误丢失,客观上无法提供原件,但也得到了当时做笔录的警官的确认。结合彭宇自述曾经与人相撞却说不清与何人相撞以及经警方确认的笔录照片,这就构成了优势证据,一审法院认定彭宇与老太太相撞并无不妥。而从客观事实来看,事过多年后,彭宇也承认了当年确实和老太太发生过相撞。

遗憾的是,当年一些媒体一边倒地将彭宇"人设"为被冤枉的"好人",毕竟"好人蒙冤"的剧情要比"撞人该赔"的现实更加能够"撬"开读者的眼睛,撩动他们互动的欲望。而不得不说的是,或许是人性的自私因子使然,我们习惯于为自身在众人中的冷漠去找到一个客观而冠冕堂皇的借口,"以讹传讹"似乎总比真相走得快一些。这就造成如今遗憾又尴尬的局面，人们对于该案的误解、误读越陷越深，至今仍然有不少人坚信着彭宇仅因施救而被判赔偿的假象。

实际上，对于"扶不扶"问题，法律早有答案。《民事诉讼法》明确规定："当事人对自己提出的主张，有责任提供证据。"最高人民法院《关于民事诉讼证据的若干规定》规定，"当事人对自己提出的诉讼请求所依据的事实提供证据加以证明。没有证据或者证据不足以证明当事人的事实主张的，由负有举证责任的当事人承担不利后果"。可见，如果被扶者不能证明扶人者将其推倒，扶人者则不应承担任何责任。

严格意义上，我国司法实践中，也并未发生过一起仅因扶人而让扶人者担责的判例，或许也正因此，每每发生类似事件，一些人只能拿出一件十年前被误读的"彭宇案"来唏嘘不已，感叹世风日下，乃至为冷漠寻找借口与出口。

值得强调的是，即将正式实施的《民法总则》再次重申了法律对见义勇为的态度，"因自愿实施紧急救助行为造成受助人损害的，救助人不承担民事责任"。即便施救行为对受助人造成了一定损害，救助人也无须担责，更何况，损害本非救助人所致。而这些年，各地也陆续出台了《奖励和保护见义勇为人员条例》，国家与地方对"义者"的奖励、保护长效机制正在日趋完善。

见义勇为是中华民族所提倡的高尚品德。可以说，我们每个人都有着一颗"老人老，幼人幼"的善心，而同时又有着一颗趋利避害的私心。当我们见到有人需要帮助时，当我们在"扶不扶"问题上左右徘徊、踌躇不前时，我们必须在内心上确信，救助行为永远不可能成为侵权的证据，"彭宇案"不能再成为我们逃避的借口，法律始终站在善者那一边。

法理思维之二——法律

"以事实为依据，以法律为准绳"——究竟什么是法律？

分析法学派哈特早就说过："对于'什么是法律？'正如圣·奥古斯丁关于时间概念的一段名言表达了同样的窘境。他说：'什么是时间？若无人问我，我便知道；若要我向询问者解释，我便不知道。'在这一方面，甚至娴熟的法律专家也颇有同感，他们虽然了解法律，但是，对于法律以及法律与其他事物的关系的许多问题，他们却不能解释和充分理解。"

面对这一千古难题，同样地，在对"以法律为准绳"的理解中，对于什么是"法律"，也存在很大争议。很多人理解"法律"时，一方面会将法律局限于那种白纸黑字由国家权威发布的法律之内；另一方面又会将法律的范围无限扩大至每个人内心认同的道德，认为法律不能只讲证据不讲良心，所谓的"合法不合理"的说法占据了很大部分吃瓜群众的世界观。对于究竟什么是法律，在本书的第二章"法的实然界定：法究竟是什么？"将从古今中外对法律的千年争论中详细解读。在这里，以中国著名的戏剧《白毛女》中杨白劳与黄世仁之间的债务纠纷为例，了解一下对这个事件中所涉及的法律问题抑或政治问题的不同看法。

黄世仁在某年初春出借给杨白劳大洋22.5元，双方约定该笔借款年底到期，利三分，借款到期后本息一次还清。而该笔借款最终发生逾期，且转为死账的可能性极大。黄世仁多次上门催收未果，便强迫杨白劳用自己的女儿喜儿作为质押物追加担保，杨白劳无力偿还借款，压力过大而自杀。最终黄世仁没有实现债权，反因为触犯法律而被处以极刑。

在本案中，杨白劳与黄世仁之间的债务纠纷，究竟是个道德问题、政治问题还是法律问题？这主要有如下两种观点。①当时是半殖民地半封建的旧中国，社会财富的占有严重不合理，一个富人在年关向穷人讨债，是剥削阶级吝啬、残忍、贪得无厌的表现。②这是一个简单的债权债务纠纷案件，杨白劳是债务人，黄世仁是债权人。欠债还钱，天经地义。杨白劳欠债，理应偿还。

我们用法理思维思考：观点①是从传统道德的角度看待问题，但最终又上升成了政治问题；观点②是从"欠债还钱"的自然法规则看待问题，但多少又失却了本质的观察。当我们的目光透过民法，深入法理层面，会发现，任何一个具体的貌似公平的法律制度，如果建立在了不公平的基础之上，所带来的结果往往就是表面上的公平和实质上的不公平。这就涉及包括民法在内的整个法律制度的本质问题。

第二章　法的实然界定：法究竟是什么？

> 对于"什么是法律？"正如圣·奥古斯丁关于时间概念的一段名言表达了同样的窘境。他说："什么是时间？若无人问我，我便知道；若要我向询问者解释，我便不知道。"在这一方面，甚至娴熟的法律专家也颇有同感，他们虽然了解法律，但是，对于法律以及法律与其他事物的关系的许多问题，他们却不能解释和充分理解。
>
> ——〔英〕哈特：《法律的概念》

第一节　法的词源流变及当代中国法学者对法的界定与反思

一　古汉语中的"法"与"律"

文字乃是人类表达内在思想的符号系统。因此，对历史留存文献的语义分析能够探寻古人的法思想。"要寻求文字所记载的意识的本来面目，就须得考古，才能发掘出古人意识及其精神文明的真面貌，从而探索出此文化的根源及其进化的历史。"[①] 中国的汉文字是象形表意文字，其字义之中沉淀了先民的思想意识、风俗习惯，这些内容无不与中国传统法律文化的深层价值观紧密相连、水乳交融。因此，深究某些典型汉字的字形和本义，前可探其源头，后可寻其流轨。

通说认为，"法"的古体为"灋"。东汉许慎著《说文解字》解释："灋，

[①] 周清泉：《文字考古》，四川人民出版社，2003，第182页。

刑也。平之如水，从水。廌所以触不直者去之，从去。法，今文省。""廌，解廌兽也。似山牛一角。古者决讼，令触不直。象形，从豸省。"这说明，在中国古代，法具有三个特点：法与刑通用；法有公平之义；法有神明裁判之特点。"灋"字是对"法"这一社会现象的真实记录，同时也反映了古代先民对"法"这一社会现象的认识和理解。

但是，清华大学李平教授认为，许慎在《说文解字》中仅以战国篆文为据，未能考察商至战国前期文字发展的理路，对"灋"的词源解释有误。廌与作为神兽的獬豸有差异，并无掌法神兽之义。"灋"字在西周时代作为"废"的本字使用，与后世的"法"义并无关联。①

今天，我们虽然无法再现古人的真实想法，但是，我们并非无所作为。李平教授认为，通过对古代象形文字构成的逆向讨论，我们也许可以窥测古人当初的造字意图。"法"字的产生也许比"法"这一社会现象要晚很久，但是，当"法"字得以产生之际，由于人们对"法"这一社会现象早已有了约定俗成的统一见解，因此，不管"法"字出自哪位历史人物之手，它都已经具备了非如此表现不可的必然性。这是一个很有趣的文化现象。②

在中国，法的含义至少经历了以下三个阶段。

1. 法——→刑（"法即是刑"）

《说文解字》对"法"定义是："法者，刑也。"这一经典的"法"定义，被广泛用来论证中国古代法与刑之间的密切关系，甚至据此形成了中国古代"法即刑，刑即法"的思想认识。有学者通过对《商君书》"法"与"刑"两个概念的对比分析，认为这一精练的法定义实际上从字面上忽略了法与刑的明显区别。只是由于任何违反法令，甚至违反道德的行为，最终都是用刑罚进行惩处，而又有商鞅主张"刑多赏少""刑重赏轻"的缘故，才突出了作为法的举措之一的刑的作用和地位。其结果是容易使人将对"刑"的惩罚性认识转化为对"法"的惩罚性认识，而忽略了赏也是法的举措之一；更容易使人忽略"法"作为行为规则层面的含义以及法区别于"刑"惩罚性功能定位的行为评价性功能定位。

---

① 李平：《"法"义新论》，《现代法学》2013年第2期。
② 尹凤桐：《追寻中国古代法文化的"渊"》，《中国图书评论》2017年第5期。

《商君书》作为先秦法家的一部代表性著作，阐述了法家代表性人物商鞅的主要"法治"思想，即在实现富国强兵的目标下，确立君主"垂法而治""缘法而治"的社会治理格局。其所谓"缘法而治"，实为缘刑赏而治，而不仅仅是缘刑而治。①

2. 法──→律（"改法为律"）

"律"之本义为"音律"，作为调音或定音工具，因而具有"规范、标准"之义。《说文解字》训曰："律，均布也，从彳，聿声。"《尔雅》中对"律"字义训曰："律者，所以范天下不一而归于一，故曰均布也。"宋邢昺疏："律者，常法也。"②"均布"是古代调音律的工具，把律解释为均布，说明律有规范人们行为的作用，是普遍的、人人遵守的规范。在古代，"法"与"律"也通用。商鞅"改法为律"之后，由于统治者更为重视法律的"规范"功能，逐渐以"律"取代"法"，用以指称成文法典。

商鞅"改法为律"之说始于《唐律疏义》和《唐六典注》，可谓由来已久。《唐律疏义》云："悝集诸国刑典，造《法经》六篇，商鞅传授，改法为律。"《唐六典注》云："商鞅传《法经》，改法为律以相秦，增相坐法，造三族之诛，加车裂镬烹之刑。"睡虎地秦简出土之后，学术界普遍认为，简文为商鞅"改法为律"之说提供了有力的佐证。因为"律"字在简文中出现88次，其中不少的法律条文为商鞅所作。于是，商鞅"改法为律"之说遂成为不易之论。

3. 法──→法律（"法、律合一"）

在现代法治社会中，"法律"作为一组基本的语词，被人们在不同语境和场合下使用。最早将"法""律"二字合而为"法律"一词是春秋时代的管仲："夫法者，所以兴功惧暴也；律者，所以定分止争也；令者，所以令人知事也；法律政令者，吏民规矩绳墨也。"但汉语中"法"与"律"两字组合用指称现代法的现象直到近代才出现，"法律"二字是从近代日本引进的词语。③

---

① 汪良：《〈商君书〉中"法"、"刑"概念辨析》，《法制与社会》2014年第13期。
② 陈寒非：《"律"义探源》，《现代法学》2013年第3期。
③ 〔日〕实藤惠秀：《中国人留学日本史》，谭汝谦等译，三联书店，1983，第329页。

二 西方历史上"法"的用法及演变

在西语世界中,"法"具有哲理意义上和国法意义上的区分。

表 2-1 法的区分

区分	西文	中文
哲理意义(自然法、应然法)	拉丁文 Jus,英文 Justis(法文 droit、德文 Recht、俄文 npaBo 等)	法(权利、公平、正义)
国法意义(实定法、实然法)	拉丁文 lex,英文 law(法文 loi、德文 Gesetz、俄文 3akoH 等)	法(法律)

什么是法(法律)?这是一个经久不绝的话题。因此,对于"法"究竟指的是哲理意义上的"法"(也就是自然法、应然法),还是指的国法意义上的"法"(也就是实定法、实然法),这是自古希腊著名的思想家、哲学家、教育家、西方哲学的奠基者苏格拉底之死就开始的一场旷日持久的争论:恶法非法?还是恶法亦法?

公元前 399 年,在古雅典城内,来自社会各阶层的 501 人组成法庭审理了一起特别案件。被告人就是著名哲学家苏格拉底,其因在公共场所喜好与人辩论、传授哲学而被以"不敬神"和"败坏青年"的罪名判处死刑。在监禁期间,探视友人欲帮其逃亡,但被拒绝。最后,他服从判决,喝下毒药而亡。苏格拉底的学生劝他越狱,其中提出一个重要观点:没有必要如此迂腐的遵守雅典这不公正的法律。而苏格拉底反问道:越狱不也是不正当吗?即使对我的指控并不公正,但对一个被判有罪的人来说,逃避法律制裁难道就正当了?虽然判决不公正,但逃亡是毁坏法律,不能以错还错。

苏格拉底与其学生的这段对白,实际上探讨的就是"恶法亦法"与"恶法非法"的关系问题,也就是秩序价值与正义价值的权衡问题。从本案的法官、苏格拉底和他的学生各自的行为来看,不同的人对于"正义"概念可能会有不同的理解。当人的良知、道德感与法律之间发生抵牾的时候,这些法律缺失了公平正义的自然理性和理念的时候,我们究竟还该不该遵守这些人为制定的法律?这些人为制定的法律还是不是"法"?这些问题,归其一点,就是判断什么是"法",该不该考虑"法"背后所应该蕴含的"公平""正义""道德"等因素,而"恶法亦法"与"恶法非法"的争论问题,实际上就是法(实定法)与道德(自然法)之间的纠缠问题。

因此,围绕着法的概念的争论,其中心问题就是关于法与道德之间是否存在概念上的必然联系。所谓法学流派,实际上是古今中外的法学家在对法进行定义的过程中,因研究方法、研究角度、视野宽窄等的不同,对法做出了不同的定义。在历史上,法与道德一路打架,这也就是西方法理学学派的发展过程。为了提高大家对这些法理学纯理论知识的兴趣,下面将透过一个个历史故事以及相关影像资料,来对法理学流派的发展作一个脉络分析。

(一) 第一阶段:古希腊时期的古代自然法

古希腊是自然法观念的发源地。当时的很多人认为国家法如同山川河流一样是一种自然现象,因而应当从"自然"着手,把握国家和法的真谛,这就形成了早期的自然法观念。[①] 亚里士多德提出了自然正义和法律正义或普通的法律和特殊的法律,即自然法和实在法的区分问题。

历史故事:安提戈涅违抗国王命令救兄长

安提戈涅是古希腊悲剧作家索福克勒斯的悲剧《安提戈涅》中的主人公。安提戈涅是希腊神话中底比斯王俄狄浦斯(Oedipus)之女。克瑞翁在Oedipus垮台之后取得了王位,Oedipus的一个儿子Eteocles为保护城邦而献身,而另一个儿子Polyneices却背叛城邦,勾结外邦进攻底比斯而战死。战后,克瑞翁给Eteocles举行了盛大的葬礼,将Polyneices暴尸田野。克瑞翁下令,谁埋葬Polyneices就处以死刑,Polyneices的妹妹安提戈涅毅然以遵循"天条"为由埋葬了她哥哥,于是她被克瑞翁下令处死。

安提戈涅在对抗克瑞翁时有一段常常被法学家所引用的台词:"天神制定的不成文律条永恒不变,它的存在不限于今日和昨日,而是永久的,也没有人知道它是什么时候出现的。""我并不认为你的命令是如此强大有力,以至于你,一个凡人,竟敢僭越诸神不成文的且永恒不衰的法。不是今天,也非昨天,它们永远存在,没有人知道它们在时间上的起源!"这成为自然法学派

[①] 高其才:《法理学》,清华大学出版社,2015,第25页。

与法律实证主义之间论战的经典。

在西方,安提戈涅对城邦法的控诉被称为"安提戈涅之怨",在法学中,安提戈涅这一形象已经成为一个符号了,它象征着运用高级法批判国家的实证法的态度和精神。

(二) 第二阶段:欧洲黑暗的中世纪时期的教会法

在西欧中世纪,罗马天主教教会占据统治地位。奥古斯丁(Aurelius Augustinus,354~430年),古罗马帝国时期天主教思想家,欧洲中世纪基督教神学、教父哲学的重要代表人物,在《论秩序》一书中提出,造物主所创造的秩序是宇宙中一切存在和一切运动的基础和结构。万物的永恒秩序是由上帝的永恒法则创造的。永恒法则就是上帝的理性。一切造物都是通过上帝理性中的形式(理念)被造的。当宇宙万物服从于上帝的永恒法则时,世界就处于最和谐的秩序之中。有"神学界之王"之称的中世纪最大的神学家托马斯·阿奎那还力主教会的权力至高无上。认为如同神高于人,灵魂高于肉体一样,教会高于世俗的国家。教皇是基督的代理人,政权应由他掌握,国家必须服从教会,国王必须顺从教皇。

作为《圣经》中基本行为准则的《摩西十诫》,就是以色列人一切立法的基础,也是西方文明核心的道德观。据传说,《摩西十诫》是上帝在西奈山的山顶亲自传达给摩西的,是上帝对以色列人的告诫。上帝本人将这些话刻在石碑上,送给摩西,后来流传了下来,影响深远。美国电影《十诫》,就讲述了摩西的一生,从出生被皇室领养,后来被逐出做奴隶,到最后带领犹太人出埃及到米甸的故事。在米甸期间,耶和华将十诫授予摩西,并赐予摩西力量让其带领苦难的西伯来人从埃及人的奴役下走出来。

《摩西十诫》之十诫译文[1]:

第一条:"我是耶和华——你的上帝,曾将你从埃及地为奴之家领出来,除了我之外,你不可有别的神。"

---

[1] 该译文参考了百度百科上的译文,http://rc.mbd.baidu.com/41mwtap,最后访问日期:2018年3月1日。

第二条:"不可为自己雕刻偶像,也不可做什么形象仿佛上天、下地,和地底下、水中的百物。不可跪拜那些像,也不可侍奉它,因为我耶和华——你的上帝,是忌邪的上帝。恨我的,我必追讨他的罪,自父及子,直到三四代;爱我、守我诫命的,我必向他们发慈爱,直到千代。"

第三条:"不可妄称耶和华——你的上帝的名;因为妄称耶和华名的,耶和华必不以他为无罪。"

第四条:"当纪念安息日,守为圣日。六日要劳碌做你的工,但第七日是向耶和华——你的上帝当守的安息日。这一日你和你的儿女、仆婢、牲畜,并你城里寄居的客旅,无论何工都不可做;因为六日之内,耶和华造天、地、海,和其中的万物,第七日便安息,所以耶和华赐福与安息日,定为圣日。"

第五条:"当孝敬父母,使你的日子在耶和华——你的上帝所赐你的土地上得以长久。"

第六条:"不可杀人。"

第七条:"不可奸淫。"

第八条:"不可偷盗。"

第九条:"不可做假见证陷害人。"

第十条:"不可贪恋他人的房屋;也不可贪恋他人的妻子、仆婢、牛驴,并他一切所有的。"

历史故事:宗教裁判所审判伽利略

1632年2月,伽利略的著作《关于托勒密和哥白尼两大世界体系的对话》(以下简称《对话》)出版了。不过,伽利略没有想到,这本名留青史的著作即将给他带来一场疾风骤雨。

该年8月,时任教皇乌尔班八世(1568~1644年,原名马费奥·巴尔贝利尼,1623~1644年在位)"心血来潮",授意对《对话》进行重新审查。一个钦定的三人委员会立即展开行动,审查结果表明,作者在有关地球运动的问题上犯下了严重错误,因此有必要对他采取更为严厉的措施。在哥白尼提出日心说体系之后,罗马教廷并没有禁止这种新的天文学说,而是采取了一种折中的"鸵鸟政策"：可以把日心说作为一种数学上的假设，但不能将其视为真实的物理实在。伽利略的严重错误在于，在《对话》一书中，他着力证明的恰好就是地球运动的真实性，而这显然逾越了教廷所设定的底线。9月，教廷颁布禁令，禁止继续销售《对话》。而这禁令，只是一个开始。

10月，针对伽利略的行动进一步升级，乌尔班八世下令，要求伽利略前往罗马，接受宗教法庭的审讯。可怜伽利略已近古稀之年，正在饱受重病折磨，遂上书教皇，恳请稍缓再赴罗马。乌尔班八世不仅并未因此而大动恻隐之心，反而在一个医学小组证实伽利略所言非虚之后，严令伽利略必须立即启程，不得以任何理由拖延，否则就锁链加身，直接拘押至宗教法庭。其时正值意大利半岛瘟疫流行，情非得已，伽利略也只能于次年1月拖着病体仓皇赶赴罗马。因为需要检疫隔离，伽利略在2月份才进入罗马城。

1633年4月，宗教法庭开始对伽利略的正式审讯，至6月底，审讯结束。结果丝毫不出乎意料，法庭裁定被告的"异端"罪名成立，同时查禁《对话》一书，并判处被告终身监禁，而且在初始的3年里，必须每周背诵7首悔罪诗，以洗涤蒙受污染的心灵。伽利略接受了这种屈辱，当庭宣读了悔过书，宣布弃绝一切"反对神圣教会"的"异端邪说"，并发誓在自己的有生之年，都要与这些危害社会安定团结和人心纯洁的"魔鬼思想"作斗争。

对伽利略个人而言，这是一出悲剧；对人类思想史而言，这同样是一出悲剧。

（三）第三阶段：17、18世纪的古典自然法

十七、十八世纪，为了反对封建压迫和教会压迫，自然法观念复苏，英国的霍布斯、洛克，法国的孟德斯鸠、卢梭等提出：法就是道德良知。如霍布斯认为，人们最初的生活状况是每个人都按照自己的本性而生活。他称这种状态为自然状态（natural state）。在这种状态中，每个人都要实现自己占有一切的"自然权利"，从而导致"一切人反对一切人的战争"（war of all against all）状态。永恒不变的"自然法"是人们行为的准则，是衡量善恶是非的标准，是人们必须遵循的道德律。因此，自然法的学说，是真正的道德学说。遵循自然法，和平就有保障，有益于人们的生存和生命，就是善的。又如，孟德斯鸠公开承认上帝是世界的始因，认为上帝是世界的"创造者和

保养者",但又认为世界受自然规律的支配,上帝不能改变自然规律,它的活动同样要受自然规律的制约。孟德斯鸠在自然神论外衣的掩盖下,揭露和批判了天主教会和僧侣的无耻罪行,指出了宗教世界观对人类社会的危害,猛烈抨击了宗教裁判所迫害异教徒的残暴行为,提出了各种宗教之间应该互相宽容、和睦相处、互不干扰、互相尊敬的主张。

历史故事:3000 年后的美国——斯诺登事件

爱德华·斯诺登(Edward Snowden),曾是 CIA(美国中央情报局)技术分析员,同时还负责美国国安局的一个秘密项目。这个项目是美国在监视自己的公民,包括所有的日常通信和上网都被美国政府监视,而且这个秘密计划还涉及了美国很多很有名的大公司,比如我们都知道的苹果、谷歌、雅虎、facebook,这些公司都参与了这个监视计划。2013 年 6 月斯诺登将美国国家安全局关于 PRISM 监听项目的秘密文档披露给了《卫报》和《华盛顿邮报》,随即遭美国政府通缉,事发时人在香港,随后飞往俄罗斯。2013 年 6 月 21 日,斯诺登通过《卫报》再次曝光英国"颞颥"秘密情报监视项目。斯诺登于 2013 年 7 月 31 日再度将美国更大规模监控计划"Xkeyscore"的细节曝光。这项名为"Xkeyscore"的监控计划"几乎可以涵盖所有网上信息",可以"最大范围收集互联网数据",内容包括电子邮件、网站信息、搜索和聊天记录等。"Xkeyscore"计划已经协助美国情报机构抓捕了数百名恐怖嫌犯,但外界对如此大规模的监控计划仍感到非常担忧。

斯诺登作为这个项目的技术负责人主动把这个绝密计划曝光给媒体,也就是把美国政府最机密的东西都曝光了,这很明显违反了美国相关法律,但斯诺登说:美国制定的法律仅仅是人制定的法律,在这个人定法之外,还有一个更高级的法,那就是不能侵犯个人隐私的自然法。

美国电影《国家公敌》也讲述了国家是如何利用无孔不入的科技监控手段侵害个人隐私的主题故事,而这种侵犯个人隐私的国家行为是否违反自然法?永恒不变的"自然法"才是人们行为的准则,是衡量善恶是非的标准,法就是道德良知,这就是古典自然法理论的核心问题。

(四)第四阶段:19 世纪的法律命令说——"恶法亦法"

由于道德被认为太虚无缥缈,如何判断是否道德是一个太主观的问题,因此,"现代英国法理学之父",法律实证主义创始人之一约翰·奥斯丁(John Austin,1790~1859年)认为,"造成英国法律混乱状态的原因,……是因为混乱而散漫的思想方法,尤其是因为古典自然法学说的传播"。

历史故事:屌丝级教授奥斯丁

在历史上,奥斯丁是一位极具争议的法理学家。奥斯丁认为:法是主权者的命令,法与道德没有必然的联系,一个不道德、不正义的法,只要是合法地制定的,就应该认为具有法律效力,即"恶法亦法"。奥斯丁认为:"法的存在是一回事。法的优劣,则是另外一个问题。法是否存在,是一种需要研究的问题。法是否符合一个假定的标准,则是另外一个需要研究的问题。一个法,只要是实际存在的,就是一个法,即使我们恰恰并不喜欢它,或者,即使它有悖于我们的价值标准。"[①]

1826年奥斯丁被任命为伦敦大学第一任法理学教授,曾于1828~1832年、1834年在伦敦大学和英国法学协会会所开设法理学系列讲座。但是,由于其讲授的观点——"法就是主权者的命令",与当时反对当权统治的新兴资产阶级的愿望是相违背的,据说奥斯丁的课无人去听,导致奥斯丁很是郁闷。其代表著作《法理学的范围》(1832年、1863年)和《法理学或者实证法哲学讲演录》(1863年)均是其姐姐在奥斯丁死后根据讲座内容整理而成。

(五) 第五阶段:20世纪的百花齐放

1. 现实主义法学与社会法学的思想交锋

卡尔·尼克森·卢埃林(Karl Nickerson Llewellyn)和内森·罗斯科·庞德(Nathan Roscoe Pound),他们都是20世纪美国著名的法学家。一位是美国现实主义法学之父,另一位是社会法学的泰斗,他们彼此既有很深的私交,又各有自己的法学理论主张。卢埃林批判传统的法学观念,主张在司法实践中把握法律,注重法官行为的社会效果,对法律规则适用的确定性表示怀疑;庞德主张把法律和法律程序当作整个社会的组成部分来理解,法律是通过规范来解决社会中各种利益上的纷争,实现社会的控制。20世纪30年代,他们之间展开了一场激进与保守、创新与守旧的著名法理论战,掀起美国法学史

---

① 〔英〕约翰·奥斯丁:《法理学的范围》,刘星译,中国法制出版社,2002,第209页。

上的一次发展高潮,开启了挑战法学理论权威的先河。正是这种富有挑战的进取精神,激励着后来的法律研究者们不断地去对传统的法学理论进行批判,美国法律思想史上又出现了哈特-富勒之间的法理论战、哈特-德沃金之间的法理论战。三次著名的法理论战,繁荣了美国法学思想,推动了美国法学理论不断向前发展。

在《北京大学法学百科全书》中,现实主义法学被界定为:当代西方研究法律的一种方法和思潮。现实主义法学家们把法律看成是事实而非规则体系,即是一种活的制度而非一套规范。他们认为法官、律师、警察、狱官对法律案件的所作所为,实质上就是法律本身。现实主义法学在美国和北欧的斯堪的纳维亚半岛各有表现。他们把法律的规范性或规定性成分降到最低的限度。美国现实主义法学的奠基人是霍姆斯和格雷。霍姆斯把法律定义为对法院事实上将做什么判断的一种预测,认为法律的生命不是逻辑而是经验。格雷认为法律是法院为确定法律权利和义务而制定的规则,法官不是发现法律而是在创造法律。

历史故事:"正义就是法官早餐吃的东西"

以色列班古里昂大学的丹齐格和阿夫男·佩索,哥伦比亚大学的拉维夫发现,法官的判决受到他们用餐时间的影响。这群研究者分析了8个法官在50天中所做出的1112个司法裁决。这些裁决的主要内容为对监犯人假释申请的批复。分析的结果与研究者们的猜想非常一致:用餐时间影响法官裁决。当法官刚用完餐后,同意申请的比例更高,但是随着法官的肚子越来越饿,他们更加倾向于拒绝申请,并且在下一次用餐前,同意申请的比例几乎下降到零点。因此,法庭心理学得出结论:"正义就是法官早餐吃的东西能撑多长时间。"

2. 拉德布鲁赫公式:法律的不法与超法律的法

德国20世纪最伟大、影响最深远的法哲学家拉德布鲁赫提出:首先必须重视法的安定性,但当实在法与正义和人性的基本思想存在无法忍受的冲突时,法就成为一种不法,法律就需要被超越。拉德布鲁赫公式是拉德布鲁赫在1946年写就的《法律的不法与超法律的法》中的重要理论,是最通常用来解决可预测性与正当性之间冲突的公式。该公式提出法律的三个标准:①法的安定性原则高于合正义性;②当法律违反正义的程度已经达到无法忍受的状态，该法律就不再是法律，而不过是权力的运作而已；③如果立法者在立法时有意否定正义的核心原则——平等原则时，即符合第二项标准。

历史故事1：纽伦堡审判及电影视频《纽伦堡审判》

1945年11月20日至1946年9月30日，由第二次世界大战战胜国美、苏、英、法四国法官组成国际法庭，审判"第三帝国"的战争罪行，并起诉纳粹战犯，对戈林、戈培尔等人进行了正义的审判。

在审理中，戈林等人辩解，纳粹将军们并没有把德国推向战争。因为将军是军事家，不是政治家，作为军人，服从命令，执行命令是天职。将军没有权力对战争性质进行善恶判断，也不应该为执行命令而承担法律责任。

法官认为：执行上级命令不得作为免除被告法律责任的理由。在大多数国家法律都认定是犯罪的行为面前，真正的考验不是命令的存在，而是道德选择在实际上是否存在。纳粹战犯面对邪恶法律或命令，并没有做出这种选择，而是长期追随其领袖，执行了邪恶法律，犯下了滔天罪行，理应受到法律严惩。

最后，戈林等战犯被判反和平罪、战争罪及反人道罪并被处以绞刑。纳粹的国内法被确认为非法律意义的法律，"自然法获得了真正的胜利"。①

历史故事2：联邦德国对柏林墙守卫枪击翻墙人的审判——枪口抬高一厘米？

1984年12月1日一名20岁的东德年轻人在翻越柏林墙的过程中被发现，于3点15分分别被两名被告击中膝盖和背部，5点30分才被送入医院并于6点20分死亡，命中背部的子弹是致命一击。

德国统一之后，根据德国重新统一国家条约的规定，从1990年11月3日起，联邦德国的司法机关对整个国家的刑事案件具有管辖权，对所有案件适用联邦德国当时的刑事诉讼法。于是柏林检察官对当年的肇事人展开了追诉。

判决书的前两个部分简述了案情和前两审法院的法律意见。①东德法律还是西德法律？②东德《边境法》是否成为免死金牌？法官承认，根据当时东德的国家实践，士兵直接使用连发射击不能被视为违法，因为这样他就实现了法律中的最高目标——阻止逃亡。③恶法非法？恶法亦法？法院随即指

---

① 萧翰：《法槌十七声》，法律出版社，2013，第204页。

出：还必须检查《边界法》是否合法，是否可以在法院中适用？这是本案绝对的重头戏，法院对此问题的论证可谓大费周章。

法院首先提出了著名法学家拉德布鲁赫的观点：法本身相对于无法无天是好的，因此必须重视法的安定性，尊重实在法，但是当实在法与正义和人性的基本思想存在无法忍受的冲突时，也即当实在法违反国际社会共同的关于人之尊严与价值的法律观念时，法就成为一种不法，法律就需要被超越。这是经历了第二次世界大战之后德国法学界在自然正义与实证法律之间找到的新平衡点。

3. 分析实证主义法学与新自然法学的法理论战

20 世纪 60 年代末，在西方法学界，以哈特与 L.L. 富勒为中心，开展了战后实证主义法学和新自然法学的长期论战。哈特是在战后复兴自然法的条件下提出自己的新分析法学的，因此，他的学说中具有向自然法学靠近的特征。他不仅接受了 J. 奥斯丁的基本观点，而且吸收了现代西方哲学的一个重要派别逻辑实证主义的概念和语言分析法，作为其学说的一个思想基础。在《法的概念》中，他全面论述了他的学说。他认为，奥斯丁关于法的定义，即法是掌握主权者责成或禁止人们从事一定行为并以威胁（制裁）作为后盾的命令，即使对现代的国内法来说，也是不适用的，主要是因为它没有提出规则的概念。作为社会控制的一种手段，法是一种规则，分为主要规则和次要规则。主要规则是设定义务的规则，即要求人们从事或不从事某种行为；次要规则是授予权力的规则。主要规则和次要规则的结合，是法律制度的核心，是法学的关键。在法与道德的关系上，哈特坚持奥斯丁和其他分析实证主义法学家的基本观点，认为应分清法与道德，分清"实际上是这样的法"和"应当是这样的法"。他虽然承认道德对法有影响，但不认为法与道德之间存在必然联系。他认为法与道德的关系，可以说是实在法和自然法的关系。人类的目的是生存，为此必须有某些行为规则，它们是所有社会的法和道德的共同因素。

富勒的思想是在反对哈特的法律实证主义中形成和发展起来的，他认为在人类有目的的活动中，道德和法是不可分的。为了正确认识法和道德的关系，首先应分清愿望的道德和义务的道德。前者指充分实现幸福生活和人的力量的道德，后者指社会生活的基本要求。法和义务的道德十分相似，而和愿望的道德并无直接联系，法无法迫使一个人达到他力所不及的优良程度。法律的道德分为外在道德和内在道德。法律的外在道德即法律的实体目标，即实体自然法；法律的内在道德即法律的解释和执行的方式问题，即程序自然法。他的新自然法学说，主要涉及程序自然法。[①]

历史故事：洞穴奇案

这是美国法理学大家富勒 1949 年提出的假想公案。五名洞穴探险人受困山洞，水尽粮绝无法在短期内获救。为了维生以待救援，大家约定抽签吃掉其中一人，牺牲他以救活其余四人。威特摩尔是这一方案的最初提议人，但在抽签前又收回了意见。其他四人仍执意抽签，并恰好选中了威特摩尔做牺牲者。获救后，这四人以杀人罪被起诉并被初审法庭判处绞刑。

富勒进一步虚构了五位大法官对此案的判决书。1998 年，法学家彼得·萨伯延续了富勒的游戏，假设五十年后这个案子有机会翻案，另外九位大法官又针对这个案子各自写出了判决意见。

《洞穴奇案》兼收了富勒和萨伯两人共十四个观点，借以形象地反映了 20 世纪各个流派的法哲学思想。《洞穴奇案》让读者得以品味精彩动人的深邃思辨，培养适应法治社会的法学素养。

4. 第三条道路一统江山：综合法学派

20 世纪四五十年代，西方法学界出现了综合法学派。综合法学也称统一法学，是美国法学家杰罗姆·霍尔（Jerome Hall）于 20 世纪 40 年代提出的，旨在推动各主要法学派"融合"，建立"适当法理学"的法学运动。这一学派针对当代西方法学三大流派（分析法学派、社会法学派和自然法学派）互相攻讦、各执一词的纷争，提出了他们的综合理论。其代表人物有霍尔、哈尔、博登海默等人。他们认为，三大法学流派的缺点就是各执一端，仅看到法律现象的某一方面。自然法学派重视研究法律的价值要素，分析法学派重视研究法律的形式要素，社会法学派重视研究法律的事实要素。三大学派都有合理之处，都包含有对法律现象的部分真理性认识。他们认为从整体上看，法律是"形式、价值和事实的特殊结合"。[②] 形式、价值和事实都是法律不可

[①] 〔美〕富勒：《法律的道德性》，郑戈译，商务印书馆，2005，第 213 页。
[②] 哈尔：《民主社会的活法律》第 131 页，转引自吕世伦主编《西方法律思潮源流论》，中国人民公安大学出版社，1993，第 257 页。

缺少的构成要素。法学家认识法律现象不能仅看问题的一个方面，而忽略其他方面。博登海默作为综合法律学派的代表人物之一，在上述思想指导下，集30多年心血写成了《法理学—法哲学及其方法》，认为社会的、经济的、心理学的、历史的、文化的等各方面的因素及价值都会影响法律的制定和执行。他主张法学要研究与之相关的各种因素，不能从一个极端走向另一个极端。

简而言之，我们可以将以上这些学派归为两大主义：实证主义和非实证主义。

实证主义理论认为法是国家主权者的命令，是一个封闭的逻辑体系。强调实在法，即国家制定的法，区别实在法与正义法，仅仅讨论"法律是什么"，在定义法的概念时，实证主义理论主张法和道德是分离的，法不包含道德因素。在法与道德之间，在实际上是怎样的法与应该是怎样的法之间，不存在概念上的必然联系，因而"恶法亦法"。

非实证主义（自然法学派）的主要观点是：在实在法（人定法）之外，还存在一种自然法。自然法来源于"客观规律"、"理性"或"人的本性"。自然法指导实在法（人定法）的制定。它主要关注的是法律"应当"是什么，即法律的"应然"问题。认为人定法之所以具有效力，在于其符合自然法，如果人定法违反了自然法，违反了理性和正义，就不具有法律的效力，因而"恶法非法"。

两大法学派的战争实质上就是法与道德打架。

表2-2 实证主义和非实证主义的区别

立场 类型	实证主义	权威制定是法概念的首要要素——实定法（分析主义法学）
		社会实效是法概念的首要要素——实有法（法社会学和法律现实主义）
	非实证主义	内容正确性是法的唯一定义要素——传统的自然法学
		第三条道路（综合学派）：内容正确性、权威性制定、社会实效
总结	1. 实证主义在功能和内容上并不绝对排斥道德，只是认为，道德不是必要要素	
	2. 非实证主义也并不排斥政治、社会对法律影响，但是认为，道德是必要要素	

当人们对法治、对社会公平与正义的内涵理解越来越趋向共识的时候，当法律职业共同体真正建立起来的时候，再面临这样的两难时，选择起来或许才并不困难。人们会舍弃形式上法的确定性而追求和维护法治所要达到的目标——自然法。当然要达到这个境界，我们还要跨越法治的漫漫历史长廊，还要时时面临"法律还是正义"这一法治中的两难选择。

三 中西方文化中"法"的象征

英国学者马丁·洛克林说，"我们需要符号与神话来形成认知，定位我们在世界之中的位置，决定事物之间的关联"。德国学者拉德布鲁赫认为："法律也需要形象的表达方式：语言、表情、（有特色的）服装、符号、建筑等。"要将法律的理念渗透在人们的日常认知中，法的象征性符号有着比文字宣示更生动形象并易于接受的优势。

中国法文化里"法"的象征是"獬豸"。一直以来，"獬豸"都是中国法律文化的象征和司法符号，但是一般认为，这种象征与现代司法理念相抵牾。将法施行寄托于"獬豸"，是明显的神明裁判，有法的神秘味道，代表着实体程序的一体化。中国法的象征是神兽，意味着神兽也要听人的指挥，这意味着"以法治国"（rule by law），是法的工具性的体现。

西方文化里的"法"的象征是"正义女神"。有学者曾经对"正义女神"的形象进行了非常详细的符号解读：女人代表司法的被动性，神剑标示着司法的权威性，天平是司法公正的图像，眼罩是司法中立性的符号，白袍则是司法纯洁性的代码。[①] 耶林在《为权利而斗争》中提到，"正义女神"，一手持天平以权衡公平，一手持宝剑以实现正义。有宝剑而无天平，不过是赤裸裸的暴力；有天平而无宝剑，则意味着法律的软弱可欺。以正义女神张扬法的精神，不仅衡量正义，而且要保障正义的实现。西方法的象征是神人，对比世俗社会，神的地位无疑是至高无上的，这意味着"依法治国"（rule of law）。

吉林大学李拥军教授认为，女神是"人格化的神"，更多表达了现代法治

---

① 徐显明主编《科技、文化与法律——中国法理学研究会 2012 年学术年会论文集》，中国法制出版社，2012，第 153~173 页。

主义理念;而法兽是"神格化的兽",更多地体现了传统的人治主义思维。但是,也有学者认为,古老的独角兽及其所蕴含的民族精神从来没有消失,它一直就在我们身边。在进行法治中国建设的今天,我们比以往任何时候都更需要独角兽精神。独角兽对正义的拱卫,对善良人民的保护,对邪恶势力的无情制裁,都永远值得我们记取、发扬和实践。可以说,独角兽精神不仅属于中国,而且属于世界。①

四 当代中国法学者对法与法律的界定及反思

1938年,苏联法学家、外交家维辛斯基提出一个代表社会主义法学观点的法的一般性定义:法是以立法形式规定的表现统治阶级意志的行为规则和为国家政权所认可的风俗习惯和公共生活规则的总和,国家为了保护、巩固和发展对于统治阶级有利和惬意的社会关系和秩序、以强制力量保证它的施行。② 在我国,自20世纪50年代起,我们基本上接受了苏联的法学理论和维辛斯基关于法的定义。我国大多数学者和法理学教材基本上都是从这个角度进行界定的。一般认为,法律是由国家制定、认可并由国家强制力保证实施的,反映由特定物质生活条件所决定的统治阶级(或人民)意志,以权利和义务为内容,以确认、保护和发展统治阶级(或人民)所期望的社会关系和社会秩序为目的的行为规范体系。

我国目前大多数法理学教程关于"法律"的定义,具有很强的国家性和阶级性,强调的是国家制定法,中国法学界对此已经开始了反思。现在有一个很明显的趋势,就是越来越加深作为一个整体的法的概念的研究,越来越试图在多角度、多侧面甚至多学科研究的基础上,综合出一个"统一的多面的"法的概念或定义。③ 比如,有学者提出,"法是由社会管理机关制定或认可,并以强制力保证其实施的行为规则"。④ 高其才教授也主张对法应该做广义的理解,即"凡是为了维护社会秩序,进行社会管理,而依据某种社会权

---

① 尹凤桐:《追寻中国古代法文化的"渊"》,《中国图书评论》2017年第5期。
② 〔苏〕安杨·维辛斯基:《国家和法的基本理论》,法律出版社,1955,第100页。
③ 孙育玮:《关于"法是统治阶级意志表现"命题的定义性问题——读恩格斯"生命"定义论述的启示》,载孙育玮《走向法治的法理思考》,中国法制出版社,2013,第187页。
④ 张宗厚:《对法的三个基本观点的质疑》,《法学》1985年第1期。

第二章　法的实然界定：法究竟是什么？

威和社会组织，具有一定强制性的行为规范，均属于法范畴体系之列"，并认为法包括"国家制定法与习惯法两类"。① 并进而认为，"法律不是，起码不主要是国家制定法。中世纪的西方思想家仍然认为，法律本质上是传统和习惯，而不是不断进行的立法创新……"② 朱苏力教授也早就提出："社会中的习惯、道德、惯例、风俗等从来都是一个社会的秩序和制度的一部分，因此也是其法治的构成性部分，并且是不可缺少的部分。"③

根据学者们的各种观点，我们认为，在中国，对于"法律"一词的含义，至少是从五个视域五个层次进行界定的。

第一个层次的法律，即"法"，是从抽象的意义上指事物的客观规律和人类普遍的理性要求，即"应然法"。这个视域的法律的含义，明显受到了西方自然法思想的影响，将法律区分为"应然法"与"实然法"、法与法律。我国多数学者习惯把抽象意义上的法律称为"法"。

第二个层次的法律，即为了维护社会管理，由具有一定的社会权威的社会组织制定或认可，并以强制力保证其实施的行为规范。这种视域的法律，包括以下第三个层次执行国家管理职能的"国法"和执行民间社会管理职能的"习惯法"。在我们国家，由于"国法"就是"国家制定法"，因此，高其才教授认为，法包括"国家制定法与习惯法两类"。

第三个层次的法律，即"国法"，是在一个特定国家范围内现行有效的、执行着国家管理职能的法。根据不同国家的特殊情况，一个国家的"国法"，会有不同的表现形式，比如在大陆法系国家，主要表现为立法机关制定的成文法，而在英美法系国家，主要表现为司法机关创制的判例法，在某些伊斯兰教等宗教国家则表现为教会法。根据目前世界上各个国家在进行社会管理过程中现行有效的法的表现形式，我们认为国法主要包括两大类：由国家特定机关（立法机关或司法机关）创制的"国家法"和非国家机关产生的、但实际执行着国家管理职能的"非国家法"。

---

① 高其才：《中国习惯法论》（修订版），中国法制出版社，2008，第3页。
② 高其才主编《当代中国的刑事习惯法》，中国政法大学出版社，2016，总序第1页。
③ 苏力：《二十世纪中国的现代化和法治》，《法学研究》1998年第1期。

表 2-3　国法的表现形式

表现形式	成文法	专门机关（立法机关）制定的法律	一般统称为"国家法"（或"国家制定法"），即由国家特定机关产生的法
	判例法	法院或法官在判决中创制的法，是不成文法	
	其他的法	其他执行国家职能的法，如教会法（伊朗、沙特等国家）	与"国家法"相对应，这类立法也可称为"非国家法"。它虽然不一定由国家机关产生，但实际执行着国家职能

第四个层次的法律，主要是指大陆法系国家的"成文法"，即国家立法机关按照一定的程序制定或认可的，以国家强制力保证实施的具体法律规则，有的也称为"国家制定法"。从这种意义上说，法律只是法在国家意义上的现实表现形式。也有不少学者从另一个角度将被国家有权机关认可了的"习惯法"纳入在这个层次的法律范围之内。但实际上，被国家有权机关认可了的"习惯法"已经不再是"习惯法"，而已经上升为"国家制定法"了。

第五个层次的法律，是从我国的具体法律文本之中提取的一个概念，仅仅是指我国全国人民代表大会及其常委会依照法定程序制定的法律规范。一般而言，仅仅在法律文本明确将"法律、行政法规"并列列举的情形下，我们才将"法律"限定于全国人大及其常委制定的法律。比如，《中华人民共和国合同法》第五十二条第（五）项规定的，具有"违反法律、行政法规的强制性规定"情形，合同无效。这里的"法律"就仅仅指全国人大及其常委制定的法律。

第一层次的法律（抽象意义上，即"法"）
↓
第二层次的法律（包括"国法"和"习惯法"）
↓
第三层次的法律（即"国法"，包括"国家法"或"国家制定法"和"非国家法"）
↓
第四层次的法律（具体意义上，即"国家制定法"）
↓
第五层次的法律（更具体的意义上，即我国全国人大及其常委制定的法律）

图 2-1　"法律"的界定

五个层次的法律,其定义的外延层层递减。

在我国,主要指第四个层次的法律,也有不少社会法学家主张第二个层次的法律定义。但是,也有学者早就提出质疑,这种"广义法"的定义有没有实际指导意义。根据美国著名法理学家庞德的观点,"法"这个多义的名词,在所有的语言中都可以回溯到社会控制无所不包的时期,当时它可以包括伦理习惯、宗教礼仪、道德规范以及城市国家制定的法律规范等,最终发展为"法学家意义上的法的进化观念",而"法学家意义上的法是以国家的存在为前提的。"[1] 法学意义上的法是有着严格限制的,其关键性的限制条件就在于"以国家的存在为前提"。"如果我们把人们本来已经属于前进和趋于统一了的对法的限定性、明确性的认识,按照上述所谓'广义法'的观点再作非国家性的扩大解释,我想这未必能够算得上法学理论的创新和前进,想反,很大程度上是认识上的某种回复和后退。"该学者并从实践角度,认为法学研究的对象和现实存在着以及存在过的一直都是阶级和国家意义上的法,上述所谓"广义法"的定义不适当地扩大了法这一特定社会现象的存在范围,因而混淆了法(法学)同其他规范(其他相应学科)之间的区别和界限。[2]

维辛斯基——法学家还是政治变色龙?

历史将人们的记忆带回到沙皇统治下的俄罗斯帝国边陲——有着黑海明珠美名的敖德萨。1883年冬天,一户中产人家喜得贵子,这个呱呱坠地的男婴正是日后在苏联炙手可热的著名红色法学家与外交家维辛斯基。

1902年维辛斯基加入俄罗斯社会民主工人党,作为孟什维克的积极分子,表现极为活跃,其演讲水平有口皆碑。值得一提的是,此时他与斯大林结识,在反抗沙皇政府的革命斗争中,同一所监狱中革命狱友的经历,对其日后职业生涯影响重大。

随后维辛斯基来到莫斯科,成为后来出任临时政府部长名律师马扬

---

[1] 〔美〕庞德:《法律的任务》(1984年),转引自孙育玮《走向法治的法理思考》,中国法制出版社,2013,第192页。
[2] 孙育玮:《对"广义法"问题的几点看法》,载孙育玮《走向法治的法理思考》,中国法制出版社,2013,第192页。

托夫斯基的个人助理，在莫斯科临时政府以"德国间谍"罪名逮捕列宁的通缉令上，他居然签下大名。十月革命后，维辛斯基一度因"反革命活动"遭到布尔什维克逮捕，但旋即获释。1936年，身为总检察长的维辛斯基受到当年逮捕自己，如今却沦为阶下囚的一位老布尔什维克瓦加尼扬的反唇相讥："你才是真正的反革命，别忘了当年可是我亲手逮捕的你！"表情极为尴尬。

1920年维辛斯基几经曲折，获准首次加入布尔什维克，次年在莫斯科大学任讲师。1924年他的第一本著作《共产主义史论》，阐述了从古代到十九世纪社会主义思想的发展史，被当时的学术界批评为罔顾史实，错误百出，对社会主义和共产主义不加区分，唯独在秉持斯大林观点剪裁历史上，堪称翘楚。

也正是斯大林的授意，学术素养和资历均无足称道的维辛斯基，1925年竟担任了苏联第一学府国立莫斯科大学校长。从此在革命后激情澎湃的法学学术论辩中，风云际会，崭露头角，仿佛一夜之间成为法学界一颗冉冉升起的学术新星。

维辛斯基口才出众，也是获得斯大林青睐的一大原因。早年在外高加索地区与布尔什维克辩论时，就初露锋芒，知情人士回忆说："与维辛斯基辩论可不容易，他的语言生动形象。在他看来，论辩获胜就是最终目的，为此可以不择手段。"

而他在法庭上的语言，更是粗野至极，深具煽动性，长篇大论的起诉书简直能使坐在被告席上的人全身"瘫痪"。其名言："这些被告，就像疯狗一样，请求法院判决这些血腥的狗强盗死刑，一个也不能放过。被告唯一的用处，就是作为粪便洒在苏维埃大地上。而在我们的头顶上，在我们幸福的国家的上空，我们的太阳将依然明亮而喜悦地闪耀着它那灿烂的光辉。我们，我国人民，将继续在我们亲爱的领袖和导师——伟大的斯大林领导下，沿着清除了旧时代最后的垃圾和污垢的道路前进。"

想当年维辛斯基在学术研究中，对被告口供评价平平，他雄辩地表示："过分重视被告口供，而不考虑客观真实，只能反映程序上的落后，对于建立在无产阶级民主原则基础上的侦查是反动危险而有害的。"如今口供却一跃成为"证据之王",备受重视。

对于刑法类推制度,他的看法也发生180度戏剧变化,从反对不受限制的运用类推,到大加赞扬类推制度的合理性。苏联前司法委员克雷连科曾抨击他:"维辛斯基总是理论上说一套,实践中做一套,而且是反其道而行之。"他首鼠两端,言行不一,窥探风向,反复无常,个人观点前后变化之大,判若两人。

当然客观而言,维辛斯基在担任苏联总检察长后,其所作所为也并非毫无可取之处。例如他破除阻力,终于在1936年苏联宪法中,增加苏联检察机关是全国最高法律监督机构,享有一般法律监督权,总检察长任期延长为七年等条款。维辛斯基同时致力于集中中央检察权,反对各加盟共和国地方保护主义对检察权的干涉。

值得一提的是,他早在1936年就做到让各地检察院财政经费全面独立于地方掌控,而由苏联最高检察院统一划拨,受到普遍欢迎。后期在同内务部长期的权力斗争中,他也不同程度上维护检察院的权限,曾批评:"内务部对检察官的态度之坏,与检察官对被告如出一辙。"让苏联内务部耿耿于怀。

十九世纪三十年代中期,苏联一半以上的政法干部未接受专门的法学教育,85%的法官只有小学教育水平。全国220位大学法学教师,也只有8人获得博士学位。针对上述情况,他一方面表示,由于缺乏马克思主义法学素养,所以在面对法律虚无主义的进攻时溃不成军,另一方面也为部分旧法学家平反。为了建设一支专业高效的苏联政法队伍,恢复与重建苏联法律院校,维辛斯基也做出了若干贡献。如果平心而论,不因人废言,其成绩也不应一笔抹杀。

晚年回首前尘往事,维辛斯基对于自己的所作所为,全无悔意,他玩世不恭地说:"我从不相信抽象的正义。"这位叱咤风云的总检察长,晚年其实一直生活在"每一分钟都在等待被捕的恐惧之中",一言难尽的复杂历史,令人不寒而栗,留给善良人们的思考却历久而弥新。

1954年11月22日的美国纽约,秋意渐浓,一切如同往日一样平静安详。苏联驻联合国全权大使维辛斯基,因冠状动脉血栓症发作,医治无效辞世,享年71岁。

第二节　有关法本质的学说纷争

法的本质问题是法理学的一个重要本体论问题，是法理学的核心问题，也是中外法学争论不休的古老问题。有关法的问题，都与这个问题有着密切联系。这个问题解决得如何，直接影响到其他有关法问题的深入研究。法的本质问题在法学理论的研究中，处于非常重要的中心地位。后文关于"法的基本特征"理论是在法的本质理论基础上而对法本质的外化性分析，关于"法的作用"理论也是在法的本质理论基础上，分析法的主体意志如何影响社会生活的体现。因此，可以说法的本质问题是研究法理论问题的根本出发点和逻辑起点。

当然，人类对法的本质的认识经历了相当漫长的过程，哲学家和法学家们对法的本质问题从不同的角度提出了各种学说。我们将从马克思主义法学和非马克思主义法学两大视角来认识各家各派对法本质的探讨。

一　非马克思主义法学关于法的本质学说

非马克思主义法学关于法的本质的学说繁多，主要有以下几个。

（一）从法的本源探索

从法的本源探索法的本质，其着重说明法的基础或法出自何处。其中有代表性的学说有神意论、理性论和公意论。

神意论认为法是由神创造的，法即神意，这是人类最早对法本质的认识。在世界各国解释法律现象的理论中，历史上最早出现的观点，几乎都是神学的法律思想，即直接或间接地将法归结为神的意志。古代社会的"君权神授"理论所包含的法观念几乎都主张法自神出，法是神（上帝、先知）为人类规定的行为标准。如我国夏商时代就有"天命""天罚"观念，"天命玄鸟，降而生商"。迄今为止发现的最早的一部完整保留下来的成文法典《汉谟拉比法典》也强调本法典是古巴比伦王国的国王遵照神的旨意而制定的。

现代社会神学的自然法学家仍然主张法是上帝的意志。中世纪经院哲学家和神学家托马斯·阿奎那（Thomas Aquinas，约 1225~1274 年），作为自然神学最早的提倡者之一，把理性引进神学，用"自然法则"来论证"君权神圣"说，有"神学界之王"之称。托马斯·阿奎那把法律分为永恒法、自然法、神法和人法四种。永恒法是上帝的法律，是指导宇宙间的一切运动和活动的神的理性和智慧，永恒法的整体只有上帝才知道。尽管普通的人类不能知道永恒法的全部真理，但他借助于上帝赋予的理智能力却能部分地了解到它。托马斯管这种理性动物参与的永恒法叫自然法，自然法是沟通上帝和人类的桥梁。自然法是较普遍和较抽象的原则体系，必须由上帝通过《圣经》所赋予的法律即神法来进行补充。人法则是由世俗统治者制定的对种种有关公共幸福的事项的合乎理性地安排。

理性论认为法来源于人的理性，来源于一种高于实在法并指导实在法的自然法则，因此理性论更关注应然法，将实在法的权威基础归于道德理性。在历史上，理性论大致经历了古代自然法说、中世纪自然法说、古典自然法说和新自然法说四个发展阶段。

表 2-4 理性论（自然法说）发展的几个阶段

发展阶段	主要观点	代表人物及观点	评价
古代自然法说（古希腊古罗马时期）	从自然哲学角度论述自然法高于人类制定的成文法，并认为它是自然界的普遍法则	西塞罗：法就是最高的理性，并且它固植于支配应该做的行为和禁止不应该做的行为的自然之中。当这种最高的理性，在人类理智中稳固地确定和充分地发展了的时候，就是法	只承认实在法之上的自然法的正义性，认为人类制定的法律即人为法并不代表正义
中世纪自然法说	从神学的角度论证自然法是上帝的意志的体现	托马斯·阿奎那：自然法是沟通上帝和人类的桥梁	自然法观念沦落为神学法律思想的工具，因此也有学者认为中世纪的自然法并不属于真正的自然法

续表

发展阶段	主要观点	代表人物及观点	评价
古典自然法说（17、18世纪高峰，19世纪衰落）	从人性出发，以人类理性为思想武器，建立了较发达的法治理论。认为人类完全有能力制定出符合人类理性的、公平正义的法律。批驳了习惯法优越于成文法的理论，提出编纂成文法典、制定成文法律的主张	孟德斯鸠：法律，在它支配着地球上所有人民的场合，就是人类的理性 霍布斯：自然法就是公道、正义、感恩以及根据它们所产生的其他道德 洛克：自然法也就是上帝意志的一种宣告 格劳秀斯：自然法是正当的理性准则	古典自然法学家的贡献是巨大的，影响极其深远。正如美国著名法学家博登海默所言，古典自然法学家对法律调整的某些要素和原则进行了详细地阐释，而这些原则和要素是一个成熟的法律制度的基本的先决条件，这样，他们就为现代文明的法律秩序奠定了基础
新自然法说（20世纪中期）	该学派旨在通过依靠固有的正义感和道德标准等概念来复活自然法理论。认为：法律和道德是不可分的，正义或自然法是权威和法律的基础，法学研究的核心对象是道德价值，自然法或实践理性具有客观性	朗·富勒：法律与道德是不可分的。法律"是使人类行为服从规则治理的事业" 约翰·罗尔斯：法律必须基于某种抽象的道德概念，强调试题问题——正义 德沃金：主张道德哲学的有用性，提出了权利论	新自然法学派对古典自然法进行了适当的修正，企图搭建起不同法学学派与自然法学派之间的对话平台

公意论（意志论）认为法是公共意志或共同意志，是从人的意志、理性、人性的角度规定法、理解法。如黑格尔关于法是自由意志的体现的观点。法国思想家卢梭在《社会契约论》中指出，"法是公意的宣告"，法律是人民自己意志的记录，人民服从法律就是服从自己的意志。但是，要注意的是，"公意和众意之间经常有着很大的差别。公意总是着眼于公共利益，而众意则着眼于私利，它只是个体意志的总和"。

（二）从法的本体考察

从法的本体考察，法的本质着重以简化或抽象化的形式揭示法是什么。有代表性的学说有：规则说、命令说和判决说。

表 2-5　关于法的本体的代表性学说

学说	主要观点	代表人物及观点
规则说	法即规则（规范） 认为法是一个逻辑上自我满足的规则体系	哈特：法律是规则体系 管仲：法律政令者，吏民规矩绳墨也 沈家本：法者，天下之程式，万事之仪表
命令说	法是主权者的命令 这种观点与规则论相同之处在于都将法视为一种规则体系，不同的是，规则论认为法律规则的效力来源于此体系的内部，而命令论认为法律规则的效力源于权力	奥斯丁：法是主权者的命令
判决说	法即判决 认为法就是对法官判决的预测。持这种观点的人认为，法不是写在规范性法律文件中的东西，而是法官的倾向和意见，法官关于案件的处理意见才是真正的法	霍姆斯：法律的生命不在于逻辑而在于经验 格雷：法只是指法院在其判决中所规定的东西，法规、判例、专家意见、习惯和道德只是法的渊源。当法院做出判决时，真正的法才被创造出来 卢埃林：官员们关于争端做出的解释就是法 德沃金：法院是法律帝国的首都，法官是帝国的王侯

（三）从法的作用（价值）来看

从法的作用或价值角度来看，法的本质着重说明法的工具性。有代表性的学说有：正义说、自由说和利益说。

表 2-6　关于法的作用（价值）的代表性学说

学说	主要观点	代表人物及观点
正义说	把法归结为正义的思想	塞尔苏士：法乃善良公正之术 亚里士多德：要使事物合于正义，须有毫无偏私的权衡，法恰恰是这样一个中道的权衡
自由说	法是作为理念的自由	康德：法就是那些使任何人的有意识的行为按照普遍的自由法则确实能与别人有意识的行为相协调的全部条件的综合 黑格尔：任何定在，只要是自由意志的定在，就是法；法就是作为理念的自由

续表

学说	主要观点	代表人物及观点
利益说	强调法都是为了社会利益的目的而产生	鲁道夫·冯·耶林：法是以强制作为保障的社会目的的体系，而法的目的就是社会利益，社会利益是法的创造者，是法的唯一根源，所有的法都是为了社会利益的目的而产生

二 马克思主义法学关于法的本质观

马克思在揭露资产阶级法的本质时指出："你们的观念本身是资产阶级的生产关系和资产阶级的所有制关系的产物，正像你们的法不过是奉为法律的你们阶级的意志，而这种意志的内容是由你们这个阶级的物质生活条件来决定的。"马克思主义法学认为法律是统治阶级取得胜利并掌握国家政权的阶级意志的体现。

马克思主义认为，法是客观见之于主观的东西，是人的主观对客观的反映。因此，马克思主义关于法的本质是从主观（国家统治阶级意志）和客观（物质生活条件）两个方面，以及国家性、阶级性和物质性三个层次来分析的。法与国家和阶级有着必然的联系，法的国家性、阶级性、社会物质生活条件制约性等的本质属性是内在统一、不可肢解的。

（一）国家性（官方性、正式性）

法的本质首先表现为法的国家性。所谓"国家性"，就是指法是由国家制定或认可的并由国家强制力保证实施的正式的官方确定的行为规范，法是国家意志的体现，因此也具有官方性和正式性。

法的国家性（官方性、正式性）表明法律与国家权力存在密切联系，法律直接形成于国家权力，是国家意志的体现。法的这种"国家性"体现在法的形成、实施以及表现形式等方面。

在法的形成上，法的国家性体现在法总是国家权力机关按照一定的权限和程序制定或认可的。现代世界各国，法律越来越具有严格的形式主义特征。这种形式主义不仅要求法律要出自国家机关，而且要求法律出自法定的国家机关——通常是经普选产生的立法机关,而非经法定机关按程序创制的文件,不具有法的效力。

在法的实施方面,法的国家性还体现在法总是依靠正式的权力机制——国家强制力保证实施。一般而言,法的实现主要依靠社会成员的自觉遵守,但是,国家强制力是不可缺少的后盾力量。

在表现形式上,法的国家性体现在法是经过正式形式公布的。人类早期社会曾经历过神秘法时期,如西周时期采取的"临时议制"是典型的不公布成文法的制度,所谓"刑不可知,则威不可测"。制定成文法,就是要公布以使民众知晓,让他们"知所避就",以便在实践中按法律的要求行事。公元前536年,郑国执政子产将郑国的法律条文铸在象征诸侯权位的金属鼎上,向全社会公布,史称"铸刑书",这是中国历史上第一次公布成文法。近代以来,法一般都以官方文件的方式加以公布,法的表现形式日益趋于规范化,包括法律文件的格式、名称、术语、结构都有一定的规格和要求。

(二) 阶级性（主观）

法的阶级性是指在阶级对立的社会,法所体现的国家意志实际上是统治阶级的意志。"法是统治阶级意志的体现",这是马克思主义关于法本质原理的一个重要命题。

法体现统治阶级的意志,因而法体现的不是全社会的意志而仅仅是"统治"阶级的意志。如前所述,法体现国家意志,从表面上看,国家意志具有一定的公共性、中立性。这种意志由于形成于与社会相脱离的国家,因而具有统摄全体社会成员的"公共性"优势,任何个人或组织的意志一旦获得国家意志的表现形式,立即具有了由公共权力保证的全体社会成员一体遵循的效力。然而,按照马克思主义观点,由于国家形成于阶级矛盾不可调和的历史时期,因此,它必然反映阶级对立时期的阶级关系。法所体现的国家意志实际上只能是"统治"阶级意志,国家意志就是法律化的"统治"阶级的意志。

统治阶级为什么"自愿"接受法律的约束呢？国家具有公共权力和普遍权力的形式,因此,通过国家意志表现出来的统治阶级意志也就具有高度的统一性和极大的权威性。它的统一性表现在：在国家权力高度统一的情况下，统治阶级意志可以通过高度统一的法律形式获得集中的体现，并随着法律的实施，起到将全体社会成员的行为纳入统治阶级所能接受的范围的作用。它的权威性在于：任何法律都是以国家权力为后盾的，任何违法行为都可能受到国家有组织的强力的制裁。鉴于此，统治阶级总是把自己的共同意志和根本利益通过法律加以确认。遵守法律，恰恰是对本阶级最大利益的维护。

法体现统治阶级的意志，法是统治"阶级"的"共同"意志，而非个别人、个别集团的任性。但是，我国古代君王的命令体现的是君王个人意志还是整个封建统治阶级的意志？比如，因有人欲刺杀秦始皇，秦始皇因而下诏：所有觐见者必须在觐见前重新换衣服。这个命令从表面上看似乎体现的只是秦始皇的个人意志，但实际上秦始皇作为国家最高统治者，其个人安危也代表了整个统治阶级的统治地位是否可以延续保存，因此"法自君出"，君王的命令也代表了整个统治阶级的意志，因而也是具有阶级性的。只是这时候的法只是君主权力的派生物，加之秦王朝在实践中又极力张扬权力，突破了权力的合理界限，所以，秦朝"法自君出"带来的只能是君主独裁、专制，只能是法律本身的丧失，法仅仅成了君主维护其统治的一种暴力，这是其理论中固有矛盾的必然结果。

法体现统治阶级的意志，那么法律是否体现被统治阶级的意志。如关于森林、种子、草原、环保、水利、交通、邮电、计量和标准化、安全操作等方面含有一定技术性规范的法规，客观上是维护全体社会成员利益的，但能否因此说反映了全体社会成员的意志。马克思主义法学认为，法律不能体现被统治阶级的意志。因为，技术法规是统治阶级根据自己的利益与意志通过国家制定出来的，是统治阶级为了维护统治，利用自然规律或防止由于违反自然规律而造成损害的一种手段。所以，技术法规并不是技术规范的简单复制，而是经过统治阶级的筛选和增补的，不仅本质与技术规范不同，内容也不是简单地等同于技术规范。比如，在何种、何等程度地违反技术规范的情况下算违法，应受何种制裁，这完全是根据统治阶级的利益与要求确定的。[①]但是，法律不体现被统治阶级的意志，并不意味着被统治阶级的所有意愿都

---

① 邵诚：《阶级性是法的本质属性——对"法的社会性"的看法》，《法律科学》1984年第1期。

第二章 法的实然界定：法究竟是什么？

不被法律所考虑。统治阶级在制定法律的时候出于自身统治管理社会生活的需要，也会考虑被统治阶级的利益和要求，但这种考虑最终还是由统治阶级决定是否体现在法律里面，因而这并不是被统治阶级意志的体现。

法体现统治阶级的意志，不是统治阶级的所有意志都体现为法，法仅仅是"被奉为法律"的统治阶级意志。统治阶级的"意志"作为一种心理状态和过程、一种精神力量，如何被"奉为法律"？简单说来，就是经过国家机关把统治阶级的意志上升为国家意志，并客观化、物化为法律规定，这种客观化、物化的法律规定表现为国家机关制定的法律法规等规范性文件，这才是被"奉为法律"的法。

"法是统治阶级意志的体现"，是马克思主义关于法本质原理的一个重要命题，但是我们不应该把"法是统治阶级意志的表现"的命题绝对化，而应对它给以辩证地理解和说明。"'法是统治阶级意志的表现'……如同任何客观真理一样，它也是具体的，有其确定的存在条件和严格的适用范围。"上海师范大学孙育玮教授从理论体系、历史条件和意志成分三个方面对此进行了分析。从理论体系的角度考察，"法是统治阶级意志的体现"只是马克思主义法本质原理的三个要点之一，而不是它内容的全部。三个基本要点是一个有机整体，三位一体，不可分离。从历史条件的角度考察，该命题符合阶级对立社会的一般情况，但直接用它说明社会主义法的阶级本质，则难以确切反映出社会主义法的意志主体的崭新构成，因而有必要结合发展变化了的社会实际加以具体地发展和运用。孙育玮教授主张用"社会主义法是工人阶级领导的广大人民共同意志的表现"来说明社会主义法的阶级本质，是同马克思主义经典作家的原有命题的基本精神相通的、一致的。从意志成分的角度考察，该命题正确揭示了法的本质意志，但不能因此将法所体现的意志绝对化，不能把法的意志成分看成是"纯而又纯"，而应综合全部复杂的经验和事实进行辩证地理解和说明。事实上，法的意志成分应该包括三个部分：领导者阶级的意志为核心、同盟者阶级的意志为根本、对立者阶级的某些意志为必要参考。[①]

[①] 孙育玮：《关于"法是统治阶级意志表现"命题的几点思考》，载孙育玮《走向法治的法理思考》，中国法制出版社，2013，第169~183页。

(三) 物质制约性 (客观)

法的物质制约性是指法的内容受社会存在这个因素的制约，其最终也是由一定社会物质生活条件决定的。马克思曾说："社会不是以法律为基础，那是法学家的幻想。相反，法律应该以社会为基础。法律应该是社会共同的，由一定的物质生产方式所产生的利益需要的表现，而不是单个人的恣意横行。""立法者不是在创造法律，而是在表述法律。"特定时空下的特定国家的法律都是由一定的社会物质生活条件所决定的，统治阶级意志的内容最终由一定的社会物质生活条件决定。

马克思主义法本质理论是这样将法律置于物质的能动的社会发展过程中加以考察的唯物史观的逻辑分析框架的：法律是社会的组成部分，也是社会关系的反映；社会关系的核心是经济关系，经济关系的中心是生产关系；生产关系是由生产力决定的，而生产力则是不断发展变化的；生产力的不断发展最终导致包括法律在内的整个社会的发展变化。反过来，这个影响链条是这样的：物质生活——生产力——生产关系——经济关系——社会关系——法律关系——法。也就是：生产力决定生产关系，生产关系是经济关系的中心，经济关系是社会关系的核心，法是社会关系的反映，生产力的变化导致法的变化。因此，当讨论法的本质时提到社会物质生活条件、社会、物质、经济、生产力、生产关系、经济基础等概念时，本质上都是说法的物质制约性。

按照马克思主义物质制约性的法本质观点，立法者不是在创造法律，而只是在表述法律，是将社会生活中客观存在的包括生产关系、阶级关系、亲属关系等在内的各种社会关系以及相应的社会规范、社会需要上升为国家的法律，并运用国家权威予以保护。法律与社会的关系是反映与决定的关系，法律反映社会，社会决定法律。比如，我国《最高法院关于审理盗窃案件具体应用法律若干问题的解释》规定：各地高级法院可根据本地区经济发展状况，并考虑社会治安状况，在本解释规定的数额幅度内，分别确定本地区执行"数额较大""数额巨大""数额特别巨大"的标准。各地可以根据经济状况做不同的规定，这说明：法律要反映社会现实，社会现实决定了法律的内容，法律内容的决定因素是社会经济状况，这也是法的物质制约性所决定的。

当然法的物质制约性并不是说法的内容只受物质生活条件的制约。经济以外的因素包括政治、思想、道德、文化、历史传统、民族、宗教、习惯等，对法也有着重要的影响。18世纪法国著名启蒙思想家孟德斯鸠在其著作《论法的精神》中，提出了论述法律与地理环境关系的"地理因素说"，他认为，在热带尤其是靠近赤道附近的国家，法律时常会出现早婚和一夫多妻制的规定；在温带范围以内的国家，法律则常常会出现晚婚和一夫一妻制的规定。之所以会这样，是因为在气候炎热的地方，人体生长发育的速度较快，身体发育速度与智力发展并不成正比，故允许早婚。而在气候适宜或严寒的地方，人体生长发育较慢，妇女发育成熟时，她们已有相当的智力，故提倡晚婚并让妇女和男人处于平等的地位，倡导一夫一妻制。此外，热带及亚热带国家之所以盛行严刑峻法，是因为酷热的环境容易使人冲动和暴躁；温带国家之所以刑罚较为宽和，是因为适中及严寒的温度使人冷静和理智。

"奇葩"规定

1. 在意大利有些地方不允许喂鸽子，否则面临高达600美元的罚款。此外，意大利Capri岛上的居民也许十分在意保护当地安静平和的自然环境。岛上禁止穿会发出噪音的鞋子。

2. 斋月期间在阿联酋的公共场合吃东西违法。如果你在穆斯林的斋月期间到阿联酋旅游的话，白天禁食时间在公共场合的任何吃喝行为都会被处以罚款。

3. 禁止在公共场合食用榴梿。原产于文莱、印尼和马来西亚的榴梿由于气味浓烈，"臭气熏天"，很多东南亚国家是禁止在公共场合食用榴梿的。

4. 新加坡禁止吃口香糖。在新加坡，嚼口香糖、在广场上喂鸟、随地吐痰、不冲厕所都会让你受到处罚。在新加坡，便后不冲厕所会被处以100美元的罚款。

最后，用图2-2来总结马克思主义法学的本质观。

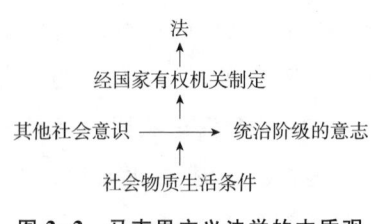

```
                        法
                        ↑
                  经国家有权机关制定
                        ↑
          其他社会意识 ——→ 统治阶级的意志
                        ↑
                  社会物质生活条件
```

图 2-2 马克思主义法学的本质观

第三节 马克思主义法学关于法基本特征的理论

每一事物都有它自己的特征。任一客体或一组客体都具有众多特性，人们根据客体所共有的特性抽象出某一概念，该概念便成了特征。特征是用来描述概念的，是事物可供识别的特殊的征象或标志。法的特征是法本质的进一步外化性分析，是能够将法与道德等其他社会规范相区别的重要标识。因此，为了进一步理解什么是法，更深刻地理解法的本质，必须对法的基本特征进行进一步分析。根据马克思主义法学的观点，法具有七个方面的主要特征：社会规范性、国家意志性、普遍性、权义一致性、国家强制性、正当程序性和可诉性。

一 社会规范性：法是一种特殊的社会规范

法是调整人的社会行为的规范，因此法具有社会规范性。但法这种社会规范只是众多社会规范的一种，其与道德、宗教、习惯等社会规范不同的是，它只调整人与人之间的"涉他"行为的社会规范，只是调整人的行为而不是思想的社会规范，是调整人与人之间最基本的社会规范。

（一）法只是社会规范一种

"规范"大体可以分为技术规范和社会规范两类。

技术规范，也称自然规范，调整的是人与自然的关系。需要注意的是，人类社会为了维护社会安全秩序，会利用自然规律或防止由于违反自然规律而造成损害，而将技术规范上升为法律规范进行调整，这种上升为法律规范的技术规范，我们称之为技术法规。也有人称之为技术规则，但是技术规则与技术规范容易产生混淆，因此不提倡这种称谓。技术法规来源于技术规范，但属于法律规范。因此，技术法规具有法律所有的特征。如水到100摄氏度就沸腾，这是技术规范。但如果你买一水壶，烧的开水达不到100摄氏度就不符合技术规范，但这属于技术法规。我们有关部门在制定有关技术法规的时候，会将这些概念混用并从而令人产生困惑。比如，国家环境保护部发布的《畜禽养殖业污染治理工程技术规范》是技术规范还是法律规范？其实，它虽名为"技术规范"实则为"法律规范"，虽然这个规范有很多技术性名词，规定了畜禽养殖业污染治理工程设计、施工、验收和运行维护的技术要求，但这些技术要求完全是为了规范畜禽养殖业污染治理工程的建设与运行，治理畜禽养殖业废弃物及恶臭污染，改善环境质量，其最终调整的是人与人之间的社会关系。

此外，技术法规并不是技术规范的简单复制，而是经过统治阶级的筛选和增补的，不仅本质与技术规范不同，内容也不是简单地等同于技术规范。比如，在何种、何等程度地违反技术规范的情况下算违法，应受何种制裁，这完全是根据统治阶级的利益与要求确定的。由于技术法规也是法律规范，其具有法律的一切特征，比如也具有国家强制性，违反了技术法规将会受到国家的强制制裁。

社会规范调整的是人与人之间的社会关系。社会是由人与人的关系构成的，社会规范则是维系人们之间交往行为的基本准则，进而也是维系社会本身存在的制度和价值。社会规范包括法律、道德、宗教、政治（政策）、习惯、礼仪、社会团体、各种文化传统等，法律只是社会规范的一种。通过对社会规范的分类（见图2-3），可以看出，法在不同语境下具有不同的含义。

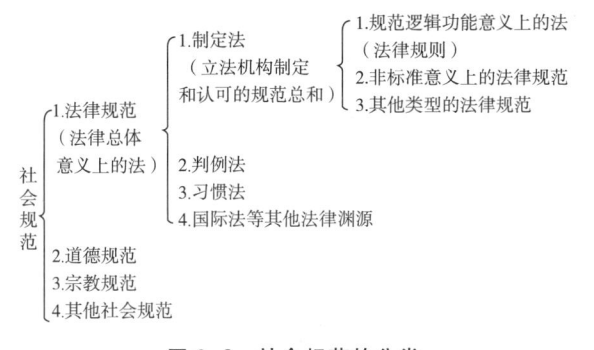

```
社会规范
├─ 1.法律规范（法律总体意义上的法）
│   ├─ 1.制定法（立法机构制定和认可的规范总和）
│   │   ├─ 1.规范逻辑功能意义上的法（法律规则）
│   │   ├─ 2.非标准意义上的法律规范
│   │   └─ 3.其他类型的法律规范
│   ├─ 2.判例法
│   ├─ 3.习惯法
│   └─ 4.国际法等其他法律渊源
├─ 2.道德规范
├─ 3.宗教规范
└─ 4.其他社会规范
```

图2-3 社会规范的分类

（二）法针对不特定对象反复适用

法的规范性还体现在，法是针对不特定的对象反复适用的。在制定法国家，如果从实在法的角度来看，法的表现形式就是一个个法律文件。但是，法律文件以是否可以反复适用为标准，可以分为规范性法律文件与非规范性法律文件。规范性法律文件是指可以反复适用的法律规范的总称，如《刑法》《民法总则》等。非规范性法律文件是指虽然具有法律效力，但是不能反复适用的法律文件。判决书、裁定书、结婚证书等就属于非规范性法律文件。例如，对薄熙来的判决书可不可以拿来对周永康宣判？很显然，每一份判决书都是针对每一个个体，不能反复适用于不同的人。而只有针对不特定对象能够反复适用的法律文件，才可以称之为"法"。

（三）法调整的是人的"行为"而不是"思想"

马克思曾说："对于法律来说，除了我的行为以外，我是根本不存在的，我根本不是法律的对象。我的行为就是法律在处置我时所应依据的唯一的东西。"法律处罚某人，唯一的依据是这个人的行为，这就如法谚所云，"法律不问思想"，法调整的是人的行为而不是人的思想。

法律不调整人的思想，并不是说法律完全不考虑人的主观意图。法谚还云："法律不强人所难。"法调整的是"意志行为""意识行为"，是受行为人主观意志控制的行为，如果是无意识的行为，法律也不会加以处罚。如精神病人的行为就属于无意识行为，是行为人没有办法控制的行为，所以即使精神病人做出了伤害他人的行为，他本人也是不会承担相应的法律责任的。

但是，法律尽管也考虑人们的主观过错，但如果没有违法行为存在，法律并不惩罚主观过错本身，即不存在"思想犯"。法只是不调整单纯的思想和内心观念。因此，要将意识行为和纯意识进行明确区分。比如，在古罗马，曾经有一个人做梦梦见自己杀死了罗马皇帝，皇帝认为这个人"日有所思夜有所梦"，他肯定有这个杀心才会做这个梦，因此皇帝下令杀死了这个做梦的人。这就是将纯意识予以法律制裁，显然是多么荒唐。而据一则新闻报道，有一个男子喜欢邻家女，在一个月黑风高的夜晚翻墙预谋不轨，但因突然打雷下雨遂返回。对于本例中的男子的行为，是否属于法律的调整范围呢？该男子半夜翻墙是其图谋不轨的思想的外在行为表现,只因外在客观因素而中止行为,因此,其行为是意识行为,属于法律调整的范围。

因此,法律只调整有思想的"行为",而不调整"思想"本身。

此外,法对于语言(包括口头的和书面的)是否应该予以调整?孟德斯鸠曾在《论法的精神》中对中国清代残暴的文字狱有过精彩的论述:"言语只有在准备犯罪行为、伴随犯罪行为或追从犯罪行为时,才构成犯罪。因为有的时候,讽刺的文字能够使一般人的怨愤转为嬉娱,使不满的人得到安慰,减少人们对官职的嫉妒,增加人们对痛苦的忍耐,使他们对所受的痛苦,一笑置之。"也就是说,语言其实也就是思想的外在表现形式和载体,有的时候会表现为某种"行为",如用语言辱骂他人、煽动他人等,虽然也是用语言的形式来表达其思想,但这种表达已经涉嫌侵犯他人权利,因此也就可能要受到法律的制裁。但是,如果这种外在表现并没有伴随着相应的某种违法行为的存在,一般而言,是不能被法律予以调整的。当然,这种所谓的"伴随"行为,如何判断其违法性,其违法的界限又怎么界定,这是一个需要立法权衡的问题。

思考:重庆彭水诗案中,秦中飞的"行为"是否属于法律调整的范围。

重庆彭水诗案[①]

2006年8月15日,公务员秦中飞写了一条名为"沁园春·彭水"的短信,因内容针砭时弊而获罪被押,40余人牵连其中,这就是轰动一时的"彭水诗案"。

"沁园春·彭水"内容如下:马儿跑远,伟哥滋阴,华仔脓胞。看今日彭水,满眼瘴气,官民冲突,不可开交。城建打人,公安辱尸,竟向百姓放空炮。更哪堪,痛移民难移,徒增苦恼。官场月黑风高,抓人权财权有绝招。叹白云中学,空中楼阁,生源痛失,老师外跑。虎口宾馆,竟落虎口,留得沙沱彩虹桥。俱往矣,当痛定思痛,不要骚搞。

诗中前三句,嵌进了前任县委书记马平、现任县委书记蓝庆华和县

[①] 参见360百科,https://baike.so.com/doc/3514125-3696547.html,最后访问日期:2018年5月1日。

长周伟的姓名，语含讥刺。后面则涉及本县广受关注的政府管理、公共事务和公共事件。

（四）法调整的是"涉他"行为

一般而言，法律不会调整自残、自杀这类不涉及他人的行为，这是因为：法调整的是人与人之间的行为，也就是涉及他人的行为，法并不调整单纯的个人意义行为。在这一点上，法与道德是有区别的。道德更强调"君子慎独，不欺暗室"，一个人在隐秘的没有其他人的地方做出的行为，也能够坚守自我，不做亏心事，这就是君子。但是法律上却不能对一个人做如此高的要求。

那么，卖淫嫖娼也是两个人（或多个人）之间你情我愿、非常隐秘的事情，为什么很多国家也会进行法律调整呢？其实，卖淫嫖娼是否应该由法律来进行规范，在有些国家的确也是有争议的。据报道，美国一家研究机构统计了 100 个主要国家的性交易政策。在这 100 个国家中，有 50 个国家规定性交易合法；11 个国家规定，性交易有限制的合法；只有 39 个国家规定性交易不合法，其中包括中国。① 在我国也有一些主张卖淫合法化的声音。2014 年东莞"扫黄"事件掀起了舆论的轩然大波。一些人便认为卖淫嫖娼有合理性，应该合法化。其实，卖淫嫖娼是引发各种违法犯罪的根源，黄赌毒黑四者往往是并行不悖的，涉黄者，多会涉赌毒黑，涉黄酒店、娱乐场所都有黑社会背景。如果这四者结合起来，一个地方的社会治安会混乱到什么程度？如何保障人民的生命财产安全？② 因此，从这一点来看，卖淫嫖娼不仅仅"涉己"更是"涉他"的行为，需要法律进行规范调整。其实，完全不由法律来规范的性交易行为是不存在的，即使在性交易合法的国家同样也需要通过法律进行严格规范。性交易会受到各种权利限制甚至累及自己后代权利的行使，这一点都是因为性交易行为本身并不完全是"涉己"的行为。

曾经轰动全国的"夫妻看黄碟被刑拘案"，其中争议最大的就是：在非常

---

① 徐冉：《性交易合法化的世界地图》，http://cul.qq.com/a/20131118/001745.htm，2013 年 11 月 18 日，最后访问日期：2017 年 9 月 15 日。
② 法制日报评论员：《打击卖淫嫖娼，法律上无可争议》，http://cpc.people.com.cn/pinglun/n/2014/0215/c78779-24368353.html，2014 年 2 月 15 日，最后访问日期：2017 年 9 月 15 日。

具有个人隐私性的地方看黄碟是否属于法律调整的范围。

夫妻看黄碟被刑拘案①

2002年8月18日晚11时许,延安市宝塔公安分局万花派出所民警称接群众举报,新婚夫妻张某夫妇在位于宝塔区万花山乡的一所诊所中播放黄碟。三名民警称从后面的窗子看到里面确实有人在放黄碟。遂以看病为由敲门,住在前屋的张某父亲开门后,警察直奔张某夫妻住屋,一边掀被子,一边说,"有人举报你们看黄碟,快将东西交出来",并试图扣押、收缴黄碟VCD机和电视机,张某阻挡,双方发生争执,张某抢起一根木棍将警察的手打伤。警察随之将其制服,并将张某带回派出所,同时扣押、收缴了黄碟、VCD机和电视机。第二天,在家人向派出所交了1000元暂扣款后张某被放回。

10月21日,即事发两个月以后,宝塔公安分局以涉嫌"妨碍公务"为由刑事拘留了张某。10月28日,警方向检察机关提请逮捕张某;11月4日,检察院以事实不清、证据不足为由退回补充侦查;11月5日,张某被取保候审;11月6日,张某在医院被诊断为,"多处软组织(头、颈、两肩、胸壁、双膝)挫伤,并伴有精神障碍";12月5日,宝塔公安分局决定撤销此案;12月31日,张某夫妇及其律师与宝塔公安分局达成补偿协议,协议规定:宝塔公安分局一次性补偿张某29137元,公安宝塔分局有关领导向张某夫妇赔礼道歉,处分有关责任人。

(五) 法调整的是"最基本"的社会行为

法谚有云:"法律不问琐碎之事。"法调整的不是所有社会行为,而是人类生活中最基本的一些社会行为,因为法针对的是"一般人",而不是道德高尚之人。这一点上,法与道德也有很大区别。一般来说,几乎可以对任何事提出道德质疑,但并不是所有事都可以由法律进行规范。

---

① 参见西陆网,http://club.xilu.com/toucaiwang/msgview-1039439-1032.html,最后访问日期:2018年5月1日。

1983年8月25日，中共中央曾发出《关于严厉打击刑事犯罪的决定》，提出在三年内组织三次战役。于是，在严打时期就出现了很多在今天看来非常荒唐的案件，就是没有将法律与道德进行区分的结果。当时轰动三秦的马燕秦案就特别典型。马燕秦是西安的单身女士，好交际，喜跳舞。"严打"以前，公安派出所曾经找过马燕秦，询问她的跳舞情况。马燕秦坦白有数百个男女前后参加家庭舞会，有些男人还和她有过更亲密的关系。1983年"严打"开始，警察将马燕秦收监，而且陆续抓审了三百多人，成为轰动三秦的特大案件。枪毙了以马燕秦为首的三个人，另有三名死缓和两名无期徒刑，有期徒刑则更多。

对于"见义勇为"行为，属于道德上应该赞扬的行为，也可以在法律上进行奖励，但是如果"见义不勇为"，道德上肯定会受到谴责，但法律却不能进行惩处。四川崇州曾发生过一起案例，就能充分说明道德和法律对于这类行为的不同态度。詹罡傲与柳杰是曾在一起钓鱼的爱好者。事发前一日，两人相约次日一同钓鱼。2004年12月8日早晨7时许，詹一人骑摩托车到崇州市某河处钓鱼时，不知何故掉入河中。在水中挣扎并呼救时，柳骑自行车到达现场，看见有人落水，又看见詹的摩托车也停在河边，想到肯定是詹，即丢下自行车向河堤下跑去，未呼救也未对落水者施救。附近的沙场工人闻讯赶到救助无果。柳借口回去通知詹的家属离开现场，但并未将此消息告知詹的父母。詹罡傲的父母将柳杰告上法庭，提出包括丧葬费、精神损失费共3万元人民币的诉讼请求。法院虽然在判决书中对他进行了道德谴责："法律是保持社会秩序稳定最基本的行为准则，规定的仅仅是公民行为的底线，而生命的价值高于一切，救人于危难是中华民族的传统美德，见义勇为已成为现代文明社会的基本道德规范，故被告看见死者落水后表现出的冷漠之举和不作为理应受到社会的谴责。"但是，最后依然判决柳杰不承担赔偿责任。

2013年新《老年人权益保障法》第十八条规定，家庭成员应当关心老年人的精神需求，不得忽视、冷落老年人；与老年人分开居住的家庭成员，应当经常看望或者问候老年人。这一规定也引发了广泛争论。支持者说，新法关注老年人精神上的慰藉，真正保障了老年人的权益。质疑者说，面对"压力山大"的社会竞争和忙碌的工作生活，孝道明显无法承受金钱和时间的压力，若大部分人违法，那么，法律的权威性是否会大打折扣。中立者说，"经常"怎样定义？法官在实际操作中将怎样办？如果在外打拼的你不回家看望父母，被父母起诉之后，你还是不回去，这如何执行？警车来带你回家。所以，有人开玩笑说："妈妈再也不用担心我过年回不了家了……"像类似于这种"常回家看看"的许多规定，如"公交车上不让座就赶下车""地铁上吃东西要罚款"等规定，因为其更多涉及的是纯粹道德的琐碎之事，究竟有没有必要由法律来调整，这值得我们进一步思考。

由于法的规范性特征包含的内容非常丰富，可以用表2-7予以明晰化。

表2-7 法的规范性

法的规范性	法是调整人的行为的社会规范，针对"一般人"设定行为模式	1. 法是一种特殊的社会规范 （1）法不是自然规范而是社会规范，自然规范调整的是人与自然的关系 （2）法只调整重要的社会关系——法谚：法律不问琐碎之事
		2. 调整对象："一般人"的意志行为 （1）法的调整对象只能是"行为"——法谚：法律不问思想 （2）法的调整对象只能是"意志行为"——法谚：法律不强人所难

二 国家意志性：法是统治阶级对传统习惯的价值取舍和重新建构

从国家层面的社会管理角度来看，法就是一个特定国家现行有效的社会管理规范。因此，法律必然出自国家，是由国家产生的社会规范，因此具有国家意志性。这一点是法律与其他社会规范的区别之一。宗教教规、道德规范等也是属于社会规范，但是却并不是国家产生的，因而不具有国家意志的属性，也就不像法律一样具有权威性。

但是，法律既然出自国家，国家是产生法律的前提条件，那么能否说国家先于法律产生呢？其实，这就是一个"鸡生蛋，蛋生鸡"的问题。如果说国家先于法律产生，那么最先出现的那些国家就是非法组织；如果说法律先于国家产生，那么早期的那些法律就不具有国家意志性这个特征。所以，马克思被问到这个问题时，知道这是个两难陷阱问题，于是他回答：二者的产生没有先后之分。

法律出自国家，那么国家是怎么"产生"① 出法律的呢？在我国法理学界一般认为，国家"产生"法律的主要方式就是制定和认可。

（一）制定法律（无——→有，发明）

制定法律，是由国家专门机构依照法定职权和法定程序直接将掌握政权阶级的意志转化为法律的活动，它是大陆法系国家法律产生的主要方式。通过制定方式形成的法律就是成文法或制定法。它一般具有系统的条文化的逻辑结构，形式上类似于自上而下的统治者的命令体系。

有人说，认可是将已经有的传统习惯进行认可，是一个"从有到有"的"发现"过程，那么这里的制定过程就是一个"从无到有"的"发明"过程。但是，结合法的本质来看，法本质上是不以人的主观意志为转移的客观存在的社会现象，人类制定出来的法律都只是对客观存在的一种主观反映而已。所谓的"从无到有"的"发明"法律，也是不符合马克思主义关于法的物质本质属性的："法律应该以社会为基础。法律应该是社会共同的，由一定的物质生产方式所产生的利益需要的表现，而不是单个人的恣意横行。""立法者应该把自己看作一个自然科学家。他不是在制造法律，不是在发明法律，而仅仅是在表述法律，他把精神关系的内在规律表现在有意识的现行法律之中。如果一个立法者用自己的臆想来代替事物的本质，那么我们就应该责备他极端任性。"萨维尼也说："法律绝不是那种应当由立法者以专断刻意的方式制定的东西，法律应该是'那些内在地、默默地起作用的力量'的产物。"

那么，这种"内在地、默默地起作用的力量"究竟是什么呢？那就是下面"认可法律"部分里提到的传统习惯。

（二）认可法律（有——→有，发现）

认可法律，是国家有权机关对社会中已有的社会规范（如习惯、道德、宗教教义、政策等）赋予法的效力的活动。国家"认可"有两种情况：一种是国家立法者在制定法律时将已有的不成文的零散的社会规范系统化、条文

---

① 注意，在这里没有使用很多教材都使用的"创制"一词，而是使用了"产生"一词。"产生"是指"从已有的事物中形成新事物"，而"创制"则有"创造发明"之意，而本书的观点是：这种"创造发明"的观点是违背马克思主义法学关于法的物质本质属性的。

化，使其上升为法律；另一种是立法者在法律中承认已有的社会规范具有法的效力，但却未将其转化为具体的法律规定，而是交由司法机关灵活掌握，如有关"从习惯""按政策办"等规定。认可的法一般指习惯法，也即"不成文法"。

从认可的含义来看，认可则是"从有到有"的过程，是一个从传统习惯中发现法律的过程。历史法学派代表人物格奥尔格·弗里德里希·普赫塔曾提出："法分为三个阶段，即习惯法、立法和法典。习惯法是民族精神的直接产物，立法、法典是在其基础上发展起来的，习惯法高于立法，立法高于法典，立法只有在它体现着普遍作用的民族习惯和惯例时才是有用的。"在关于习惯与立法的关系上，美国的詹姆斯·库利奇·卡特认为，所有的法律都是习惯，但是，不是所有的习惯都是法律。习惯和惯例提供了调整人们行为的规则，而司法先例只不过是"被赋予了权威性的惯例"罢了。法院并不制定法律，而只是从一些既存的事实——得到社会承认的惯例——中发现和探寻法律。

在国家认可说之下，如何将"习惯"认可为"法律"？一般认为有明示认可和默示认可两种方式。

明示认可是指国家立法者在制定法律时将已有的不成文的、零散的社会规范系统化、条文化，使其上升为法律。如"养老抚幼""三至五月不准捕鱼"等。其实，经过明示认可的习惯，从某种意义上说，已经不再是习惯法而是完全属于国家制定法的范畴。

默示认可则是指立法者在法律中承认已有的社会规范具有法律效力，但却未将其转化为具体的法律规定，而是交由司法机关灵活掌握。如有关"从习惯"等规定。如我国《合同法》第六十一条规定，"合同生效后，当事人就质量、价款或者报酬、履行地点等内容没有约定或者约定不明确的，可以协议补充；不能达成补充协议的，按照合同有关条款或者交易习惯确定"。这里的"交易习惯"，就需要法官通过调查确定哪些是交易习惯，然后在判决书中引用。这种所谓的默示认可，实际上国家成文法里并没有明确其具体的习惯内容，但是却又赋予了这些习惯相应的法律地位，即法官可以根据具体情况灵活判断是否该作为法源予以引用。

但是，默示认可的习惯是"法律"吗。这种所谓的经过"默示认可"就成为国家法的观点真的具有法律意义吗？按照默示认可的观点，国家成文法里提到"习惯"即是对习惯的默示认可，是不是只要国家制定法里出现了"习惯"这两个字，便是对"习惯"的默示认可呢？比如，我国台湾地区民法典第一条规定："民事法律所未规定者，依习惯；无习惯者，依法理。"2017年3月15日第十二届全国人民代表大会第五次会议通过并于10月1日开始实施的《中华人民共和国民法总则》第十条也规定："处理民事纠纷，应当依照法律；法律没有规定的，可以适用习惯，但是不得违背公序良俗。"此外，我国现行的很多法律都提到了"习惯"二字。很显然，这些法律规定的"习惯"是相当广泛的，如果处理民间纠纷的习惯都被认可了，那是不是意味着所有的习惯都转化为习惯法（国家成文法）了呢？如果是，那为什么还要将"习惯"与"法律"同时并提呢？笔者认为所谓的默示认可实际上是不具有任何意义的。这些被国家成文法提到的"习惯"依然只是习惯而已，不会仅仅因为国家成文法提到就成了默示认可的"习惯法"（或国家成文法），否则的话，所有的这些习惯经过"默示认可"都成了国家成文法，还提所谓的"习惯"有什么意义？

综上，我国法理学界的"制定或认可说"其实是存在理论缺陷的：从"制定"的含义角度看，这种发明式的"制定"违反了马克思主义关于法不是发明而是发现的理论；从认可的角度看，默示认可实际毫无意义，只有其中的明示认可还具有一定的存在价值。而这种明示认可的法律也并不是简单地等同于对社会习惯的承认，不是像卡特所认为的那样，把法律的制定片面化为惯例的发现和追寻。事实上，法律的构成是复杂的，其既有生成性的内容，也有建构性的成分。正如当代美国最具世界影响力的法学家之一伯尔曼所言："法律既是从整个社会的结构和习惯自下而上发展起来，又是从社会中的统治者们的政策和价值中自上而下移动。法律有助于对这两者的整合。"[①]

总之，法的国家意志性并非是指法律是国家统治阶级单纯的主观臆断，"以专断刻意的方式制定的东西"，也非对传统习惯的简单认可和事实描述，而是国家统治阶级结合治理国家的需要，对传统习惯的价值取舍和重新

[①] 〔美〕哈罗德·J.伯尔曼：《法律与革命——西方法律传统的形成》，贺卫方等译，中国大百科全书出版社，1993，第570页。

建构。

三 普遍性：普遍有效、普遍平等和普遍一致

法的普遍性包括普遍有效、普遍平等和普遍一致三个方面的内容。

（一）普遍有效性：法的普遍性的核心

普遍有效性是法的普遍性核心，是指在国家权力所及的范围内，法具有普遍效力或约束力。首先，是法律所针对的对象广泛，法调整的人是不特定的；其次，法的效力重复，法调整的事是反复发生的。如果说"北京市人大制定的地方性法规只在北京市管辖的地方有效，因此不具有普遍有效性"，这是不正确的，因为，在北京市这个范围内，北京市人大制定的地方性法规调整的对象是不特定的，其法律效力也是可以重复的，因此其依然具有法的普遍有效性。"法的普遍性"主要是指法的普遍有效性。

（二）普遍平等性：法律面前人人平等

近代以来，法的普遍性也表现为普遍平等性，即要求平等地对待一切人，要求法律面前人人平等。

但是，人类早期的法律也曾公开维护人和人之间的不平等，带有浓厚的神秘色彩，与现代法律精神不符合。比如，古印度《摩奴法典》就是如此。该《法典》第五卷第一百五十八条规定："妇女要终生耐心、忍让、热心善业、贞操，淡泊如学生，遵守关于妇女从一而终的卓越规定。"第一百六十四条规定："不忠于丈夫的妇女生前遭诟辱，死后投生在豺狼腹内，或为象皮病和肺痨所苦。"这是关于妇女不平等对待的规定。第八卷第四百一十七条规定："婆罗门贫困时，可完全问心无愧地将其奴隶首陀罗的财产据为己有，而国王不应加以处罚。"这是关于国王的不平等对待规定。第十一卷第八十一条规定："坚持苦行，纯洁如学生，凝神静思，凡十二年，可以偿赎杀害一个婆罗门的罪恶。"这是关于修行者的不平等对待规定。

根据我国《宪法》第四十五条规定："中华人民共和国公民在年老、疾病或者丧失劳动能力的情况下，有从国家和社会获得物质帮助的权利。""国家和社会保障残废军人的生活，抚恤烈士家属，优待军人家属。""国家和社会

帮助安排盲、聋、哑和其他有残疾的公民的劳动、生活和教育。"那么，能否由此认为：我国《宪法》第四十五条规定的保护特殊主体（老、弱、病、残等）的权利违反了法的普遍平等原则？关于盗窃入罪的起点，广东规定是2000元，新疆则规定是800元，这是否又违反法的普遍平等原则？显然并非如此，因为法的平等性原则有形式平等与实质平等之分，形式上的不平等是为了保证不同起点的人能得到最终实质上的平等对待。

（三）普遍一致性：普遍人性

普遍一致性是指法律的内容始终与人类的普遍要求具有一致的趋向。近代以来的法律虽然与一定的国家紧密联系，具有民族性、地域性，但是，法律的内容始终具有与人类的普遍要求相一致的趋向。

法具有普遍性，但是我们不能由此将法的普遍性绝对化：法适用的空间有限，它以国家权力管辖范围为限。法适用的对象有限，法律不管琐碎之事。法律的具体运用也有限，比如四川省的地方性法规不能在北京市适用。

四 权义一致性：引导人们趋利避害以维护正常的社会秩序

法的权义一致性，又称为权利义务双向性、双面性、对等性，是指法是以权利和义务为主要内容的行为规范。法谚云："没有无义务的权利，也没有无权利的义务。"从两个方面说明了法的权利义务的一致性：法既禁止"只有权利没有义务"的特权，也禁止"只有义务没有权利"的歧视。法的权义一致性设定以权利义务为内容的行为模式，是法的一个重要特点和价值。

法的权利义务一致性也是法与道德、宗教的主要区别之一，使法进一步与其他社会规范相区别。因为在道德和宗教上，可以存在只有义务而没有权利的情形。比如拾金不昧、见义勇为等，道德上应该表扬，但是如果你还要求对方给你金钱报酬，你"无名英雄"的道德楷模形象立马就会因"救人捞财"而被群众的鄙视所毁掉。做好事你就是好人，但不做好事你可能就要被道德所谴责，被宗教信徒所鄙弃。

我们可以通过以下一些小故事来感受法的权义一致性。

故事一：赠人玫瑰，手虽留香，小心受伤

小明同学送给小强同学一个漂亮的杯子，小强同学满心欢喜地拿来准备泡茶。结果，刚倒入开水，杯子裂开，开水将小强同学的手严重烫伤。

那么，好心送人东西致人伤害，该不该？

《合同法》第一百九十一条："赠与的财产有瑕疵的，赠与人不承担责任。附义务的赠与，赠与的财产有瑕疵的，赠与人在附义务的限度内承担与出卖人相同的责任。""赠与人故意不告知瑕疵或者保证无瑕疵，造成受赠人损失的，应当承担损害赔偿责任。"

故事二：想说不爱你，没那么容易

小明和小花是夫妻。小明是军人，由于长期分居，导致小花对小明多有怨言，遂提出离婚。但是，小明觉得二人还是有感情基础的，不愿意离婚。根据《婚姻法》第三十三条规定，现役军人的配偶要求离婚，须得军人同意。因此，法院判决不准离婚。

这能否说明军人与其配偶的权利义务不一致？

故事三：无名英雄还是救人捞财

2003年5月24日下午5时许，重庆市长寿区的刘维碧的儿子卢维和另外两名小朋友在长江长化码头玩耍。卢维一脚踩空，滑进滔滔长江。危急关头，一男子气喘吁吁地跑来，顾不得脱衣脱鞋，跳入江中，终将落水孩子救上了江岸（事后得知此人是一李姓老板）。下午6时许，刘维碧闻讯赶到江边，见到了孩子和孩子的救命恩人。为表谢意，刘当即让孩子跪下认李某作干爹。孩子照做后，李对刘说："你10万元也买不到你孩子的命，你必须给我付1000元感谢费，并赔偿我进了水的手机和手表。"由于刘维碧3年前丧夫，母子俩只能靠每月80元的最低生活保障费艰难度日，刘只好找邻居借了300元给李。收下这300元钱的李某并不满意，让刘继续借钱。面对邻居的指责，李某称：我救人是要跟经济利益挂钩的。李某的话激怒了居民们，有的居民甚至开始骂李某。

在是否应该索取救人感谢费问题上，人们见仁见智。有不少人认为，"这种见义勇为完全变了味"，在受益人无力支付的情况下索取过多感谢费实属不该。但也有人认为，有人愿意冒着生命危险救人，值得钦佩，索取感谢费之举，无可非议。

由于包括拾金不昧索报酬这一类似事件在全国各地陆续发生，我国在2007年制定《物权法》时，将"拾金不昧"入法进行了规范。《物权法》第一百一十二条规定:"权利人领取遗失物时,应当向拾得人或者有关部门支付保管遗失物等支出的必要费用。""权利人悬赏寻找遗失物的,领取遗失物时应当按照承诺履行义务。""拾得人侵占遗失物的,无权请求保管遗失物等支出的费用,也无权请求权利人按照承诺履行义务。"10年后即 2017 年制定《民法总则》又将"见义勇为"入法进行了规范。《民法总则》第一百八十三条规定:"因保护他人民事权益使自己受到损害的,由侵权人承担民事责任,受益人可以给予适当补偿。没有侵权人、侵权人逃逸或者无力承担民事责任,受害人请求补偿的,受益人应当给予适当补偿。"

但是,"拾金不昧""见义勇为"入法,这究竟是在鼓励还是在背叛传统美德?

古人看法:孔子,你怎么看

相传春秋时期,鲁国制定了一道法律,如果鲁国人在外国看见同胞被卖为奴婢,只要他们肯出钱把人赎回来,那么回到鲁国后,国家就会给他们以赔偿和奖励。这条法律执行了很多年,很多流落他乡的鲁国人因此得救,得以重返故国。

孔子有一个弟子叫子贡,他是一个很有钱的商人,他从国外赎回来了很多鲁国人,但却拒绝了国家的赔偿,因为他自认为不需要这笔钱,情愿为国分担赎人地负累。

但孔子却大骂子贡不止,说子贡此举伤天害理,祸害了无数落难的鲁国同胞。

为什么做了好事反被孔子骂呢?

孔子说:"万事,不过义、利二字而已,鲁国原先的法律,所求的不过是人们心中的一个'义'字,只要大家看见落难的同胞时能生出恻隐之心、只要他肯不怕麻烦去赎这个人、去把同胞带回国,那他就可以完成一件善举。事后国家会给他补偿和奖励。让这个行善举的人不会受到损失,而且得到大家的赞扬,长此以往,愿意做善事的人就会越来越多。所以这条法律是善法。"

孔子还说:"子贡的所作所为,固然让他为自己赢得了更高的赞扬,但是同时也拔高了大家对'义'的要求。往后那些赎人之后去向国家要钱的人，不但可能再也得不到大家的称赞，甚至可能会被国人嘲笑，责问他们为什么不能像子贡一样为国分忧。子贡此举是把'义'和'利'对立起来了，所以不但不是善事，反倒是最为可恶的恶行。"

自子贡之后，很多人就会对落难的同胞装作看不见了。因为他们不像子贡那么有钱，而且如果他们求国家给一点点补偿的话反而被人唾骂。很多鲁国人因此而不能返回故土。

从法的"权义一致性"还可以引申出法的"利导性"，即法律通过合理地分配权利和义务，来影响人们的行为动机和行为方式，指引人的行为，引导人们趋利避害，将人的行为纳入统一的秩序之中，以调节社会关系并维护正常的社会秩序。第一个分配要实现权力和责任的平衡，权力和权利的平衡。第二个分配要实现权利和义务的平衡。比如，"禁止机动车占用公交车道"和"禁止机动车占用公交车道，违者吊销驾驶证照"，哪种情况下你还会占用公交车道。很显然，后一种规定由于对违者处以吊销驾照的处罚，你不会冒着将会被吊销驾照的风险去违反规定，因此具有很强的"利导性"。而前一种规定没有明确的义务性责任承担，因此其"利导性"就不够。

2016年6月17日，朋友圈被"贩卖妇女儿童一律判死刑"刷屏，具体内容是："建议国家改变贩卖儿童的法律条款，拐卖儿童判死刑！买孩子的判无期！""我是来自北京的承诺者，坚持人贩子死刑！""我是来自湖南的承诺者，坚持人贩子死刑！"类似的还有"奸淫幼女应该一律处死"等。网民的情绪被人贩子、强奸犯的可恶和朋友圈信息的劲爆点燃，无数网友挥动手指、义愤填膺地做出了"承诺"与转发。这种所谓的"正义"，是否真的符合权利义务的一致性和利导性？根据我国《刑法》第二百三十六条规定："以暴力、胁迫或者其他手段强奸妇女的，处三年以上十年以下有期徒刑。奸淫不满十四周岁的幼女的，以强奸论，从重处罚。强奸妇女、奸淫幼女，有下列情形之一的，处十年以上有期徒刑、无期徒刑或者死刑：（一）强奸妇女、奸淫幼女情节恶劣的；（二）强奸妇女、奸淫幼女多人的；（三）在公共场所当众强奸妇女的；（四）二人以上轮奸的；（五）致使被害人重伤、死亡或者造成其他严重后果的。"第二百四十条规定："拐卖妇女、儿童的，处五年以上十年以下有期徒刑，并处罚金；有下列情形之一的，处十年以上有期徒刑或者无期徒刑，并处罚金或者没收财产；情节特别严重的，处死刑，并处没收财产：……"也就是说，犯奸淫幼女罪的刑罚是从3年有期徒刑到死刑皆有可能，而犯拐卖儿童罪的刑罚则从5年到无期徒刑皆有可能，这种刑罚的范围主要是根据犯罪情节而定，被告承担的法律责任是与其违法的情形相适应的。如果某人在拐卖儿童或奸淫幼女之时，想到反正都是死，还不如直接将这个小孩弄死，否则他（她）一回去就跟警察叔叔、爸爸、妈妈说"就是那个坏叔叔"，就惨了，所以还是直接弄死他（她）保险些。这就是利益导向让你本该预期的效果走向了相反的方向。

五　国家强制性：保障法律得以实现的最终力量

任何规范都要具有保证自己实现的力量，否则就犹如没有牙齿的老虎——没有任何威慑力。不按照自然法则办事，会招致自然界的报复。不按照社会规范行事，也会受到相应的惩罚。原始人违反氏族习惯，严重者会被逐出氏族；社会成员违反公认的道德准则，会受到人们的舆论谴责和自己内心的良心谴责；学生违反校规，要受到校规处分；党员违反党章，要受党纪制裁。可见，没有实施保障手段的社会规范是不存在的。同样地，法律作为社会规范的一种，其有效实施也必须要有保障实现的力量。

保障法律实现的力量是"国家强制力"，这就是法的国家强制性。法律的强制力是一种国家强制，国家强制力不等于纯粹的、直接的暴力，而是以军队、警察、法官、监狱等国家暴力为后盾的强制力。因此，法律就一般情况而言是一种最具有外在强制性的社会规范。同时，国家暴力还是一种"合法"的暴力。所谓"合法的"一般意味着是"有根据的"，而且，也意味着国家权力必须合法行使，包括符合实体法尤其是程序法两个方面的要求。此外，国家强制力具有潜在性和间接性，只是保障法律得以实现的最终力量，法律在运行时并不一定都要行使国家强制力。国家强制力也不是法律实施的唯一保证力量，甚至不是根本的保证手段。

所以，任何规范都有保证自己实现的力量。道德、宗教等一切规范都有强制力，只是法律的强制力是一种国家强制力。比如，你一个堂堂大学生，在公交车上看到有孕妇或老人等老弱病残而不让座，虽然从道德上看没有人能对你怎么样，但是，当一车人齐刷刷的目光看向你，你还好意思继续眯着眼睛装睡吗？这时候，这种来自群众谴责的目光，就是道德的强制力，这种强制力恐怕有时候比法律的国家强制力会更有效。当然，除非你的脸皮够厚，一般的目光是无法刺穿你的道德廉耻心的。也就是说，这种道德谴责的强制力因为没有国家暴力为后盾，是不具有很强大的执行力的。

六 正当程序性：法是否具有内在道德的正义衡量标准

由于法律本身的正当性以及司法活动的正当性始终处于虚无缥缈的状态，法的客观正义标准就好像"与神灵和星辰同在"般不可触摸。客观正义标准的确定性源于人类思维的统一性，而现实的境况是"人不同心，心不同理"，一部分人的正义可能是另一部分人的邪恶。德国当代最重要的哲学家之一尤尔根·哈贝马斯意识到问题的严重性。面临正义标准的确定性基础（即人类思维的统一性）被瓦解的危险，他提出了理性交流理论，并设计了相应的交流（辩论）规则。他相信，只要人们按照理性的程序性规则在"理想的辩论情境"之中参与对话和辩论，由此达成的共识就可以被视为符合正义标准的结果。[①] 美国著名的法理学家富勒也提出法有道德性，包括"外在道德"和"内在道德"，其中法的内在道德即"程序自然法"，是有关法律的制定、解释和适用等程序上的原则或法治原则，是使以规则管理人类行为的事业成为可能的道德，也就是法律能够成为所绝对必需的前提条件。

因此，法律的制定和实施都必须遵守法律程序，违反法律程序的行为可能被宣布为无效，法律职业者必须在程序范围内思考、处理和解决问题，这就是法的正当程序性。法的程序性是法区别于其他社会规范的重要特征，是法是否具有正当性的内在道德评价标准。比如在诉讼证明过程中认定"法律事实"的时候，运用证据对案件事实的认定既要符合实体法的规定，也要符合程序法的规定，才能达到从法律的角度认为是真实的程度。证据"三性"中的合法性就要求只有通过合法手段收集的证据资料才能作为证据使用，则

[①] 桑本谦：《法律论证：一个关于司法过程的理论神话——以王斌余案检验阿列克西法律论证理论》，《中国法学》2007 年第 3 期。

是从程序的角度对证据的价值做出要求和限制。

与法的国家强制性主要是用来"约束公民权利"不同的是，法的程序性主要是用来"约束公权力"的。比如在陕西夫妻看黄碟案中，我们就要思考警察进入居民家里执法是否应该遵循必要的法律程序？如果没有遵循必要的法律程序，就违反了程序性原则，就应该承担相应的法律责任。

七　可诉性：一种理论上的可能性

法的可诉性是指法律具有被任何人（包括公民和法人）在法律规定的机构（尤其是法院和仲裁机构）中通过争议解决程序（特别是诉讼程序）加以运用以维护自身权利的可能性。不同的社会规范，具有不同的实现方式。法律的实现方式不仅表现在以国家暴力为后盾，更表现在以一种制度化的争议解决机制为权利人提供保障，通过权利人的行动，启动法律与制度的运行，进而凸显法律的功能。所以，判断一种规范是否属于法律，可以从可诉性的角度加以观察。

但是，法的可诉性只是一种理论上的可能性，法并非必然都具有可诉性，要受到诉讼法的限制。比如，我国宪法是否具有可诉性。宪法是否可以作为公民起诉、辩护的依据。裁判机构又是否可以用宪法来进行裁判。这就是一个具有争议性的法理问题。在中国，曾经有着"宪法司法化第一案"之称的齐玉苓案，最高人民法院针对该案做出的批复是否意味着该案"开创了中国宪法作为民事审判依据的先河"？但是，2008年最高院废止了包括针对齐玉苓案所做的《关于以侵犯姓名权的手段侵犯宪法保护的公民受教育的基本权利是否应承担民事责任的批复》在内的27项司法解释。与其他26项司法解释被废止理由不同，该司法解释只是因"已停止适用"而被废止，既无"情况已变化"，又无"被新法取代"。究竟为什么"停止适用"？这种针对个案的批复何以会"停止适用"？这实在令人费解。

法的以上特征是法与道德、宗教等其他规范的主要区别。在以上法的特征中，尤其需要注意的是，法作为最低限度的道德，很容易在法律与道德问题上产生混淆，但二者在生成方式、行为标准、存在形态等方面都有着很大的区别（见表2-8）。

表 2-8　法与道德的区别

	法	道德
生成方式	建构性：人为形成的	非建构性：自然演进生成
行为标准	确定性：有特定表现形式，具体明确，可操作性强	模糊性：无特定具体的表现形式，笼统、原则，标准模糊，易生歧义
存在形态	一元性：法以一元化的形态存在，具有统一性和普适性	多元性：道德评价是个体化的、主观的，因此导致道德的多元、多层次性
调整方式	侧重外在行为	关注内在动机
运作机制	程序性：提供制度性协商和对话的机制	非程序性：不存在以交涉为本质的程序
强制方式	外在强制：有组织的国家强制	内在强制：主要靠内在良知认同和责难
解决方式	可诉性	不具有可诉性

第四节　我国少数民族地区习惯法的"法"属性

一　习惯法也是"法"

哈特在《法律的概念》一书中指出："对于'什么是法律？'……甚至娴熟的法律专家也颇有同感，他们虽然了解法律，但是，对于法律以及法律与其他事物的关系的许多问题，他们却不能解释和充分理解。"尽管如此难以定义"法"的概念，但古今中外无数的法学者们孜孜不倦地在探寻什么是"法"的道路上，也给后人指出了大致的方向：法是为了维护一定的社会秩序，依据某种社会权威，由某个社会组织制定或在一定社会范围内自发形成的，具有一定的强制性的行为规范。

正如卢梭早就指出的那样，"习惯法"肯定属于"法"的范畴，而且属于那种"既不是铭刻在大理石上，也不是铭刻在铜表上，而是铭刻在公民们的内心里"的法律，"它形成了国家的真正宪法；它们每天都在获得新的力量；当其他的法律衰老或消亡的时候，它可以复活那些法律或代替那些法律，它可以保持一个民族的创制精神，而且可以不知不觉地以习惯的力量代替权威的力量。我说的就是风尚、习俗，尤其是舆论"。[①] 梁治平先生也认为，

---

① 〔法〕卢梭：《社会契约论》，何兆武译，商务印书馆，1980，第73页。

"即使是在当代最发达的国家，国家法也不是唯一的法律，在所谓正式的法律之外，还存在大量的非正式法律"。[①] 而这些非正式法律，其中就包括民间那些"铭刻在公民们的内心里"、具有非常顽强的生命力的"习惯法"。

但是，究竟什么是"习惯法"。其与制定法又是什么关系。对此，学界有多种理解，以至于存在某种程度上的混乱。归纳起来，目前主要的有国家认可说和社会规范说两种。

国家认可说认为，经过国家有权机关认可的社会上已有的某些行为规范，赋予其法律效力并得到国家强制力的保障，这就是习惯法。其实，经过认可的习惯法已经具有了法律效力并能得到国家强制力的保障，从某种意义上说，已经属于国家制定法的范畴。因此，国家认可说理解的习惯法准确来说应该就是制定法。

社会规范说以高其才教授为代表。高教授认为，习惯法是独立于国家制定法之外，依据某种社会权威和社会组织，具有一定的强制性的行为规范的总和。高教授引用了英国学者沃克主编的《牛津法律大辞典》对习惯法的解释："当一些习惯、惯例和通行的做法在相当一部分地区已经确定，被人们所公认并被视为具有法律约束力，像建立在成文的立法规则之上一样时，它们就理所当然可称为习惯法。"美国的《韦伯斯特词典》也认为："习惯法是成立已久的习惯，是不成文法，因公认既久，遂致其发生效力。"[②] 因此，社会规范说理解的习惯法与国家制定法是相互独立的关系。

此外，还有学者将习惯法界定为：在一定时空范围内，民间就同一事项反复实践而形成，带有权利义务分配之性质，且人们对其抱有法观念与确信的规范形态。并且认为，习惯法不同于习惯的重要特征在于，它具有法的意义和效力。与制定法的区别体现为生成机制和效力来源的不同。[③] 从某种意义上来说，这种理解也是属于社会规范说的范畴。而这种界定，明确了习惯法的生产机制、内容和效力，是一种比较全面的界定。

[①] 梁治平:《清代习惯法：社会与国家》,中国政法大学出版社,1996,第32页。
[②] 高其才:《法理学》,清华大学出版社,2015,第77~78页。
[③] 杜宇:《重拾一种被放逐的知识传统——刑法视域中"习惯法"的初步考察》,北京大学出版社,2005,第11页。

二 少数民族地区"习惯法"具有"法"的本质属性

历史法学派代表人物格奥尔格·弗里德里希·普赫塔曾提出:"法分为三个阶段,即习惯法、立法和法典。习惯法是民族精神的直接产物,……立法只有在它体现着普遍作用的民族习惯和惯例时才是有用的。"人类学家鲍哈也提出:"法是由专门处理法律问题的社会机构再创造的习惯。"习惯法作为一种古老的知识传统,在国家制定法的形成过程中起着举足轻重的作用,但在没有成为国家制定法之前,习惯法本身也是属于一个相对独立的法的范畴。

因此,习惯法作为法的一种,与国家法一样,具有规范性、强制性、普遍性和权利义务性等法的本质特征,二者唯一的区别不是"习惯法是不是'法'"的争论,而是"生成机制和效力来源"不同而已。国家法由国家机关制定,习惯法则由民间生成;国家法的效力来源于国家强制力,而习惯法的效力则来自该地区人们的内心确信(或是"民族意识"①)。根据法适用的第一个目标,法的可预测性要求尽可能地避免武断和恣意,要求裁判者将法律决定建立在既存的一般性法律规范的基础上,并按照一定的方法——推理规则和解释方法——适用法律规范。既然习惯法具有法的本质属性,也是在一定范围内具有普遍性、稳定性的社会规范,按照这种社会规范进行司法衡平,在既存的习惯法规范的基础上,并按照推理规则和解释方法适用习惯法规范,就是保证法的可预测性目标的实现。

---

① 杜宇:《重拾一种被放逐的知识传统——刑法视域中"习惯法"的初步考察》,北京大学出版社,2005,第254页。但是,该学者同时又认为,习惯法虽具有"法"的名号和头衔,也具有"法"的共同特征,但是习惯法不能构成刑事诉讼中的"法律",而只能构成一种"事实",在刑事诉讼中,作为法官裁判标准的法律只能是国家机关制定的、具有国家强制力的法律,而习惯法因素只是作为法官判断的对象在司法过程中呈现。该学者在该书的《导论》部分,就指出本书是在法律多元主义立场下的一次理论尝试,以承认国家刑事制定法和习惯法的独立并存为前提。但却又在该书的最后部分提出:习惯法仅仅是一种"待证事实"。该学者一方面认为习惯法只是法官判断的一种"事实",另一方面却又提出法官需要对这一"事实"进行"价值判断"。我认为,这种理解是典型的分析法学派规范主义法学的观点,是在对自己提出的法律多元主义立场的否定。参照杜宇《重拾一种被放逐的知识传统——刑法视域中"习惯法"的初步考察》,北京大学出版社,2005,第22、242页。

三 "少数民族"习惯法不同于其他"民间"习惯法，更突出"民族性"

根据高其才教授的研究，少数民族习惯法"是中国习惯法体系中内容最丰富、影响最大的"①一种习惯法。由于少数民族习惯法是各民族为了维护本民族内部秩序和整体利益，在本民族人民长期的生活生产实践过程中逐渐形成的，是伴随着本民族的发展而发展的，其强烈的民族色彩非常浓厚。在我国，藏族由于受佛教思想的深刻影响，藏民深信并持有"生死轮回"的观念，认为死刑并不是最为有力的惩罚，一定的金钱和物质惩罚才是最严厉的。依据苗族的"丧葬习俗"规定："凡是被杀死、自缢死、溺死、跌死、难产死、浮肿死、服毒死以及因某些不常见病而死者，不许抬回家里停丧，一般不举行丧葬仪式，直接运往非祖坟掩埋。这种死者埋后3年、5年或10余年，大多数要掘尸骨火化，进行迁葬。"黔东南州某县发生的故意伤害致人死亡案就是被害人家属依照苗族习惯法传统，围绕"丧葬习俗"与国家法之间发生的冲突，后经多方参与调处的典型司法个案。②

一个民族的文化往往积淀于习惯之中。由于少数民族地区"刑事和解习惯法"与每一个民族自己独特的历史、文化和风俗习惯紧密相连，考虑到少数民族地区特有的历史、文化背景，我们有必要对每一民族刑事和解习惯法所蕴含的特有价值观念和文化传统保持足够的谨慎和小心，"以一种热烈而冷静、同情而不迁就的态度去理解每一民族独有的文化精髓和精神体验"③，以高超司法技术衡平性地对待少数民族地区的刑事和解习惯法，这才是目前最恰当的做法。

四 少数民族地区"习惯法"相对于"国家法"，具有更强的自治性

"与国家制定法相比，习惯法以其生动、具体的独特形式在实际生活中

---

① 高其才:《中国习惯法论》（修订版），中国法制出版社，2008，第13页。
② 李向玉:《苗族习惯法在刑事和解中的地位和作用——以黔东南苗族地区"丧葬习俗"司法个案为例》，《贵州警官职业学院学报》2017年第1期。
③ 杜宇:《重拾一种被放逐的知识传统——刑法视域中"习惯法"的初步考察》，北京大学出版社，2005，第83页。

弥补了国家制定法宏观、抽象下的一些空白。"[1] 尤其是，少数民族刑事和解"习惯法"的核心理念在于充分尊重当事人的意思自治，相对于刑事和解"国家法"具有更强的自治性，主要体现为以下几点。

（一）范围更宽更具体

在刑事和解制度方面，我国《刑事诉讼法》2012 年进行修改，在第五编"特别程序"中第二章专门规定了"当事人和解的公诉案件诉讼程序"。[2] 最高人民检察院和最高人民法院也相继出台了相关规定，对当事人和解的公诉案件诉讼程序做了详细规定。根据这些规定，在国家制定法层面，刑事和解的范围只限于刑事诉讼程序之内的轻微的刑事案件。[3] 相比较而言，少数民族地区的"刑事和解习惯法"的适用范围则宽泛得多，这主要体现在实体范围和适用程序范围上。

从实体范围上看，"刑事和解习惯法"中的"刑事"是指从我国制定法视角看应该属于刑事犯罪的案件，在少数民族地区却适用习惯法进行和解。少数民族地区的刑事和解习惯法涉及范围相对较广，故意杀人、故意伤害、强奸、盗窃、抢劫、抢夺、敲诈勒索，因草场纠纷、矿产开采、虫草采集等诱发的群体性事件中的聚众斗殴等案件均在刑事和解的范围之内，现在频发的交通肇事案件也不例外。总而言之，少数民族地区的刑事和解习惯法适用的范围非常广泛。

---

[1] 高其才：《中国习惯法论》（修订版），中国法制出版社，第 4 页。
[2] 我国《刑事诉讼法》第二百七十七条规定了公诉案件刑事和解的方式和范围："下列公诉案件，犯罪嫌疑人、被告人真诚悔罪，通过向被害人赔偿损失、赔礼道歉等方式获得被害人谅解，被害人自愿和解的，双方当事人可以和解：（一）因民间纠纷引起，涉嫌刑法分则第四章、第五章规定的犯罪案件，可能判处三年有期徒刑以下刑罚的；（二）除渎职犯罪以外的可能判处七年有期徒刑以下刑罚的过失犯罪案件。""犯罪嫌疑人、被告人在五年以内曾经故意犯罪的，不适用本章规定的程序。"
[3] 不少学者针对我国《刑事诉讼法》对刑事和解的规定，提出了建设性的建议，比如李翔就认为本次修改上有诸多不尽如人意之处，尤其是新刑事诉讼法尚未能触及的"重罪刑事和解"更显理论研究价值和更具实践功效。参考李翔《重罪案件刑事和解中的价值冲突和裁判平衡研究》，上海人民出版社，2015，第 1 页。甚至有学者提出在一定范围内的死刑案件也可以适用刑事和解。根据司法实践中的个案研究，认为刑事和解的范围不应绝对排除死刑案件。因为一旦切断刑事和解这条促使加害人自我反省与悔罪的途径，单纯追求"以暴制暴"的处理方式，无疑违背惩治和教育相结合的司法方针，于法不符。对于人身财产遭受严重损害的被害人，却不能获得立法的关注与体恤，甚至无法享有与普通被害人平等的救济途径，则于理不合。

从适用程序上看,"刑事和解习惯法"中的"刑事"不仅包括"刑事诉讼程序"之内根据习惯法进行和解,而且包括"刑事诉讼程序"之外根据习惯法由当地有威望的族人或者首领等主持进行和解。比如,就有学者得出结论,"藏族刑事和解习惯法主要通过调解进行刑事和解,充当中介的调解人员主要有部落头人或者首领、活佛僧侣、部落长老、官员或者干部、亲朋好友,而司法机关工作人员绝少以公职人员身份介入"。①

(二) 责任承担方式包括民事责任的承担和对国家刑事责任的放弃

我国制定法上的"刑事和解",实际上并非是直接对刑事部分的和解和处分,其实质是当事人对民事部分达成和解,并表达对刑事部分如何处理的意见,再由办案机关根据具体情况对案件做出处理。制定法意义上的"刑事和解",和解的是刑事案件中的民事部分,而不是罪名、刑事责任等刑事问题。

在习惯法领域,"刑事和解"其实和解的内容会更为广泛,不仅包括对民事责任承担的和解,有时还会涉及对刑事责任追究的放弃。比如藏族的"赔命价""赔血价"习惯法,藏民们普遍认为"你判你的刑""我赔我的价",甚至认为"刑可以不判,但命价、血价不能不赔",其实表达的就是对国家刑事责任追究的放弃。但国家法认为,杀人或伤人都必须接受法律的制裁,藏族的"赔命价""赔血价"支付之后依然会受到国家法刑事法律制度的制裁,这就会导致双重惩罚。

尽管少数民族刑事和解习惯法与国家制定法相比,存在诸多独特性,甚至在某些方面突破了国家制定法的规定,但少数民族刑事和解习惯法内在的自治精神其实是与刑事和解制定法的宗旨相契合的。民族刑事和解习惯法的自治性理念目的在于民族内部解决纠纷,不将矛盾与事态扩大与激化,促成问题实质性解决;刑事和解制定法的宗旨也是先在案件当事人内部达成解决问题一致性,体现了对实质性正义的追求。它们在本质上都是通过受害人与加害人的沟通交流,使得加害人积极主动反思自己的侵害行为,重视被害人的利益与感受,以物质补偿为主的裁处方式来保障被害人人权,促成纠纷得

---

① 后宏伟、王效勤:《刑事法视野下的藏族刑事和解习惯法探析》,《北京化工大学学报》(社会科学版) 2015 年第 4 期。

以实质性解决，达到最终社会关系恢复的目的。这种先在内部或者当事人之间解决问题，并把问题切实解决、以实现实质性正义为目的的做法，显现了民族刑事和解习惯法与国家制定法在出发点与目的上的切合与同向性。

五 少数民族"刑事和解"习惯法不同于其他"刑事"习惯法，更突出"和"而不是"罚"

《中庸》有言："和也者，天下之达到也。"在中国的法律传统中，非常强调"和合"观念，非诉观念较为盛行。和西方社会相比，和解在我国具有更为强大的"群众基础"。甚至在一个具有充分发达的法院制度和其他裁决能力的社会，许多争议也从来既不付诸其司法机构，也不交付于旨在对第三人的裁断给予约束的可选择程序。[①] 这就为我国少数民族地区形成刑事和解习惯法奠定了文化传统和民族基础。

在少数民族地区，存在大量的刑事习惯法，比如高其才教授在其著作《中国习惯法论》中非常详细地介绍了我国少数民族地区对故意杀人、过失杀人、殴斗伤害、偷盗、强奸、通奸、损坏财产、违反公共利益、抢劫、拐带等行为的处罚习惯法。根据高其才教授的研究，不少少数民族地区的刑事习惯法非常严格，比我国《刑法》对相关罪的处罚规定要严得多。比如对于偷盗行为，在很多少数民族地区都认为是非常严重的"罪行"，瑶族、佤族对偷盗者轻则罚款，重则甚至处死，哈萨克族则可以对抓获的盗窃犯不经审判就鞭打，有的甚至被鞭打致死。[②] 但是，与这些刑事习惯法不同的是，"刑事和解习惯法"更强调"和"而不是"罚"。中国几千年来的"和合"文化，追求和谐是中国文化传统的重要特征，"乐于和解而耻于诉讼"的思想深入国人心里。再加上少数民族特有的一些宗教信仰，少数民族地区发生了刑事纠纷之后，大都抱着隐忍的态度尽可能地息事宁人，避免将事态进一步扩大。发生刑事纠纷后，一般会由族中有权威有威望的人，如壮族的寨老（都老、乡老）、瑶族的瑶老（石牌头人）、景颇族的各姓长老、藏族的头人等从中调解解决纠纷。在"和"的状态遭受破坏之后，再尽力用"和"的方式去修复让其恢复到正常秩

---

① 〔美〕H. W. 埃尔曼：《比较法律文化》，贺卫方、高鸿钧译，清华大学出版社，2002，第133页。
② 高其才：《中国习惯法论》（修订版），中国法制出版社，2008，第327~348页。

序状态，这正是少数民族地区刑事和解习惯法与其他刑事习惯法的最大不同之处。比如，广西"和面酒"的习惯法，主要适用小额偷窃等较轻微案件，犯罪人请乡老或保苏、把士及受害人共吃一餐，当面谢罪并返还受害人损失即可了结，一些基层法院也多有借鉴以起"案结事了"之效果。

少数民族刑事和解习惯法通过双方当事人之间的交流、协商达成和解，不仅仅是以报应手段惩罚犯罪，而忽视被害人利益诉求。少数民族刑事和解习惯法不主动适用刑罚手段，先通过其他手段对加害人进行惩处，相对于传统司法模式成为一种更加温和的纠纷解决机制。

第五节 全面客观正确认识法的作用

管仲曾经对法律的作用做过经典论述："法者所以兴功惧暴也，律者所以定分止争也，令者所以令人知事也，法律政令者，吏民规矩绳墨也。"法的作用是法律作为一种特殊的社会规范对人们的行为和社会生活所产生的影响和结果，是法的本质的外在表现。法的作用体现在法对社会的影响中，直接表现为国家权力的行使，本质上是社会自身力量的体现。研究法的作用在理论层面可以进一步认识法的特征和本质，理解对法治的选择；在实践方面，可以规范人的行为、维护社会秩序、指导人们的思想。根据法律作用对象的不同，法的作用可以划分为规范作用和社会作用两大类。

一 法的规范作用：对个人生活的五大影响

法的规范作用，是指法作为一种特殊的行为规则对人们的意识行为发生影响，从而对人的行为具有指引、评价、预测、强制、教育的作用，是对违法行为进行制裁的根据。法的这五种规范作用是法律必备的，任何社会的法律都具有。但是，在不同的社会制度和不同的法律制度中，由于法律的性质和价值的不同，法的规范作用的实现程度会有所不同。

在法理学上，也有人把法的规范作用称为"法的功能"[①]。法的规范作用

[①] 周伟、任高潮在《论法的教育功能》中认为"法的功能"指法在一定社会条件下能够对社会主体产生影响或变化的效能。参照周伟、任高潮《论法的教育功能》，《法律科学》1987年第2期。

是从法是调整人们行为的社会规范这一角度提出来的，法律发挥规范作用的前提是要有法律，作用的对象是人的行为，其在法的作用中处于手段的层面。

（一）指引作用

法的指引作用是指法为人们的行为提供一个既定的模式，从而引导人们在法所允许的范围内从事社会活动。法的指引作用是法对本人行为的指引，行为的主体是每个人自己。通过法的指引作用可以引导人们的行为。比如，我国《婚姻法》规定的一夫一妻制指引着人们在婚姻问题上只能选择一夫一妻，否则将得不到法律的保护。《道路交通安全法》规定的酒后不得驾车指引着人们酒后不敢再开车而只能选择代驾或者打车，否则就要受到法律的制裁。

对人的行为的指引有两种形式：一种是个别性指引，即通过一个具体的指示形成对具体的人的具体情况的指引；另一种是规范性指引，是通过一般的规则对同类的人或行为的指引。个别指引由是非规范性法律文件实现，比如，天安门广场交警为每个游客指路的行为以及在广场树立指示牌的行为，这都只能是个别性指引。个别指引尽管也是非常重要的，但就建立和维护稳定的社会关系和社会秩序而言，规范性指引具有更大的意义。而法律本身具有规范性，其指引也只能是规范性指引。规范指引则由规范性法律文件（法律）来实现，如北京市政府通过制定法规来指示游客行进路线的行为，则属于规范性指引。因此，法的指引作用只能是规范性的指引。

从立法技术上，可以根据法律规范的内容是权利还是义务，将法的指引作用划分为权利性指引和义务性指引。权利性指引，是指通过宣告权利来实现指引作用，由于权利是可以选择行使或不行使，具有不确定性，因而又称之为不确定指引、有选择的指引。在法律规范表述中，通常会出现"可以""有权""不受干涉"等道义助动词。义务性指引，是指通过设定义务来实现法的指引作用，由于义务性规范是要求行为而作为或者不作为，具有确定性，因而又称之为确定性指引。在法律规范表述中，通常会出现"必须""应当""有责任""禁止""不得"等道义助动词。但是，有的法律规范并没有明确的道义助动词，比如，"故意杀人处以死刑、无期徒刑或者十年以上有期徒刑"属于有选择的指引还是确定的指引？该规则是一个义务性规范，适用该规则只能根据故意杀人的具体情况决定对被告处以死刑、无期徒刑还是十年以上有期徒刑，法官适用该规则是不能随意选择的，因而该规则是一个确定性规则。

（二）评价作用

法的评价作用是指法律作为一种行为标准，具有判断、衡量他人行为合法与否的评判作用。这里，评价的对象是他人。在现代社会，法律已经成为评价人的行为的基本标准。法的评价作用针对的客体是特定的行为而不是思想，评价的标准是特定行为合法不合法、违法不违法。

法的评价作用分为专门评价和一般评价。专门评价是经法律专门授权的国家机关、组织及其成员对他人的行为所做出的评价，这种评价具有法律约束力。一般评价是普通主体以舆论的形式对他人的行为所作出的评价，这种评价不具有法律约束力。比如，赵某想为其77岁高龄的母亲投保，但保险合同规定被保险人应该是年龄在70岁以下且身体健康的人，因此，赵某就通过关系修改了他母亲的户口年龄与保险公司签订了保险合同，而且分别在2000年、2002年为其母亲投保。2013年，赵某母亲去世，保险公司在进行理赔调查时，赵某再次改了其母亲入党申请书上的年龄。由此，赵某获得了保险公司理赔的27万元。不久，保险公司向公安部门举报赵某进行保险诈骗活动，随后由检察机关向人民法院提起诉讼，最终人民法院依据《保险法》第五十四条的规定，投保人申报的被保险人年龄不真实的，并且真实年龄不符合合同约定年龄限制的，保险人可以解除合同，并在扣除手续费后，向投保人退还保险费，但自合同成立之日起逾二年的除外，认定保险合同有效，判决赵某无罪。在这个案例中，保险公司认为赵某是进行保险诈骗的评价就是一般评价，所以对赵某不具有法律约束力。而法院的判决就是专门评价，具有法律约束力。

（三）教育作用

法的教育作用是指通过法的实施对一般人今后的行为所产生的积极影响。也有学者认为，法能够直接作用于人们的思想意识，帮助人们接受国家规定的行为模式,树立社会生活的合法行为准则的效能就是法的教育功能。[①] 法的教育作用对于提高公民法律意识,促使公民自觉遵守法律具有重要作用。

法的教育作用与道德、宗教等的教育作用相比有一定的特殊性。首先,法的教育作用以国家强制力为前提,是一种个人自觉和国家强制教育的有机结合,而道德、宗教等社会意识形态是一种完全内心自觉的教育;其次,法的教育作用的实现需要特定的物质基础,如法律文件、法律机构、法律制度、法律活动等多种形式,而道德、宗教等表现为一般的规范,价值观念和社会活动的形式;最后,法的教育作用对社会每一成员施加影响,而道德、宗教等因个人文化水平、宗教信仰等因素的不同,对人们的教育、引导的过程、效果而不同。

法的教育作用的客体是一定的思想意识,是法通过作用于人的心理活动、行为动机等环节实现的,其实现的具体过程是:法—思想意识—行为。法首先作用于人们的思想意识,其次调整人们的有意志的行为,从而达到有效调整一定的社会关系的目的。比如,在电视前看到电视里播放的对犯罪分子的审判而幡然醒悟,在见义勇为后而受到政府的嘉奖,这些都是法的教育作用的体现。当然,法的教育作用根据行为的合法性与违法性而产生不同的作用,包括示警作用(反面)和示范作用(正面):①反面教育(示警作用)即通过对违法行为实施制裁,对包括违法者本人在内的一般人均起到警示和警诫的作用;②正面教育(示范作用)即通过对合法行为加以保护、赞许或奖励,对一般人的行为起到表率、示范作用。

讨论:公开宣判,是否违背法理?

事例1

2016年3月16日,四川省阆中市人民法院公开宣判大会在江南街道办举行。大会对张某、戚某、欧某等8人妨害公务罪进行了集中宣判,依法判处张某等6~8个月有期徒刑,其中两名情节较轻者适用缓刑。

事例2

据报道,某中学组织该校高一的学生参加了该校所在地的法院所举行的某个刑事案件公开宣判大会。该校高一的学生通过参加这个公开宣判大会,

---

[①] 周伟、任高潮:《论法的教育功能》,《法律科学》1987年第2期。

具体地明确地知道了某种行为是犯罪行为，认识到法律的权威性和严肃性。

拓展

《联合国囚犯待遇最低限度标准规则》明文规定：被告人不受任何形式的侮辱、好奇的注视或者宣传；应准穿着自己的服装。公捕公判大会将犯罪嫌疑人、被告人及其"罪行"强制暴露在公众的目光之下，无疑是对犯罪嫌疑人和被告人的羞辱，侵犯了他们的人格权。

（四）预测作用

法的预测作用是指凭借法律的存在，可以预先估计到人们相互之间会如何行为，包括对如何行为的预测和对行为后果的预测。法的预测作用的对象是人们相互之间的行为，包括公民之间、社会组织之间、国家、企事业单位之间以及它们相互之间的行为的预测。社会是由人们的交往行为构成的，社会规范的存在就意味着行为预期的存在。而行为的预期是社会秩序的基础，也是社会能够存在下去的主要原因。

法的预测作用应该区别于我们平常所说的"预测"。比如，张三预测李四非法传销至少要判有期徒刑5年，这里的"预测"就不是法的预测作用。在诉讼中，原告会想被告会怎样，证人会怎样，法官会怎样，我该怎样，这就是法的预测作用。比如，某水泥厂与某建筑公司签订一份水泥购销合同。但是货起运时遇到阴雨天气，大雨、暴雨持续不断，货物运输途中遇到山洪暴发，公路被毁，致使水泥无法按时送到指定地点。水泥厂立即将这一情况通知了建筑公司，公路被修复后，水泥厂将水泥送到指定地点。建筑公司验收货物后，拒付货款。水泥厂向律师咨询，律师告知，水泥厂的货款一定能够收回，而且至多承担部分责任，甚至可以免除全部责任。水泥厂根据律师的建议向建筑公司所在地的法院提起诉讼，该法院判决结果与律师的说法基本一致。水泥厂的律师就是根据相关法律进行预先评估为什么水泥厂可以收回货款而且还可以免除责任，从而预估下一步该如何走。这就是法律的预测作用。

（五）强制作用

法的强制作用是指法通过预防违法犯罪，对违法犯罪行为进行制裁和惩罚，从而强制人们遵守法律。这里，强制作用的对象是违法者的行为。制定法律的目的是让人们遵守，是希望法律的规定能够转化为社会现实。因此法律必须具有一定的权威性。离开了强制性，法律就失去了权威；而加强法律的强制性，则有助于提高法律的权威。违了法，损害了法所确定的他人的、集体的、社会的和国家政权的利益，或是不履行自己的法定义务，就要受到国家政权的强制，轻则罚款，重则判刑，再严重的则可能剥夺违法者的生命。并且，对违法者的强制，不以被强制者的接受或认同程度为转移。这也是道德、宗教、习惯等社会规范的强制作用所远远不及的。一般而言，违反了道德、宗教、习惯等社会规范，通常不会受到这样严重的处罚。比如，对一个不讲道德、违反道德规范但并没有违法的人来说，通常只能以社会舆论谴责他，如果他对社会舆论无所谓，不接受社会舆论的强制，也不能把他送进监狱。[1]

总之，我们可以用这样一个口诀来总结法的规范作用：指引本人，评价他人，教育大多数，强制一小撮；强制过去，预测将来。

表 2-9 法的规范作用

作用	对象	备注
指引	本人	引导自己正确行为
评价	他人	评价他人行为是否正确
预测	人际	针对未来，预期他人行为，开展自己行为
强制	一小撮（违法者）	针对过去，进行惩罚制裁
教育	大多数（全社会）	教育人们遵守和服从法律

二 法的社会作用：政治统治职能和社会公共职能

法的社会作用是指法律作为社会关系调整器对社会所产生的影响，它是通过法的规范作用而产生的。法的社会作用的对象是社会关系，即人与人的关系及社会化了的人与自然的关系，是从法的本质和目的这一角度出发的认

---

[1] 周旺生：《论法律的秩序价值》，《法学家》2003 年第 5 期。

识法的作用。法律发挥社会作用的前提是法律要被实施、被运用，因此法的社会作用是一种法实施动态中的影响。

恩格斯在《反杜林论》中指出，"在这里我们没有必要来深入研究：社会职能对社会的这种独立化怎样逐渐上升为对社会的统治；……问题在于确定这样的事实：政治统治到处都是以执行某种社会职能为基础，而且政治统治只有在它执行了它的这种社会职能时才能持续下去"。统治阶级为了组织社会生产和社会生活，就必须要利用国家和法这样两个工具，来发挥它们的社会作用。

法的社会作用是围绕着法的两种基本职能、三个领域展开的。

（一）两种职能：阶级统治职能、社会公共职能

法的政治职能是指通过法来维护统治阶级的阶级统治，这也是法的核心作用。在阶级对立的社会中，法的目的是维护对统治阶级有利的社会关系和社会秩序。维护统治阶级的阶级统治是法的社会作用的核心。法的政治职能主要表现在调整统治阶级和被统治阶级的关系，法在调整统治阶级内部和统治阶级及其同盟者之间的关系方面也具有重要作用。

法的社会职能是指通过制定调整社会共同事务的法律法规，明确人们在社会公共事务中的权利义务，规定人们行为的具体规则以及违反规则的法律后果，法执行着社会公共事务的职能。所谓社会公共事务，是指社会发展共同需要，对全社会成员都有好处的公共事业。运用技术法规，保护社会公共事务朝着符合自然规律，有利于整个人类社会，同时又有利于统治阶级根本利益的方向发展。对一切有关全社会的公共事务进行管理，从而保证人类共同体的存在和发展，它具有一般社会意义，不是某一阶级或社会的法所特有的，主要表现和活动是建设管理各种基础设施、发展生产、保护环境、发展科学技术和文化、事业。如《水法》《电力法》《交通法》《卫生法》《土地法》《环境保护法》等对于兴修水利、电力设施、交通管理、卫生保健、自然资源的合理利用以及环境保护等进行规范。

维护阶级统治的作用和执行社会事物的作用这两方面的法律之间存在明显的区别。首先，前一种法律作用的对象是阶级统治，后一种法律作用的对象是阶级统治以外的事务。这两种法律都是调整社会关系，即人与人之间的

关系，但其保护的直接对象是不同的。其次，维护阶级统治的法律当然仅有利于统治阶级，对被统治阶级则是剥夺和压迫；执行社会事务的法律，至少从客观上说，有利于全社会而不是仅有利于统治阶级一个阶级。最后，执行社会公共事务作用的那些法律，即使在不同社会制度下，往往是相似的，是可以相互借鉴的。

关于执行社会公共事务的法律阶级性和社会性的争论，大体上说有以下两种观点。一种是凡法都有阶级性，即使是那些在客观上对整个社会有利的、执行社会公共事务的法律，也有阶级性；法的社会性与阶级性是一致的，社会性是有阶级性的社会性，法的阶级性也是有社会性的阶级性。另一种是从整体上看，法是有阶级性的，但具体到各组成部分说，有的阶级性强，有的阶级性弱，有的仿佛很难看出它与阶级的联系。

(二) 三个领域：政治、经济、思想文化领域

法调整政治生活领域，主要表现在通过宪法、组织法、行政法、刑法、国际法等，确认国家制度、组织国家机关、组织和协调政治权力的运行、确立社会民主、调整对内对外关系、对内维护秩序与安全、对外抵御侵略、保卫主权。

法调整经济生活领域，主要表现在通过宪法、民商法、经济法、刑法等，确认和建立有利于统治阶级的财产所有权制度、确认经济制度、调整经济关系、组织和协调经济运行、促进经济发展、建立和维护经济秩序。比如，我国《宪法》规定，国家在社会主义初级阶段，坚持公有制为主体、多种所有制经济共同发展的基本经济制度。《物权法》规定，所有权人、遗失人等权利人领取遗失物时，应当向拾得人或有关部门支付遗失物的保管费等必要费用。

法调整思想文化生活领域，主要表现在通过知识产权法、教育法等法律，将统治阶级的思想原则上升为法律原则，通过这些法律来引导社会的思想文化生活、促进科技文化事业进步、促进道德建设发展。任何一个国家都非常重视法对思想文化领域的调整作用，在美国也不例外。不论过去，还是现在，美国公立的中小学都非常重视爱国主义教育。这种教育，形式多样，内容丰富，既有美国历史和政府这类正规的课程学习，也有唱爱国歌曲、向国旗致敬这样潜移默化的形式。通过这种爱国主义教育，培养了学生对国家的忠诚。

如果考虑到美国是世界五大洲、四大洋的移民组成的国家，这个教育就显得尤为重要。一批又一批的移民子女，就这样开始了成为美国人的"美国化"进程。

然而，当爱国主义碰上宗教自由和言论自由，会产生什么样的火花。

美国有关向国旗致敬和《效忠誓词》的案例
违背州法校规　学童休学回家

故事发生在1936年。像所有美国公立中小学一样，宾夕法尼亚州东部矿区的麦诺斯维尔（Minersville）小学要求学生每天都向国旗致敬，并宣读《效忠誓词》："我宣誓效忠美利坚合众国国旗及其它所象征的共和国，国家一体，自由公正与我们同在。"这是美国学校加强学生爱国主义情感的重要内容。但没想到，有一天10岁的威廉和12岁的莉莲突然决定不再向国旗致敬。原来，他们的父母是耶和华见证会的信徒。耶和华见证会的教义中，有些东西很特殊。根据《圣经旧约出埃及记》的内容，他们相信耶和华是真神，反对主流基督教的圣父、圣子和圣灵三位一体的教义。他们讨厌偶像崇拜，拒绝向上帝以外的任何偶像致敬。受父母和教会牧师的影响，威廉和莉莲小小年纪，就知道向国旗致敬违反他们的教义。老师再三向他们灌输爱国重要性的思想，进行细致的说服工作，但仍无济于事。而校方又不愿意因为两个小孩子，坏了学校的规矩，况且，向国旗致敬还是当时宾州的一项州法，学校必须执行。校方只好要求他们退学。

威廉和莉莲的父亲戈比蒂斯（Gobitis）赶紧找到学校，表示向国旗敬礼的确是爱国情操和公民良好素质的表现，但是这与他们的宗教信仰向背。他们很爱美国，但也崇敬上帝，并认为爱国公民也一定是崇敬上帝的人。他们并不要求学校取消向国旗致敬，而是希望不要强迫他们的孩子去做违背他们宗教信仰的事情。

学校则认为，向国旗致敬既是州法也是校规，不能通融。况且，这种爱国主义教育对小孩子有益无害，不应该有例外。既然戈比蒂斯不愿意让孩子服从，那结果只能是除名。

两个孩子不能上公立学校了，戈比蒂斯又没有钱送他们去私立学校。

下级法院主持公道　最高法院强调爱国

在美国公众自由联盟的帮助下，戈比蒂斯向费城的联邦地方法院控告麦诺斯维尔学校侵犯他家的宗教自由。法院判他胜诉，指出"向国旗致敬不能作为学童到该校上学权利的一个条件"。

学校不服，上诉到联邦第三巡回上诉法院，结果，仍然维持原判。

学校还是不服，1940年向联邦最高法院上诉。

最高法院1940年6月3日以8比1的悬殊票数判戈比蒂斯败诉。

最高法院基于政治和国际形势而非宪法基础做出的这项判决，引起舆论大哗。全国各家报纸中批评这一判决的远远多于支持的。美国中西部最有影响的一份报纸《圣路易斯邮报》的评论很有代表性："最高法院的这一判决是违反美国原则的，我们认为最高法院已经向普遍的歇斯底里投降。如果爱国情操依赖这样的做法——违反人民最基本的宗教自由——来培养的话，那么，爱国情操就不再是高尚的，而是一种通过法律来灌入我们喉咙的东西。"

美国无神论者中心发言人札梅茨基表示："言论自由不应包括将政府变成向受控制者宣传的工具，特别是学生。"

三　全面客观正确认识法的作用

（一）正确认识法的作用

正确认识法的作用，既要谨防"法律无用论"，还要克服"法律万能论"，要做到全面客观认识法律的作用。

1. 谨防"法律无用论"的法律虚无主义

在现代社会，法律逐渐代替了宗教、道德、习俗等，成为当今时代社会最主要的社会调整手段；在社会发展中，法律是社会运动和发展的最重要的稳定和平衡的工具，法律在对人们行为规制和社会关系的调整上具有其他社会规范所不具有的优点。治理国家、解决社会冲突、化解社会矛盾、促进社会发展、谋求民众福祉、践行社会公平与正义，都离不开法律的治理。

但是，由于法律的作用也不是无所不能的，有的时候法律本身的缺陷、执行法律的人的主观认识等因素也会造成法律价值在实际生活中的作用大打折扣。因此，有人认为法律是没有用的，要真正有效治理社会还需要有高尚品德的人，这种"法律无用论"的法律虚无主义对中国建设社会主义法治国家是非常有害的。

2. 克服"法律万能论"的法律至上主义

博登海默说："尽管法律是一种必不可少的具有高度助益的社会生活制度，它像其他大多数人定制度一样也存在一些弊端。如果我们对这些弊端视而不见，那么，它们就会发展成严重的操作困难。"法律不是万能的，国家法律作为一种深受社会制约的规则体系，它作用于社会生活的范围、方式、效果和效益等方面都存在一定的局限性。因此，法律虽好，也有很多缺陷，必须予以正视。

最近几年，有一种将"依法治国"泛化为"依法治×"的现象，这是一种看似"法律万能论"实则近乎"人治"的一种现象。"依法治国"是建设社会主义法治国家的必然选择，但是，从法治的细节出发，并不是说就是将"依法治国"进行层层向下演绎，除了"依法治省""依法治市""依法治县""依法治乡"以及"依法治村"，现在更有一种纯粹搞笑的滑稽演绎方法，就是按照各行各业提出"依法治×"，诸如依法治山、治水、治林、治路、治火、治鱼等，真是彻底发挥了中国人举一反三的能力。几年前，曾经在一座高高的建筑物上有一个大大的横幅标语，"依法管理无线电"，不知无线电这一看不见摸不着的物质作为被管理者，它的权利和义务是什么呢？它又该怎样来接受政府的管理呢？但是，我们的政府官员落实国家的"依法治国"方略，不能仅仅这样拿来当作一种扯大旗搞噱头似的宣传口号。更恐惧的是，这里面似乎隐含着一种"人治"的苗头。现在还是只用法律来治理山、水、动植物等，照这样层层划分，到最后被依法治理的是人，即依法治人。我们并不提倡将"依法治×"泛化、形式化，这种泛化不仅仅只是提法上的不严谨，更是一种思维和理念的误导，因为在某些人的思维里，"治"就是"治理""管理"。"法治"就是通过种种规则去管束、治理、管理广大公民，而"治理""管理"就必须强化"治理者""管理者"的治理权力和管理权力，相应的则会增加被治理者、被管理者的义务，这种所谓的"依法治×"实际上是站在"权力中心主义"立场说话的，而这种思维就离现代法治理念相差十万八千里去了。现代法治理念强调的是权（力）自法出，所有的公权力都应当有合法性根据，任何人（更主要是指权力拥有者）都必须在法律之下活动。

3. 全面客观认识法律的作用

总而言之，法治是当今世界全人类发展的最强音，治理国家、解决社会冲突、化解社会矛盾、促进社会发展、谋求民众福祉、践行社会公平与正义，都离不开法律的治理。但是，法律也不是万能的，法治并不是要将所有的社会生活都纳入法律框架内，法治的要求是，发挥法律的"主导作用"。

全面客观认识法律的作用，就是既要防止"法律无用论"的法律虚无主义，又要克服"法律万能论"的法律至上主义，要充分认识法的局限性，只有对法的作用有一个全面、冷静的认识，才能实现法律与其他社会规范的优势互补，把法的调整机制与其他社会调整机制有机地结合起来，才能有效发挥法的主导作用，建立起良性的社会秩序，共同促进社会的发展进步。

（二）法律作用有限性的表现（原因）

博登海默说："法律是一个带有许多大厅、房间、凹角、拐角的大厦。在同一时间里享用一盏探照灯，照亮每一间房间、凹角、拐角是极为困难的，尤其当技术知识和经验受到局限的情况下，照明系统不适当或至少不完备时，情形就更加是如此了。"法律也因其受到多方面的限制而无法发挥其理想中的作用，而这些影响法律发挥作用的因素主要有以下几个方面。

1. 法律调整范围的深度和广度有限

法律调整范围的深度有限，法律只调整人的外在行为，而不能涉及思想；调整的广度也有限，法律只调整人的某些行为，而不是全部行为。

法律不是调整社会关系的唯一手段。调整社会关系的社会规范除了法律之外，还有道德、宗教、党规、政纪、规章、公约、民约、守则等。法律只是众多的社会规范之一，必然受到其他社会规范以及社会条件和环境的制约。法律以社会为基础，书本上的法以活法为基础，国家法以社会法为基础；法律与社会有一致性，不可能超出社会发展需要"创造"或改变社会。法律来源于现实但并不说完全等同于现实。法律可能超前于现实，比如部分人提出制定动物福利法就超出了中国目前的社会经济基础现实；法律也可能落后于现实，如计划经济时代制定的一些法律就落后于当时的社会经济现实。

2. 法律自身特征导致法律作用有限

（1）法律具有稳定性——滞后性和保守性

法律不能朝令夕改，否则会令民众无所适从，稳定性是法律调整社会关系的必然要求。但是，法的稳定性同时也会带来法的滞后性与保守性。因为"法有时而穷，社会变化多端"，随着社会的发展，当初制定法律的社会经济物质文化基础已经不复存在，作为对社会物质文化生活的反映的法律，已经不能对新的社会关系进行调整，从而失去法的作用。

2004年，曾经在昆明发生的"女体盛事件"，当时有关行政管理部门做出的决定就因法律的滞后性而备受社会诟病。2004年4月2日，在日本备受争议的"美女人体盛宴"现身昆明，在昆明和风村怀石料理餐厅首"演"。用作盛器的少女穿上了泳衣，并没有完全的赤身裸体，尽管如此，还是引起不小轰动，受到各方关注。有关政府部门迅速采取行动。昆明市西山区卫生局、区工商局责令该餐馆立即改正，并处罚款2000元。处理的法律依据是，该行为违背了《民法通则》和《妇女权益保障法》的有关基本原则，直接违反了《广告法》第七条第二款第五项和《食品卫生法》第八条第一款第五项的规定。并一致认为，该活动不符合社会主义精神文明建设的要求和《公民道德建设实施纲要》，也不符合中国的国情、中华民族的道德标准和人民群众的传统习俗，有悖社会道德，有伤社会风化，是对女性人格的侮辱和歧视。

该事件发生后也出现了两种声音：一种认为"女体盛"事件的处理体现了法治精神，另一种观点则认为处罚"女体盛"没有法律依据，是一种执法尴尬。那么，本案的处理是否合法？法律在处理此案中能否发挥作用？合法或不合法的理由是什么？

附：《广告法》

第七条第二款第五项　妨碍社会公共秩序和违背社会良好风尚

附：《食品卫生法》

第八条　食品生产经营过程必须符合下列卫生要求：（五）餐具、饮具和盛放直接人口食品的容器，使用前必须洗净、消毒，炊具、用具用后必须洗净，保持清洁……

（2）法律具有普遍性概括性——个案不正义

由于法律是针对一定社会范围内普遍的、不特定的人制定的规则，其不可能考虑到所有细节而做到非常详细具体，必然具有高度概括性和抽象性。举一个简单的例子来说。《刑法》第四十九条规定，犯罪的时候不满十八周岁的人和审判的时候怀孕的妇女，不适用死刑。这条规定是针对所有不满十八周岁的人和审判的时候怀孕的妇女，均不适用死刑。这是一个抽象的规定。但是，假设有两个年轻人共同犯罪，其中一个人甲虽然只有 17 岁，但是见多识广，身体智力发育都很成熟，社会经验非常丰富，在共同犯罪中处于主导地位；而另一个人乙虽然年满 18 周岁，但身体消瘦，头脑简单，在实施犯罪过程中完全跟着别人做事。两人共同犯罪，按照定罪量刑均该处以死刑。但是，由于甲不满 17 岁，根据《刑法》第四十九条的规定，是不能对其适用死刑的。你是不是感觉很不公平？

2015 年田某杀死强奸妻子者被判无期一案也是由于法律的普遍性概括性而导致的不正义个案。2006 年 3 月 17 日，同公司的工友张某趁田某外出强暴其妻。田某返回宿舍时听到妻子呼救，冲进房发现张某正压在妻子身上，妻子拼命挣扎。张某看到田某进来后，就从床上下来。田某冲上前与张某扭打在一起。田某拿了一把菜刀对着张某一阵乱砍，后来，张某倒地了。田某看到张某躺在地上一动不动，慌了神，带着妻子一起逃跑。田某逃逸八年后向贵州公安机关自首。2015 年 6 月温州中院审理后认为，田某非法剥夺他人生命，致一人死亡，其行为已构成故意杀人。田某有自首情节，可从轻处罚，案发的主要原因是田某目睹张某对妻子实施性侵犯，张某在本案中存在重大过错，故对田某从轻处罚，一审判处田某无期徒刑。

根据《刑法》第二十条第三款规定："对正在进行行凶、杀人、抢劫、强奸、绑架以及其他严重危及人身安全的暴力犯罪，采取防卫行为，造成不法侵害人伤亡的，不属于防卫过当，不负刑事责任。"这被称之为"无限自卫权"或"特殊自卫权"。本案中，田某是否在行使"无限自卫权"或"特殊自卫权"？行使"无限自卫权"或"特殊自卫权"有一个先决条件是"不法侵害正在进行时"，但是关于什么是"不法侵害正在进行时"、何种情形算"进行时"，颇有争议。但对"不法侵害终止"的认定却比较统一，一般包括：一是不法侵害者自动中止不法侵害；二是不法侵害者已经被制服；三是不法侵害者已经丧失侵害能力；四是侵害行为已经实施完毕，危害结果已经发生，无法挽回。这几个条件，严重限制了"正当防卫"和"无限防卫"的实施。因此，温州中院认为田某杀害张某时，张某已经自动终止了强奸行为，不法侵害已经终止，因此判决田某构成故意杀人罪，判处无期徒刑。《刑法》第二十条是对正当防卫的一个普遍性概括性规定，这也符合一般正当防卫或者特殊自卫权的正义性，但在田某这个个案中，法院依法做出的判决却引发舆论哗然，这皆是因法律本身的不周延特性导致的个案不正义。

（3）程序性——可能牺牲实质正义和个案正义

正当程序已经是全世界各国法律普遍遵循的必然要求，法律讲究程序性。法的程序性是指法律的制定和实施都必须遵守法律程序，违反法律程序的行为可能被宣布为无效，法律职业者必须在程序范围内思考、处理和解决问题。美国大法官道格拉斯说："权利法案的绝大部分条款都与程序有关，这绝非毫无意义。正是程序决定了法治与随心所欲或反复无常的人治之间的大部分差异。坚定地遵守严格的法律程序，是我们赖以实现法律面前人人平等的主要保证。"

但是，严格遵循正当程序，也可能会牺牲实质正义和个案正义。著名的世纪审判辛普森案就是这方面的典型案例。通过辛普森案，我们发现美国司法制度"宁可漏网一千，不可冤枉一人"，美国司法制度对程序公正和确凿证据的重视程度，远远超过了寻求案情真相和把罪犯绳之以法。

辛普森案："血证如山？"

1994年6月12日深夜，洛杉矶西部一豪华住宅区里，美国家喻户晓的大明星O.J.辛普森的前妻尼科尔·布朗·辛普森和男友罗纳德·戈德曼两人被利器割断喉管而死。

案发后凌晨，四名警察部侦探来到死者前夫，即辛普森的住所，在门外发现其白色的福特野马型越野车染有血迹，车道上、二楼卧室的袜子也发现血迹。按铃无人回应，侦探爬墙而入，其中一个侦探福尔曼在后园找到一只染有血迹的手套以及其他证据。

看"梦之队"如何推翻检方证据

视频：《法律特种部队 辛普森的梦之队》

任东来等：《程序公正与"世纪审判"》

1. 血手套

案发 7 小时后手套上血迹竟然还是湿的？

为啥单单把手套藏在后园？

辛普森手上有伤，为何手套完好且里面也无血迹？

关键是，辛普森完全戴不进手套。

2. 血迹证据

袜子上两边的血迹竟然完全相同。案发当日 4 点 13 分拍的照片上没有这只血袜子，但 4 点 35 分拍的照片却有了这只袜子。

戈德曼与凶犯曾激烈搏斗，身中 30 余刀，凶犯身上应该沾满了血，但车上只发现了微量血迹，却在下车后的车道上留下了明显血迹，在进入二楼卧室的门把、灯开关以及白色地毯上却没有任何血迹。

现场到公寓后园的小道上的血迹，大小均匀，外形完整。

DNA 分析采集血迹样本严重不合程序，如血迹样本在没有自然风干的情况下就放入证据袋，一位鉴定专家在取证录像面前被迫承认，自己在检测两个血液样本期间，曾经有一点儿血液溅洒到了手套上，而他并没有及时更换这个廉价的一次性手套。

3. 釜底抽薪：打种族歧视牌

辩护律师传唤了负责现场勘验找到那些血迹证据的福尔曼警官。在庭上，辩护人反复询问福尔曼，你有没有种族歧视倾向？有没有说过"黑鬼"这个词？福尔曼断然否认。辩护人拿出一卷录音磁带，那是十来年前福尔曼接受一个访谈节目时的录音，在短短十几分钟里，福尔曼清楚地说了这个词，而且说了 41 次！很显然，福尔曼撒谎了，更糟糕的是，12 名陪审团员里有 9 名非裔美国人，对于种族歧视本来就很敏感，这下子对于福尔曼的人品顿时彻底蔑视了。

随后，又因为抽血检验的记录单和用于分析检验的血样的量有出入（这也可能是因为抽血的护士随意估测了一个抽血量），辩护律师做出推测，可能是福尔曼，出于种族歧视的目的（辛普森是黑人，而其前妻妮可是白人），把从辛普森身上依法采取的血样偷偷取出一点儿，洒在了现场和手套上，伪造了物证。而检方在此也确有重大疏漏，在采集了辛普森的血样之后，没有立即送往实验室，而是放在勘察员的口袋里长达几个钟头，这足够让福尔曼做手脚了。这位猪一样的队友，让检方的证据大山轰然倒塌。

辛普森究竟杀没杀人？

2006年辛普森出版自传《如果我做了》，描述了自己"假想"如何杀死上述两名遇害者，一度引发争议。

辛普森案真凶现身：真的另有其人？

美国探索频道在2012年11月21日播出了一部名叫《我的连环杀手兄弟》的纪录片，讲述的是1995年被捕并被判处死刑的连环女性杀手格伦·罗杰斯的故事。罗杰斯的兄弟一口咬定说，他非常确定自己的兄弟才是杀死辛普森前妻的凶手，而辛普森本人并没有直接卷入杀妻一案，他还表示自己看到过格伦·罗杰斯在凶案现场的证据。如果他的说法是真实的，那么可以说给辛普森洗掉了不白之冤。

不过，被害者的家庭却并不相信这部片子的内容，并且对它大加指责，就算有上万个格伦·罗杰斯冒出来，也不能抹杀辛普森杀死前妻妮可和她的男朋友高德曼的事实。

(4) 法律事实的确认需要证据——牺牲个案正义

事实一词的指称范围要远远广于法律事实，日出或日落、潮涨或潮落、流星划过或陨石坠地等，均是事实。只有其中很小的一部分行为或事件，即具有法律意义或者能够引起法律后果的事件，才是所谓的法律事实。[1] 严存生归纳了事实的两种主要用法：本体论意义和认识论意义上的事实。他认为"法的事实"或"法律事实"就是与"法"或"法律"有关的事实。[2]

德国法学家拉伦茨也指出"作为陈述的案件事实"是法官在搜集案件证据的基础上构思出来的。他说"事实上发生的案件事实"变为"作为陈述的案件事实"的过程是个复杂的双向交流过程。主观性的法的事实也像其他主

---

[1] 宋显忠、肖凯提·阿布力米提：《法律事实的实证探究》，《法学论坛》2008年第2期。
[2] 严存生：《再论法在事中》，《法律科学》2014年第5期。

观性的事实一样，必然是多元的，其真实性也是相对的。① 因此，可以说法律的适用是以事实的确定为前提的，但是有些案件事实是难以确定甚至是无法确定的。甚至有人说，"在法庭上，只有证据，没有事实"。比如，在司法过程中，原告或控方所提出的事实主张是法律事实形成的逻辑前提，必须向法庭提供相应的物证、人证、书证、专家鉴定等合法且相关的证据加以证明，法庭就被告人的行为是否具备法定的类型特征，譬如主体是否合格、主观是否故意、客观方面是否实施了侵权行为等，一一进行听审。最后，法庭根据原告或控方对其主张事实的证明状况，根据有效证据及其信息是否支持原告或控方的事实主张，即原告或控方所主张的事实是否真实存在作出裁判。原告或控方所主张的事实，可能得到法庭的支持，也可能不被法庭支持；可能符合事件的真实情况，也可能不符合事件的真实情况，不论什么结果，法庭的裁判涉及对个案事实所作出的认定，均属于法律事实。②

我国著名的彭宇案和许云鹤案，皆是由于缺乏相应的合法证据来认定彭宇和许云鹤撞人的法律事实，但法官却做出了所谓撞人的"客观事实"存在的论断。也许撞人的"客观事实"的确真实发生了，但是，为什么"无论真相如何，彭宇案的判决依然被死死地钉在邪恶判决的耻辱柱上"？我们需要的是一套严谨的法律事实认定规则体系，而不是随意的主观判断，即使这有可能导致个案的不正义。因为一旦这个规则体系被打破，谁也不能保证裁判者会不会利用个人偏好做出随意的判决，这将会导致更大程度的不正义。

（5）法律语言表达的局限性——模糊性、有漏洞、不确定性

有人说"在人类社会领域的所有作业中，最企求明晰性、准确性的作业莫过于法律了，因为制定法律的目的，就是要给主体们根据或违背法律而为时一种准确的后果预期"，而人类对法律的确定性、明晰性的追求，所借助的是语言这种用来概括和命名对象世界、社会关系以及交往行为的符号工具。但是，"语言究竟是烛照，还是混沌？"③ 语言是思想的载体，法律是一种以语言为工具和载体的规范体系，但法律语言远没有现实世界丰富。

---

① 〔德〕卡尔·拉伦茨：《法学方法论》，陈爱娥译，商务印书馆，2003，第184页。转引自严存生《再论法在事中》，《法律科学》2014年第5期。
② 宋显忠、肖凯提·阿布力米提：《法律事实的实证探究》，《法学论坛》2008年第2期。
③ 谢晖：《法律的模糊/局限性与制度修辞》，《法律科学》2017年第2期。

语言本身的不确定性和多义性，令追求明晰性、准确性的法律经常"词不达意"而违背初衷。这种因为语言的不确定性而引起法律适用困难的例子比比皆是。我国《律师执业行为规范》第六条规定，"律师应当诚实守信、勤勉尽责"，但什么是"勤勉"？作为公司法律顾问，律师是应当24小时为公司服务算"勤勉"还是每天用一个小时高效处理法律事件为"勤勉"？《劳动合同法》第二十条规定，"劳动者在试用期的工资不得低于本单位相同岗位最低档工资或者劳动合同约定工资的百分之八十，并不得低于用人单位所在地的最低工资标准"。本规定中，"或者"是表示选择关系的，但这里选择的究竟是"本单位相同岗位最低档工资"还是"本单位相同岗位最低档工资的百分之八十"？又比如，《刑法》第三百二十九条规定："抢夺、窃取国家所有的档案的，处五年以下有期徒刑或者拘役。"什么叫"所有的"？百度百科里解释"所有的"有四种用法。①占有，有支配权。如"这些都归你所有"。②占有的东西。如"尽其所有"。③全部，一点也不剩下。如"贡献我所有的力量"。④一定范围内。如"教室里的所有人"。那这里的"所有的"究竟是哪一种含义？

司法实践中，也经常会因为对法律用语的理解歧义而产生争议，罗某某利用邪教组织破坏法律实施案就是如此。四川省某市罗某某自2013年9月起担任"全能神"邪教组织某小区讲解员，积极组织并参与"全能神"各种邪教活动，负责管理某小区下属的城南教会等8个教会的工作。2014年3月20日公安机关从罗的住房及租住房内搜查出大量"全能神"资料。公诉机关起诉的法律依据是"两高"的《关于办理组织和利用邪教组织犯罪案件具体应用法律若干问题的解释（一）》第二条："组织和利用邪教组织并具有下列情形之一的，依照刑法第三百条第一款的规定定罪处罚：（三）抗拒有关部门取缔或者已经被有关部门取缔，又恢复或者另行建立邪教组织，或者继续进行邪教活动的。"法院合议庭认为前述规定非常具有争议性：这里出现了三个"或者"，每一个"或者"究竟是并列的谁与谁？而本案的罗某某参与的"全能神"是属于被取缔的邪教组织，那么，罗某某是恢复了还是另行组建了邪教组织？还是在继续进行邪教活动？最后法院决定适用的法律依据是"两高"《关于办理组织和利用邪教组织犯罪案件具体应用法律若干问题的解释（二）》第一条："制作、传播邪教宣传品，宣扬邪教，破坏法律、行政法规实施，具有下列情形之一的，依照刑法第三百条第一款的规定，以组织、利用邪教组织破坏法律实施罪定罪处罚：（一）制作、传播邪教传单、图片、标语、报纸300份以上，书刊100册以上，光盘100张以上，录音、录像带100盒以上的。"

3. 法律作用的发挥受制于人与社会

孟子云："徒善不足以为政，徒法不足以自行。"孔子曰："道之以政，齐之以刑，民免而无耻；道之以德，齐之以礼，有耻且格。"哈特曾经说："撇开法律的空缺结构自然归之于语言不管（语言本身就有空缺结构的特征），重要的是认识到我们为什么即使作为一个理想也不应当抱有这样的观念：一个规则应详尽无疑，以使它是否适用于特定案件总是事先已经确定，在实际适用中从不发生在自由选项中做出新选择的问题……我们是人，不是神……人类立法者根本不可能有关于未来可能产生的各种情况的所有结合方式的知识。这种预测未来的能力的缺乏又引起关于目的的相对模糊性。"这些都说明，法律终归是人制定的，也需要靠人来执行和遵守，而人又会因为受到主客观因素的影响在制定、执行与遵守法律的过程中，将法律的作用大打折扣。此外，社会经济文化环境也都会影响法律的实施效果。

（1）人的因素

影响法律作用发挥的人的因素主要包括立法者、执法者的认识与能力以及公民法律意识等。立法、执法、司法等环节受到人的影响较大。立法有良、恶之分，取决于立法者认识水准的高低；司法有公正偏私之别，有赖于司法者专业素养和职业道德的好坏。如果"立法者能力不足，执法者偏私"，那么法律发挥积极作用的可能更是微乎其微。所以才有法谚云：法官的一顿早餐决定被告人的命运。

我国嫖宿幼女罪的立法以及司法实践就表明，立法者的能力不足加上司法者的偏私会产生什么样可怕的后果。1997年修订刑法时将"嫖宿幼女罪"从"强奸罪"中分离出来，将嫖宿幼女单独定罪，其第三百六十条第二款规定："嫖宿不满十四周岁的幼女的，处五年以上有期徒刑，并处罚金。"单独定罪的本意是为了更好地保护幼女，起刑点就是5年，这在刑法较为少见，抢劫罪、故意杀人罪的起刑点都是3年。但是没想到的是，自此以后却争议不断。刑法新增"嫖宿幼女罪"后，与幼女发生性关系不再以强奸罪论处，一旦与幼女进行性交易，有可能只以"嫖宿幼女罪"处罚。但是到了21世纪，"两高"出台司法解释，如果行为者确实不知对方是不满十四岁的幼女，与幼女发生关系不仅不算强奸，甚至连"嫖宿幼女"也不算。① 2009年贵州习水公职人员"嫖宿幼女案"被曝光后，引发了一场关于"嫖宿幼女罪"这一备受争议罪名的争论。2011年陕西省略阳县村镇干部轮奸12岁少女致大出血最终以嫖宿幼女定罪，"嫖宿幼女罪"更是被指成了官员减轻刑罚的特供罪。因为根据我国刑法的规定，犯强奸罪其中"二人以上轮奸的"，可以被判处10年以上有期徒刑、无期徒刑或者死刑，可是有了"嫖宿幼女罪"之后，司法裁判者为了给这些官员减轻刑罚，就把嫖宿幼女罪当成了他们的免死金牌。2015年8月29日，《中华人民共和国刑法修正案（九）》，删除嫖宿幼女罪的规定，终于结束了长达18年的争论。

（2）社会的因素

影响法律发挥有利作用的社会因素主要有经济发展、政治体制、文化、传统、教育等。

一方面，法律的创制形成依赖于客观经济关系以及相应的社会条件。法律以社会为基础，不可能超出社会需要去"创造"社会。比如曾经我们规定在重大传统节日期间是不放假的，可是由于传统节假日，比如清明节，是中国最重要的祭祀节日之一，是为了寄托哀思而要去祭祖和扫墓的日子，到了这一天很多人为了去扫墓表达自己对逝去亲人的哀思，照样不上班。于是"重大传统节日期间不放假"的规定就因失去了社会基础而不得实施。同样关于"禁放烟花爆竹"的规定，也在实践中遭遇了尴尬。比如，2017年春节前夕，为了治理雾霾，河南出台禁令，春节期间，全省范围内无论城乡一律禁燃烟花爆竹。禁令一出，舆论哗然。在一片质疑声音中，该禁令很快又被收回。为什么政府的一片好意却不被老百姓领情呢？因为"爆竹声中一岁除"，过年放鞭炮是传统习俗，自古就有，怎么能说禁就禁，如果不放鞭炮，连年

---

① 2003年1月23日最高人民法院亦出台司法解释《关于行为人不明知是不满十四周岁的幼女，双方自愿发生性关系是否构成强奸罪问题的批复》，规定："行为人明知是不满十四周岁的幼女而与其发生性关系，不论幼女是否自愿，均应依照刑法第二百三十六条第二款的规定，以强奸罪定罪处罚；行为人确实不知对方是不满十四周岁的幼女，双方自愿发生性关系，未造成严重后果，情节显著轻微的，不认为是犯罪。"

味都没有了,这"一岁"还怎么除?

另一方面,法律的实施也必然受到其他社会规范以及相应的社会条件和环境的制约。比如上面提到的"禁放烟花爆竹"的规定,就会因为面太广客观上无法执行、"法不责众"主观上不能执行等原因而成为一纸空文不了了之。你想,大过年的,家家户户放鞭炮,得派多少人才能监督得了。即使抓住了,你这搞得剑拔弩张不让老百姓好好过年,政府信誉受损不说,老百姓心里也不痛快。此外,科技的发达比如亲子鉴定技术,从古代的滴血认亲,之后的滴骨认亲,到后来的血型认亲,再到现在的DNA亲子鉴定,对于继承法的实施就会产生很大影响。执法的装备也会影响法律的实施效果,利用高倍数码相机、手提电脑、便携式彩色打印机、录音笔等高科技装备进行调查取证,就可以大大提高执法的效能,甚至那些我们经常在电影里看到的各种炫酷的装备也会成为可能。

总之,要全面、正确认识法的作用,就必须克服两种观念:法律虚无主义的"法律无用论"和法律浪漫主义的"法律万能论"。要纠正对法的作用的片面和错误的认识(意识),认为法仅仅是一些法律条文,忽视了法在实施过程中的功能;认为法仅仅是"国家意志的体现",忽视了法的社会利益和正义内容,局限了法的作用范围;认为法仅仅是达到一定目的的手段和工具,而忽视了法的价值目的;认为法仅仅是管理、调节、控制、监督,而忽视了其解放人性中创造性、自觉性的功能。

那些可以当作段子的"雷人"法条

《物权法》第49条规定:法律规定属于国家所有的野生动植物资源,属于国家所有。

《广告法》第23条规定:酒类广告不得含有下列内容:(二)出现饮酒的动作;……

第三章 法的应然目标：法为何而生？

预热："凤爪姐"引出的讨论——要秩序还是要自由？

2016年，一段上海地铁奇葩视频在网上热传：一名女乘客吃泡椒凤爪，扔得满地都是骨头，遭到指责后舌战众乘客，还拿出手机与视频发布者对拍。

"禁止在地铁内吃零食、乞讨、卖艺"该不该入法？

2013年9月，上海市十四届人大常委会第七次会议审议的《上海市轨道交通管理条例（修订草案）》中首次出现了禁止在车厢饮食的规定。但是禁止在车厢饮食的规定未入2013年12月15日的《上海市轨道交通管理条例》，只是写入了《上海市轨道交通乘客守则》。

《北京市轨道交通运营安全条例（草案）》第四十四条规定："禁止下列危害轨道交通运营安全的行为……（十六）禁止在步行梯、电梯、通道、车厢内饮食。"后来2014年11月28日通过的《北京市轨道交通运营安全条例》第四十三条里没有了"禁食"的这个规定，但还是有"（十五）在车站、车厢内乞讨、卖艺"的规定，违者将面临最高1000元的罚款的规定。

第一节 法的价值是法追求的应然目标

一 价值的一般含义

马克思曾指出，"'价值'这个普通的概念是从人们对待满足他们需要的外界物的关系中产生的"，"是人们所利用的并表现了对人们的需要的关系的物的属性"，即"表示物对人有用或使人愉快等的属性"[①]。价值就是人们在改

[①] 中共中央马克思恩格斯列宁斯大林著作编译局编译《马克思恩格斯全集》（第26卷），人民出版社，2006，第326页。

造客观世界的过程中所形成的主客体之间需要与满足之间相统一的效应关系范畴,它表明客观事物对主体的需要所发生的效用以及主体对它的认识和评价。因此,价值这一概念可以从两个方面来理解。

首先,价值是一个表征关系的范畴,它反映的是作为主体的人与作为客体的外界物的关系,揭示的是人的实践活动的动机和目的。

其次,价值是一个表征意义的范畴,是用以表示事物所具有的对主体有意义的、可以满足主体需要的功能和属性的概念。

价值问题,是哲学的一个古老而又重要的课题,人们对价值问题的认识经历了三个不同的阶段。

表3-1 价值问题认识的不同阶段

阶段	时间	主流世界观	特点
第一阶段	古希腊至17世纪科学革命前	亚里士多德和基督教的世界观	不区分价值和事实,通过上帝等"绝对规范"把事实与价值统一起来,认为世界本身拥有自身的意义和目的
第二阶段	科学革命至20世纪上半叶	把事实与价值严格分开	英国哲学家休谟提出,"是"(to be)命题与"应该"(ought to be)之间存在根本不同,后来被进一步深化和提升为事实与价值的方法二元论,由此也产生了价值多元化的严峻问题
第三阶段	20世纪下半叶以来	力图解决价值与事实断裂之后"多神主义"的困境	力图探究弥合价值与事实之间的断裂的可靠方法,或在认识论上探寻超越"二元对应"之思考模式的新框架

二 法的价值的含义

法的价值,也称为法律价值,是作为主体的人与作为客体的法律之间需要与满足相统一的效应关系的范畴,它表明了法对主体有意义、能够满足主体需要的效用以及主体对它的评价。法的价值是以法与人的关系作为基础的,法对于人所具有的意义,是法对于人的需要的满足。

因为法律是"人造物",是由国家机关根据一定程序制定的,体现统治阶级国家意志的、人们有意识的活动的结果,它受到法律创制者、实施者等的主观因素的影响，因此法律所反映的价值关系比纯自然物所反映的价值关系要复杂得多。在法律与人的价值关系中，法律是纯粹作为价值关系的客体来满足人的需要，但当法律被用于"定纷止争"、调控社会而发挥作用时，它本身又是一种最具权威性的价值规范体系，是一种价值尺度。[①] 因此，法律价值问题非常复杂，法学界各个法学流派，关于法的价值的处理方法也因而有所不同。

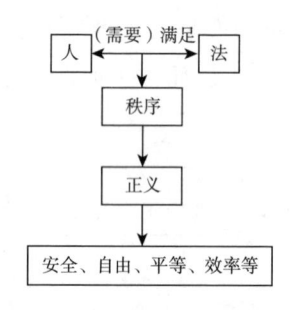

```
        (需要) 满足
    人 ←――――――→ 法
            ↓
           秩序
            ↓
           正义
            ↓
    安全、自由、平等、效率等
```

图 3-1　法的价值的含义

西方三大法学主流对法的价值就持不同的观点。实证主义法学派因回答"法律是什么"的问题，坚持事实与价值进行严格区分，不否认法律中应该体现一定的价值，但只重视被实定化、规范化了的法律价值，主张研究法律和适用法律时，只需严格把握法律规范，完全撇开法律规范之外的其他多元的价值观念。社会法学派认识到事实与价值的区别，但倾向于模拟科学方法，着重于描述法律现象、检测法律现象。而自然法学派要回答"法律应该是什么"的问题，所以主张法律必须符合价值要求，甚至认为这种要求高于实定法，倾向于价值绝对主义的立场，把价值看作客观存在。

法的价值与法的作用，二者存在的意义和终极指向都是人的需要。但是法的价值更多地体现出人们对法赋予的某种精神、信仰，而法的作用则更多地体现出人们对法赋予精神信仰的同时，法所实际呈现的社会效果。在这个意义上，可以说，法的价值只是一种可能性属性，而法的作用才是一种现实性属性。

---

① 孙育玮：《关于法律价值的几个问题》，载孙育玮《走向法治的法理思考》，中国法制出版社，2013，第 218~219 页。

法的作用与法的价值有时候会背道而驰，正如美国学者塞德曼在《法律秩序与社会改革》中所言，"法律并不永远导致立法者所期望的那些行为。正如人们扣动扳机时，枪却不发火，甚或更糟，它就在猎手的脸前爆炸。如果发生这种情况，那么法律是失效的"。美国科纳特事件就反映了这一点。美国的内华州曾经生长着一种吃羊的野生动物叫科纳特，严重威胁着当地的重要产业——养羊业。为刺激人们捕杀这种动物，该州制定一项法律，要求每一个政府官员都买科纳特的耳朵带到办公室来。结果农民为了有更多的科纳特耳朵卖给政府，便在家里喂养这种野生动物。这就是导致科纳特不少反多的严重后果，与当初制定法律的初衷背道而驰。

第二节　法的价值体系图谱

一　法理学界关于法的价值体系的争论

法的价值"犹如北极星之于水手，虽然我们永远不会航行到它之上，但在茫茫大海上一直靠它导航"。既然法的价值如此重要，那么，法律应追求哪些价值目标呢？或者说，法律价值体系包括哪些内容呢？不同的学者有不同的归纳和认识。

近代以前，人们普遍认为正义是法的一般性价值。近代以后，虽然人们仍然经常以正义的概念来概括法的一般性价值，但认识到，法的目的并不仅限于正义，即使对于"什么是正义"的问题本身也存在不同的见解。

有的学者认为，法的价值有人权、秩序、自由、正义和效率，当代中国社会主义法的基本价值就是实行和实现对利益的调整，对人权的保护，对秩序的维护，对自由的保障，对正义的促成，对效率的促进。还有的学者认为，法的价值包括秩序、效益、自由、平等、人权和正义。有的学者认为，西方法律的基本价值包括自由、公平和秩序。也有学者认为，法律价值包括秩序、安全、平等、自由、正义、效率等。[①] 还有学者认为，"法的基本价值集中体现在法对秩序的维护作用、法对自由的确认和保障作用、法对效率的促进作

---

① 高其才：《法理学》，清华大学出版社，2015，第164页。

用以及法对正义的实现作用"。①

19世纪，英国法学家边沁认为，立法者要想保障社会的幸福，必须努力达致四个目标：保证公民的生计（口粮）、富裕、平等和安全。这四个目标也可以看成法律的四种基本价值。

德国著名法哲学家拉德布鲁赫认为法律有三种一般性的价值或目的。

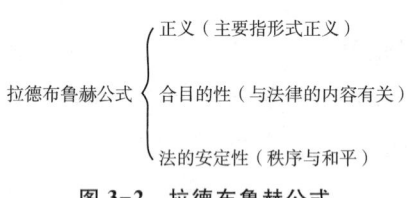

拉德布鲁赫公式 { 正义（主要指形式正义）
合目的性（与法律的内容有关）
法的安定性（秩序与和平）

图 3-2　拉德布鲁赫公式

对法律的价值之所以有如此不同的归纳，除了因为人们的认识不同之外，还因为使用了不同的概念和分类方法。在不同的学者那里，相同的概念可能有着不同的内涵。

二　法的价值体系图谱：两大层次，五个方面

我们在归纳法律价值的时候，一是应注意，归纳出的法律基本价值必须反映人类的基本需要，人类有哪些基本需要，法律就应有哪些基本价值。二是应注意概念的使用和不同价值目标之间的逻辑性。在某个概念的通常含义上来使用这个概念，不要任意赋予某些概念特别的含义。不同价值目标之间在逻辑上是相互独立和并列的，而不是相互包含的。

"一个法律制度若要恰当地完成其职能，就不仅要力求实现正义，而且还须致力于创造秩序"，"法律旨在创设一种正义的社会秩序"②。法所追求的价值目标是一个有正义的秩序社会，即我们希望这个社会是有正义的秩序，因此法的价值包括秩序和正义两个大的层次。在正义之下，又主要包含四个方面的内容：自由、平等、安全和效率。因此，秩序和自由、平等、安全、效率就构成了法的价值体系。

---

① 张文显主编《法理学》（第四版），高等教育出版社、北京大学出版社，2012，第261页。
② 〔美〕E. 博登海默：《法理学——法律哲学与法律方法》，邓正来译，中国政法大学出版社，1998，第318页。

法的价值名目 { 秩序, 正义 { 自由, 平等, 安全, 效率 } }

图 3-3　法的价值体系

三　秩序的需求是法的基础价值

(一) 秩序与法律秩序

秩序（order），从最基本和最简单的含义上来讲，与混乱、无序（disorder）相对，是指自然界和人类社会发展和变化的规律性现象。秩序有自然秩序与社会秩序之分。自然秩序指人或物处于一定的位置，有条理、有规则、不紊乱，从而表现出结构的恒定性和一致性，形成一个统一的整体。"春夏秋冬的依次转换，日月星辰的有序嬗变，金木水火土各自依其性能发生独立的和相互制衡的作用"①，这些都是自然秩序。没有必要的自然秩序，日月无辉、四季紊乱，人类一日不能存活。社会秩序是社会所表现的一种状态，指人类社会发展、变化过程中变现出来的一致性、连续性、确定性和可预测性。如家庭秩序、法律秩序。社会秩序既是人类生存的条件，也是人类发展的要求。没有必要的社会秩序，社会就会处于混乱状态。为了每个人乃至整个人类的生存，秩序就必不可少。

法律所追求的价值意义上的秩序显然不是一般的秩序，而是有益于人类的社会秩序。根据周旺生的考察，关于法律秩序，在西方有"制度论"和"结果说"两种重要界说。"制度论"把法律秩序等同于法、法制或法的体系。"结果说"则视法律秩序为法作用于社会所形成的一种社会结果。前者以凯尔森为主要代表，后者的领衔人物则是埃利希、韦伯和庞德。而周旺生认为，法律秩序是制度和结果的合一，要完整地诠释法律秩序则应当兼顾"制度"和"结果"两种现象。②

---

① 周旺生：《论法律的秩序价值》，《法学家》2003 年第 5 期。
② 周旺生：《论法律的秩序价值》，《法学家》2003 年第 5 期。

法律秩序是指人们在社会生活中依照法律的规定安排自己的行为，从而体现出规律性的社会秩序状态。因此，法律秩序是一种由实体性的法律制度和观念化的意志所合成的社会状态。如果某种秩序不是由法律规则而是由道德规则或其他规则所构成，就不是法律秩序，而是道德秩序或其他秩序。如果某种秩序不是自觉地反映一定社会主体的意愿或追求的秩序，这也不是法律秩序，而是自然秩序或其他秩序。

（二）秩序与安全

许多人将秩序与安全混为一谈。秩序与安全具有密切的联系，有秩序的社会往往也是具有一定安全感的社会。有了社会秩序，社会中的各种关系有可以依循的明确的界限，社会的运行有条不紊，人和其他主体，才可能处于安全的状态，免受侵略、掠夺、抢劫，或一旦遭受这些危害便能通过相应途径挽回损失。

但是秩序与安全也是有区别的。秩序是指社会生活的一致性、连续性和规律性。简言之，社会秩序是人们的社会行为呈现出规律性。社会秩序体现为稳定的社会制度、确定的社会关系和反复出现的人们行为方式三种要素。安全则是指个人可以没有忧虑地拥有他的生命、健康或财产等。安全的生活需要秩序为前提来保障获得，但是一个有秩序的社会却不一定是一个令人感到安全的社会，也可能是很多人没有安全感的社会。在一个寓言里，老虎成为百兽之王，它喜欢以它的臣民作为早餐。这个动物王国天天以抽签的方式来决定谁被吃掉。这也是一种秩序，但动物们天天担心今天还能不能活下去。最后动物们终于推翻了这个恐怖的秩序。在古代西门豹治邺的故事中，此前每年都要按照严格的程序为河神选择若干新娘，这也是一种秩序，但邺县的姑娘们及其家人是没有安全感的。后来，西门豹废除了这个惯例，邺县的姑娘们不必再害怕成为河神的新娘。

（三）秩序与法律的辩证关系

1. 秩序是法律所要实现的最基本的价值和首要价值

凯尔森的名著《法与国家的一般理论》开篇便明快地强调："法是人的行

为的一种秩序（order）。"① 彼得·斯坦、约翰·香德也提出"与法律永相伴随的基本价值，便是社会秩序"。② 秩序构成法律调整的出发点，也是法律所要保护和实现的其他价值的基础。如果一个国家年年战乱，人民连饭都吃不饱衣服都没得穿，你还有心思谈自由谈正义吗？比如在利比亚等非洲国家，他们的法律最首要的任务就是要保证整个社会的秩序。同样，当国家发生了自然灾害的时候，国家陷入一片混乱的状态之下，法律也必须以保证有序的社会秩序为前提。比如，2003年4月，整个中国遭遇了一场事关国家、民族生死存亡的"非典风暴"。在"非典"期间，为能够有效控制疫情，保护广大公民的生命财产安全，行政机关就出台了一系列应急措施：①非法定的行政即时强制措施，如对患者的强制隔离治疗、对疑似病例或接触者的隔离、对相关场所封锁和控制；②对不特定的公众科以非法定的义务，如要求公共场所的经营者对公共场所进行消毒、要求用工单位不得遣散员工并承担员工治疗费用、要求流动人口进行健康检查和登记；③颁布公共警告、控制人员流动；④简化防治"非典"药物的行政许可程序，如新药许可和进口药物许可；⑤对相关商品进行限价；⑥对特定人员科以非法定的义务，如要求国家工作人员不得离职，否则将重罚。从以上这些法律应急措施可以看出，法律对公民的权利作出了必要的限制，这就是为了保障整个国家在自然灾害来临之际，能快速高效地恢复整个社会秩序，从而才能更好地保护公民的权利。

2. 完善的法律是维持良好秩序的前提

秩序作为法律价值之一，意味着法律应当使社会生活处在一种有条理的、有序的状态之中；意味着法律要防止社会陷入混乱和无序之中。

当然，只有这种法律体系能够在现实中切实实现，主宰整个社会生活，才能谈得上健全的法律秩序；因而对于一个具有良好法律秩序的社会来说，法律规范及其实现两个方面缺一不可。

3. 秩序必须受自由和正义的规制

秩序是法律的工具性或形式性价值。因为即使法律可以使社会生活有序

---

① 〔奥〕凯尔森：《法与国家的一般理论》，沈宗灵译，中国大百科出版社，1996，第3页。
② 〔英〕彼得·斯坦、约翰·香德：《西方社会的法律价值》，中国人民公安大学出版社，1990，第38页。

化，但是这一种有序的社会生活是自由而快乐的，还是压抑而痛苦的，还是另外一回事。比如在某些国家，整个社会看起来是井然有序的，大家唱同样的革命歌曲，穿同样保守的服装，甚至整个国家的人民的思想都是统一划齐的，但仔细思考，这种思想、行动都不能越出半点既定轨迹，否则便是对其领袖的不忠，这样有序统治下的人民还是自由而快乐的吗？

当然，在具体执法过程中，任何保障秩序的规范的正确实施应当考虑规则背后潜在的价值目标。比如有这样一个规定："公园内禁止任何车辆的通行。"假如现在有一辆二战时的战车作为纪念品要陈列于公园之内，那么执法时应否允许战车进入呢？如果是完全按照规则的字面含义执行法律，应当不允许进入。因为战车属于车辆，当然不得进入。但这是教条主义的做法，它损害了战车作为纪念品的价值。正确的执法应当考虑规则背后潜在的价值目标。本规则的价值目标是维护公园秩序以及游人的安全，二战战车进入公园完全不会损坏秩序和安全，所以应当允许其进入。

四 正义的探索是法的崇高价值

（一）正义的脸谱

自古以来，人们一直呼唤正义。

塞尔苏斯说："法是实现善与公正的艺术。法来源于正义，正义如法之母。"但究竟何谓正义呢？博登海默说："正义有着一张普洛透斯似的脸[①]，变化无常、随时可以呈现不同形状并具有极不相同的面貌。当我们仔细查看这张脸并试图解开隐藏其表面背后的秘密时，我们往往会深感迷惑。"正义理念的内涵非常复杂。这是一个绝不亚于"什么是法律"的难题，也是一个困惑人类数千年的永恒难题。

柏拉图（Plato，公元前 472~公元前 347 年）认为，正义就是"正当地享有自己的东西和做自己的事情"。"各尽其职就是正义。"

乌尔比安（Domitius Ulpianus，? ~228 年）认为，"正义就是给每个人以应有权利的稳定的永恒的意义"。

[①] 〔美〕E. 博登海默：《法律学——法律哲学与法律方法》，邓正来译，中国政法大学出版社，1998，第 252 页。

西塞罗（Cicerro，公元前106~公元前43年）也称正义体现在"给予每个人他应得的部分"。简言之，指给每个人以其应得，凡被视为同一范畴的人应当受到同样的对待。正义总是意味着某种平等。平等是就人与人之间、阶层与阶层之间、群体与群体之间的关系而言。平等价值反对歧视，但是也不主张人与人之间在获得法律保障方面毫无差别。所以，正义这一概念涉及人与人之间的关系，是一个社会结构问题。

边沁（Jeremy Bentham，1748~1832年）以其功利正义观反对自然法思想，他主张正义的标准应建立在功利上，即视对人的幸福或痛苦而定。他认为，最大多数的人最大幸福就是判断正义与否的标准。

英国政治哲学家威廉·葛德文（William Godwain，1756~1836年）也认为："正义这个原则本身要求产生最大限度的快乐或幸福。"

美国现代著名法学家庞德（Pound，1870~1964年）认为正义意味着一种体制，意味着对关系的调整和对行为的安排，以使人们生活得更好，是满足人类享有某些东西或实现各种主张的手段。他说："在经济和政治上，我们可以把社会正义说成是一种与社会理想相符合，足以保证人们的利益与愿望的制度。"

美国思想家约翰·罗尔斯在其名著《正义论》一书中指出："正义是社会制度的首要价值，正像真理是思想体系的首要价值一样；正义的主要问题是社会的基本结构，或者准确地说，是社会主要制度分配基本权利和义务，决定由社会合作产生的利益之划分的方式。"[①]

对正义的准确定义至今还尚无定论。无论是对该概念的普遍特征，还是在个别情况下的具体使用，都存在诸多争论。自由主义思想家哈耶克（F. A. Hayek，1899~1992年）甚至极端地认为社会正义不过是一场术语骗局，是一个"幻影"（Mirage）而已。诚如纯粹法学派法学家凯尔森（Hans Keslsen，1881~1973年）所言："自古以来，什么是正义这一问题是永远存在的。为了正义问题，不知有多少人流了宝贵的鲜血与痛苦的眼泪，不知有多少杰出思想家，从柏拉图到康德，绞尽了脑汁，可是现在和过去一样，问题依然未获解决。"这也许会激发更多的思想家追寻关于正义的答案，但同时也

[①] 〔美〕约翰·罗尔斯：《正义论》，何怀宏、何包钢、廖申白译，中国社会科学出版社，2009，第61页。

可能会使后来的追随者们陷入困境。

这么多有关正义的概念（观念），简直让人眼花缭乱，不过在法学中最重要的正义概念主要有四个方面。①形式正义：同样情况同样对待，不同情况不同对待，但不提供何为"同样情况"以及如何"同样对待"的实质标准。②实质正义：可以用来评价和判断实定法是否正当的实质性价值标准，分为分配正义和矫正正义。③程序正义：必须根据一种公正的程序对某个决定的利害关系人的各自要求予以公平对待。④法律正义：具有三种含义，合法正义、法律上的正义和司法正义。

（二）正义与法律的辩证关系

1. 正义是人类普遍公认的崇高价值，法的核心价值、基本标准和评价体系、法的推动力量，是衡量法律优劣的尺度

哈特说："法律家们赞扬或指责法律或其实行时，最频繁使用的词语是'正义（的）'或'不正义（的）'。"无论立法、执法、还是守法都必须以正义为指导。法律只有合乎正义的准则时，才是真正的法律；如果法律充斥着不正义的内容，则意味着法律只不过是推行专制的工具，正义是独立于法之外的价值评判标准，用以衡量法律是"良法"抑或"恶法"。因此，在制定法律时，立法者必须以一定的正义观念为指导并将这些观念体现在具体的法律规定之中，维系正义的制度形态，同时引导广大民众崇尚正义、追求正义。

2. 法律实现正义价值

法谚有云："正义只有通过良好的法律才能实现。"正义是法律必须着力弘扬与实现的价值。作为法律的基本价值，正义主要指向立法领域和法律实施领域。

（1）立法的正义：通过立法分配权利义务以确立正义

对于立法而言，正义的要求是，通过立法分配权利义务以确立正义。立法的时候，根据恰当的标准在社会成员间分配权利、义务、权力。在这一层面上，正义是指法律制度如何在社会成员中分配大家认为是好的那些东西（或者反过来分配不好的东西），如何调整人们之间的利益关系。好的东西例如自由与机会、收入与财富、权力与荣誉等。比如，2014年我国的《行政诉讼法》修改幅度较大，修改内容涉及100多处，修改比例超过总条文的50%。

此次修改，就是力求解决行政诉讼"民告官"的立案难、审理难、执行难的问题，坚持实体正义与程序正义并举，努力追求并促成程序正义的实现。

大致来说，立法的正义价值要求法律制度应保障每个人都享有平等的安全、自由、生存和发展的权利。但是法律制度不仅应在社会成员之间平等地分配权利，还应适当地增强弱势群体运用权利的能力，特别是在有关竞取地位和职务的机会方面，应保证具有相同自然禀赋、付出相同努力的人应当可以拥有大致相同的对于未来人生的预期。因为基本权利的平等仅仅是形式上的平等，虽然大家都享有一样多的权利，但是不同的人运用权利的能力是不同的。例如大家都有受教育的权利或进入大学读书的权利，但是有的人由于其经济状况或身体智力方面的劣势并不能很好地运用这个权利。鉴于此，制度设计应当适当地增强这些人运用其权利的能力，例如提供教育补贴或者免除其学习费用等。另外，法律制度也应当防止人们之间的收入和财富水平、社会地位差距过大，应促进结果平等，而不是加剧结果不平等。邓小平说："走社会主义道路，就是要逐步实现共同富裕……如果富的愈来愈富，穷的愈来愈穷，两极分化就会产生……就全国范围内来说，我们一定能够逐步顺利解决沿海同内地贫富差距的问题。"

美国学者罗尔斯提出一个所谓的"差别原则"，作为判断社会和经济不平等是否可以接受的标准：社会和经济的不平等只有在最有利于处在最不利地位的社会成员的条件下，才可以被接受。

换言之，除非收入和财富的不均等分配会在长期内比完全平等分配给予处于最不利地位的人以更多的利益外，收入和财富就应当平等分配。这似乎是说，适当的不平等会激发人们的创造性，为社会带来更多财富，从而有益于整个社会。

（2）法律实施的正义：补偿受害损失以恢复正义

在法律实施方面，正义的要求是：一是同类情况同类处理，不同情况不同处理，而且何谓相同或相异的情况必须根据立法来确定；二是根据在立法领域确立好的标准，补偿受害损失以恢复正义，将受到损害的社会关系恢复到受损前的状态，赔偿与损失要相当，罪与罚要相当，惩罚与过错相当。

法律实施领域中的正义意味着将法律规定一视同仁地适用于法律所要适用的行为，设定公正程序，惩罚违法犯罪以保障正义的实现，意味着有法必依，执法必严，违法必究。

但是，在著名的广州许霆案一审判决之后，法学教授写了大量分析文章，国内顶尖的刑法教授对案件的定性和刑罚也争议极大，检察与审判机关之间对量刑轻重的认识也不同。这说明，司法判断具有极大的主观因素，它不一定是确切的，或是唯一的。因此，在司法实践中，面对复杂疑难的案件，有时追求理想的正义是非常困难的，因为这类案件本身也许就没有唯一的正义结果。另外，这也充分说明，追求实质正义必须以程序正义为依托，在程序上无可挑剔的前提下，法官只要基于良知和独立判断，整体把握全案事实，全面分析犯罪细节，其判决结果就应该推定是正义的。

广州许霆案

2006年4月21日晚10时，许霆到某银行ATM取款。结果取出1000元后发现银行卡账户里只被扣了1元，狂喜之下，许霆先后取款171笔，合计17.5万元。事后携赃款潜逃。17.5万元赃款因投资失败而挥霍一空，后在陕西宝鸡火车站被警方抓获。

广州市中院审理后认为，许霆的行为已构成盗窃罪，判处无期徒刑，剥夺政治权利终身，并处没收个人全部财产。许霆上诉，2008年3月，广州中院认定许霆犯盗窃罪，判处有期徒刑5年。许霆再度上诉，2008年5月，广东省高院二审驳回上诉，维持原判。

许霆行为的定罪问题

三种观点：

观点A：许霆无罪，行为属于不当得利（田文昌）

观点B：许霆构成盗窃罪（钱列阳）

观点C：既不是不当得利，也不是盗窃，而是一种全新的行为（侯国云）

许霆行为的量刑问题

一审将许霆的行为定性为"盗窃金融机构，数额特别巨大"，判处许霆无期徒刑，体现了严格的规则主义，却由此激起了"该案量刑过重"的评议。经过二审，法院以盗窃罪判处许霆5年有期徒刑，体现了能动裁量主义，又引发了"该案量刑过轻"的质疑。

五　自由的追求

同正义一样，千百年来人们一直孜孜不倦地追求着自由。自由和正义互为表里，一旦分割，两者都会失去。"在一个正义的法律制度所必须予以充分考虑的人的需要中，自由占有一个显要的位置。要求自由的欲望乃是人类根深蒂固的一种欲望。这种欲望连小孩都有，例如他们就有强烈的欲望去干即时心境使他们想到的任何事情，而且还常常对父母或老师所设定的约束感到烦躁。"[①]

在拉丁语中，"自由"一词的含义是从束缚中解放出来，是指不受任何拘束地自然生活和获得解放等。在古希腊、古罗马时代，"自由"与"解放"同义，主要是指自主、自立、摆脱强制，意味着人身依附关系的解除和人格上的独立。这主要是从消极的角度理解自由。而从哲学上而言，自由是指在没有外在强制的情况下，能够按照自己的意志进行活动的能力。这正如霍布斯将自由定义为"没有障碍"一样，它表明主体可以根据自己的意志、目的而行动，而不是按照外界的强制或限制来行动。这即积极自由。

$$\begin{cases} 消极自由——免于……的自由 \\ 积极自由——从事……的自由 \end{cases}$$

图 3-4　消极自由与积极自由

美国人帕特里克·亨利 1775 年 3 月 23 日于殖民地弗吉尼亚州议会演讲中最后说道 "Give Me Liberty or Give Me Death"，这就是那句著名的"不自由，毋宁死"。匈牙利著名诗人裴多菲在《自由与爱情》中也写道："生命诚可贵，爱情价更高，若为自由故，两者皆可抛。"这一句句耳熟能详的名言佳句，无不在向人们昭示着自由对于人类的重大意义以及人们在追求自由的道路上所付出的代价。

（一）法律自由的含义及其特征

法律自由是在法的价值上所言的"自由"，即意味着法以确认、保障人可

[①]〔美〕E.博登海默：《法理学——法律哲学与法律方法》，邓正来译，中国政法大学出版社，1998，第 278~279 页。

以根据自己的意志、目的而行动,而不是按照外界的强制或限制来行动为己任,从而使主体与客体之间能够达到一种和谐的状态。作为法律价值的自由,有着与一般自由不一样的特征。

1. 人权本质性

马克思说:"没有一个人反对自由,如果有的话,最多也只是反对别人的自由。"为什么会出现这种情况?那是因为"禽兽没有思想,只有人类才有思想,所以只有人类——而且就因为它是一个有思想的动物——才有'自由'"。法律上的自由是人的权利,属于人权的范畴。

2. 法律保障性

法律上的自由受到法的认可或得到法的保障。法律自由是被规范化了的人的行为自由。它既不能被侵犯,也不能被任意扩大,因为它已经具有了国家意志的属性,受国家强制力的保障。

3. 主体意志性

马克思说:"对于法律来说,除了我的行为,我是根本不存在的,我根本不是法律的对象。我的行为就是我同法律打交道的唯一领域。"法律上的自由是人按照自己的意志进行活动的权利。

4. 特定时代性

法律上的自由是一定社会中的法的自由,具有特定的时代性。任何法律上的自由都不能超过社会物质生活条件所提供的可能而独自发展。比如,对于同性恋的态度,目前世界对同性恋的政策和立法状况,从承认同性婚姻至被判死刑,各不相同。因为目前世界对于同性婚姻和民事结合立法情况随时会有变化,因此具有时代性。

美国最高法院关于同性婚姻的判决

2015 年 6 月 26 日,美国最高法院在一项"5:4"的历史性判决中,将同性婚姻在全国范围内合法化的问题一锤定音。这个判决也许是美国同性恋者和民权运动者近些年来收获的最重大胜利。不过,一个"5 比 4"的判决本身就反映了美国社会在此问题上存在严重分歧。

判决意见书开头部分,即第 8 页中,一段英文是这样写的:Confucius taught that marriage lies at the foundation of government(孔子教导说,婚姻

是政体的根基)。细细翻看，美国法官的判决书除了引用孔子名言，还有西塞罗、托克维尔等人的言论，以论证婚姻对于社会和秩序的重要性，似乎是说明美国支持同性婚姻合法并非矫揉造作。但值得注意的是，这些先贤的说法在判决意见书中被引用，但均未构成判决的实质性内容。

不过，四个反对意见却对多数意见不以为然。罗伯茨大法官撰写的意见认为最高法院僭越了自己作为法律问题判断者的角色，充当了立法者的角色，这违背了一个民主共和国法官的本来角色。他用"Lawyer"（法律人）而非"Justice"来指称大法官们，说五个法律人将自己关于婚姻的定义强加于亿万人之上，"我们以为我们是谁？"他甚至以历史上臭名昭著的斯科特案和广受争议的洛克纳案为例，来说明多数意见对十四修正案中实质性正当程序条款的滥用。他将多数意见的逻辑加以归谬：假如异性的婚姻可以扩展至同性之间，那是不是两人的婚姻甚至可以扩展为三人或多人之间？

斯卡利亚和托马斯分别撰写的反对意见则从原旨主义的立场出发，认为正当程序条款和十四修正案"自由"一词的本意根本无法涵盖同性婚姻，他们也进一步强调了这一判决对宗教自由的伤害。阿利托大法官的反对意见似乎比其他三位大法官较为温和，他强调了婚姻的传统定义与生育紧密相关，而同性婚姻合法化可能会进一步伤害婚姻的传统价值。他提到时下美国人关于婚姻的态度正发生变化，其中一个数字令人印象深刻，即美国超过40%的初生儿由未婚妈妈所生。他认为这既是婚姻观念变迁的原因也是结果。

美国最高法院这一判决，实际上是美国乃至世界范围内婚姻观念巨大变迁在法律层面上的反映。

5. 相对性

法律自由是相对的，而不是绝对的。法国18世纪伟大的启蒙思想家、哲学家卢梭说："人生而自由，却无往不在枷锁之中。"英国哲学家密尔也说，"一个人挥舞胳膊的自由止于别人鼻子的地方"，这些话非常形象地说明了一个人的自由不是无限制的，一个人的自由行为不能干涉到他人的自我空间与自由。一个人虽然是自由的，但是不能干涉他人的私人空间，甚至以牺牲他人的利益为代价来进行自我的自由。若从法律与自由的角度来分析这句话，法律就是"别人鼻子的地方"，法律就是对个人自由的限制的界限。

（二）自由与法律的辩证关系

自由是法的最高价值和根本目的，也是法的评价标准，法律应当是"自由的法律"。但是，自由也需要法律的保障，只有在法律保障之下的自由才是真正的自由。

1. 手段与目的：法律以自由为最高价值和根本目的

第一，从法律的制定看，法律的制定要以自由为出发点和归宿，以自由为核心。法律权利和法律义务都是为自由而设定的。法律的授权固然是对自由的确认，法律的义务性规定也是为确保自由而设立。

第二，从法律的实施看，法律的实施必须以自由为宗旨，法律的保护或打击、奖励或制裁都应以自由为依归。

第三，法律为公民的自由提供条件和机会，增加自由选择的效能，促进自由的实现和人的发展。

2. 保障与被保障：自由需要法律的保障，法律保障自由的实现

单从字面来看，法律是因为保护他人的利益而限制个人自由，但通过逆向来看，法律限制自由的原因不仅仅是为了保护他人的利益更是为了保护行为人自身的利益。也就是说，一方面法律由于保障他人与行为人自身的利益而对自由做出了限制，另一方面也正是因为法律的限制，才使得每个人的自由得到保障。

法律保障自由的实现，在西方经典作家那里早就有了经典的描述。亚里士多德说："法律不应该被看作奴役，法律毋宁是拯救。"洛克说："法律的目的不是废除和限制自由，而是保护和扩大自由，因为在一切能够接受法律支配的人类的状态中，哪里没有法律，哪里就没有自由。"马克思对法律保障自由的作用也有过经典论述："法律所承认的自由在一个国家中是以法律形式存在的。法律不是压制自由的措施，正如重力定律不是阻止运动的措施一样。因为作为引力定律，重力定律推动着天体的永恒运动；而作为落体定律，只要我违反它而想在空中飞舞，它就要我的命。恰恰相反，法律是肯定的、明确的、普遍的规范，在这些规范中自由获得了一种与个人无关的、理论的、

不取决于别人的任性的存在。法典就是人民自由的圣经。"

因此，对于自由来说，法律是保障自由实现的重要手段。法律保障自由是宪法的使命，也是其他法律、法规的重要追求。①用法律保障自由是保证自由免受侵犯的需要。如我国《宪法》第三十九条规定：中华人民共和国公民的住宅不受侵犯。禁止非法搜查或者非法侵入公民的住宅。②用法律保障自由是保证自由不被滥用的需要。如我国《宪法》第四十一条规定：中华人民共和国公民对于任何国家机关和国家工作人员的违法失职行为，有向有关国家机关提出申诉、控告或者检举的权利，但是不得捏造或者歪曲事实进行诬告陷害。

那么，法律是如何来保障自由的呢？法律保障自由的方式主要是通过立法来实现的。首先，立法确认自由：法律把自由意志转化为法定的自由权利，提供选择的机会让人们在对后果的合理预知中进行自由的选择，提供冲突解决的法律准则，确保自由的共同实现。其次，立法规定责任：以防止自由被滥用的方式来保障自由的存在和实现。最后，立法救济自由：法律提供救济手段。

3. 限制与被限制：法律限制自由，自由受法律限制

自由需要法律的保障，但是自由不是无度的。超过限度（或范围），就不是国家法律许可和保障的行为，反要受到法律的禁止和限制。正如孟德斯鸠所说："在一个有法律的社会里，自由仅仅是，一个人能够做他应该做的事情，而不被强迫去做他不应该做的事情。""自由是做法律所许可的一切事情的权利；如果一个公民能够做法律所禁止的事情，他就不再自由了，因为其他的人也同样会有这个权利。"古罗马法学家西塞罗也说："为了得到自由，我们才是法律的臣仆。"

因此，法律限制自由具有非常重要的意义：对自由权加以必要限制是为了更好地保护自由。第一，把法律所要保护的自由突现了出来，在权利的边界所指的范围之内，权利主体确实可以为所欲为，任何人不得非法干涉，否则要承担一定的不利后果。第二，法律禁止行使"特权"，则保障了每个个人的平等的自由权利。法律禁止任何人超过权利范围之外去行使"权利"，因为自由权范围之外乃是他人自由权区域，任何人如此行使"权利"都必然会给他人的合法权益造成损害。而法律严禁"界外行权"，则保障了每个个人的平

等的自由权利。也就是说，对自由权加以必要限制可以更好地保护自由。由于日本在历史等一系列问题上的错误态度并不断采取伤害中华民族感情的错误行为，一些地方相继发生部分群众和学生自发举行的涉日游行示威活动。广大群众和学生通过游行示威的方式表达爱国热情，是法律规定的自由权利。但在游行中，也有人借机进行打砸公私财物、扰乱社会秩序，这些人的行为则侵犯了他人合法财产的权利，超出了合理的限度，为了保护其他人的合法权利，因而必须对这些人的游行示威权利加以限制。

法律限制自由的方式主要有：①法律确定自由的范围（基本内容）。比如，我国《宪法》第三十五条规定，中华人民共和国公民有言论、出版、集会、结社、游行、示威的自由。这就确定了我国公民享有的言论等自由的基本内容。②法律确定自由的限度和边际。"自由就是从事一切对别人没有害处的活动的权利。每一个人所能进行的对别人没有害处的活动的界限是由法律规定的，就像地界是由界标确定的一样。"法律对等地设定义务，通过促进彼此自由权的共同实现，来间接地确定自由权的范围。

基于以上所述，我们可以说法律既保障自由又限制自由。法律需要对自由做出必要的限制，在这里要回答的一个问题是：法律何时及何种情况下进行限制才是正当的。也就是说，法律限制自由的这种限制本身也需要限制，也就是法律限制自由的限度或者原则。一般而言，法律限制自由的原则包括以下几个方面。

伤害原则：又称为"密尔原则"，是"伤害别人原则"的简称。在《论自由》一书中，密尔把人的行为分为自涉行为和涉他行为。前者只影响自己的利益或者仅仅伤害到自己，后者则影响到别人或者伤害到别人。密尔认为只有伤害别人的行为才是法律检查和干涉的对象，未伤害任何人或仅仅伤害自己的行为不应受到法律的惩罚，简言之，社会干预个人行动自由唯一的目的是自我保护，只有为了阻止对别人和公共的伤害，法律对社会成员的限制才是合理的，可以证成的。像美国这种非常重视对言论自由法律保护的国家，同样也要对言论自由进行必要的限制，而这种限制的限度是言论不能引起"明显的和现实的危险"，正如霍姆斯大法官所说："对言论自由做最严格的保护，也不会容忍一个人在戏院中妄呼起火，引起惊慌。"

法律家长主义：又称为"父爱主义"原则或称"亲缘主义"原则，其基本思路是，禁止自我伤害的法律，即家长式的法律强制是合理的。家长式的法律强制是为了被强制者自己的福利、幸福、需要、利益和价值，而由政府对一个人的自由进行的法律干涉。如禁止自杀、禁止决斗、强制戒毒等法律法规都是该原则体现。正如上所言，一般情况下，只有伤害别人的行为才是法律限制和干涉的对象，因而诸如禁止自杀的那种纯粹家长式的法律强制其实还是具有争议性的。

公共道德原则：又称为立法伦理主义原则、法律道德主义原则，其基本思路是，一个人的行为只要违背了一个社会群体所接受的道德准则，就应该受到法律的禁止或者惩罚。如人们忌讳的性行为、虐待尸体、亵渎国旗、禁止出版或传播色情淫秽物品，这些行为公然侮辱公众的道德信念、道德感情和社会风尚，因此必须受到法律限制。

讨论：

以下述两个网上"裸聊"案为例，从法理学的角度阐述法律对个人自由干预的正当性及其限度。

案例一： 2005年9月15日，B市的家庭主妇张某在家中利用计算机ADSL拨号上网，以E话通的方式，使用视频与多人共同进行"裸聊"被公安机关查获。对于本案，B市S区检察院以聚众淫乱罪向S区法院提起公诉，后又撤回起诉。

案例二： 从2006年11月到2007年5月，Z省L县的无业女子方某在网上从事有偿"裸聊"，"裸聊"对象遍及全国22个省、自治区、直辖市，在电脑上查获的聊天记录涉及300多人，网上银行汇款记录1000余次，获利2.4万元。对于本案，Z省L县检察院以传播淫秽物品牟利罪起诉，L县法院以传播淫秽物品牟利罪判处方某有期徒刑6个月，缓刑1年，并处罚金5000元。

关于上述两个网上"裸聊"案，在司法机关处理过程中，对于张某和方某的行为如何定罪存在以下三种意见：第一种意见认为应定传播淫秽物品罪（张某）或者传播淫秽物品牟利罪（方某）；第二种意见认为应定聚众淫乱罪；第三种意见认为"裸聊"不构成犯罪。

六 平等不是平均

（一）什么是平等

追求平等源于人的本性，保障人与人的平等是现代法律的基本价值。一般认为平等是正义的评价标准。亚里士多德说：正义寓于"某种平等"之中，平等是正义的尺度。但是，反过来，实际上正义也是平等的评价标准。"把个人应得的东西归于个人"，平等即是人与人的对等对待的社会关系。

平等是一个具有多种不同含义的概念。它所指的对象可以是政治参与权利、收入分配制度，也可以是不得势的群体的社会地位与法律地位。其范围涉及法律待遇的平等，机会的平等以及人类基本需要的平等。①

理解"平等"时要注意几个问题。

1. 平等不是平均

平均主义是要求平均享有社会一切财富，它更看重结果均等，而非起点平等。平均主义观念难以认可差别机会，这与平等观念是相悖的。将平等等同于平均只会带来实质的不平等，这不是符合正义观念的平等。

2. 平等和特权相对立

法律面前人人平等，任何法律都不得授予某人或某些人享有特权，特权是对个人发展的人为障碍。

某全国著名劳动模范涉嫌贪污巨额公款，事实清楚，证据确凿，依照《中华人民共和国刑法》第三百八十三条的规定，应当判处10年以上有期徒刑，可以并处没收财产。但是某地方法院合议庭认为，该劳模有功于国家和社会，因此决定从轻处理，判处有期徒刑8年，并处没收财产。该法院对全面著名劳动模范从轻量刑，这其实就是认为全国劳模可以享有刑罚量刑的特权，违反了法律的平等价值原则。

3. 平等和歧视相对立

国际劳工组织《关于就业和职业歧视公约和建议书》对于"歧视"的定

---

① 〔美〕E. 博登海默：《法理学——法律哲学与法律方法》，邓正来译，中国政法大学出版社，1998，第285页。

义是，任何根据种族、肤色、性别、宗教、政治观点、民族、血统或社会出身所做出的区别、排斥或优惠，其结果是取消或有损于在就业或职业上的机会均等或待遇平等。

歧视问题在当今社会依然普遍存在。

案例1："坚决打击河南籍敲诈勒索团伙"事件[①]

2005年3月，深圳市公安局龙岗分局龙新派出所在辖区的大街上悬挂"坚决打击河南籍敲诈勒索团伙"和"凡举报河南籍团伙敲诈勒索犯罪、破获案件的，奖励500元"的横幅。4月15日，河南籍公民李东照、任诚宇将深圳市公安局龙岗分局告上法庭，要求其在国家级媒体上公开赔礼道歉。

案例2：中国首例同性恋就业歧视案[②]

2014年10月29日，深圳两名男子在街头因100元费用引发口角引起众人围观。其中一头戴红帽的男子高声说："一百块都不给我。"作为主角之一的"小红帽"意外红了，而另一男子穆易（化名）却被公司炒鱿鱼了。11月，穆易以就业歧视将老东家告上法庭，认为公司以性取向为由拒绝原告继续上班的行为，侵犯了原告的人格尊严和平等就业权，请求法院判令被告向原告公开书面道歉，赔偿精神损害抚慰金5万元。起诉状指出，性取向不同，对于社会而言，是人类多样性的具体体现，对于个体而言，属平等享有的独立的个体特质。它不是判断人的品行和能力的标准，而是与工作能力无任何关系的个人隐私。每个人不因性取向而受到歧视，是人格尊严的应有之义，也是法律所持的正义底线。南山区人民法院一审判决穆易败诉，穆易不服提起上诉。

电影《费城故事》也讲述了一个关于艾滋病患者被歧视的故事。律师安德鲁因为自己的同性恋行为不幸染上了艾滋病。而他就职的律师事务所在全城可谓数一数二，可就在他事业不断上升的时刻，艾滋病的症状在他身上显现，上司丝毫不顾情面，故意设计圈套将他辞退。安德鲁从此走上法庭，不顾自己病弱的躯体，为维护自己作为受害者的正当权益而战。

[①] 《深圳横幅歧视案可能撤诉　豫粤两省正协商解决》，http://news.sina.com.cn/c/2005-04-22/02235715998s.shtml，最后访问日期：2017年9月10日。
[②] 《中国首例同性恋职场歧视案：深圳小红帽事件续》，https://helanonline.cn/archive/article/10891，最后访问日期：2017年9月10日。

案例3：令人心寒的"同命不同价"

2005年12月15日，重庆。三名居住在同一条街、就读于同一所学校的花季少女搭乘同一辆车前往学校，不幸遭遇车祸。事故发生后，另外两家先后与公司协商"私了"，各自得到20万余元的赔偿。但其中一名受害人何源因系农村户口，只能获赔5万余元。

根据《最高人民法院关于审理人身损害赔偿案件适用法律若干问题的解释》规定："死亡赔偿金按照受诉法院所在地上一年度城镇居民人均可支配收入或者农村居民人均纯收入标准，按20年计算。"重庆市2004年度农村居民平均每人可支配收入是2535元，这个数字乘以20年，只能赔偿死亡赔偿金5.07万元，加上丧葬费等，最多只有5.8万元。而重庆市2004年度城市居民平均每人可支配收入是9221元，就有了20万元与5万元的差距。何源父母随后将肇事车辆挂靠的铺金公司、车主、司机等告到江北区法院。2007年6月，江北区法院一审后认为，何源父母得到的赔偿金完全符合当时法律法规的规定，判决老何夫妇败诉。

案例4：北京大学是北京人的大学？

2012年8月5日，90后河南小伙程帅帅携带一副高跷，一张面具，身上挂着一块写着"京生考北大，高人一等"的牌子，站在北大西门前一个小时，上演"踩高跷"的"行为艺术"，抗议高考户籍歧视。

（二）平等的历史性

平等是历史范畴，在不同的历史时期对平等有不同认识。原始社会，人与人之间没有平等的观念。平等观念的真正形成是近代的事情。古希腊和古罗马，希腊人和野蛮人、自由民和奴隶、公民和被保护民、罗马的公民和罗马的臣民之间没有平等。美国著名的南北战争，当时的北方就是打着解放奴隶的口号而发动和维持这场战争的。

在美国，黑人的平等权利也是一个由反种族歧视人群不断争取而得的历史发展过程。以管窥豹，通过以下的宪法案例，可以看出美国黑人平等权历史发展的这样一个脉络：不平等—隔离但平等—取消种族隔离政策。

案例1：普莱西案"隔离但平等"

1890年，路易斯安那州众议院通过了一项法案，其中第一节规定：本州的所有铁路公司在运送旅客时，都必须为白人和有色种族提供平等但隔离的设施，可以为每列客车设两节以上的车厢，也可以把一节车厢分为两部分，以保证设施的隔离。该法同时规定了不遵守此规定的处罚措施。

1892年，美国南部路易斯安那州公民普莱西从新奥尔良乘火车去磕利顿。列车长查票时，见普莱西坐在白人车厢，便命令他到黑人车厢去坐，而普莱西则坚持不去黑人车厢。于是，列车长便叫来警察将其逮捕，交由法院判罪。但是普莱西认为他有7/8的高加索白人血统，1/8的非洲黑人血统，且其长相除了头发稍微弯曲、嘴唇稍厚之外，其他肤色外貌均酷似白人，因此，他享有美国公民所享有的一切社会、政治及经济平等权，遂在联邦刑事地方法院反告法官弗格森违宪，剥夺其应得的司法救济权利。该案经各级法院审判，结果均对普莱西不利，最后，他上诉至联邦最高法院。但最高法院最终裁决路易斯安那州的法律并不违宪，"隔离但平等"并不意味着对黑人的歧视。

案例2：布朗诉教育委员会案

奥列佛·布朗是非洲裔美国人。尽管距离布朗家很近的地方就有一所公立的白人学校，但因为托皮卡的学校实行种族隔离，布朗家的孩子只能穿过危险的调车场去一公里以外的黑人学校上学。1950年，布朗的女儿将要上三年级了，布朗想让女儿转学到白人学校，但遭到了白人学校的拒绝。

1951年，布朗向法院起诉，要求下令禁止托皮卡继续在公立学校实行种族隔离，地区法院以在1896年的普莱西诉弗格森一案中所确立的"隔离但平等"原则为依据，判决布朗夫妇败诉。官司一直打到联邦最高法院。1954年，布朗夫妇仍以同样的理由上诉到联邦最高法院，控告堪萨斯州托皮卡地方教育委员会在学校中实行公开隔离的种族歧视的做法。

联邦最高法院全体法官一致认为：隔离教育设施本质上是不平等的，判决隔离学校违反了《宪法第十四修正案》的平等保护条款。该案推翻了60年前普莱西诉弗格森案所确立的"隔离但平等"的先例，成为美国取消种族隔离政策历程中的一个转折性案件。

案例3：美国最高法院裁定同性婚姻合法

同性恋在很多国家都是备受争议的，这在最自由最平等的美国也不例外。2015年6月26日，美国最高法院在一项5∶4的历史性判决中，将同性婚姻在全国范围内合法化的问题一锤定音。接着，美国总统奥巴马谈起这起最高法的判决，多次提到了"平等""平等对待"等词语，认为这是平等原则在同性婚姻判决中的体现：

奥巴马谈最高法裁定同性婚姻合法：这是美国的胜利

Our nation was founded on a bedrock principle that we are all created equal. The project of each generation is to bridge the meaning of those founding words with the realities of changing times—a never-ending quest to ensure those words ring true for every single American.

我们的国家是建立在一个基本原则上，那就是我们全部生而平等。我们每一代人的任务就是将那些开国口号的含义与时代变迁现实相结合——一个永无止境的追求，以确保这些口号在每个人身上成为现实。

This morning, the Supreme Court recognized that the Constitution guarantees marriage equality. In doing so, they've reaffirmed that all Americans are entitled to the equal protection of the law. That all people should be treated equally, regardless of who they are or who they love.

今天上午，最高法院认为宪法保障婚姻平等。他们重申，所有的美国人都有权获得平等的法律保护。所有人都应该被一视同仁地对待，无论他们是谁，或他们爱的人是谁。

And this ruling is a victory for America. This decision affirms what millions of Americans already believe in their hearts：When all Americans are treated as equal we are all more free.

这一裁决是美国的一个胜利。这个裁决肯定了根植在数以百万计的美国人心中的信念。当所有美国人都被一视同仁对待时，我们都更加自由。

We are big and vast and diverse, a nation of people with different backgrounds and beliefs, different experiences and stories, but bound by our shared ideal that no matter who you are or what you look like, how you started off, or how and who you love, America is a place where you can write your own destiny. We are a people who believe that every single child is entitled to life and liberty and the pursuit of happiness.

我们人口众多，幅员辽阔，我们是一个拥有不同的背景和信仰，不同的经历和故事的民族，但都被共同的理念团结在一起。无论你是谁，无论你长什么样，无论你的出身，或无论你如何去爱，爱着谁，在美国，你可以掌握自己的命运。我们人民相信每个孩子都有生命权、自由权和追求幸福的权利。

七 法律效益：一个最新却非不重要的法律价值目标

（一）法律效益概念的提出及其界定

效益，原本是一个经济学名词，表达的是投入与产出、成本与收益的关系，是指从一个给定的投入量中获得最大的产出，即以最少的资源消耗取得最多的效果。

法律价值一直和效益无缘，因为传统法理学几乎一直将正义（或公正）视为法律的唯一价值目标，正义是法的实质和宗旨，法只能在正义中发现其适当的和具体的内容，法一直被视为维护和促进正义的工具。因此，人们对法的研究无不围绕正义而展开，同时人们对法的评判也以自己的正义观念为依据。然而，随着西方资本主义社会的高度发展，社会日益经济化的趋势不断加剧，法与经济的联系越来越紧密。这时，法学家们开始注重一直被忽视了的法律的经济性进行分析。以波斯纳等为代表的一些著名法学家开创了法律的经济分析这一当今法学最新流派的理论体系。波斯纳指出，经济分析法学的首要特征就是善于运用经济学的原理和方法分析和评价法律制度及其功能，"法律的经济理论是关于现存法律的最有希望的实证理论"。经济学的一些研究方法和基本范畴从此开始移植到法学研究中，作为经济学最基本范畴的效益一词也挂归于法学的研究框架，人们开始对法的效益进行理性化分析。[①]

作为法律价值的效益即法律效益，是指法律的制定、实施及运行是否以较小的法律资源成本耗费给社会带来较多的收益。在市场化的经济运行模式下，现代政府需要承担一定的经济功能，社会也需要追求法律的效益价值，

[①] 郭宗杰：《论法的效益》，《法律科学》1995年第3期。

对不符合效益原则的制度进行修改、补充或者重新设计和选择合理的法律制度。而在这些追求法律效益的过程中总是与法律成本密切相关。法律在向社会提供"公正""效益""秩序"等公共产品的运作过程中，国家和社会主体因此而投入的各种费用的总称，就是法律成本。

法的效益主要是一种价值判断问题，在社会或某一群体看来，被严格实施的（具有很高实效的）法律未必是有效益或很高的效益的。从法律效益的表现形态方面，可把法律效益分为社会效益与经济效益。法律效益须兼顾法的经济效益与社会效益。法的经济效益是指以尽量少的法律成本耗费取得尽量多的经济成果，或者以同等的法律成本耗费取得更多的经济成果。法的社会效益是指一定社会的法律制度在其建立、运行、完善的过程中对非物质形态的东西如社会意识、古风习俗等的变革所取得的成果。

（二）法的效益与相关概念的辨析

关于法律效益，有几个与之非常接近又非常容易混淆的概念，尤其是法律效率、法律效果。对于它们之间的关系，由于不同学者对它们各自的含义界定不同，导致对它们之间关系的理解也完全不同。为了准确地把握法律效益的内涵，有必要对它们加以比较。

关于法律效率，有人认为"法律效益是实行法律所产生的有益的社会效果同法律的全部社会效果之比，法律效率是指法律效益与法律成本之比。法律成本是指生产法律的社会效益所投入的各种法律资源的耗费"。[1] 但另有学者郭宗杰认为，法律效率是法律的社会目标与法律作用的现实结果之间的比值。它表明的是一种主观的期望（立法者制定该法并希望通过实施所需要达到的一定社会目标）和客观效果（法律在现实中实际实施所达到的现实结果）之间的比值。也即法律的效率与其在现实中的实施在多大程度上达到了制定规范时所提出的目的有关。法律效率注重的是目的与结果之间的关系，而并不具体研究法的效益所涉及的成本或者说耗费等具体问题。[2]

---

[1] 《法律效率与法律效力有什么区别》，https://zhidao.baidu.com/question/58609722.html，2017年5月25日，最后访问日期：2017年9月11日。

[2] 郭宗杰：《论法的效益》，《法律科学》1995年第3期。

其实，学者郭宗杰对法律效率的界定，笔者认为其实是"法律效果"的含义。法律效果是指法律在实施过程中是否符合以及在多大程度上符合法律的预设要求、是否达到以及在多大程度上达到法律适用的应然效果的判断结果。

（三）当法律遇上经济学：效益与法律的辩证关系

台湾著名经济学家熊秉元在他的《正义的成本：当法律遇上经济学》一书中，阐释了经济行为、成本、效率等概念，将一套严谨的经济分析架构用于讨论契约、正义等法律问题，显示了经济学上的效率和司法学上的正义确有密切的关联，以及互相启发之处。那么，当效益遇上法律，它们之间究竟会有一个什么样的关系呢？

1. 法律可以保证实现资源最大限度地优化使用与配置

一般人提到"效益"会想到"效率"，认为"效率"仅仅是生产效率，实际上从经济的角度、从经济理论的角度讲，所谓效率不仅仅是指生产效率，更重要的是指社会的经济效率，核心是资源配置效率，而资源要达到有效配置必须有良好的制度和机制，也就是说有市场经济。这里所说的法的效益是指社会整体的福利，或者社会最大多数人的最大幸福。人们普遍认为，法律应当创造条件，通过合理的制度设计，促进社会的物质财富和精神财富的总量的增长。效益也是法律的价值目标。

法律与成本的故事

一位校友在德国留学期间，在一家图书馆，钱包被扒手窃走，包里有20欧元。他不准备报警，可是图书馆的保安却报了警，不到5分钟，一位女警察赶到现场，问了情况，便请他做笔录。

女警察说："图书馆的自动安全系统已经录下了小偷的容貌，警察局今天就可以将小偷的照片张贴到全区各个警察局。如果仍找不到小偷，我们会把录像带送电视台反复播放，直到破案为止。"

"我看算了，只有20欧元，不必兴师动众。即使抓到了小偷，所花费的代价也太大了。"他对女警察说。

"不！我们是警察，不是商人，只有商人才讲值不值，而法律的尊严不能用金钱衡量。小偷触犯了法律，就必须受到法律的惩罚。"女警察严厉地说。

结果，当电视台播出小偷偷钱录像的第二天，小偷就落网了。

短评：不计法律成本的国家和地区，付出的成本反而小，而报案难或不愿报案的国家或地区，往往要付出更大的代价。

2. 效益可以成为法的正义价值目标的补充

法谚说，"迟到的正义非正义"，因此，效益也是法的正义价值目标的补充。如前所述，正义寓于"某种平等"之中，平等是正义的尺度。因此，公平（平等）与效益均是作为正义的重要评价尺度，而它们二者之间的关系，自1993年中央在确立社会主义市场经济体制的文件中提出"效率优先，兼顾公平"的分配原则，到党的十六届五中全会强调"更加注重社会公平"，经济界、学界对效率与公平问题的讨论再掀热潮。而这场关于"效率与公平"的讨论，实质上是对正义的两个标准——平等与效益——的价值冲突进行权衡与裁量。

赞成"效率优先，兼顾公平"的人认为它符合邓小平所说的"发展是硬道理"的思想，现在我们要转变经济增长方式，就是要改变低效率的增长方式，就是要坚持效率优先。中国人民大学经济学院教授何伟认为，有人现在反对效率优先，主要的问题是没有把效率和经济增长区别开来，把经济发展、经济增长作为效率优先来看待，因此认为现在只重经济增长不注重社会公平。事实上，我国现在是经济发展了，但是效率没有优先，各级政府只注重经济增长，而不注重效率优先。公平指的是什么？是社会公平。社会公平比分配公平范围广得多，社会公平是指社会权利平等，不公平首先是指社会利用资源的机遇上不平等、不公平，由于政府的设计和政策的制定而造成社会成员在资源利用上不公平，结果造成收入差距扩大，最主要的是垄断行业收入过高。所以要想解决分配不公不是废除效率优先，而是应当对政府进行改革，深化政府改革，转变政府职能，垄断行业市场化，舆论监督社会化，这才是解决当前分配不公的最根本的办法。

反对"效率优先，兼顾公平"的人认为目前我国的贫富差距过大，原因是讲效率多了而不重视公平，这与我国的基本制度安排以及以人为本的基本理念相抵触，妨碍和谐社会的建设。中央党校社会学教研室教授吴忠民就认为，"效率优先，兼顾公平"，这个提法在改革开放初期具有重要价值。但如今的中国改革已经结束了初期的启动阶段，而进入现代制度建设时期，在这样的时期这个提法就逐渐显示出局限性。第一，这一提法没有区分价值观和具体政策这样两个层面上的公正。第二，"效率优先，兼顾公平"对初次分配重效率、再次分配重公平这样的定位是不全面的。第三，"效率优先，兼顾公平"意味着政府主要职能的错位。"效率优先，兼顾公平"就是一个经济型政府职能定位的明确表述，这是它的局限。正是由于"效率优先，兼顾公平"的说法存在上述的缺陷，所以这一提法对中国经济发展、对于现代社会的制度建设必定产生不利的影响。现在的制度建设必须以现代的价值观包括现代的社会公正观来进行，而"效率优先，兼顾公平"这样的提法轻视了现代的基本价值观，尤其轻视了社会公正观，从而会延误中国社会的建设发展。

也有人提出效率和公平同等重要，两者并非此消彼长的关系。中国社会科学院研究员赵人伟认为，效率和公平兼顾是一个一般规律，但是在发展基本阶段特别是初期阶段要强调效率优先兼顾公平。现在的问题是，目前在中国效率和公平双缺失，很难说哪个优先哪个兼顾。效率与公平的关系并不是此消彼长的关系，但这种思维方式我们已经沿用了50年，是不是可以从这种思维方式里摆脱出来了？对效率和公平要重视机理分析，效率和公平关系实际上是互补的，对效率和公平的关系，要放在具体条件下分析，不好笼统地讲谁先谁后。[①]

第三节　法的价值冲突及其解决原则

一　为什么法的价值之间存在冲突

法的价值是一个存在内在逻辑联系的有机网络体系。在这个网络体系中，秩序、正义等价值都是法的价值中基本的、主要的价值。它们能否在整体上获得大体平衡，关乎法和法治的整体价值能在多大程度上给国家生活和社会生活带来它们所应带来的实效。但是，由于社会生活的多重性和变化性，社

---

① 柏晶伟：《从"效率优先，兼顾公平"到"更加注重社会公平"》，http://finance.people.com.cn/GB/1045/4673764.html，最后访问日期：2017年9月12日。

会需要的多样性和复杂性，社会主体自身需要的不平衡性等各种原因，在各种法的价值名目之间呈现相互对抗、相互排斥和相互抑制的状态，这就是法的价值冲突。

法的价值冲突主要表现在立法与执法（广义）过程中。

（一）立法者的价值选择决定了法律本身的价值主张（普遍正义）

在立法方面，立法者在各种价值名目之间做出何种选择，决定了法律所要宣示的价值主张。比如，我国刑事庭审制度的改革，就体现了在立法时对效率与公平之间的冲突如何做出选择的。1979年确立的庭审制度是一种究问色彩较强的混合式庭审制度，在价值取向上基本是"效率优先，兼顾公平"。为了减少这种庭审制度的弊端，我国进行了庭审制度的改革，引入"控辩式"庭审制度。"控辩式"庭审制度强调的是保障诉讼参与人的权利和惩罚犯罪的准确性，因而在价值取向上基本是"公平优先，兼顾效率"。

又比如，我国国务院在制定《城市流浪乞讨人员收容遣送办法》时，面对秩序与自由的冲突时选择了秩序的维护和强化。2003年孙志刚事件发生后，国务院选择废止《城市流浪乞讨人员收容遣送办法》而制定《城市生活无着的流浪乞讨人员救助管理办法》的时候，则更好地张扬和拓展了自由。

（二）执法者的价值选择可以平衡个案的价值冲突（个案正义）

立法者是要强化秩序还是张扬自由，是要维护公平还是提高效率，是要保护生命还是尊重隐私，这些价值选择作为一种普遍的正义在法律制定出来之后便已经得以确定。但是，已经制定的法律的价值主张会在法律的具体实施过程中受到丰富多样的社会生活以及社会法律主体需求的挑战。比如，《道路交通安全法》为保障人们出行安全而选择了强化交通秩序。但是，在面对具体个案的时候，交警执法时的选择却能保证某些个案正义得以实现。出租车司机甲送孕妇乙去医院，途中乙临产，情形危急。为争取时间，甲将车开至非机动车道掉头，被交警拦截并被告知罚款。经甲解释，交警对甲未予处罚且为其开警车引道，将乙及时送至医院。在此事件的认定中，交警在交通秩序与生命自由之间进行了法的价值判断和选择。

当然，执法者在做出价值选择的时候很容易受个人偏好所左右，这也是相当危险的。2006年11月25日，23岁的肖恩·贝尔在纽约一家夜总会附近被警察无端射杀。纽约警方说贝尔的车撞到一名当时正在夜总会执行任务的便衣警察，然后又与附近一辆没有标志的警车两次相撞，随后警察向贝尔的车开枪射击。除了贝尔被打死外，他的两个朋友也被警察击伤，这3人当时均没有携带武器，警察却向他们开了50枪。美国过去曾发生多起类似事件。1999年，22岁的西非移民阿马杜·迪亚洛在公寓门廊里掏钱包，却被警察误认为在掏枪。4名警察向他连开了19枪，迪亚洛当场毙命，而开枪的警察后来被宣判无罪。2001年4月，辛辛那提一名白人警官在追捕年仅19岁的黑人青年蒂莫西·托马斯时，开枪将手无寸铁的托马斯打死，这起悲剧引发了当地自马丁·路德·金被暗杀以来美国历史上最大规模的骚乱。更离谱的是在2007年11月12日，18岁的美国青年契尔·科宾手持一把黑色梳子却被纽约警察误认为拿着一把枪，5名警察对他连开了20枪。黑人青年无辜命丧枪口的消息引发了美国国内民众对警方滥用职权的广泛质疑。警察滥施暴力，是为了维持整个社会的秩序还是侵犯了公民的自由？

在英国的麦克劳夫林诉奥布莱茵案中，法院的判决就是在效率与公平之间发生冲突的时候的选择。某妇女A在一天下午六点钟从邻居那里得知其丈夫B及四个孩子在下午四点钟发生车祸，知道消息后，A立即赶往医院，在医院里，A得知其女儿已死亡，并目睹了B和其他三个孩子血肉模糊的惨状，由此精神大受刺激，随后A起诉肇事司机C，要求C赔偿精神损失。此案最终判决C不承担精神损害赔偿责任，同意此判决结果的法官提出以下理由。初审法官认为，在此案中必须考虑普通法的一个重要原则：疏忽行为者仅对自己可合理预见的伤害负责（公平的考虑）。据此驳回A的诉讼请求。上诉法院判决维持原判，理由是若判决C赔偿将讼满为患，鼓励人们作伪证要求C赔偿精神损失；请求数量的增加会使取证困难，损害真正受害人的利益；导致驾驶成本增加，最终损害消费者的利益，这样，整个社会利益都受到损害，所以判决C不赔偿（效率的考虑）。终审中，有公平的考虑，也有效率的考虑。

二　解决价值冲突的基本原则

为了解决法律的价值冲突，有的法学家孜孜不倦地给法律价值排序，希望借此彻底解决价值冲突。法律价值之间确实存在位阶，但法律价值的位阶又是相对的、可变的，随着案情的变化，适用法律的不同，法律价值的位阶处在不断调整之中。尽管如此，我们依然可以提出一些解决价值冲突的基本原则。

（一）价值位阶原则

价值位阶原则是指在不同位阶的法的价值发生冲突时，在先的价值优于在后的价值，即各种不同价值之间存在主次关系。正如拉伦兹所言：在利益衡量中，首先就必须考虑"于此涉及的一种法益较其他法益是否有明显的价值优越性"。不同的价值之间在法的价值体系中有不同的地位。

就法的基本价值而言，主要是以上所言的自由、秩序与正义，其他则属于基本价值以外的一般价值（如效率、利益等）。即使是基本价值，其位阶顺序也不是并列的。一般而言，"正如秩序的存在是一切社会活动必要的前提一样，法律秩序价值也是法的利益价值、正义价值以及其他价值的前提性价值。法律秩序价值是法的其他价值的基础或初级阶段，法的其他价值是法律秩序价值所要追求的目标或高级阶段"。[①] 自由代表了人的最本质的人性需要，它是法的价值的顶端；正义是自由的价值外化，它成为自由之下制约其他价值的法律标准；而秩序则表现为实现自由、正义的社会状态，必须接受自由、正义标准的约束。因而，在以上价值之间发生冲突时，可以按照位阶顺序来予以确定何者应优先适用。

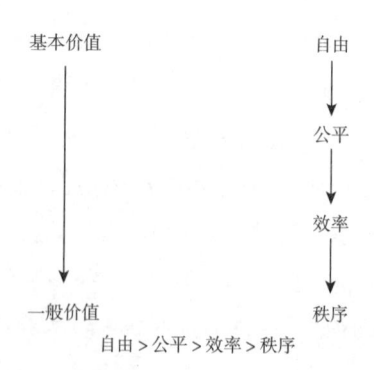

基本价值 → 一般价值

自由 → 公平 → 效率 → 秩序

自由＞公平＞效率＞秩序

图 3-5　法的价值位阶

[①] 周旺生：《论法律的秩序价值》，《法学家》2003 年第 5 期。

同一位阶的价值之间也会发生冲突。一般而言，生命权优先于财产权，大利益优先于小利益。下面这个案例则是自由（中药处方的知识产权）与自由（患者的知情权）之间的冲突在现实中的表现，但是究竟谁的利益更大，却不易分出伯仲。

患者张先生在某医院特诊专家处看病，发现该专家所开处方的多味中草药名称出现了奇怪的代号，患者取药的地点也不在专家所在的医院。张先生由此质疑：我到底吃的什么药？而该专家认为：如果患者由于吃错了药，病情加重，可以起诉。但他的行为并不存在侵权，因为该处方是他多年的心血，之所以在关键的几味药上"加密"，是怕看出门道的同行剽窃，知识产权得不到保护。

虽然价值之间有高低位阶的不同，在具体案件中，我们最终能够确认某种法律价值高于或低于其他价值，但在整个法律体系中，绝不可能存在一张类似元素周期表一样的确定不变的法律价值表。比如，虽然一般情况下，正义价值是高于秩序价值的，但是选择秩序还是正义，这依然是一个古老的法治难题：在法律权威下形成的法律秩序与社会正义发生冲突时，人们应当如何选择？人类制定法律的目的，就是为了实现社会正义。然而，事物并不总是遂人所愿地发展，有时候严格实施法律，却收获的是非正义的恶果。因此，当信守法律会造成不正义的恶果时，是忍受这种不正义的恶果而维护法律的尊严，还是以牺牲法律尊严为代价而实现社会正义呢？这也涉及另外一个问题，那就是法律本身是良法还是恶法？"恶法非法"是判断者站在"人"的立场上以道德为标准对"法"进行的主观价值判断，突出的是正义价值，认为法律就应当符合人们心中的道德标准，应当完美无缺。"恶法亦法"是判断者站在"法"的立场上以法的外在特征为标准对"法"进行的事实判断，强调的是秩序价值，表达的是对法律的尊重、信仰和敬畏。

有人提出，以法是否体现了多数人的意志，是否符合多数人的利益，是否有利于生产力的发展，来判断是否为"恶法"。这个标准是否可行？

通过同学们的热烈讨论以及具体个案的分析，大家认为这个判断标准实在是过于机械和僵硬。比如根据我国《野生动物保护法》第十六条规定，禁止猎捕杀害国家重点保护野生动物。因科学研究、驯养、繁殖、展览或者其他特殊情况，需要捕捉、捕捞国家一级保护野生动物的，必须由国务院野生动物行政主管部门批准。这主要是出于保护国家重点保护野生动物的目的，保护野生动物可以说是保护生态环境和生态平衡的重要方式之一，保护生态环境和维护生态平衡也是符合全人类的意志和共同的生存环境利益的。可是，在野生羚牛伤人事件中，却发现这样的法律规定也会导致恶的结果。2000年5月20日早上8时30分左右，一头野生羚牛闯入陕西省洋县四郎乡田岭村村民刘永昌家，将刘顶倒在地，其妻周存凤亦被困屋中，当地有关部门闻讯展开营救。野生羚牛是国家一级保护动物，当地有关部门不敢擅自捕杀，只能逐级请示；下午1时20分，从陕西省林业厅传来指示，可以击毙羚牛；下午4时20分，羚牛被击毙。此时，刘永昌已经死亡，其妻亦因伤势过重抢救无效死亡。可见这个判断标准过于机械和僵硬，是不完美的。

另有人提出以法是否符合当地的一般道德观念，来判断该法是否为"恶法"。但是，这个标准只考虑到了道德观念核心理念的正义性价值，却忽略了道德观念本身有时间、地域等限制性因素。而这些限制性因素的存在，会导致法律的不稳定性，进而会带来秩序混乱等消极影响。比如发生在印度的"矫正强奸"事件就说明了一般道德观念有时候是多么不靠谱。在印度同性恋是违法的，最高会被处以10年的监禁。因此印度家庭都非常不希望自己的孩子是"弯"的，家庭内部会对同性恋的成员进行"矫正强奸"，母亲强奸儿子，堂兄弟、亲兄弟强奸妹妹，当地人却认为这是符合当地一般道德观念的。

因而，无论多么精妙的法律价值表，都难以应对现实生活中千奇百怪的案件。当然，法治的理想目标是既要维护秩序又要彰显正义。当人们对法治目的的理解、对社会公平与正义的内涵越来越趋向共识的时候，当法律职业共同体真正建立起来的时候，再面临这样的两难时，选择起来或许才并不困难。人们会舍弃形式上法的确定性而追求和维护法治所要达到的目标——自然法。当然要达到这个境界，我们还要跨越法治的漫漫历史长廊，还要时时面临"秩序还是正义"这一法治中的两难选择。

（二）个案平衡原则

个案平衡原则指在处于同一位阶的法的价值之间发生冲突时，必须综合考虑主体之间的特定情形、需求和利益，以使个案的解决能够适当兼顾双方的利益。如民法中承担法律责任中的公平责任原则。简单地讲就是：兼顾各方利益。

比如，在某一遗产继承纠纷案件中，按照法律规定，继承人甲和乙应平均继承财产，但由于继承人甲没有劳动能力，法官判决甲继承被继承人65%的财产。这就体现了个案平衡的原则。河南安阳一所职业高中，女生 A 在宿舍休息，她的上铺 B 在上床时，因震动了床铺，使 B 床上的一面镜子震落砸伤了 A 的眼睛。而镜子是另一位同学 C 的。C 当时不在，不知是谁把镜子放在 B 的床上。A 把学校、B、C 均诉至法院。从过错责任上看，三被告均没有主观上的过错，如果法官判定三者都不承担责任，那么眼睛受伤的后果就要 A 一人承担。官司打了三年，A 生活困难，经济窘迫。法律如果不给予她支持，会使她丧失生活的希望，看低法的价值，民心不服，积少成多，就会成为社会不安定因素。因此法院权衡各种价值：B、C、学校都是无辜的，但 A 更无辜，偏向于谁，都会引起他方的不满。法官最后判决：经济占优势的学校承担50%，余下的由 A、B、C 三人分担。由于 A 在经济上落后于学校，而且身体上受到伤害，根据个案平衡原则，对于 A 的这种情况应当优先考虑其生存的权利。

在美国的"马休斯诉埃尔德里奇"一案中，最高法院申明，在决定正当程序于特定的情况下所要求的具体内容时，它将审视三个因素：首先，因官方行动将受到影响的私人利益；其次，通过所诉诸的程序而错误剥夺此类利益的风险；最后，政府的利益，包括牵扯的职能和其他的或替代的程序要求将需要的财政及行政方面的负担。由此可以看出，在有关该案的处理上，法院并不以"公共利益"作为高于"个人利益"的价值标准来看待，而是结合具体情形来寻找两者之间的平衡点。

马休斯诉埃尔德里奇案

1956年，美国修正的社会安全法（Social Security Act）规定了残疾扶助金计划，即工人在身负残疾而无法正常工作时，政府应当给予残疾扶助金。埃尔德里奇是一名身负残疾的工人，1968年6月，他第一次从州政府那里领取了残疾扶助金。但是，到了1972年3月，他收到了州政府询问他治疗情形的书面问卷。埃尔德里奇在其对州政府的答复中指出，他的病情并未改善,并同时报告了他接受治疗的情况,包括他的医生及其医生所采用的治疗方法,等等。后来,州政府又向他的医生及精神顾问询问他的情况,并得到了相关的报告资料。在考虑了这些报告及其他资料之后,州政府以书面的形式通知埃尔德里奇,其扶助金已于1972年5月终止给付,并同时说明了终止的原因,以及告知他可以要求合理的时间以获取并提出有关其病情的其他资料。

埃尔德里奇回信申诉了他的病情状况,指出州政府已经有足够的证据证明他仍然处于残疾状态。然而州政府还是做出了自该年5月起埃尔德里奇已不再是残疾身份的最后决定。这一决定为社会安全局(Social scurity Administration, SSA)所认可。于是,该年7月,社会安全局通知埃尔德里奇其扶助金将终止,并告知埃尔德里奇可在6个月之内请求州政府审查这一决定。

埃尔德里奇并未请求州政府审查社会安全局的决定,反而质疑这一项行政程序的合宪性。他要求立即召开听证会审理其残疾情形并恢复其权利。健康教育部部长认为,埃尔德里奇残疾扶助金终止的决定乃是经过有效的行政规则和程序做出的,何况埃尔德里奇并未用尽现行的救济途径。于是,埃尔德里奇便提起了诉讼。地方法院认为,被告根据行政程序终止了埃尔德里奇的扶助金,已经剥夺了他宪法上所享有的正当法律程序的权利,受补助者得到的利益应该是不间断的权利,与古克德伯诉凯利一案中的社会福利受补助者并无不同之处。由于判断其是否具有残疾扶助金受补助者的资格,是基于相互冲突的医疗或非医疗的资料,因此,终止埃尔德里奇的扶助之前,必须提供一个《社会安全法》第五章为社会福利者所设计的证据听证会。上诉法院基于地方法院的观点,肯定在听证会举行之前禁止做出终止福利的强制令。

本案的核心问题,并非是原告是否应受宪法上正当法律程序的保障问题,而是程序保障的方式问题。也就是说,本案的问题在于宪法所规定的正当法律程序,是否要求于社会安全残疾扶助金终止前,应对受补助者提供一个证据性听证会的机会,或者是于事后给予听证及司法救济便已经足够。

判 决

法院认为社会福利机构终止残疾福利的最初决定，已经由有效的行政程序予以正当化，不必在终止前举行证据性听证会，现行程序已经满足了宪法上正当法律程序的要求。

在由鲍尔大法官所主笔的法院意见中，开宗明义地肯定，依据宪法第五条和第十四条修正案的规定，政府决定剥夺人民生命、自由或财产，必须遵守正当的法律程序。被告承认"个人持续接受扶助金"亦为宪法第五条修正案所保障的财产权，正当法律程序的要求亦适用于社会安全保障扶助金的终止程序，但主张目前的行政程序已提供当事人在宪法上足够的程序保障。

法院向来认为，在个人被剥夺财产权利的最终决定前，需要举行某种形式的听证。问题是这一听证应当在什么时候举行？法院仅在古克德伯诉凯利一案中，认为在终止福利给付的决定做出前，应该提供类似司法审判的听证，在其他的判决中，则没有明确地指定特定的程序。

法院以往的判决都曾确认，正当法律程序并非仅具有特定的内涵，或是与时间、地点或环境毫不相干的技术概念。因此，在决定行政程序是否合乎宪法正当程序的要求时，必须同时考虑当事人与政府的利益。这些利益包括以下三项。

（1）曾被政府活动所影响的私人利益；

（2）利益在程序中被错误地剥夺的风险，以及因任何额外或替代性保障程序所可能产生的利益；

（3）政府的相关利益，尤其是额外的或与替代性保障程序伴随而来的财政与行政负担。

（三）比例原则

比例原则是指为保护某种较为优越的法的价值必须侵犯另外一种价值时，不得逾越此目的所必要的程度。比例原则属于次要原则，是保护在价值比较过程中落败的法益。例如，为维护公共秩序，必要时可能会实行交通管制，但应尽可能实现"最小损害"或"最少限制",以保障社会上人们的行车自由。比如,同样是限行,一周限一次和隔天限一次,谁才是尽可能地实现了"最小损害"或"最少限制",更符合比例原则?同样地,在非典时期,为了公共利益和秩序,可以必要和适当地牺牲掉个人的部分自由,但能否因此完全牺牲你?这就是出现价值冲突的时候需要用比例原则来进行选择的问题。换句话说,即使某种价值的实现必然会以其他价值的损害为代价,也应当使被损害的价值减低到最小限度。

1973年德国学者埃贝哈德·格拉比茨(Eberhard Grabeitz)在《联邦宪法法院中的比例原则》一文中认为,广义的比例原则包括适当性原则、必要性原则、狭义比例原则。1981年德国学者洛塔尔·希尔施贝格(Lothar Hirschberg)在其专著《比例原则》中也认为,比例原则要求具体案件中的手段具有适当性、最小损害性与狭义合比例性。① 我国学者们在引介德国的比例原则时,也基本上都是将其分为类似的三个子原则。

1. 适合性原则:限制人民权利之措施必须能够达到所预期的目的,又称"适当性原则"。

2. 必要性原则:在适合达到目的的多种手段中,应该选择对人民权利侵害最小的手段,又称"最小侵害原则"。

3. 狭义比例原则:对于人民权利之侵害程度与所达到的目的之间,必须处于一种合理且适度的关系,这项原则主要着重于权衡"受限制的法益"和"受保护的法益"之轻重,以达到利益之间的和谐,又称"合理性原则"。

但是,我国有学者认为,如果比例原则不评价公权力行为的目的正当性,那么就会使很多目的不正当的公权力行为无法受到司法审查,从而使得公民的基本权利得不到根本保障。因此,将目的正当性原则纳入比例原则之中从而确立"四阶"比例原则,才有利于限制立法者、行政者的目的设定裁量,有利于实现实质正义,充分保障人权。②

关于行人违章怎么分担责任的问题,曾经出现了"行人违章,撞了白撞"的规定,这种规定是否符合比例原则?

---

① 刘权:《目的正当性与比例原则的重构》,《中国法学》2014年第4期。
② 刘权:《目的正当性与比例原则的重构》,《中国法学》2014年第4期。

1999年8月30日沈阳市人民政府发布《沈阳市行人与机动车道路交通事故处理办法》，同年9月10日施行。

第八条 行人通过有人行信号控制或没有人行信号控制，但有路口交通信号控制的人行横道时，须遵守信号的规定，因行人违反信号规定与机动车发生交通事故，机动车方无违章行为的，行人负全部责任。

第九条 在设有交通隔离设施和施划人行横道线的路段上，行人因跨越隔离设施或不走人行横道，与机动车发生交通事故而机动车无违章行为的，行人负全部责任。

第十条 行人横过没有施划人行横道线的路段时，须注意避让车辆，不准在车辆临近时突然横穿，违者发生事故，行人负主要责任。

第十一条 行人走路须在人行道内行走，没有人行道的须靠路边行走。行人在机动车道内行走，与机动车发生交通事故，机动车方无违章行为的，行人负全部责任。

第十二条 在封闭式机动车专用道或专供机动车通行的立交桥、高架桥、平台桥等道路上，行人与机动车发生交通事故，机动车方无违章行为的，行人负全部责任。着标志服装的道路维护和清扫人员在正常作业时，发生交通事故的除外。

第十三条 行人在机动车道内有招停出租车、逗留等妨碍机动车通行的行为，发生交通事故，机动车方无违章行为的，行人负全部责任。

这些规定被新闻媒体概括为"行人违章，撞了白撞"。

结合以下材料，分析讨论如何看待法律价值冲突问题：

材料一：交通治理新举措惹争议

某市为加强道路交通管理，规范日益混乱的交通秩序，决定出台一项新举措，由交通管理部门向市民发布通告，凡自行摄录下机动车辆违章行驶、停放的照片、录像资料，送经交通管理部门确认后，被采用并在当地电视台播出的，一律奖励人民币200~300元。此举使许多市民踊跃参与，积极举报违章车辆，当地的交通秩序一时间明显好转，市民满意。新闻报道后，省内甚至外省不少城市都来取经、学习。

但与此同时，也发生了一些意想不到的事：有违章驾车者去往不愿被别人知道的地方，电视台将车辆及背景播出后，引起家庭关系、同事关系紧张，甚至影响了当事人此后的正常生活的；有乘车人以肖像权、名誉权受到侵害，把电视台、交管部门告上法庭的；有违章司机被单位开除，认为是交管部门超范围行使权力引起的；有抢拍者被违章车辆故意撞伤后，向交管部门索赔的；甚至有利用偷拍照片向驾车人索要高额"保密费"的，等等。

报刊将上述新闻披露后，某市治理交通秩序的举措引起了社会不同看法和较大争议。

材料二：洞穴奇案

公元4300年，五名探险队员到深山探险时，被困一洞穴里。这些探险队员携带的食物早已经消耗殆尽，在洞穴内也没有任何可以食用的植物、动物或者其他可以食用的东西维持人的生命。在他们吃完随身携带的食物后，Whetmore首先提议吃掉一位同伴的血肉来保全其他四位，也是Whetmore首先提议通过抓阄来决定吃掉谁。但当选择牺牲者的程序确定之后，Whetmore后悔并宣布退出这个程序。但其他队员不同意，并批评他破坏信任并继续掷骰子。

当轮到Whetmore的时候，另一名队员替他掷出。在这名队员掷出骰子之前，大家问Whetmore是否对这种做法的公平性提出异议。Whetmore表示他不反对。但是掷骰子的结果恰好指向他。不管Whetmore是否同意，其他队员杀死了他并吃掉他的尸体。

四位探险者获救后被指控谋杀Whetmore。初审法庭经过特别裁决确认上面所述的事实，根据纽卡斯国刑法的规定，法官判定四位被告谋杀Whetmore的罪名成立，判处绞刑。四位被告向纽卡斯国最高法院提出上诉。

第四章 法的要素与体系：法长什么样？

第一节 法的要素是法的微观模样

人们从法的本质性认识出发，通过对各种有关法律的经验事实加以归纳、鉴别，提炼出法律的基本组成单位，这就是法的要素。法的要素是从法的内部视角考察法的构成，指法的基本成分，即彼此互相联系、互相作用从而构成完整的法的系统的各种基本元素。如果我们把整体形态的法律看成一个系统，那么法律要素就是构成这个整体系统的基本元素单元。

一 西方法理学关于法的要素的理论学说

根据分析法学派代表人物奥斯丁的理论，法律本质上就是靠强制制裁为后盾的一种权威者的命令。因此，奥斯丁的命令模式中作为法律的语境里，法的基本要素是命令、制裁和义务。

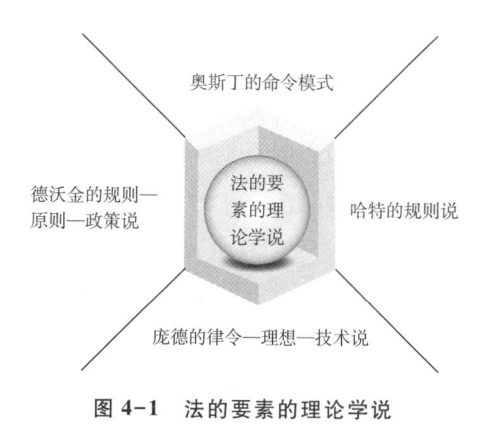

图 4-1 法的要素的理论学说

但是，奥斯丁的命令模式在纽伦堡审判中遇到了困惑。《纽伦堡大审判》的第三十五页记录了检察官杰克逊和马克斯韦尔在起诉纳粹战犯时所面临的困境：杰克逊问马克斯韦尔——法伊夫爵士，如果被告提出的辩护理由是，他们只不过是在执行上级的命令，那该怎么办。马克斯韦尔说，这种理由不能成立，否则所有的起诉案子都将要崩溃。希特勒手下的德国人依据"领袖原则"行事，在"领袖原则"的概念里，领袖有绝对的权威。元首怎么命令，他的下属就怎么执行。这些下属的命令，更下级的人也必须执行，一级一级由上而下，形成金字塔式的权力结构。如果允许被告用"上级命令"的理由辩护，那么，他们就只能给希特勒定罪，而希特勒已经死了。然而，马克斯韦尔的这种回答并不能排除杰克逊的焦虑，杰克逊说："古罗马人说过，没有法律就谈不上罪与惩。很显然，纳粹分子进行了赤裸裸的侵略，犯下了罄竹难书的罪行。但是，他们犯了哪些法呢？检察官可以援引哪部法律，哪部法典的哪一章、哪一条呢？"当然纽伦堡审判最后认为，纳粹的法律违背最基本的人性，它自始就不是法律。

新分析法学派的代表人物哈特认为法律是规则体系，法是主要规则和次要规则的结合。主要规则（义务的第一性规则）设定义务，告诉人们应当做什么和不应当做什么；次要规则（授予权利的第二性规则）是关于规则的规则，也叫授予权力的规则。哈特的规则说认为，法律的存在意味着特定种类的人类行为不再是任意的，而是在某种意义上具有强制性，这是法律的一个普遍特征，但这种强制不能像奥斯丁那样理解为"胁迫"。

新自然法学派代表人物德沃金的规则—原则—政策说，则认为法律不仅由规则构成，也包含原则。德沃金认为哈特的规则模式过于简单，没有为法律原则安排适当的位置，毕竟并非任一案件对法律的适用都可以从规则中直接寻找到恰切的审判依据，法律原则也是法律必不可少的一个组成部分。

哈特和德沃金的论战是20世纪长达37年的著名法学论战，之间交手十多次，每一次交手都引起重大反应，具有深远的影响。德沃金认为法律不仅由规则构成也包含原则，引用了亨宁森诉费尔德汽车制造厂案。德沃金指出，在这个案件中如果法官不考虑汽车制造商对他们的用户负有特别责任的原则和保护弱者利益的原则，而是仅仅援引合同自由的原则，那么，他的批评者绝不会满足于指出他没有考虑别的法官有时会考虑的事情，而且他们会认为，法官考虑这些原则是他们的义务，法官并不是在道义上有义务考虑这些原则，从而证明了这些原则是法律的一部分。基于以上论证，德沃金证明了法律不只是一个规则模式，而是包括隐含的法律原则，原则的存在使得法律成为一个圆满的整体，从而消除了规则模式下法官行使"强的自由裁量权"的空间。一言以蔽之，法官根本就没有造法的空间。

哈特不甘示弱，哈特总结说美国法学家在两个极端的梦之间摇摆：一个是噩梦——认为法官总是在造法，另一个是高贵之梦——认为法官从不造法，德沃金就是高贵之梦的代表人物。但是，这两个梦都是幻想。真相是，法官有时候用法，有时候造法。法律原则只能延缓而不能消除法官的造法性质的自由裁量，法律绝不是一个可以为将来每一个案件准备好答案的圆满体系。规则可能会与大于自己的原则发生冲突，并被排除适用，规则不具有全有或全无的特点。因此哈特认为，规则与原则之间的区别是一个程度问题，规则是"近乎决断性的"，原则是"非决断性"的。原则可以融入自己的理论，法律包含原则不会对实证主义的立场产生任何严重的后果。

社会法学者庞德的律令—理想—技术说，则更为具体地阐述了社会学法学关于法的概念。庞德指出，法律就是"一种制度，它是依照一批在司法和行政过程中运用权威性律令来实施的高度专门形式的社会控制"。法律的"律令成分"并不仅仅是一批规则，而是由规则、原则、概念和标准组成的复杂体系。法律的"技术成分"是指解释和适用法的规定的方法和在权威性资料中寻找审理特殊案件的根据的方法。它往往容易被人们所忽略，但事实上它同样是具有权威性的，也同样是重要的。法律的"理想成分"是指公认的权威性法律理想，它归根到底反映了一定时间和地点的社会秩序的图画，反映了法律秩序和社会控制的目的是什么的法律传统。

二　中国学者主张的法的要素理论

我国学者对法的要素所持的观点，主要有以下几种学说。

四要素说。认为法的构成要素主要是规范，但不限于规范。一般的说法由法律概念、法律原则、法律技术性规定以及法律规范四个要素构成。[①]

[①] 沈宗灵：《法学基础理论》，北京大学出版社，1998，第37页。

三要素说。其一是认为法的要素包括规则、原则和概念三种基本成分。[①] 其二是认为法由概念、原则和规范构成。[②]

二要素说。认为法的要素包括规则和原则。

一要素说。认为法律规范是法的最基本的细胞,它与整体的法的关系是系统的个别因素同整个系统的关系,并且认为原则不过是原则性规范,概念不过是定义性规范而已,它们实际上都是调整人们行为不可少的部分,是法的职能专门化的结果和表现。[③]

我们采用张文显教授的"三要素说",即法由规则、原则和概念三种成分组成。法律概念是法的基础性要素;法律规则是法的主体性要素;法律原则是法的品格性要素。借助于法律概念、法律规则和法律原则,法律得以发挥其规范作用。

三 法律概念是法的基础性要素

(一) 法律概念:来源于生活又高于生活的概念

法律概念,是指有法律意义的概念,是对有关法律的事物、状态、行为进行概括而形成的术语。德国法学家魏德士说,"法律概念是法律规范和法律制度的建筑材料",任何法律制度都是在法律概念的基础上构建而成,因此可以说法律概念是法的基础性要素。正如美国法学家博登海默指出:"没有法律概念,我们便无法将我们对法律的思考转变为语言,也无法以一种易懂明了的方式把这些思考传达给他人。而如果我们试图完全摒弃概念,那么整个法律大厦将化灰烬。"[④]

要注意的是,法律概念虽然来源于生活概念但是又高于生活概念。

首先,法律概念来源于生活概念。法律是在社会中适用的,因此,立法者在制定法律时应考虑到用语的社会通用性。如法律中经常使用"尊重社会

---

① 张文显:《法理学》,高等教育出版社,2007,第73页。
② 王果纯:《现代法理学——历史与理论》,湖南人民出版社,1995,第78页。
③ 孙国华:《法理学教程》,中国人民大学出版社,2000,第274页。
④ 〔美〕E.博登海默:《法理学——法律哲学与法律方法》,邓正来译,中国政法大学出版社,1998,第465页。

公德""不得损害社会公共利益"或"不得扰乱社会秩序"等语句,在适用时必须考虑到一般社会成员的理解。

其次,法律概念又高于生活概念。区别于日常生活概念,法律概念具有内容上的法定性和专业上的技术性,法律概念通常具有相对明确的定义和应用范围。法律概念的专业性和技术化是法律形式理性化程度的重要表征。"罚金""罚款""死亡""人"等法律概念都与普通人理解的生活概念有很大的区别;"善意"在法律上不是指慈善心肠,而解释为"不知情";"危险负担"不是指自然意义上的危险,而解释为"价金损失"。

(二)法律概念的表达、认识和改进功能

作为法的基础性要素,法律概念具有一般概念都具有的表达法律和认识法律的功能之外,还具有改进法律、提高法律的明确化程度和专业性程度的功能。

一方面法律概念具有表达功能。通过法律概念,立法者主观上需要在法律规范中体现的意志得以表达,法律实务者也通过法律概念撰写诉状、代理词、司法判决等法律文书。有了法律概念及其间的连接,法律才得以表达。

另一方面人们通过已经在法律规范中确定的法律概念去认识法律、交流法律。法律概念可以使人们认识和理解法律,从而更好地从事法律实践活动。法律概念的理解对法律实施具有非常重要的意义。

比如,对于"毁坏"的含义,《刑法》第二百七十五条规定:"故意毁坏公私财物,数额较大或者有其他严重情节的,处 3 年以下有期徒刑、拘役或者罚金。"构成该罪的客观构成要件的内容之一是"毁坏"公私财物。问题在于如何理解"毁坏"的含义?

案情 1:甲将他人的电视机从楼上扔至楼下,导致电视机不仅物理上毁损,而且丧失其本来用途时。"毁坏"解释为:通过对财物的全部或者一部分进行物质性破坏、毁损,以致全部或者部分不能遵从该财物的本来用途进行使用。

案情 2:乙故意将他人价值 1 万元的戒指扔入大海中。上述"毁坏"的定义会导致乙的行为无罪。必然重新解释"毁坏"为:对财物行使有形力,毁

损财物或者损害财物的价值、效用的行为,并且将乙的行为抽象为:对他人财物(戒指)行使有形力,导致他人丧失财物。

两高《关于办理盗窃刑事案件适用法律若干问题的解释》第三条规定:二年内盗窃三次以上的,应当认定为"多次盗窃"。非法进入供他人家庭生活,与外界相对隔离的住所盗窃的,应当认定为"入户盗窃"。

案情3:居住在偏僻乡村的被害人家徒四壁,行为人入室后能够盗窃的只有鸡窝里的鸡蛋,行为人3次入室,每次盗窃1个鸡蛋。根据刑法的谦抑性与具体妥当性,从而不得不指出:"只有客观上可能盗窃数额较大财物时,才宜认定为盗窃罪。"

表面上看,法律概念似乎没有法律原则和法律规范重要,但是由于法律概念不同,同一法律规范可能表达不同含义,表面上不同的法律规范或原则却可能相同,而一个概念的外延改变也会影响到法律规范或原则本身。丰富明确的法律概念可以提高法律的明确化程度和专业性程度。如:"法律面前人人平等",赋予"平等"不同的含义,就会改变这一原则的内涵,从而提高法律合理化程度。因此,对法律概念的研究的重视程度不应丝毫低于对法律原则和规范的研究。

案例:法律推理中的法律概念——"诽韩案"

1976年10月,台湾地区有一个叫郭寿华的人,以笔名"干城"在《潮州文献》第2卷第4期发表《韩文公、苏东坡给予潮州后人的观感》一文,指责韩愈具有古代文人风流才子的习气,在妻妾之外仍不免寻花问柳,以至于染上性病,又听信方士之言,食用硫黄中毒而死。此文刊登后,韩愈第39代直系孙韩思道向"台北地方法院"提出自诉,控告郭寿华"诽谤死人罪"。

一审法院查明韩思道确为韩愈第39代直系孙,认为具有法律所规定的自诉权,同时认为郭寿华无中生有,以涉及私德而与社会公益无关之事,对韩愈自应成立诽谤罪。韩思道身为韩氏子孙,先人名誉受侮,提出自诉,自属正当,遂以郭寿华诽谤已死之人,判处罚金300元。郭寿华不服提起上诉,"台湾高等法院"经审理判决驳回。

台湾"刑法"第三百一十二条对"侮辱和诽谤死者罪"作了规定,对于已死之人,公然侮辱者,处拘役或者三百元以下罚金;对于已死之人,犯诽谤罪者，处一年以下有期徒刑，拘役或一千元以下罚金。另根据三百一十四条的规定，本罪告诉才处理。至于谁有权告诉，则属于"刑事诉讼法"的规定范畴。台湾"刑事诉讼法"第二百三十四条规定，"刑法"第三百一十二条之妨害名誉及信用罪，已死者之配偶、直系亲属、三亲等内之旁系血亲、二亲等内之姻亲或家长、家属得为告诉。

法官自我检讨：怎么理解"直系亲属"？

20世纪80年代，台湾学者杨仁寿出版《法学方法论》一书，将"诽韩案"作为第一编引言内容。杨氏在回顾了"诽韩案"案情后，对自己当年在任司法官时对法院判决的拥护进行了自我检讨。杨氏认为自己当年不懂法律的阐释方法，且台湾法律教育历来不注重基础法学，自己和判案法官对"直系亲属"的理解陷入了概念法学形式主义的泥潭。

台湾"刑事诉讼法"并未对"直系亲属"做出定义，而"民法"虽然规定了直系亲属谓"己身所从出"，或"己身所出之血身"，但对代数并没有规定。"诽韩案"的判决对"直系亲属"的外延做了漫无边际的延伸，以至于让一个死人的第39代孙都有诉权，依次继续，远远超出了法律规定的"诽谤死人罪"的立法本意。

杨氏指出，法官在办理此类案件的时候，应当先将"直系亲属"分为两种类型，一种是"法律上"的直系亲属，即后人对其先人仍然有孝思忆念者；另一种是"观念上"的直系亲属，即其先人已属于"远也"，后人对其并无孝思忆念者。

其后法官应当利用法学方法论中的"目的性限缩"，将"观念上"的直系亲属剔除在诽谤死人罪的适用范围外。"孝思忆念"虽然是人的主观情感，但是诽谤死人罪并不是专门为了某个特定的人而定，因此应当参考大众普遍客观存在的情感。杨仁寿参考各国立法例，提出将"直系亲属"的范围限缩在从己身开始数上下各四代。其余"直系亲属"为观念上的直系亲属，不享有诉权。

许霆案中对于许霆行为的定罪问题的争论，也涉及关于法律概念的理解，从而引发对于法律本身的进一步完善的大讨论。

观点A：许霆无罪，行为属于不当得利

北京市京都律师事务所主任田文昌认为：总的来看，这样的行为肯定是有社会危害性的，既违背道德，也违背法律，其获取财物显属不当得利，这一点是不应有争议的。至于在刑法层面上应当如何地定性，要结合法律条文的具体规定来加以分析。如果说这种行为构成犯罪，不外乎是三种情况：一是盗窃罪，二是诈骗罪，三是侵占罪。首先，他并未有秘密窃取的行为不构成盗窃罪；其次，他没有虚构事实，也没有隐瞒真相，不构成诈骗罪；最后，柜员机里多出的钱不是"遗忘物"，不构成侵占罪。

观点 B：构成盗窃罪

北京市大成律师事务所高级合伙人钱列阳认为：构成盗窃罪。本案中许霆主观上非法占有的故意非常明显。盗窃罪在客观方面表现为行为人具有秘密窃取的行为，所谓秘密窃取，是指行为人采取自认为不为财物的所有者、保管者或者经手者发觉的方法，暗中将财物取走的行为，ATM 作为一种设备，其操控权在银行工作人员手里，最终要通过人来操作才能实现其功能，如需要银行工作人采取一些手段对其进行维护、需要银行工作人员及时对其加钞等。许霆在实施"恶意取款"时，对 ATM 的操控者银行工作人员来说是秘密的。尽管许霆既没有篡改密码，也没有破坏机器，一切按照正常程序获取款项，但其在明知不是其应得的财物仍然积极地进行非法占有，该行为符合盗窃罪的法定特征。

观点 C：是一种全新的行为

中国政法大学教授侯国云认为，不当得利是被动获利，而许霆除第一次之外都是主动获利。盗窃是秘密获取，但许霆是公开获取。说是一种新的行为，因为：一是利用了 ATM 的出错；二是使用了真实的信用卡。这两个特点就决定了它既不是不当得利，也不是盗窃。不是诈骗和侵占。说他不是诈骗，是因为他并没有虚构事实，隐瞒真相，根本就没有实施诈骗的行为。说他不是侵占，是因为他取出的款项不是别人委托他保管的，也不是别人的遗忘物、埋藏物，不符合刑法对侵占罪规定的对象。至于盗窃罪的立法本意是什么，其实很简单，立法的本意就是要禁止秘密窃取财物，目的是保护国家财产和公民个人的合法财产。公开获取他人财物，法律没有禁止。原因在于，此种情况能够找到取得财物的人。许霆取款后，公安机关未采用侦查手段，立马就查到是许霆所为，原因就在于他是公开获取的。

没点精神病,怎么能学好法律?

某法科考研学生给某同学的留言:

最近背了几天《刑法》分则,颇得意,见谁都想判他几年。

路上,一只大黑狗撞了我之后扬长而去,我下意识就对自己说:交通肇事后逃逸,处 3 年以上 7 年以下有期徒刑,丝毫不管它还能不能活 7 年。

走了几步又补充:估计不满十六周岁,不予追究。

后来仔细一想,当时判得太草率了,它喝酒了吗?吸毒了吗?户口是国内的吗?不是国内的享有外交特权和豁免权吗?有同伙吗?有同伙的话是否是起主要作用?是累犯吗?在假释期间吗?是否是初犯?精神正常吗?是军犬吗?

此外还有一些没有写在书上的潜规则,比方说是高干宠物吗?动物保护协会是否有干涉司法的电话打来?是否有某领导的批示?最高检和最高法有没有新的司法解释出台?目前的刑事政策已经是宽严相济了,是否还得给予重判?要是它把狂犬病毒蹭在我身上,那岂不是还要数罪并罚?有太多太多的因素没有考虑到。

所以说不要瞧不起搞法律的,说他们就是背了几本书而已,其实不比造原子弹轻松。

(三) 确定性法律概念与不确定性法律概念:一个并不绝对的区分

依概念的确定性程度,可以将法律概念分为确定性概念和不确定性概念。确定性法律概念,是相对说来某些法律概念有较为确定的法律所指。这类概念应当比较严格按照法律加以解释,不允许自由裁量,如公民、有限责任公司、定金、遗产、买卖合同等。不确定法律概念,是指没有明确的法律确定其含义,如显失公平、诚实信用、善良风俗、正义公平等。在运用不确定法律概念时,往往需要法官或执法者行使自由裁量权以确定其在个案中的适用。

但是,确定性概念和不确定性概念具有相对性。一个不确定的法律概念可能通过立法或者法律解释而确定起来,一个原本确定的法律概念可能因为社会发展而不确定起来。如美国宪法规定的"表达自由",在立法时是确定的,指言论自由和出版自由。但出现互联网之后,互联网上的表达,甚至焚烧国旗是否属于言论自由?变得不确定了。再后来,经过法官的解释又变得确定了。

又比如,我国《消费者权益保护法》(以下简称《消法》)第二条是这样定义"消费者"的:"为生活需要购买、使用商品或者接受服务的单位和个人。"一般来说这个法律概念是确定的没有争议的。但自从"第一打假人"王海之后,这一概念就显得不确定了。1995年3月,王海在北京隆福大厦购买了12副假冒索尼耳机,然后径直依据《消法》第四十九条向隆福大厦提出双倍赔偿要求。1998年,天津市第一中院以知假买假者不是出于消费的目的不是"消费者"为由,判决王海败诉。此后,较多法院对此类案件基本做出不利于原告的判决。这个时候对于"消费者"的理解就是简单地从字面理解"为了生活需要"而购买,如果不是为了生活需要购买就不是"消费者"。

直到2012年孙银山诉南京欧尚超市有限公司江宁店买卖合同纠纷案之后,对"消费者"这一法律概念的理解又发生了变化。2012年5月1日,孙银山在南京欧尚超市有限公司江宁店(简称欧尚超市江宁店)购买"玉兔牌"香肠15包,其中价值558.6元的14包香肠已过保质期。孙银山到收银台结账后,径直到服务台索赔,后因协商未果诉至法院,要求欧尚超市江宁店支付14包香肠售价十倍的赔偿金5586元。法院认为,可以认定孙银山实施了购买商品的行为,且孙银山并未将所购香肠用于再次销售经营,欧尚超市江宁店也未提供证据证明其购买商品是为了生产经营。孙银山因购买到超过保质期的食品而索赔,属于行使法定权利。因此欧尚超市江宁店认为孙银山"买假索赔"不是消费者的抗辩理由不能成立。遂判决被告欧尚超市江宁店赔偿原告孙银山5586元。很显然,该案法官对于"消费者"的理解不再局限于字面解释,而是从反面论证不是为了生产经营就是"消费者",这就同时将举证责任也推到了被告一方。

2015年6月15日最高法召开新闻发布会,公布了10个消费者维权典型案例。其中最高法民事审判第一庭庭长杨临萍介绍,个人"知假买假"受《消费者权益保护法》保护。如果单位"知假买假",受《合同法》等法律保护,不能要求《消法》中的"惩罚性赔偿"。

2016年8月5日国家工商总局发布了《消法实施条例(征求意见稿)》(以下简称《意见稿》)。第二条规定:"消费者为生活消费需要而购买、使用商品或者接受服务,其权益受本条例保护,但是金融消费者以外的自然人、法人和其他组织以营利为目的而购买、使用商品或者接受服务的行为不适用本条例。"其意在排除职业打假人作为"消费者"。但我国学者基本上站在职业打假人一边,对《意见稿》持反对意见。如作为《消法》的主要起草者之一,中国消费者权益保护法学研究会会长河山表示:消费者是针对经营者而言,判断经营者,看其是否领取营业执照,或有转售获利的行为,除此均为消费者。为打假获利而购买假冒的生活消费品,同样属于生活消费,也是《消法》保护的消费者。中国人民大学刘俊海教授认为,职业打假人是行政监督机构的得力助手,以自然人的身份知假买假,就可以消费者的身份行使《消法》规定的惩罚性赔偿请求权。《意见稿》显然违背了《消法》立法原意和立法宗旨。中国人民大学杨立新教授也表示第二条的说法有与《消法》的规定相冲突之嫌。中央财经大学尹飞教授表示有关部门不能拘泥于自己本部门的职权和利益考量去限制消费者权益保护的范围。作为职业打假人的代表王海表示:《消法》规定的惩罚性赔偿是制度创新,大大降低监管成本,有效遏制了欺诈行为,消费者索取惩罚性赔偿不是营利行为,惩罚性赔偿的性质是民事赔偿,不是经营利润。他已申请公开《意见稿》第二条规定的起草人、上位法依据和具体含义,希望工商总局尽快释明。曾供职于国务院法制办、原中国法官学院副院长、中国消费者权益保护法学研究会常务副会长曹三明认为,下位法不能与上位法相抵触,建议全国人大应该释法,当时在制定《消法》时是不是把知假买假排除在外,如果没有排除在外,那么国家工商总局这个规定违背了消法的立法原意。

四 法律规则是法的主体性要素

(一) 法律规则:法的核心要素

无规矩不成方圆,无规则不成社会。社会规则有很多种类,但在法治社会里,法律规则具有最高或最终的效力,法治社会的规则以个体权利为导向。[1] 法律规则是采取一定的结构形式具体规定人们的法律权利、法律义务以

---

[1] 张文显:《法理学》,高等教育出版社,2007,第116页。

及相应的法律后果的行为规范。法律规则是一部法律文本的核心部分。

在理解规则的含义时，必须注意：法律规则不仅是明确的，也是一般性的规定。首先，法律规则具有一定的确定性。如，"早6点至晚6点间本车道禁止通车"。其次，法律规则具有一般性。所谓一般性，指的是法律规则针对某一类事实状态做出规定，它适用于某一类人，而不是对某一件特定的事、特定的人做出规定。这是法律规则与依法做出的有法律效力的决定之间的重要区别。

法律规则与法律规范究竟是一个什么样的关系呢？

由于汉字的语义性问题，法律规则与法律规范，一字之差，却往往会带来很多困扰。二者究竟是什么样的关系呢？我国法学理论界一般认为，法律规范和法律规则是两个同义概念。从宏观看，法律规范（法律规则）是指由国家制定或认可的行为规则体系，或是由国家强制力保障实施的规则，大体等同于法律；从微观层次上分析，法律规范（法律规则）是法律的基本要素之一，是法律中赋予一种事实状态以明确法律效果的一般性规定，即某些事件或行为发生之后，可能会导致某种权力或义务的产生、变化或消灭，也可能引起某种法律责任的出现，此时法律规范（法律规则）所发挥的作用就是将这些事件或行为在法律意义上明确下来。[1] 在有的法理学教材上，也把法律规则称为法律规范，法律规范等同于法律规则。[2] 公丕祥教授在论述法的要素过程中，引用的概念也是法律规范而不是法律规则："法律规范是一种特殊的社会规范，它是由国家制定或认可，并由国家强制力保证实施的具有严密逻辑结构的行为规则。"[3] 我们认为，这主要是因为过去从苏联抄来的主流法理学认为法律规范是组成法律的基本单元，法律规范存在所谓三要素说、两要素说的情况。

但在我国的司法考试教材中却认为，二者是包含与被包含的关系，法律规范包括法律规则和法律原则。这就容易导致大家的困惑：二者究竟是一个什么样的关系？这两个词，犹如前面提到的技术规范和技术规则一样，区分二者究竟有多大的意义？除了规范、规则之外，还有规章、规定、规矩、规

---

[1] 周箐：《法律规范与法律规则的区别——以凯尔森哈哈特理论为基础》，《社科纵横》2009年第2期。
[2] 张文显主编《法理学》（第四版），高等教育出版社、北京大学出版社，2012，第69页。
[3] 公丕祥：《法理学》，复旦大学出版社，2008，第244页。

程等术语，其实有的时候真没法做一个明确的详细界分，甚至在我们制定的很多法规名称中，既有叫《行为规范》的也有叫《行为规则》的，还有叫《行为规章》等。当然，如果我们从法的社会规范性这个角度来看，法是一种"规范"，那么为了区分具体的法律条文中的规定，也可以把具体法律条文中的规定叫"法律规则"。二者区别的意义也就大致如此了。

（二）法律规则的逻辑结构

法律规则通常有严密的逻辑结构。法律规则的逻辑结构，即法律规则诸要素的逻辑联结方式，是从逻辑的角度看法律规则是由哪些部分或要素来组成的，以及这些部分或要素之间在逻辑上的相互连接结构。

对法律规则的逻辑结构，目前学界有不同看法。主要有"三要素说"和"两要素说"两种观点。"三要素说"认为，每一法律规则通常由假定、处理和制裁三个要素构成，法律规则在逻辑结构上形成了"如果—则—否则"的公式。三要素虽然传之久远，但由于内在的缺陷而被一些人放弃。人们对三要素的批评主要是：一是制裁只是法律的否定性结果，而否定性结果只是法律结果的一种，在逻辑上以偏概全；二是如果将肯定性或奖励性的结果也包括在内，则与中文"制裁"一词的含义相差甚远；三是"处理"一词的含义也与中文"处理"的本义不合。"两要素说"认为，在法律条文中常常没有假定部分，或在法律总则中做了原则的规定，甚至有时候假定部分已包含在行为模式中，所以没有必要单列"假定"或"适用条件"部分，法律规则就是由行为模式和法律后果两部分构成的。

目前比较流行的是新"三要素说"，认为任何法律规则均由假定条件、行为模式和法律效果三个部分构成。新"三要素说"综合了旧"三要素说"和"两要素说"各自的优缺点，因而成为目前关于法律规则逻辑结构的主要学说。

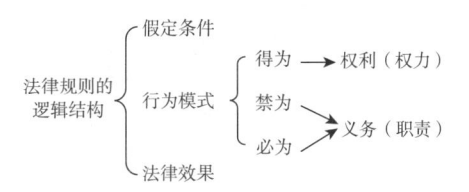

图 4-2　法律规则的逻辑结构

假定条件是指法律规则中有关适用该规则的条件和情况的部分，即法律规则在何时、何地、对何人适用以及在什么情境下适用的问题。它包含两个方面。①法律规则的适用条件。其内容有关法律规则在什么时间生效，在什么地域生效以及对什么人生效等。②行为主体的行为条件。《刑法》第三百零三条规定：以营利为目的，聚众赌博或者以赌博为业的，处三年以下有期徒刑、拘役或者管制，并处罚金。其中的"以营利为目的"就是假定条件。

行为模式是指法律规则中规定的权利义务内容，是任何法律规则的核心部分。它是从人们大量的实际行为中概括出来的法律行为要求。根据行为要求的内容和性质不同，法律规则中的行为模式分为三种。①可为模式（权利行为模式），指在什么假定条件下，人们"可以如何行为"的模式。②应为模式（义务行为模式），指在什么假定条件下，人们"应当或必须如何行为"的模式。"判处死刑的，应当剥夺政治权利终身"，是什么模式？③勿为模式（义务行为模式），指在什么假定条件下，人们"禁止或不得如何行为"的模式。"故意杀人的，判处10年以上有期徒刑、无期或死刑"，行为模式是"法律禁止故意杀人"，因此是勿为模式。

法律效果（也有称法律后果）是指法律规则中规定人们在做出符合或不符合行为模式的要求时应承担相应的结果的部分，是法律规则对人们具有法律意义的行为的态度。根据人们对行为模式所做出的实际行为的不同，法律后果分为两种。①合法后果，又称肯定式的法律后果，是法律规则中规定人们按照行为模式的要求行为而在法律上予以肯定的后果（无须承担责任），它表现为法律规则对人们行为的保护、许可或奖励。②违法后果，又称否定式的法律后果，是法律规则中规定人们不按照行为模式的要求行为而在法律上予以否定的后果（需要承担责任），它表现为法律规则对人们行为的制裁、不予保护、撤销、停止，或要求恢复、补偿等。

（三）法律规则的表现形式

语言和语句是法律规则的表达符号。一切法律规范都必须以"法律语言""法律语句"的形式表达出来，具有语言的依赖性。但是由于语言本身具有模糊性、多义性等局限，导致法律也存在局限性，因此，必然要对法律规则进行法律解释。

语言要通过语句来进行表达，法律规范有规范语句与陈述语句两种语句的表达方式。

1. 表达法律规则的特定语句往往是一种规范语句。根据规范语句所运用的助动词的不同，规范语句可以被区分为命令句和允许句。命令句一般要使用"必须""应该""禁止"等道义助动词；而允许句一般要使用"可以"等道义助动词。

2. 法律规则也可以用陈述语气或者陈述句（描述句）表达。例如，《民法总则》第二十五条规定："自然人以户籍登记或者其他有效身份登记记载的居所为住所，经常居所与住所不一致的，经常居所视为住所。"这句话不能理解为是在描述一个事实，而是表达了一个命令，因为它可以被改为一个规范语句，即"自然人应当以他的户籍登记或者其他有效身份登记记载的居所为住所……"

法律条文是法律规则的表现形式。法律规则由法律条文来表述，是法律条文的内容；法律条文表述法律规则，是法律规则的表现形式。法律规则与法律条文是被表述与表述、内容与形式的关系。但是法律规则只是法律条文的内容之一而不是全部内容，法律条文除了有规定法律规则和法律原则的规范性条文之外，还有规定某些法律技术内容（如专门法律术语的界定、公布机关和时间、法律生效日期等）的非规范性条文，这些条文不可能是独立存在的，它们总是附属于规范性法律文件中的规范性法律条文。法律条文也只是法律规则的表现形式之一，因为在判例法国家有些法律规则是不需要法律条文来表达的。

法律规则与法律条文也并非一一对应的关系。不是所有的法律条文都直接规定法律规则，也不是每一个条文都完整地表述一个规则或只表述一个法律规则。所以，如果说"任何法律规则都是由假定条件、行为模式和法律后果三个要素构成"，这句话是正确的，但如果说"任何一个法律条文都完整地表述一个法律规则"，则是错误的。

在立法实践中，法律规则分别以不同的法律条文形式表现出来。

1. 一个法律规则三要素完整地在一个条文中表现出来

比如《刑法》第二百三十九条关于绑架罪的规定就将法律规则的三要素完整地表现了出来："以勒索财物为目的绑架他人的，或者绑架他人作为人质的，处十年以上有期徒刑或者无期徒刑，并处罚金或者没收财产；情节较轻的，处五年以上十年以下有期徒刑，并处罚金。"假定条件是"以勒索财物为目的"。行为模式是"绑架他人的,或者绑架他人作为人质的"。法律后果则是"处十年以上有期徒刑或者无期徒刑,并处罚金或者没收财产;情节较轻的,处五年以上十年以下有期徒刑,并处罚金"。

2. 一个法律规则三要素由同一法律文件的数个法律条文来表述

比如《合同法》第八条规定了假定条件和行为模式:"依法成立的合同,对当事人具有法律约束力。当事人应当按照约定履行自己的义务,不得擅自变更或者解除合同。依法成立的合同,受法律保护。"但是却没有规定法律后果,于是在第一百零七条规定了法律后果:"当事人一方不履行合同义务或者履行合同义务不符合约定的,应当承担继续履行、采取补救措施或者赔偿损失等违约责任。"

3. 一个法律规则三要素分别由不同法律文件的法律条文来表述

若干法律条文的集合体就构成了规范性法律文件,即将关于某一类或相近的几类社会关系的规定集中于有一个总名称、贯穿了共同原则的法律文本中,这些规定在这一文本中有着较严密的逻辑关系。而一个法律规则的三要素就有散见于不同的规范性法律文件中。比如我国《婚姻法》规定了重婚的假定条件和行为模式,却没有规定法律后果,于是在我国《刑法》第二百五十八条则规定了重婚罪的法律后果。

通过以上对于法律规则与法律条文之间的复杂关系的分析,可以得知为什么要从逻辑结构上来研究法律规则。举一个简单的例子,法律规定,商品销售者要对商品的来源、质量等进行检验。但为什么仍然可见到处都在销售假冒伪劣产品?普通人可能会认为立法没有问题,这是因为执法不严。但是法律人就要根据整个法律体系从法律规则的逻辑结构研究这个立法究竟是不是完整地表达了法律规则的三要素,如果整个法律体系中都没有法律后果的规定,则不是一个完整的法律规则。

法律规则在整个法律文件体系中的地位及相互关系如图4-3所示。

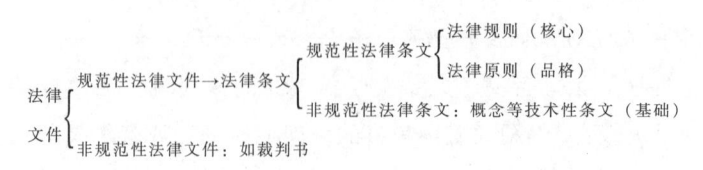

法律文件 { 规范性法律文件→法律条文 { 规范性法律条文 { 法律规则(核心) / 法律原则(品格) ; 非规范性法律条文:概念等技术性条文(基础) ; 非规范性法律文件:如裁判书

注意:法律条文≠法律规则,技术性规范(条文)≠技术规范

图4-3 法律文件体系

(四) 法律规则的分类

为了进一步理解法律规则，可以根据不同的标准对法律规则进行不同的分类，并能根据每一类法律规则的特征分析人们的行为模式，以及对人们的符合或违反行为模式的法律后果进行准确评价和承担。

1. 授权性规则、义务性规则与复合规则

一般认为，授权性规则是指法律规则的内容是赋予人们一定的权利或权力。但是这种说法实在欠妥。因为，权利并不是由法律赋予的而仅仅是由法律来保障而已，所以准确而言应该称为权利（权力）性规则，是指规定人们有权做一定行为或不做一定行为的规则，即规定人们的"可为模式"的规则。

义务性规则是指法律规则的内容是规定人们一定的义务或者责任（职责）。义务性规则又分为两种。①命令性规则，是指规定人们的积极义务，即人们必须或应当做出某种行为的规则，如《婚姻法》规定的"现役军人的配偶要求离婚，须得军人同意"属于此种规则。②禁止性规则，是指规定人们的消极义务（不作为义务），即禁止人们做出一定行为的规则，例如《宪法》规定"禁止任何组织或者个人用任何手段侵占或破坏国家和集体的财产"，即属于此种规则。

复合规则是指在法律规则中，一项权利同时也就是一项义务的规则。大多是有关国家公权力机关组织和活动的职权性规则。例如，劳动权利和义务、服兵役的权利和义务、受教育的权利和义务等，都具有权利和义务的复合性特征。

《民事诉讼法》第四十五条规定："审判人员有下列情形之一的，必须回避，当事人有权用口头或者书面方式申请他们回避：（一）是本案当事人或者当事人、诉讼代理人的近亲属；（二）与本案有利害关系；（三）与本案当事人有其他关系，可能影响对案件公正审理的。前款规定，适用于书记员、翻译人员、鉴定人、勘验人。"该条文使用了表达命令性规则的"必须"术语，同时又使用了表达权利性规则的"有权"术语，但不能由此判断说这是一个复合规则，因为复合规则是主体的权利同时也是这个主体的义务，但本规则却是两个不同的法律主体，因此只能说这是一个权利性规则和义务性规则。

2. 强行性规则与任意性规则

按照规则对人们行为规定和限定的范围或程度不同，可以把法律规则分为强行性规则和任意性规则。

所谓强行性规则，是指内容规定具有强制性质，不允许人们随便加以更改的法律规则。义务性规则、职权性规则属于强行性规则。在体现人们个人意志的活动（如民事活动）中，强行性规则不允许当事人有个人意思表示，如果当事人之间签订了规定其他行为条件的协议，则该协议被认为是无效的。大多数刑事规则属于强制性规则，但也有少数属于任意性规则，比如自诉案件的规则。

所谓任意性规则，是指规定在一定范围内，允许人们自行选择或协商确定为与不为、为的方式以及法律关系中的权利义务内容的法律规则。在权利性规则中，大多属于任意性规则。其内容大都是国家赋予人们某种意志表达力更大的权利和自由，或者说法律规则一般只对人们的权利（可以做什么或不做什么）做原则性的规定，当事人个人自行确定或选择自己权利和自由的内容或方式。任意性规则在民商法、婚姻法等私法法律部门中比较常见。例如，按照我国法律规定，合资企业的产品可以出口，也可以在中国市场销售。此种规定属任意性规则。但民事规则中也有少数权利性规则是强制性规则，如诉讼时效、行为能力的规范则属于强制性规则。

3. 确定性规则、委任性规则和准用性规则

所谓确定性规则，是指内容本已明确肯定，无须再援引或参照其他规则来确定其内容的法律规则。在法律条文中规定的绝大多数法律规则属于此种规则。由于确定性规则是指内容确定，而不管其内容是权利性还是义务性规则，因此，一个确定性规则可以表达一个不确定的指引（有选择的指引）。比如，"居间人未促成合同成立的，不得要求支付报酬，但可以要求委托人支付从事居间活动支出的必要费用"。这是属于确定性规则，但却表达了一个不确定的指引。

所谓委任性规则，是指内容尚未确定，而只规定某种概括性指示，由相应国家机关通过相应途径或程序加以确定的法律规则。判断是不是委任性规则，找制定机关，要适用的法律还未制定。例如，"中国人民解放军和国防科技工业系统计量工作的监督管理办法，由国务院、中央军事委员会依据本法

另行规定"。此规定属委任性规则。

所谓准用性规则，是指内容本身没有规定人们具体的行为模式，而是可以援引或参照其他相应内容规定的规则。判断是不是准用性规则，找法律或法条，要适用的法律已经制定。例如，"商业银行的组织形式、组织机构适用《中华人民共和国公司法》的规定"，"国有公司、企业或者其他国有单位中从事公务的人员和国有公司、企业或者其他国有单位委派到非国有公司、企业以及其他单位从事公务的人员有前款行为的，依照本法第三百八十四条的规定定罪处罚"，此属准用性规则。

但是，像《物权法》第十条的规定："不动产统一登记的范围、登记机构和登记办法，由法律、行政法规规定。"这个规则里没有制定机关，也没有具体法律或条文，但这个规则隐含着这方面的规定还没有制定出来的含义，因此这是一个委任性规则。但如果是"参照行政法规规定"，这里隐含的就是行政法规已经制定出来了，所以就是准用性规则。

五 法律原则是法的品格性要素

（一）法律原则：一个颇具争议的指导性要素

法律原则（Principle of Law）是否是法的基本要素，这是一个颇有争议的问题。哈特早先的法律思想也忽视了法律原则的存在，后期在与德沃金的学术争论中发展了自己的规则理论，承认规则容纳了法律原则。德国法学家拉德布鲁赫说："存在一些法律原则，它们比其他的法律规则具有更高的效力，以至于只要哪个法律与它们相悖，那么这个法律就失去其有效性了，人们把这些法律原则称为自然法或理性法。的确，它们在具体方面还处于一些质疑的包围之中，但是经过几个世纪的努力已经形成了一个稳定的规模，而且广泛协调地集中在所谓人权和公民权宣言之中。对于法律原则中的某些部分而言，只有那些吹毛求疵的疑问才有可能仍然对这些法律原则保持着怀疑。"[①]

法律原则是法律的基础性真理或原理，是为法律规则提供某种基础或本源的综合性的、指导性的价值准则或规范。与法律规则相比，法律原则在内

---

① 〔德〕G. 拉德布鲁赫：《法哲学》，王朴译，法律出版社，2005，附录二。

容上具有概括抽象性，在适用上具有整体性、选择性和排斥规则性。法律原则没有规定人们行为的具体的权利和义务，也没有规定具体的法律后果。但是，法律原则的功能和作用同样不可忽视。法律原则与法律本质有着密切的联系，法律原则集中反映了法律的本质和基本内容，反应法律的运动变化规律。[①]"法律原则是法律规则和价值观念的汇合点。"[②]

具体而言，法律原则的功能体现在法律创制和法律实施两个方面。

在法律创制中，法律原则是建构整个法律制度的理论基础。法律原则直接决定了法律制度的基本性质、基本内容和基本价值倾向，是法律精神最集中的体现。法律原则保证了法律制度的有机统一，使法律制度内部达到协调一致。法律原则对法制改革具有导向作用，法律原则是法律时代精神的集中体现。例如民法上私有权神圣、契约自由和过错责任原则被奉为自由资本主义阶段私法三大原则，进入20世纪后这三大原则不同程度的调整影响了整个法制改革的内容。

在法律实施中，法律原则可以指导法律解释和法律推理，弥补法律漏洞。德沃金曾假设法律规定，未经他人许可，拿了别人的财物，必须归还。这条规则告诉我们，如果张三偷了李四的面包，必须还给李四。与规则不同原则必须考虑规则背后的目的，并权衡所有相关的原则，根据个案具体情形判断是否应归还财物。法律原则还可以限定法官的自由裁量权，这是司法中消除和限制恣意乃至枉法裁判的一种重要方式，也是充分发挥法官自由裁量权的积极作用、防止其消极作用的重要方法。

根据不同的标准，法律原则也可以分为不同的原则。

按原则产生的基础不同，可将法律原则分为公理性原则和政策性原则。公理性原则是从社会关系本质中产生出来、得到社会广泛公认并被奉为法律之准则的公理，是严格意义上的法律原则。例如，民法中自愿、公平、等价有偿、诚实信用的原则，刑法中的罪刑法定原则、未经审判不得定罪原则等，都属于公理性原则。公理性原则在国际范围内具有较大的普适性。政策性原则是国家在管理社会事务的过程中为实现某种长期、中期或近期目标而做出

[①] 李其瑞：《法理学》，中国政法大学出版社，2011，第93页。
[②] 〔英〕尼尔·麦考密克、〔奥〕奥塔·魏因贝格尔：《制度法论》，周叶谦译，中国政法大学出版社，1994，第90页。

的政治决策。政策性原则具有针对性、民族性和时代性（如中国特色），例如，我国把"计划生育"确立为基本国策。政策性原则不同于政策。政策性原则是法律原则，是写进法律的政策。我国《宪法》第二十六条第一款规定："国家保护和改善生活环境和生态环境，防治污染和其他公害。"该条文既是法律原则，也体现了国家政策的要求。

按原则的覆盖面不同，可将原则分为基本法律原则和具体法律原则。基本法律原则是整个法律体系或某一法律部门所适用的、体现法的基本价值的原则。基本原则体现了法律的基本精神，是在价值上比其他原则更为重要，在功能上比其他原则的调整范围更广的法律原则。如宪法所规定的各项原则。具体原则是以基本原则为基础，并在基本原则指导下适用于某一特定社会关系领域的法律原则。如（英美）契约法中的要约原则和承诺原则、错误原则等。基本原则与具体原则是相对而言的。如，相对于"法律面前人人平等"原则而言，"罪刑法定"就是只适用于犯罪与刑罚领域的具体原则；但是，如把讨论问题的范围限定在刑法领域，罪刑法定就成为刑法的基本原则了。

按法律原则的内容不同，可将法律原则分为实体性原则和程序性原则。实体性原则是直接涉及实体性权利、义务分配状态的法律原则。例如，宪法、民法、刑法、行政法中所规定的多数原则属于此类。程序性原则是通过对法律活动程序进行调整而对实体性权利、义务产生间接影响的法律原则。如诉讼法中规定的"一事不再理"原则、辩护原则、非法证据排除原则、无罪推定原则等。

（二）法律原则与法律规则如何有机统一发挥法的作用

作为法的构成要素，法律原则与法律规则都符合法的基本特征，都发挥着法的作用，都是用语言表述的，都有局限性，都可以作为判案依据。但是，法律原则与法律规则在内容、适用范围和适用方式等方面有着非常大的区别。

1. 在内容上，法律规则明确具体，法律原则比较笼统模糊

在内容上，法律规则的规定是明确具体的，它着眼于主体行为及各种条件（情况）的共性；其明确具体的目的是削弱或防止法律适用上的"自由裁量"。

与此相比，法律原则的着眼点不仅限于行为及条件的共性，而且关注它们的个别性，其要求比较笼统、模糊，它不预先设定明确的、具体的假定条

件，更没有设定明确的法律后果。它只对行为或裁判设定一些概括性的要求或标准（即使是有关权利和义务的规定，也是不具体的），但并不直接告诉应当如何去实现或满足这些要求或标准，故在适用时具有较大的余地供法官选择和灵活应用。

2. 在适用范围上，法律原则比法律规则更为宽广

在适用范围上，法律规则由于内容具体明确，它们只适用于某一类型的行为。比如，"酒后不得驾驶机动车"是一条规则，它的内容具有高度的明确性，也正因如此，它只能适用于某个特定类型之中的各个具体行为。而法律原则的笼统模糊性决定了其具有文义开放的特征，它的内容显然不像前述规则那样明晰，法律原则对人的行为及其条件有更大的覆盖面和抽象性，它们是对从社会生活或社会关系中概括出来的某一类行为、某一法律部门甚至全部法律体系均通用的价值准则，具有宏观的指导性，其适用范围比法律规则更为宽广。比如我国《宪法》第三十二条和第三十三条规定了九个方面一律平等，但并没有规定身高、乙肝等方面的平等，是不是歧视？规定了受教育程度，只招法学博士，是不是歧视？

3. 在适用方式上，法律规则是以"全有或全无的方式"适用的，法律规则之间具有排他性，而法律原则之间可以同时适用，不具有排他性

在适用方式上，法律规则是以"全有或全无的方式"应用于个案当中的：如果一条规则所规定的事实是既定的，那么，或者这条规则是有效的，在这种情况下，必须接受该规则所提供的解决办法；或者该规则是无效的，在这种情况下，该规则对裁决不起任何作用。即"适用一个，排除其他"。如盗窃他人财物构成犯罪的，只能适用盗窃罪的有关法律规则，而不能既适用盗窃罪的规则又适用贪污罪的规则。美国法理学家德沃金在说明这一点时，曾举棒球规则的例子：在棒球比赛中，击球手若对投球手所投的球三次都未击中则必须出局。裁判员不能一方面承认三击不中者出局的规则有效，另一方面又不判三击不中者出局。这种矛盾在规则的情况下是不允许的。

而法律原则的适用则不同，它不是以"全有或全无的方式"应用于个案当中的，因为不同的法律原则是具有不同的"强度"的，而且这些不同强度的原则甚至冲突的原则都可能存在于一部法律之中。例如，在民法中，无过

错责任原则和公平责任原则，可能与意志自由原则是矛盾的。所以，当两个原则在具体的个案中冲突时，法官必须根据案件的具体情况及有关背景在不同强度的原则间做出权衡：被认为强度较高的原则对该案件的裁决具有指导性的作用，比其他原则的适用更有分量，但另一原则并不因此无效，也并不因此被排除在法律制度之外。例如，在审理盗窃罪的案件时，可以适用罪行法定、罪刑相适应、人权保障等多个原则，只是要根据案件具体情况权衡哪一个原则具有更强的分量。而在另一个案中，这两个原则的强度关系可能会改变。例如，我们不能根据在某一个案中采用公平原则，而否定意志自由原则的效力；相反，我们在另一个案中强调意志自由原则，也并不否定公平原则的效力。当然，在权衡原则的强度时，有些原则自始就是最强的，如法律平等原则、民法中的"诚实信用"原则等，这些被称为"帝王条款"的原则。

（三）法律原则适用的严格限制条件

虽然法律原则是建构整个法律制度的理论基础，是法律精神最集中的体现，在法律实施中，法律原则还可以指导法律解释和法律推理，弥补法律漏洞，限定法官的自由裁量权，是消除和限制恣意乃至枉法裁判的一种重要方式。法律原则司法适用的功能是多方面的，主要体现在以下两个方面。一是法律原则是弥补法律漏洞或法律缺陷的重要手段。如前所述，法律原则内在结构上具有解释法律、反映社会主流道德和价值观念的功能，因此得以弥补法律与社会生活之间的"天然"缝隙。法律原则是司法者用以救济、补充法律漏洞的基本机制。二是法律原则能有效规范法官的自由裁量权。法律原则的运用也包含着对法官自由裁量权的认可与规范。法官自由裁量权的行使范围不仅仅包括一般意义上的罪与非罪、侵权责任成立与否、定罪量刑幅度与赔偿金额大小的确定等方面，而且还应该包括对于裁判依据的选择。这个选择的范围不应仅仅限于明确的、已知的法律规则或法律条文，在某种程度上还应当包括法律原则的理解与使用。立法者通过拟定法律原则等模糊条款，将自由裁量权赋予法官，一定程度上认可了司法的能动性和创造性。[1] 尽管法

---

[1] 苏治：《法律原则的司法适用问题探讨》，《法制建设》2007年第5期。

律原则的功能不容忽视,但是适用法律原则却极有可能破坏法律的确定性和稳定性。因此,适用法律原则必须要有严格的条件限制。

1. 顺序限制

所谓顺序限制,也称为穷尽法律规则的限制,是指在穷尽法律规则之后,方得适用法律原则,即无规则才原则,法律规则具有优先适用性。裁判案件时,如果已有法律规则的明文规定,并且运用法律规则和法律原则均能获得同一结论的前提下,应当适用法律规则的具体规定,这在法学方法论上称为"禁止向一般条款逃逸"。从法理上讲,立法者是依据法律原则斟酌各种典型事态进行利益衡量和价值判断,来厘定法律规则的构成要件和法律后果的,由此,现行法律的具体规定是法律原则精神的产物和体现,比之原则更确定,更具针对性,而且法官运用具体规则时的价值比运用原则时更有据可查。①

但是,在法律规则没有明确规定的时候,法官不能以法律没有规定为由不审理案件。"有权利必有救济","法官不能不审判",这个时候,法官就可以运用法律原则来进行审判。比如,新郎经过紧张筹备准备迎娶新娘,婚礼当天迎亲车队到达时,新娘却已飞往国外,由其家人转告将另嫁他人,离婚手续随后办理。此事对新郎造成严重伤害。本案中,由于缺乏可供适用的法律规则,法官可依民法基本原则裁判案件。最后,法院认为,新娘违背诚实信用和公序良俗原则,侮辱了新郎人格尊严,判决新娘赔偿新郎财产损失和精神抚慰金。

2. 目的限制

所谓目的限制,是指在有法律规则的情况下适用法律原则的前提是法律规则的规定不能实现个案正义,也就是说,除非为了实现个案正义的目的,否则不得舍弃法律规则而直接适用法律原则。

在司法实践中,法官既不能以法无明文规定拒绝裁判,也不应拘泥于形式正义和逻辑推论,更不能就事论事行主观擅断。例如,某女子甲与前夫乙有一孩子丙,甲离婚后与前夫的父亲丁结婚,民政局不办理结婚证,甲遂起诉民政局。按婚姻法规定,这是符合结婚条件的,但法官根据个案正义,适用法律原则"民事行为应当尊重公序良俗"。

---

① 庞凌:《法律原则的识别和适用》,《法学》2004年第10期。

3. 说理限制

所谓说理限制，是指如果没有更强理由，不得径行适用法律原则，即如果原则的说服力更强，则可适用法律原则。如果要适用法律原则，必须进行充分的说理和论证。

让判决经得起推敲，让司法正义看得见。因此，在判决书中，法官必须说明判决的依据与理由，以此来接受外界的评价。"法律以及争议的解决方法是一个技术性和规则性非常强的问题，这样专业人员的理解与普通人的理解之间的合理差距应该有多大，始终是一个值得重视的问题。而且作为一项基本的原则，公权力的行使者应该向公众合理说明他们为什么这样行使权力，他们是如何行使权力的。法官是否符合公众的期望取决于他们的理由是否具有说服力。"特别是当法官运用法律原则来裁判案件时，详细的说理分析就显得尤为重要。[①]

无论如何，在适用法律原则时必须谨慎。当法律存在漏洞或者直接适用法律规则会导致个案不公正，从而需要依据法律原则裁判案件时，法律原则必须被具体化并在充分说理的基础上方可被适用。

1889年的里格斯诉埃尔默案是运用法律原则解决规则与道德发生冲突的经典案例，而到了21世纪的2001年，在我国也发生了一起运用法律原则解决规则与道德冲突的案例。但前者流传千古，后者却颇受质疑，这非常值得我国法学界反思。

案例：泸州二奶遗产继承案

四川泸州的黄永彬与妻子蒋伦芳结婚30多年，有一养子。1994年起黄开始与张学英来往，1996年起二人公开同居，依靠黄的工资（退休金）及奖金生活，并曾经共同经营。但黄永彬与蒋伦芳并未离婚。2001年2月起，黄病重住院，蒋伦芳一直在医院照顾，法院认为其尽到了扶养义务。4月18日黄永彬立下遗嘱："我决定，将依法所得的住房补贴金、公积金、抚恤金和泸州市江阳区一套住房售价的一半（即4万元），

[①] 井涛：《法律适用的和谐与归———论法官的自由裁量权》，中国方正出版社，2001，第63页。

以及手机一部留给我的朋友张学英一人所有。我去世后骨灰盒由张学英负责安葬。"4月20日，该遗嘱在纳溪区公证处得到公证。黄去世后，张根据遗嘱向蒋索要财产和骨灰盒，遭到蒋拒绝。张遂向纳溪区人民法院起诉，请求根据《继承法》的有关规定，判令被告蒋伦芳按照遗嘱履行，同时对遗产申请诉前保全。

审　理

从2001年5月17日起，法院经过4次开庭之后（其间曾一度中止，2001年7月13日，纳溪区司法局对该公证遗嘱的"遗赠抚恤金"部分予以撤销，依然维持了住房补贴和公积金中属于黄永彬部分的公证。此后审理恢复），于10月11日判决驳回原告张学英的诉讼请求。法院判决依据《民法通则》第7条"民事活动应当遵守社会公德，不得损害社会公共利益"的基本原则，认为黄某的遗嘱虽然是其真实意思的表示，形式上也合法，但遗嘱内容存在违法之处，且黄某与原告的非法同居关系违反了《婚姻法》的有关规定，黄某的遗赠遗嘱是一种违反公序良俗和法律的行为，因此是无效的。

争　议

本案的判决一方面获得了当地民众和一些学者的支持；另一方面，很多法律界人士却认为这是道德与法和情与法的一次冲突，甚至认为这是在舆论的压力下所做出的一起错案，认为在有具体的实体法规则——《继承法》可依的情况下再依据法律原则，这样的判决是错误的。

典型案例：里格斯诉埃尔默案

埃尔默的祖父是当地有名的富翁，立下遗嘱将其大部分财产留给埃尔默，他的两个女儿——里格斯和普瑞斯顿，只能继承其遗产中很少的一部分。然而，几年过去，老人非但没死，相反，还打算和一位少妇结婚。埃尔默担心其祖父更改遗嘱，"肥水外流"，遂起恶念，将其祖父毒死。

埃尔默是否享有继承其祖父遗产的权利？

纽约州当时的法律并未明确规定如果继承人杀死被继承人将当然丧失继承权，相反，埃尔默的祖父生前所立遗嘱完全符合法律规定的有效条件。

埃尔默的律师争辩说，既然这份遗嘱在法律上是有效的，既然埃尔默被一份有效遗嘱指定为继承人，那么他就应当享有继承遗产的合法权利。如果法院剥夺埃尔默的继承权，那么法院就是在更改法律，就是用自己的道德信仰来取代法律。

法院判决适用法律原则

支持方：

格雷法官认为：法律的含义是由法律文本自身所使用的文字来界定的，而纽约州遗嘱法清楚确定，因而没有理由弃之不用。此外，如果埃尔默因杀死被继承人而丧失继承权，那就是对埃尔默在判处监禁之外又加上一种额外的惩罚。这是有违"罪行法定"原则的，对某一罪行的惩罚，必须由立法机构事先做出规定，法官不能在判决之后对该罪行另加处罚。

反对方：

厄尔法官认为，法规的真实含义不仅取决于法规文本，而且取决于文本之外的立法者意图，立法者的真实意图显然不会让杀人犯去继承遗产。理解法律的真实含义不能仅以处于历史孤立状态中的法律文本为依据，法官应当创造性的构思出一种与普遍渗透于法律之中的正义原则最为接近的法律，从而维护整个法律体系的统一性。厄尔法官最后援引了一条古老的法律原则——任何人不能从其自身的过错中受益——来说明遗嘱法应被理解为否认以杀死继承人的方式来获取继承权。

最后，纽约州最高法院判决剥夺埃尔默的继承权。

第二节 法的体系是法的宏观结构

回顾并串联所学知识，我们发现以制定法为主要法律渊源的国家，依法治国首先要有法可依。从一个个具体的权利义务开始，形成了具体的规则和原则，从而构成了一个个规范性法律文件，再根据其所调整的社会关系和调整方法形成不同的法律部门，并进而有机组合成内部和谐一致的一国法律体系。权利义务——→规则与原则（法的要素）——→规范性法律条文+非规范性法律条文——→规范性法律文件（法的正式渊源和表现形式）——→法律部门——→法的体系任何一个国家的现行法律规范，不管其调整社会生活的范围有多么广泛，内容有多么复杂，形式又如何多样，但都不是各自孤立、分散地存在的。相反，这些法律规范必然形成一个相互关联的、有机整体的"法网"，才能有效发挥其作用。这个相互关联的、有机整体的"法网"，便是法的体系。

2011年3月10日，吴邦国向十一届全国人大四次会议作全国人大常委会工作报告时，指出"中国特色社会主义法律体系已经形成"，"到2010年底，我国已制定现行有效法律236件、行政法规690多件、地方性法规8600多件，并全面完成对现行法律和行政法规、地方性法规的集中清理工作"。截至2015年1月，我国已制定现行有效的宪法和法律243件、行政法规632多件、地方性法规9480件、自治条例和单行条例800多件。

一 法的体系的含义、特征和相关概念的关系

要认识法律体系，首先要知道什么是"体系"？体系就是若干有关事物或某些意识相互联系、相互配合而形成的一个有机统一的和谐整体。

法的体系（又称法律体系、法体系、部门法体系），是指由一国现行的全部法律规范按照一定的标准和原则，划分为不同的法律部门和法律层次而形成的一个呈体系化的内部和谐一致、有机联系的统一整体。法律部门是法律体系的基本组成要素，各个不同的法律部门的有机组合，便成为一国的法律体系。

研究法的体系，具有非常重要的意义。首先，研究法体系，对于科学地进行立法预测，立法规划，正确地适用法律解决纠纷，全面地进行法律汇编、法典编纂，合理地划分法律学科、设置法学课程等都具有重要的意义。其次，完善的法体系，能全面、协调、有效地调整社会关系，保证社会资源的分配，保证法律自身目的和价值的实现，并为法学研究提供丰富的实践资料。

为了深入把握法体系的含义，需要进一步掌握法体系的特征。法体系的特征主要有以下几点。

1. 内国性

所谓"内国性"，是指一个国家的法体系是指一国国内法构成的体系，一般是不包括完整意义的国际法（即国际公法）的。因为国际法的主体、调整

对象、产生条件和实施方式，都与国内法有着不同的特点。但是，国际法与国内法也是可以相互联系和渗透的，一国参加签订或批准加入的国际条约等，由于这部分内容已经"内化"为国内法不可分割的一部分，对国内同样具有法律效力，这时的国际法内容已经转化为"国内法"，因而构成该国的法律体系，同样具有内国性了。

2. 现行性

法体系是由一国现行生效的法律规范所构成的体系，它反映一国法律的现实状况。因此，法体系不包括历史上已经废止失效的法律，一般也不包括尚待制定和尚未生效的法律。

3. 主客观统一性

法律体系是客观存在的社会现象，必须同一国经济文化状况相适应，必须符合法律自身发展规律，具有客观性；同时也是某一国法学工作者对现行法律规范进行科学抽象和分类的结果，具有主观性。

4. 有机统一性

能否实现从形式到内容、部分到整体的高度和谐统一，是法体系能否充分发挥其最佳功能的至关重要的条件，因此有机统一性是法体系的本质特征。正如生物有机体是由许许多多的细胞所构成，法的体系是由一个个浩瀚多样的法律规范所构成。如此多的法律规范，如何有序合理配置才能保证发挥其最佳效能？这种有序合理配置主要体现在法体系在内部的纵横结构安排：从横向来看，法体系是由不同类别的若干法律部门并列展开而构成，如宪法部门、行政法部门、刑法部门、民法部门等；从纵向来看，法体系又按法的形式渊源依效力层级的不同分出若干不同的等级层次，如宪法、法律、行政法规和地方性法规等。正是凭借这种纵横合理配置，这些法律部门之间、法律层次之间，以及整体与部分之间才得以保持和谐、协调和一致的有机统一性。

法的体系与相关概念的关系如下。

1. 法的体系与立法体系

立法体系是指国家享有立法职能的有关机关制定并以国家强制力保障实施的规范性文件的系统，是法的效力等级系统。

立法体系反映法体系，以法体系为基础，但并不等于法体系。现代各国除实行判例法为主的国家外，其部门法的形成往往以制定出法典式规范性文件为标志，这说明两者间有密切的联系。一般而言，立法体系是法体系得以产生的前提条件，而法体系是立法体系活动的目的和结果。

2. 法的体系与法制体系

法制体系是指一个国家各种法律和制度所组成的相互联系、相互协调的有机整体，它一般包括法、立法、执法、司法、守法和法律监督等分支体系。因此，法制体系是一个更为庞大的系统。

二者的区别和联系包括以下几点。

第一，法体系倾向于强调静态状的法律本身的体系构成，法制体系更着重说明呈动态状的法制运转机制系统。

第二，内容上，法制体系比法体系更广泛，包括法体系以及立法体系、司法体系、法律监督体系等。

第三，在整个法制体系中，法体系是核心，是基础，立法和司法等体系的原则和主要内容应当以现行法律为依据。

3. 法的体系与法学体系

法学体系，是由各个法学分支学科组织起来的，以理论法学为主导、以部门法学为基础而组成的一个有机联系的统一整体。

二者的联系包括以下几点。

第一，法体系是法学体系形成、建立的前提和基础。法体系中的各个法律部门的划分是建立法学体系中各个部门法学的基本依据。

第二，法体系也是法学体系发展的重要动力。

第三，法体系是法律体系完善化的理论指导，反过来也会成为法律体系发生变化的原因和根据。

二者的区别包括以下几点。

第一，性质不同。法学体系属思想范畴，法体系属规范体系。

第二，数量可能不同。法学体系的范围比法体系要广泛得多，法体系中一个国家中一般只有一个，而法学体系中一个国家中会出现多个体系并存的情况。

第三，构成要素与内部关系不同。法学体系中有理论法学、法律史学、边缘法学等，法体系并无理论法学部门或理论法部门，也无法律史或法律史学部门。

第四，主导元素不同。法体系的主导元素是宪法部门，法学体系的主导元素是理论法学或理论法学部门。

4. 法的体系与法系

法系是指由不同的国家或地区在历史上所形成的具有相同法的结构和渊源的一种法的类型，是在形式和历史传统上具有共同点的某些国家或地区法的一个总称。法系的概念更多地表达的是一种法律传统，它是跨越历史和国度的，不仅包含一定国家的现行法律，而且包含这些国家历史上的法律。而法体系只能是现实法，而且主要是在主权国家范围内的法构成。

一个国家的法属于哪一种法系，需要按其历史传统来进行界定，而不是由某个个人或阶级所说了算；而一个国家的法体系如何构成，则取决于本国统治阶级的意志和本国国情。

世界上的法系除了典型的大陆法系和英美法系外，还有中国特色社会主义法系，同时借鉴吸收了大陆法系集体法律和英美法系的控辩思想，并保留了中华华系的优秀传统理念。伊斯兰法系包括《古兰经》、圣训教法学和阿拉伯原有习惯。

二 法律部门：构成法律体系的基本要素

法律部门，又称部门法，是指按照法律规范自身的不同性质、调整社会关系的不同领域和不同方法等划分的调整同一类社会关系的法律规范的总和。因此划分法律部门的标准如下。①主要标准：调整对象——根据法律所调整的社会关系来划分。比如，调整行政法律关系的就可以划入行政法部门，调整刑事法律关系的就可以划入刑法部门。②次要标准：调整方法——根据不同的调整方法来划分。比如，可以将凡属以刑事制裁方法为特征的法律规范划入刑法部门，将以承担民事责任为特征的法律规范划入民法法律部门。

法律部门与法律体系具有如下关系。首先，法律部门是构成法律体系的基本要素，没有彼此独立、相互协调、门类齐全的法律部门就没有真正意义上的法律体系。其次，对法律体系这一范畴的研究，从理论上指导法律部门的立法实践，使法律部门的修改和调整不仅建立在实践经验基础之上，更建立在人类理性观念和价值取向之上。最后，法律体系不仅有一级法律部门，而且在某一法律部门之下，还可以有若干子法律部门，这些子法律部门是法律部门的进一步细化，它们彼此又具有相对的独立性。

法律体系的内部结构与外部形式之间的对应关系见表4-1。

表4-1　法律体系的内部结构与外部形式之间的关系

数量	内容	表现形式
1个	法律体系	规范性法律文件体系（法律部门）
7个	法律部门	规范性法律文件（法律规范）
许多	法律制度	法律原则或法律规则
更多	法律规则	法律条文
更更多	法律条文	权利义务

理解法律部门的含义，必须将其与法律渊源的关系厘清。二者在划分标准、效力、范围等方面存在很大的区别。尤其是要注意区别宪法渊源和宪法部门、行政法规渊源和行政法部门，虽然二者提法相近甚至一样，但二者有着本质的区别。

法律部门与法律渊源的关系见表4-2。

表4-2　法律部门与法律渊源的关系

	法律渊源	法律部门
标准不同	根据制定机关和效力位阶进行的划分	根据调整对象和方法进行划分
效力高低	纵向：有效力高低	横向：本身没有效力高低
范围不同	宪法、法律、行政法规、地方性法规、部门规章、自治法规、特区基本法、国际条约、习惯、判例等	宪法、行政法、刑法、民商法、经济法、社会法、诉讼和非诉程序法等
举例	如：《村民委员会组织法》，从调整对象和方法上看，属于宪法法律部门，从制定机关和效力上看，属于"法律"层次的法律渊源	

理解法律部门的含义，还要注意其与规范性法律文件的关系。法律部门离不开成文的规范性法律文件，但二者不是同一概念。

1. 有的法律部门的名称是用该部门基本的规范性法律文件的名称来表述。如刑法部门和《刑法》。

第四章　法的要素与体系：法长什么样？

2. 单一的规范性法律文件不能完全涵盖一个完整的法律部门。如刑法典这一法律文件并不能涵盖刑法部门，因此其他法律文件中的刑事法律规范也属于刑法部门。

3. 大多数规范性法律文件并非各自包含一个法律部门的规范，可能还包含属于其他法律部门的规范。如大量的行政法的规范性文件都含有规定刑事责任的刑法规范。

公法与私法的划分主要存在于民法法系（大陆法系）国家，是民法法系划分部门法的基础。最早由罗马法学家乌尔比安提出。乌尔比安提出划分公私法的标准为，法所保护的利益是国家公益还是私人利益，凡保护国家公益的法为公法，保护私人利益的法为私法。这种划分反映了国家与个人对立的认识，体现了以法律来维护个人利益空间的用心。查士丁尼《法学总论》中说道："法律学习分为两部分，即公法与私法。公法涉及罗马帝国的政体，私法则涉及个人利益。"[1]

随着 19 世纪资本主义商品经济的发展，在以法国、德国为代表的法典编纂和法制改革过程中，公、私法的分类得到广泛运用，罗马法得以继受并发扬。资本主义各国纷纷以罗马法为基础，在首先考虑公、私法的前提下，结合本国实际制定和改造其法律体系。如果说在罗马法时代公、私法的划分只是初步的，缺乏较成熟和系统的法理底蕴和很深厚的物质生活根基的话，那么在资本主义制度建立后政治制度不断完善和商品经济迅速发展的过程中，在欧洲大陆各国创建近现代法制的同时，公、私法的划分就有了更迫切的理论需求和稳固持久的生活基础。时至今日，公、私法分类在大陆法系各国根深蒂固，极为流行，并与各国的文化交织在一起。

普通法法系国家过去没有划分公法、私法的传统，但后来这些国家的法学著述也开始认同公法、私法划分。

关于公法与私法的分类标准，至今尚无定论。瑞士学者郝林嘉（Hollinger）曾列举不同学说达十七种之多，德国学者瓦尔兹（Walz）也曾列举十二种学说，足见其见解之分歧。[2] 除了乌尔比安的利益说之外，还有人认

---

[1] 〔罗马〕查士丁尼：《法学总论》，张企泰译，商务印书馆，1993，第 5 页。
[2] 郑玉波：《民法总则》，中国政法大学出版社，2003，第 4 页。

为应以法律关系的主体为标准来划分，凡规定国家之间、国家机关之间或国家机关与私人之间关系的法为公法，规定私人之间关系的法为私法。也有人认为应以法所调整的社会关系为标准来划分，凡规定国家与个体之间权力与服从关系的法为公法，规定个体相互之间权利和义务关系的法为私法。

我们认为，所谓公法，就是维护国家利益和整个社会利益的法律，它主要调整国家机关与国家机关之间、国家机关与私人、私团体之间以及整个社会利益之间的关系，这种规范调整以权力服从为基础。发生公法关系的各方当事人中，必有一方是国家机关或由国家机关授予公权力的机构。公法一般包括宪法、行政法、刑法、程序法。

所谓私法，则是维护一切私人或私团体的利益的法律，凡属于与国家权力无关的私的领域所发生的社会关系即由私法调整，这种规范调整以平等自愿为基础。发生私法关系的各方当事人，必是从事私的领域活动之主体，其中也包括从事私法行为之政府，如政府在市场中购买大宗办公用品等。私法在民法法系国家一般划分为民法、商法两大部门。这种划分法，在西方法学中称为"民商分立"。后来又出现"民商合一"的趋向。民法是私法中的普通法，商法是私法中的特别法。

随着社会发展，法律社会化现象的出现，又形成了一种新的法律即社会法，如社会保障法。鉴于此，社会法是介于公法和私法之间的法律。社会法的出现，说明法律在一定范围上突破了传统的二元划分，正朝更精细的调整目标迈进。因此，德国学者帕夫洛夫斯（Pawlowski）提出以公法、私法和社会法三分法来取代传统的两分法。三元论者注意到了当代法律的一些实际发展，即公私法的交错形式上产生了作为中间领域的新型法域。但是，传统二元划分并不过时。因为，公私法划分的基础在于承认个人与国家的对立存在并重视个人的独立性及其利益，只要国家存在，这一基础就不会消失；再者，社会生活中确实存在两类不同性质的社会关系，两类不同性质的审判机关和两类不同性质的诉讼程序，而目前这种司法体制及诉讼途径（民事诉讼、刑事诉讼和行政诉讼）都没有改变。

总体而言，区分公法与私法的重要意义在于，易于确定法律关系的性质，应适用何种法律规定，应采用何种救济方法或制裁手段，以及案件应由何种性质的法院或审判庭受理，应适用何种诉讼程序等法律适用问题。正如梁慧星先生所言，法律之分为公法与私法，乃是人类社会文明发展的重大成果。他同时引用德国学者基尔克的论断：公法与私法的区别是今日整个法秩序的基础。①

下面通过一个简单的案例来理解公、私法在司法实践中的运用。甲酒后驾车，撞倒乙致其重伤并逃逸。路人丁送乙前往丙诊所就治，丙以乙未缴纳保证金为由拒绝诊治。

前述案例，涉及公法和私法的具体运用。

1. 乙能否向甲请求损害赔偿，是民事案件，由法院的民事庭受理并依民事诉讼程序进行。乙向甲请求侵权损害赔偿请求权，请求权基础是民法中有关侵权行为的规定。属于私法。

2. 甲酒后驾车致乙重伤，并且逃逸，触犯刑法有关交通肇事罪的规定，依法应当承担刑事责任，是刑事案件，由法院的刑事庭受理并依刑事诉讼程序进行。属于公法。

3. 依《交通管理处罚条例》之规定，酒后驾车致人重伤者，吊销其驾驶执照。交通执法部门可以依法吊销甲的驾照。这是行政处罚案件，依行政程序法即行政处罚法来处理。属于公法。

4. 乙能否向丙请求救济，关键在于看丙在法律上负有何种义务以及乙是否因丙违反该义务而受有损害。丙作为医师，不得拒绝救治病人，负有强制缔约义务。乙如因丙拒绝治疗而受到损害，乙可以向丙请求损害赔偿。这是民事案件，由法院的民事庭受理并依民事诉讼程序进行。属于私法。

5. 依《医师管理法》的规定，医师违法拒绝救治病人后果严重的，其主管部门可以吊销其营业执照。卫生部门可以根据情况对丙做出处罚。这是行政案件，依照行政处罚法来处理。属于公法。

尽管公法与私法的划分由来已久且具有不容忽视的重要意义，但是，由于我国过去在意识形态方面存在认识上的误区，所以我们曾经一度否认二者的划分，乃至否认私法。随着我国社会主义市场经济建设逐步推向深入，加强法治建设的呼声也越来越大。现在，我国已经初步建立了比较完善的社会主义市场经济法治体系。当今，我们再也不能够因为意识形态方面的原因而否定私法、否定公法与私法的划分。

---

① 梁慧星：《民法总论》，法律出版社，2001，第34页。

三 认知当下：当代中国法的体系

（一）构建中国特色社会主义法律体系

全国人大常委会 2011 年工作报告中说："我们不用西方某些国家的法律体系来套中国特色社会主义法律体系，外国法律体系中有的法律，但不符合我国国情和实际的，我们不搞；外国法律体系中没有的法律，但我国现实生活需要的，我们及时制定。"因此，中国特色社会主义法律体系是同中国社会主义初级阶段相适应的，为社会主义物质文明、精神文明和政治文明服务的，立足于中国改革开放和民主法制建设的现实，继承中华民族优秀法律文化传统，吸取一切适合我国实际并有益的外国经验，由门类齐全、结构合理、内在协调的诸部门法所构成的有机统一的整体。

从法律体系所包含的应然属性看，中国特色社会主义法律体系应当具有以下的特征：中国特色社会主义法律体系应当全面规范和调整社会主义的市场经济；中国特色社会主义法律体系应当全面规范和调整社会主义的民主政治；中国特色社会主义法律体系应当全面规范和调整社会主义的科学技术、文化教育和理想道德等精神文明建设；中国特色社会主义法律体系还应当是一个由门类齐全、结构严谨、内在协调、体例科学的各部门法有机结合的整体。

中国特色社会主义法治实践和毛泽东思想及中国特色社会主义理论体系，尤其是习近平新时代中国特色社会主义法治思想，是构建中国特色社会主义法律体系的实践基础和理论前提，以科学发展观建设和谐社会是中国特色社会主义法律体系的发展方向。

具体而言，构建中国特色社会主义法律体系的途径是：第一，以科学发展观为指导，坚持毛泽东思想及中国特色社会主义理论体系，尤其是习近平新时代中国特色社会主义法治思想；第二，汲取中外法律文化的优秀成果，古为今用，洋为中用；第三，从中国的国情出发，即从中国现实的政治、经济、文化发展水平出发，从公民的法治意识、民主意识、道德意识出发，循序渐进而又不失时机地完善立法，从而构建和谐社会的法律体系；第四，综合考虑各种社会关系，兼顾各方利益；第五，立足于现有法律体系的稳定，重在发展与创新。

（二）当代中国的法律体系

当代中国的法律体系是指以大陆社会主义法律为主体，包括港澳地区法律制度在内的全部现行法律规范分类组合为不同的法律部门而形成的统一整体。

对于法律体系的分类学界曾有不同的方案。

三分法：公法、私法、社会法。

八分法：民法、商法、行政法、经济法、劳动和社会保障法、自然资源与环境保护法、政治法、文化法。

十分法：宪法、行政法、民法、商法、经济法、劳动和社会保障、环境法、刑法、诉讼程序法、军事法。

七分法：2001 年第九届全国人大第四次会议上正式确认了这一设计，并将其作为"中国特色社会主义法律体系"的目标方案。2011 年 3 月 10 日第十一届全国人民代表大会第四次会议第二次会议上，全国人大常委会委员长吴邦国表示中国特色社会主义法律体系已经形成。根据该工作报告，当代中国法律体系已经形成，主要由宪法、民法商法、行政法、经济法、社会法、刑法、诉讼法与非诉讼程序法七大法律部门的法律为主干，由法律、行政法规、地方性法规等多个层次的法律规范构成。[1]

在七大法律部门中，行政法是指调整国家行政管理活动中各种社会关系的法律规范的总和，它调整的是不平等的隶属关系。行政法涉及范围最为广泛，从人的出生到死亡、上学、工作、吃住行等，可以说"上管飞机下管游船"，中间还要管"空气"，行政法无处不在。

而法律规范根据其效力不同又分为多个层级，其中的行政法规是指国务院为领导和管理国家各项行政工作，根据宪法和法律，并且按照《行政法规制定程序条例》的规定而制定的政治、经济、教育、科技、文化、外事等各类法规的总称。

一字之差，行政法是否等同于行政法规？二者显然是从不同角度对法律

---

[1] 《吴邦国所作全国人大常务委员会工作报告（全文）》，http://www.chinanews.com/gn/2011/03-18/2915845.shtml，最后访问日期：2017 年 9 月 22 日。

规范的认识。行政法是从法律部门的角度，是有关行政活动、行政机关的法律规范的总称。所有调整行政关系的法律都叫行政法。行政法规是我国法律渊源之一，是国务院根据宪法和法律，按照《行政法规制定程序条例》的规定而制定各类法规的总称。行政法从形式上看，其并不限于行政机关制定的法律规范，它包括行政法律、行政法规、行政规章等。而行政法规仅仅是行政法的一部分。

那么，如果北京市人大常委会制定了一部关于道路交通安全的法，请问，从法律渊源看，这是属于什么？从法律部门看，这又属于什么？

美国一个法学院的学生正在考刑法。

教授向学生提出的第一个问题是："什么是诈骗罪？"

一个学生回答："如果你不让我考试及格则犯诈骗罪。"

教授非常诧异，忙问："你如何解释这个问题？"

学生："根据刑法，凡利用他人的无知而使其蒙受损失的则犯诈骗罪。"

第五章 法的渊源：法从何处来？

第一节 法的渊源的各种学说

一 法的渊源的各种学说

法的渊源演化于罗马法，原意是指"法的源泉"。法的渊源要说明的是，如何更直接或者简捷地找到法。即所谓法的渊源就是储存法的场所或者法律规范的储藏室。那么，如何去找到或者发现法？如果从造法的形式权威方面去找，从立法者的角度，立法者所立者即为法；从司法者的角度，法官所用者即为法。

但是何谓"法的源泉"，有着不同的理解。法律渊源作为一个法学术语，具有历史渊源、理论渊源、本质渊源、形式渊源、内容渊源、效力渊源等多种语义。

法的历史渊源，是指引起特定法律原则和法律规范产生的历史上的行为和事件。如罗马法的历史渊源是十二铜表法，普通法的历史渊源是11至14世纪英国法官在巡回审判中形成的判例。美国1803年的"马伯里诉麦迪逊"（Marbury v. Madison）案确立了违宪审查原则。

美国宪政史上伟大的里程碑：马伯里诉麦迪逊案

马歇尔通过该案确立的最高法院的司法审查权，为提高最高法院在三权中的分量并为塑造最高法院以后的地位奠定了坚实基础。

首先，马歇尔通过此案向国家立法机构国会宣布，不仅宪法高于一切法律，而且判定法律本身是否符合宪法的权力与立法部门无关。只有最高法院才是法律问题的最终裁决者。这样最高法院便拥有了与立法机关相抗衡的力量。

其次，马歇尔通过此案向国家最高行政部门宣布，宪法的最终解释权属于司法部门，司法部门有权判定最高行政当局的行政行为和行政命令是否违宪，有权对行政当局的违宪行为和命令予以制裁。这样，最高法院就可以制约强大的行政权。

19世纪初，美国建立首都哥伦比亚特区时，国会根本没有考虑单独给联邦最高法院盖办公楼，只是在国会大厦一楼给它留了一个房间。当时有人这样描绘联邦最高法院的窘境："一个陌生人，在国会大厦黑暗的通道上转上一星期，恐怕也无法找到这个管理着美利坚合众国司法机构的偏僻角落。"

大名鼎鼎的霍姆斯大法官说过："如果美国的法律可以由一个单独的人物来代表的话，那么不论是怀疑者或崇拜者都会毫无争议地同意这样的人物只有一个，那就是约翰·马歇尔。"

二百多年后的今天，在美国最高法院的院史博物馆中唯有马歇尔大法官一人享有全身铜像的特殊待遇。

法的理论渊源，是指对一定法律原则产生和发展具有重大影响的理论学说。例如，18、19世纪的分析主义法学的倡导者边沁热衷于立法和司法的改革。自由竞争的市场理论就是私有财产神圣原则的重要渊源。马克思主义关于法与经济的关系、法的本质、人权、人民主权、人的自由和解放、法律权威和法的职能的经典论述，是社会主义法治理念的理论渊源。

法的实质（本质）渊源，即从本质上说明法的来源和形成。法是源自神的昭示？还是君主的意志？抑或人民的"公意"？

法的形式渊源，即法的各种具体表现形式，是来源于制定法、判例法、习惯法抑或法学著作。

法的内容或材料渊源，即构成法的内容的材料是来源于先前的法典、外国的法典，或是来源于政策、习惯、宗教、礼仪、道德、典章、理论、学说等。

法的效力渊源，指法产生于立法机关还是其他主体，产生于什么样的立法机关或其他主体。

二　我国学界对法律渊源的一般解释

(一) 一般解释

我国法理学界对于什么是法的渊源尚未达成理论共识，但归纳起来主要有立法中心主义说和司法中心主义说两种学说。

立法中心主义说：把法的渊源看成是立法机关制定法律所依据的材料。

司法中心主义说：认为法源之法特指法官用于裁判的法律。

根据这两种学说，一般将法的渊源解释为法的效力来源，即由国家或社会所形成，能够成为法官裁判依据或者人们行事准则，具有一定法律效力或法律说服力，并能够作为法律决定之大前提的规范或准则来源的那些资料。

因此，法的渊源涉及两个主要问题。①什么机关在什么领域可以用什么方式创制法律规范——"表现形式"问题。②不同表现形式的法律规范之间的关系怎样——"效力等级"问题。

(二) 法的渊源和法的形式的区别

1. 内容与形式之分

法的渊源主要是指法的源泉或法源，法的形式主要是指法的具体外在表现形式；法律渊源的主调是指到哪里发现法律，法律形式解决了发现法律的"场所"、确定了发现法律的领域或大致思维走向。

2. 未然与已然、可能与现实之分

法的渊源是法的前身，是可能成为法的一些材料；而法的形式是已然的法，是已经成为现实的法律。

如：在中国封建时代，习惯、君主的命令、先例、儒家学说是法的渊源，而律、令、科、比、格、式则是法的形式。

3. 尽管法律规范及其形式分类很多，但只有那些被法官用来作为判案依据的规范形式，才是法官"眼中"的法律

法律形式和法律渊源结合起来可称为法源的表现形式，指的是法官发现法律的大体领域。

三　法的渊源的价值和功用

1. 让立法具有针对性

立法者可以凭借法的渊源理论和知识，从法的渊源中提取有关规则，上升为法或法律规范，使立法具有针对性，以收提高效率、降低成本之效，并完善该国法律体系。

2. 令用法具有灵活性

用法者可以借助法的渊源理论和知识，现存既有的法或法律规范不能满足需要之时，从法的渊源中提取有关规则，运用于所面对的案件或有关法律事务中去，消除各类法渊源之间的冲突，以收弥补现行法不足之效。

3. 研究和认知法的渊源

有助于从深层次上解读一国法的形式和整个法律制度，理解它与别国存在差异的原因。对于法治处于后进态势的国家，例如中国，还可以从这一个重要方面汲取经验和教训作为借鉴。

第二节　正式渊源与非正式渊源：如何选择？

以是否具有法定权威和法的效力作为界分的标准，可以将法的渊源分为两大类：正式渊源和非正式渊源。

一　法的正式渊源

法的正式渊源，也是法的主要渊源，即具有明文规定的法律效力，并能够直接作为法律人的法律决定的大前提的准则来源的那些资料。主要包括制定法（成文法）、判例法（法官法）、习惯法和国际法（协议法）。

根据主流观点，在现代法律体系中，习惯法的作用大大减弱了，除了在非洲一些国家习惯法仍然在实际上起着比较大的作用外，在其他主要法律体系，习惯法已经不是主要渊源。但是，习惯法仍然在一个国家的法律体系中扮演着不可或缺的角色。比如，《瑞士民法典》第一条第二款和第三款规定："无法从本法得出相应规定时，法官应依据习惯法裁判；如无习惯法时，依据自己作为立法者应提出的规则裁判。""在前一款的情况下，法官应依据公认的学理和惯例。"

协议法（国际条约）主要是确立国家之间权利和义务关系的协议，是国际法的最主要渊源。协议法有多种形式，如条约、公约、协定、议定书、宪章、规约或宣言等。如1969年5月23日签订的《维也纳条约法公约》，规定了条约缔结、效力、解释、修订、终止等原则和规则。

二 非正式的渊源

非正式的渊源，也是法的次要渊源，指并非出自法定权威机关，不具有明文规定的法律效力，但具有法律说服力并能够构成法律人的决定的大前提的准则来源的那些资料，如公共政策、理性原则、正义标准、社会思潮、道德、习惯、学说、法理等。

非正式渊源的意义主要有以下几点。

1. 扩大了法律的范围和法律调整的空间，使法律的表现形式呈现出多元性。

2. 增强了法律调整手段的适应社会的能力，在某种程度上强化了法律的灵活性，减少了规范性法律的呆板性或机械性。

3. 增大了法律调整的正义性、说理性，融洽了规范性法律与社会之间的关系。

只有诉诸了这些辅助性法源，法律才能变得相对完善。

但是，由于对"法""习惯法"的界定多有歧义，加上成文法国家对于"法"的界定更加偏向于规范主义分析法学派的观点，而丰富多样的社会现实生活让社会法学派也有着广泛的运用市场，因此对于"习惯法"究竟是正式渊源还是非正式渊源的问题，目前存在很大争议。后面，将结合中国的实际情况详细分析讨论。

三 如何选择：法渊源选择适用的基本原则

面对那么多的法渊源，该如何进行选择适用？为此，需确立法渊源选择适用的基本原则：没有正式渊源，才能适用非正式渊源。

《瑞士民法典》第一条第二款和第三款规定："无法从本法得出相应规定时，法官应依据习惯法裁判；如无习惯法时，依据自己作为立法者应提出的规则裁判。""在前一款的情况下，法官应依据公认的学理和惯例。"台湾地区民法典第一条规定:"民事,法律所未规定者,依习惯;无习惯者,依法理。"《中华人民共和国民法总则》第十条规定:"处理民事纠纷应当依照法律;法律没有规定的,可以适用习惯,但是不得违背公民良俗。"以上条文就涉及法的渊源的选择适用的先后顺序问题。

但是,在刑事领域究竟能否适用非正式渊源?我们认为,在刑事实体法领域,由于罪刑法界原则的限制,不能根据非正式渊源进行定罪量刑。但在刑事程序法领域,民间处理刑事案件的某些习惯法可以借鉴适用。

第三节 当代中国法的渊源以及习惯法的法渊源地位

一 中国法的正式渊源以及效力位阶问题

(一) 中国法的正式渊源

我国法的正式渊源主要包括表5-1中的九类。

表5-1 当代中国法的渊源

当代中国法的渊源	1. 宪法	在此指宪法典,具有最高法律效力
	2. 法律	(1) 基本法律:全国人大制定;闭会由全人常修改(不能改原则)
		(2) 非基本法律:全国人大常委会制定
		法律保留原则(《立法法》第8条、第9条)
	3. 行政法规	国务院制定。名称一般为"条例""规定""办法"等
	4. 地方性法规	(1) 省级人大和常委会制定;(2) 设区的市大和常委会制定,须报省、自治区的人民代表大会常务委员会批准后施行;(3) 自治州的人大及其常委会制定
	5. 民族自治法	民族自治区、自治州、自治县人大制定的自治条例和单行条例
	6. 经济特区的法	经济特区所在市人大和常委会制定法规,政府制定规章
	7. 规章	(1) 部门规章:国务院各部委、中国人民银行、审计署和具有行政管理职能的直属机构制定
		(2) 地方政府规章:省级政府和设区的市、自治州政府制定
	8. 特区法律	特别行政区立法机关制定的规定,以及法院的判例
	9. 国际条约和惯例	(1) 批准加入的国际条约属于法律正式渊源
		(2) 国际惯例也是法律正式渊源

关于国际条约和惯例作为我国民事法律活动的正式法渊源,在我国原《民法通则》第一百四十二条曾有明确规定:"我国缔结或者参加的国际条约同民事法律有不同规定的,适用国际条约的规定,但我国声明保留的条款除外。我国法律和我国缔结或者参加的国际条约没有规定的,可以适用国际惯例。"①

争议并讨论:

1. 司法解释是不是正式渊源?

最高院《关于司法解释工作的若干规定》:最高人民法院制定并发布的司法解释,具有法律效力。

2. 行政规章是不是正式渊源?

《行政诉讼法》第63条:人民法院审理行政案件,以法律和行政法规、地方性法规为依据。……人民法院审理行政案件,参照规章。

3. 习惯法是不是我国法的正式渊源?

由于这个问题跟下面的"习惯"有关,将在下面非正式渊源部分讨论。

(二) 法正式渊源的效力位阶

法的效力位阶,又称法律效力等级或层次,是指一个国家法律体系中的各种法的渊源及其组成部分,由于其制定主体、程序、时间及适用范围的不同,导致其效力差别而形成法律效力的等级体系。

根据我国《立法法》第五章"适用与备案审查"的规定,我们可以用图5-1来展示我国法的效力位阶。

注意:"部门规章=地方性法规","部门规章=地方规章",但地方性法规和规章效力并不相同,"地方性法规的效力高于本级和下级地方政府规章"。

---

① 2017年制定的《民法总则》虽然没有将《民法通则》第一百四十二条的规定进行保留,但这并不意味着国际条约和惯例不再是我国民事法律活动的正式法渊源,因为根据全国人大常委会副委员长李建国在2017年3月8日第十二届全国人民代表大会第五次会议上对《中华人民共和国民法总则(草案)》的说明,表明《民法总则》通过后暂不废止《民法通则》。

```
              宪法
               ↓
           法律（=授权立法）
               ↓
            行政法规
             ↙    ↓
     部门规章=省级地方性法规
          ↙    ↓      ↓
  部门规章=省级政府规章=市级地方性法规
              ↓    ↙
         部门规章=市级政府规章
```

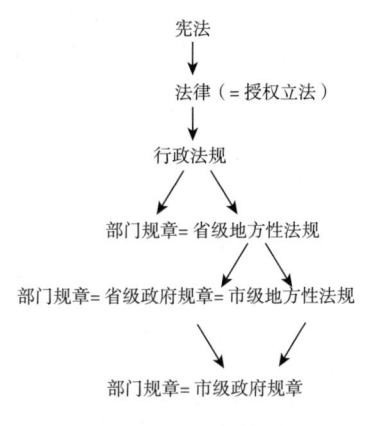

图 5-1　立法效力位阶

（三）效力冲突的解决规则

法的效力等级冲突适用规则，是指在不同效力等级和位阶的规范性法律文件中选择适用依据时所应遵循的规则。影响法的效力的主要因素有法律的制定主体、法律的适用范围以及法律的制定时间。

1. 解决效力冲突的一般原则

解决效力冲突的一般原则有以下三个层次。

（1）不同位阶的冲突原则

宪法至上、法律高于法规、法规高于规章、行政法规高于地方性法规。

但是要注意的是，规章之间（无论其部门规章之间、地方规章之间，还是部门规章与地方规章之间）效力相同。"部门规章=地方性法规"，"部门规章=地方规章"，但地方性法规和规章效力并不相同，"地方性法规的效力高于本级和下级地方政府规章"。

（2）同一位阶的冲突原则

同一位阶的冲突原则主要是：全国性法律优先；特别法优先；新法优先；实体法优先；国际法优先；法律文本优于法律解释。

1997 年 12 月公安部发布的《计算机信息网络国际互联网安全保护管理办法》规定，"任何单位和个人不得利用国际互联网制作、复制、查阅和传播下列信息：……（六）宣扬封建迷信、淫秽、色情、赌博、暴力、凶杀、恐怖，

图 5-2 法的效力金字塔

教唆犯罪的",否则就可能:"由公安机关给予警告,有违法所得,没收违法所得,对个人可以并处五千元以下的罚款……"

2005 年颁布的《治安管理处罚法》第六十八条规定:"制作、运输、复制、出售、出租淫秽的书刊、图片、影片、音像制品等淫秽物品或者利用计算机信息网络、电话以及其他通讯工具传播淫秽信息的,处十日以上十五日以下拘留,可以并处三千元以下罚款;情节较轻的,处五日以下拘留或者五百元以下罚款。"

那么,面对制作、复制、传播淫秽信息的行为,究竟应该适用哪个规定?特别法优先和新法优先的原则,仅限同一机关制定的规范发生冲突时适用。但是,如何理解"同一机关"?如何理解"不一致"?如何识别"特别规定"与"一般规定"?这是在适用法时的疑难问题。

首先,如何理解"同一机关"。

例 1:《婚姻法》和《母婴保健法》之间的婚检冲突

2003 年 7 月 30 日,国务院出台了《婚姻登记条例》,该行政法规根据 2001 年 4 月 28 日修订的《婚姻法》的有关规定,没有规定婚姻登记中的强制婚检制度,被认为是婚姻登记改革的一大进步。

《婚姻登记条例》第五条:"办理结婚登记的内地居民应当出具下列证件和证明材料:(一)本人的户口簿、身份证;(二)本人无配偶以及与对方当事人没有直系血亲和三代以内旁系血亲关系的签字声明。"

但是后来人们发现,1994 年颁布的《母婴保健法》第十二条要求:"男女双方在结婚登记时,应当持有婚前医学检查证明或者医学鉴定证明。"这说明,《婚姻法》与《母婴保健法》在婚姻登记是否应当进行婚检的问题上发生了冲突。在这个问题尚未解决之际,《黑龙江省母婴保健条例》以地方法规的形式恢复了强制婚检,这在全国上下引起了广泛争议。

例2:《行政处罚法》与《道路交通安全法》之间的冲突

《行政处罚法》第三十三条:违法事实确凿并有法定依据,对公民处以五十元以下、对法人或者其他组织处以一千元以下罚款或者警告的行政处罚的,可以当场作出行政处罚决定。

《道路交通安全法》第一百零七条:对道路交通违法行为人予以警告、200元以下罚款,交通警察可以当场作出行政处罚决定,并出具行政处罚决定书。

当交警对张三当场做出罚款100元的行政处罚决定,张三是否可以根据《行政处罚法》的规定,提出交警处罚违反了法律规定而无效。

结论

《婚姻法》《行政法处罚法》与《母婴保健法》《道路交通安全法》分别是全国人大与全国人大常委会制定的法律,即不属于同一机关制定的法律,所以不适用特别法规则。此时,只能根据《立法法》的规定,交由全国人大常委会裁决。

其次,如何理解"不一致"。

同一问题上法律规范之间的关系有以下几种。①重合关系。②包含关系。如《行政复议法》第二十九条第二款是对《国家赔偿法》第九条内容的补充规定。③相交关系。如《广告法》第三十八条与《消费者权益保护法》第三十九条在规定广告经营者的责任范围上存在交叉冲突。④相离关系。如对于烟花爆竹的生产监管,《安全生产许可证条例》与《民用爆炸物品管理条例》对其主管部门规定不一。前者规定由政府安全生产监督管理部门负责,后者规定由公安部门主管。后三种类型就是"不一致"在适法实践中的表现形式,其中相交和相离关系往往更易造成法律选择的实践困境。

最后,如何识别"特别规定"与"一般规定"。

第一,要明确两个前提:一是找准基点,即确定两个法律规范是否针对同一事项发生的冲突;二是确定法律规范的性质是否相同,如一个是程序规定,另一个是实体规定,两者就不具有可比性。如因履行买卖合同引起的纠纷，应明确争议的起因是交付的货物品种与合同约定不符还是因货物质量造成的损害。前者应适用我国《合同法》处理，而后者要适用《产品质量法》。

第二，一般可以通过语义分析来判定，以确定哪个更特殊一些。通常特别法与一般法所调整的对象具有种属或总分关系。如《反不正当竞争法》的适用对象是市场经济领域的一切经营活动，它调整所有的市场行为，《烟草专卖法》只适用于烟草专卖领域，当两者对不正当竞争的事项都有规定时，《反不正当竞争法》属于一般法，《烟草专卖法》则是特别法，应当优先适用。

第三，进行系统分析。有些事项往往可以由多个法律规范调整，这就要根据与特定事项的关联密切程度确定更恰当的法。如对使用未经检验的气瓶充装危险化学品的处罚问题，究竟是依据《特种设备安全监察条例》还是《危险化学品安全管理条例》？由于处罚焦点在于使用未经检验的气瓶，而不是充装化学品，相比之下，《特种设备安全监察条例》是专门针对锅炉、压力容器（气瓶）等7种涉及生命安全、危险性较大的特种设备进行规范的行政法规，其针对性更强，规定也更为详细、清楚，并规定质量技术监督部门为该条例唯一的管理部门。所以，应优先适用《特种设备安全监察条例》。

（3）位阶交叉的冲突原则

表5-2 位阶交叉的冲突原则

位阶交叉的冲突原则	1. 同一机关制定的新的一般规定与旧的特别规定冲突	制定机关裁决：均是法律的，由全国人大常委会裁决；都是行政法规的，国务院裁决（立法法第94条、第95条）
	2. 地方性法规与部门规章冲突	国务院可直接决定适用地方性法规，若决定适用部门规章，还需交全国人大常委会裁决（立法法第95条）
	3. 部门规章之间	国务院裁决（立法法第95条）
	4. 部门规章与地方政府规章	国务院裁决（立法法第95条）
	5. 省级政府规章与本行政区域内设区的市的地方性法规	省人大常委会处理
	6. 授权法规与法律	全国人大常委会裁决（立法法第95条）
	7. 变通规定（自治条例、单行条例和经济特区法规）	变通区域内优先适用（立法法第90条）

关于"授权法规",主要有以下两种情况。

一种是授权国务院制定的法规。《立法法》第九条规定的"授权立新法":"本法第八条规定的事项尚未制定法律的,全国人民代表大会及其常务委员会有权做出决定,授权国务院可以根据实际需要,对其中的部分事项先制定行政法规,但是有关犯罪和刑罚、对公民政治权利的剥夺和限制人身自由的强制措施和处罚、司法制度等事项除外。"第十三条规定的"授权调停旧法":"全国人民代表大会及其常务委员会可以根据改革发展的需要,决定就行政管理等领域的特定事项授权在一定期限内在部分地方暂时调整或者暂时停止适用法律的部分规定。"

另一种是授权经济特区制定的法规。《立法法》第七十四条规定:"经济特区所在地的省、市的人民代表大会及其常务委员会根据全国人民代表大会的授权决定,制定法规,在经济特区范围内实施。"

关于"变通规定"也有以下两种情况。

一种是自治地区的变通规定。《立法法》第九十条第一款规定:"自治条例和单行条例依法对法律、行政法规、地方性法规作变通规定的,在本自治地方适用自治条例和单行条例的规定。"

另一种是经济特区的变通规定。《立法法》第九十条第二款规定:"经济特区法规根据授权对法律、行政法规、地方性法规作变通规定的,在本经济特区适用经济特区法规的规定。"

2. 解决效力冲突的具体思路

解决效力冲突分以下三步完成。

第一步看冲突的法律是否属于同一效力等级。

判断标准是,是不是同一国家机关批准通过,或虽然不是同一国家机关,但属于同一级别的国家机关。

如果不是则上位法优于下位法适用。

如果是进入第二步分析。

第二步看是不是同一国家机关批准通过。

如果是则适用特别法优于一般法,新法优于旧法,法律文本优于法律解释的原则决定适用的法律(特殊情况下,即同一国家机关批准通过的旧的特别法与新的一般法冲突时,由该国家机关裁决)。

如果不是进入第三步分析。

第三步运用同一级别的国家机关通过的内容冲突的法律适用的裁决机制解决冲突。

（1）法律之间的冲突：全国人大常委会裁决（常见于授权立法的情形）。

（2）部门规章之间、部门规章与地方政府规章之间的冲突：国务院裁决。

但是要注意的是，并不是所有规章之间的冲突均由国务院裁决，因为地方政府规章之间的冲突由其共同的上一级政府进行裁决。

（3）地方性法规与部门规章之间的冲突：国务院先裁决，如需要，再由全国人大常委会裁决。

河南洛阳种子案：
"2003 年最热点法治事件"——李慧娟事件

2003 年初，河南省洛阳市汝阳县种子公司（以下简称汝阳公司）因与伊川县种子公司（以下简称伊川公司）发生合同纠纷诉诸洛阳市中级人民法院，要求伊川公司依据《中华人民共和国种子法》（以下简称《种子法》）的相关规定按玉米种子的市场价赔偿损失；伊川公司则认为，应当按照《河南省农作物种子管理条例》（以下简称《条例》）确定的政府指导价进行赔偿，数额远低于市场价格。同年 5 月，时任审判长的助理审判员李慧娟在提交审委会讨论后做出判决：《种子法》实施后，玉米种子的价格已由市场调节，《条例》作为法律位阶较低的地方性法规，其与《种子法》相冲突的条款自然无效……

上述判决引发河南省人大常委会的不满，后经省人大主任会议研究认为，洛阳中院的判决"是地方性法规的违法审查……侵犯了权力机关的职权，是严重违法行为"，并要求洛阳市人大常委会"依法行使监督权，纠正洛阳中院的违法行为，对直接负责人员和主管领导依法做出处理……"2003 年 11 月，根据省、市人大常委提出的处理要求，洛阳中院党组拟出一份书面决定，准备撤销相关庭副庭长赵广云的副庭长职务和李慧娟的审判长职务，免去李慧娟的助理审判员资格，但事后并未提交省人大常委会进行决定。

思考

1. 本案关于法律冲突的适用原则是什么？
2. 假设本案是《种子法》和《价格法》之间的冲突，该适用什么原则？
3. 法官面对法律冲突时是否享有司法审查权？

法官面对法律冲突的抉择

本案暴露出来的立法漏洞在于地方人大制定的法规，包括国务院行政法规如果违法了怎么办？按照现存法律，只有全国人民代表大会才能撤销国务院行政法规和地方性人大法规，但是全国人大从来都没有撤销过；同时，全国人大对这方面也并没有专门规定具体操作办法，撤销程序也并不明确。

在我国，由法院直接宣告地方性法规某些条款无效并不多见。

在我国的司法实践中，曾经不止一次有法律冲突摆在众多的法官面前，但他们中大多数不得不选择小心翼翼地绕道而行。在此案中，李法官没有停止审理，她无意中直面了一直没有得到解决的法律冲突问题，这是一个负责任的法官的做法。

最高人民法院 2004 年 3 月 30 日《关于河南省汝阳县种子公司与河南省伊川县种子公司玉米种子代繁合同纠纷一案请示的答复》如下。

《立法法》第七十九条规定，"法律的效力高于行政法规、地方性法规、规章，行政性法规的效力高于地方性法规、规章"。最高人民法院关于适用《中华人民共和国合同法》解释（一），第四条规定："合同法实施以后，人民法院确认合同无效，应当以全国人大及其常委会制定的法律和国务院制定的行政法规为依据，不得以地方性法规、行政规章为依据。"根据上述规定，人民法院在审理案件过程中，认为地方性法规与法律、行政法规的规定不一致，应当适用法律、行政法规的相关规定。

这个批复所传达的信息，无疑是比较明确的。

当下位法与上位法相抵触时，司法审判实践中人民法院可以选择以下三种方式。

1. 中止审理，逐级上报，等候裁决。
2. 直接使用上位法，避开下位法。
3. 行使"有限司法审查权"，审查下位法的效力，适用上位法，即在判决中明确审查下位法，指出下位法与上位法相抵触的地方，并根据宪法的精神和立法法的依据宣称与上位法相抵触的条款无效。这种方式是对双方当事人的一种同等对待，通过解释法理和法律，明确告诉当事人判决的理由，使当事人心服口服。

结论：人民法院应享有有限司法审查权。

由于合宪性审查权在我国法律中明确赋予了全国人民代表大会及其常务委员会，因而，各级人民法院没有合宪性审查权，只有合法性审查权，即对行政法规和地方法规是否符合法律的审查权力。这种只有法规合法性审查权的司法审查权就是有限司法审查权。

有限司法审查权的特点如下。

1. 没有合宪性审查权，只有合法性审查权。

2. 限于对行政法规和地方法规以及各种规章的合法性进行审查，没有对法律和宪法进行评判的权力。

3. 对行政法规和地方法规以及各种规章的合法性所做的审查和评判，效力只限于具体个案，对其他法院和案件没有必然的效力。

4. 限于对与法律相抵触条款的效力做出评判，对整部行政法规、地方法规或规章的效力不做评判。

5. 所做评判不是最终的，当事人和制定机关有异议，可以向全国人民代表大会常务委员会申请对争议中的法律条款做出最终裁决。

二　中国法的非正式渊源以及习惯法的法源地位争议

虽然非正式法源没有正式的、法律明文规定的法律效力，但是由于非正式渊源也具有一定的说服力，可以弥补正式法源的漏洞，司法机关依然可将它作为裁判案件的理由，因而具有一定的法律意义。对其研究也是非常必要的。

（一）习惯

习惯原谓习于旧惯，后指长时期逐渐养成而不易改变的动作、生活方式、社会风尚等，今泛指一地方的风俗、社会习俗、道德传统等。

一般认为，习惯与习惯法（Common Law）不同。但是，关于什么是"习惯""习惯法"，对于这两个概念有多种理解，以至于存在某种程度上的混乱。曾有学者试图对"习惯""习惯法"进行概念界分，认为：国家通过司法吸收习惯，就形成以判例形式存在的习惯规范，可称为"习惯法"；而国家通过立法以指引性规范赋予习惯以法律效力，即"准用习惯"。[①] 但这种界定将"习惯法"限于司法判例，大大限缩了"习惯法"的范围，与我们通常所理解的"习惯法"相去甚远，不足为取。

1. 主流学说：国家认可说

一般认为，习惯是经过长期的历史积淀而形成的一种为人们自觉遵守的行为模式，这种行为模式经过国家的认可，成为习惯法，便具有了法律的约束力。习惯是非正式渊源，除非经过国家的认可转为习惯法之后才能成为法的正式渊源。从立法的角度看，习惯法在国内法体系中是属于被立法机关所认可的法律，在国际法体系上则是属于被公认的法律，不成文的国际法一般规则作为国际习惯法发挥着重要的作用。我们将以上这种关于"习惯法"的观点称之为国家认可说。国家认可说是我国法学界关于"习惯法"的通说。

国家认可说认为，经过国家有权机关认可的社会上已有的某些行为规范，赋予其法律效力并得到国家强制力的保障，这就是习惯法。按照这种观点，习惯法已经得到国家有权机关认可、具有了法律效力并能得到国家强制力保障实施，因此这种观点下的"习惯法"实际上就等同于"国家法"（国家制定法）。如果某些习惯是合理的不违反法的基本原则，在很长时间里被持续不断地遵守，被业内认为其具有强制力，并且间接地渗透到法律之中，那么，就可以认定这些习惯是习惯法。

在国家认可说之下，一般认为有明示认可和默示认可两种方式。在本书第二章第三节有关部分已经分析了，经过明示认可的习惯法，从某种意义上说，已经完全属于国家制定法的范畴。而所谓的默示认可，实际上国家制定法并没有明确其具体的习惯内容，但是却又赋予了这些习惯相应的法律地位，即法官可以根据具体情况灵活判断是否该作为法源予以引用。但是，我们并不能就此说，默示认可的习惯就已经转化为了习惯法。因为我国现行很多法律都提到了"习惯"二字，这些"习惯"是相当广泛的，如果这些提到的习惯都被认可了，那是不是意味着所有的习惯都转化为习惯法，而习惯法又转化为国家制定法了呢？如果是，那为什么还要将"习惯"与"法律"同时并

[①] 王林敏：《论习惯和习惯法的概念界分》，《湖南公安高等专科学校学报》2011年第4期。

提呢？我们认为所谓的默示认可实际上是不具有任何意义的，这些被国家制定法提到的"习惯"依然只是习惯而已，不会因为国家制定法提到就成了默示认可的"习惯法"（并进一步转化为国家制定法），否则的话，所有的这些习惯经过这样一"默示认可"都成了国家制定法，其实对于成文法国家来说是相当危险的。

既然习惯仅仅只是"习惯"而已，不会因为法律的默示认可成为"习惯法"（国家制定法），那么，从《民法总则》第十条"处理民事纠纷，应当依照法律；法律没有规定的，可以适用习惯，但是不得违背公序良俗"的这个规定可以看出，我国处理民事纠纷的时候法源适用的顺序首先是"法律"，然后是"习惯"（注意不是"习惯法"），可见"习惯法"并不是一个独立的法源概念，是已经转化为"法律"的"习惯"了。也就是说，《民法总则》对于"习惯法"还是采用了国家认可说，只不过这种认可是明示的认可。

我国现行法律体系中，有相当一些法律、法规涉及"习惯"方面的内容。如果这些"习惯"都已经是"习惯法"（即国家制定法）了，这是不是意味着"习惯法是我国法的正式渊源"？

《宪法》第4条第4款规定："各民族都有使用和发展自己的语言文字的自由，都有保持或者改革自己的风俗习惯的自由。"

《民族区域自治法》第10条规定："民族自治地方的自治机关保障本地方各民族都有使用和发展自己的语言文字的自由，都有保持或者改革自己的风俗习惯的自由。"

《人民警察法》第20条要求警察"尊重人民群众的风俗习惯"。

《监狱法》第52条规定"对少数民族罪犯的特殊生活习惯，应当予以照顾"。

《戒严法》第29条规定戒严执勤人员"尊重当地民族风俗习惯"。

《婚姻法》第50条规定"民族自治地方的人民代表大会有权结合当地民族婚姻家庭的具体情况，制定变通规定"。新疆伊犁哈萨克自治州对《婚姻法》补充规定：保持七代以内不结婚的传统习惯，结婚年龄男不得早于20周岁，女不得早于18周岁。

《继承法》第35条规定"民族自治地方的人民代表大会可以根据本

法的原则，结合当地民族财产继承的具体情况，制定变通的或者补充的规定"。

《消费者权益保障法》第 14 条规定"消费者在购买、使用商品和接受服务时，享有其人格尊严、民族风俗习惯得到尊重的权利"。

《物权法》第 85 条规定"法律、法规对处理相邻关系有规定的，依照其规定；法律、法规没有规定的，可以按照当地习惯"；第 116 条第 2 款规定"法定孳息，当事人有约定的，按照约定取得；没有约定或者约定不明确的，按照交易习惯取得"。

《合同法》中共有 9 处提到适用交易习惯，或根据交易习惯确立，或存在交易习惯的则排除合同法一般条款的适用而优先适用交易习惯等内容。

2. 另一种学说：社会规范说

除了以上国家认可说这种主流观点外，还有一种观点，我们称之为社会规范说。比如高其才教授就认为，习惯法是独立于国家制定法之外，依据某种社会权威和社会组织，具有一定的强制性的行为规范的总和。《牛津法律大辞典》认为："当一些习惯、惯例和通行的做法在相当一部分地区已经确定，被人们所公认并被视为具有法律约束力，像建立在成文的立法规则之上一样时，它们就理所当然可称为习惯法。"美国《韦伯斯特词典》也认为："习惯法是成立已久的习惯，是不成文法，因公认既久，遂致其发生效力。"[1] 此外，还有学者将习惯法界定为：在一定时空范围内，民间就同一事项反复实践而形成，带有权利义务分配之性质，且人们对其抱有法观念与确信的规范形态。并且认为，习惯法不同于习惯的重要特征在于，它具有法的意义和效力。与制定法的区别则体现为生成机制和效力来源的不同。从某种意义上说，这种理解也是属于社会规范说的范畴。[2] 按照社会规范说的理解，习惯法与国家制定法（国家法）是相互独立的关系。

从法社会学视角考察，法律有多种表现形式，"它可以是有组织的有序

---

[1] 高其才：《法理学》，清华大学出版社，2015，第 77~78 页。
[2] 杜宇：《重拾一种被放逐的知识传统——刑法视域中"习惯法"的初步考察》，北京大学出版社，2005，第 11 页。杜宇的这种界定，明确了习惯法的生产机制、内容和效力，是一种比较全面的界定。

体,也可以是无组织的松散体"。古罗马著名法学家乌尔比安认为,"在无成文法可循的情况下,那些长久的习惯常常被当做法和法律来遵守"。尤里安认为,"没有理由不把根深蒂固的习惯作为法律来遵守(人们称它是由习俗形成的法)。事实上,我们遵守它们仅仅是因为人民决定接受它们。那些在无成文法的情况下人民所接受的东西,也有理由为所有人所遵守"。而从法人类学、法史的视角考察,习惯法是法律的最早渊源形式,它先于国家的存在而存在。有国家以前之社会及初期之国家,习惯几占法律之全部"。远古时代的法律无一例外都是习惯法,部落法时代的法均为习惯法。早期的成文法也只是习惯法的汇编,罗马的十二表法、两河流域的乌尔纳姆法典和汉谟拉比法典概莫能外。古希腊的法律、古罗马王政共和时期习惯均为主要法源。

"随着制定法日益发展,习惯法的地位开始下降,但也存在反复。罗马帝政时期,制定法极为发达,习惯法地位很低。但在罗马灭亡、北方野蛮民族入侵以后的中世纪,习惯法又成了主要的法律。"然而,自18世纪至19世纪之初,中央集权各国为谋法律的统一,大规模编纂法典,在理性主义思潮支配下,力图将民法法规悉数罗入而无遗。1804年的拿破仑法典,1811年的奥地利民法典,皆有否认习惯法效力之倾向。至19世纪历史法学说渐盛,排除成文法万能之思想,1896年德国民法关于此点未设规定,1907年瑞士民法第一条始明定习惯法对于成文法有补充的效力。

3. 争议:习惯法究竟是不是我国法的正式渊源

由于对于习惯法的界定存在以上争议,所以对于习惯法的法律地位也是争议不断。

根据国家认可说,习惯法实际上已经经过国家有权机关的认可转化为国家制定法,因而应该是属于我国法的正式渊源。但是,矛盾的是,该学说一方面认为习惯法是已经经过国家有权机关的认可转化的国家制定法,但另一方面又认为习惯法不是我国法的正式渊源。这是一个非常矛盾的现象。

高其才教授认为习惯法是我国法的正式渊源。[①] 但是,根据高教授的观点,习惯法是独立于国家制定法之外,依据某种社会权威和社会组织,具有一定的强制性的行为规范的总和。

[①] 高其才:《法理学》,清华大学出版社,2015,第77页。

习惯规范的司法运用：
顶盆过继案

2005年，青岛市李沧区石家村按照政府规划整体搬迁，房价随之倍增，光拆迁补偿款就可领到数十万元。村民石忠雪拿着已故四叔石君昌的房产证，以房主的名义前往村委会领取拆迁补偿款。可是石的三叔石坊昌却拿出了当年弟弟石君昌赠与其房产的公证书找到村委会，宣称侄子那套房子是自己的。侄子手里拿着石君昌的房产证，叔叔手里拿着石君昌赠与房子的公证书，房屋权属存在争议，拆迁无法进行，补偿款无法发放。石坊昌遂以非法侵占为由，将石忠雪告上法庭，请求依法确认自己和石君昌之间的赠与合同有效，判令被告立即腾出房屋。

2005年12月，区法院一审判决：驳回原告诉讼请求。

法院经审理认为，本案中赠与合同的权利义务相对人仅为石坊昌与石君昌，原告以确认该赠与合同有效作为诉讼请求，其起诉的对方当事人应为石君昌（被告不适格）。因此，原告以此起诉石忠雪于法无据，本院遂不予支持。被告石忠雪是因农村习俗，为死者石君昌戴孝发丧而得以入住其遗留的房屋，至今已达八年之久；原告在死者去世之前已持有这份公证书，但从未向被告主张过该项权利，说明他是知道顶盆发丧的事实的。因此被告并未非法侵占上述房屋。顶盆发丧虽然是一种民间风俗，但并不违反法律的强制性规定，所以法律不应强制地去干涉它。因此，原告主张被告立即腾房的诉讼请求法院不予支持。

一审判决后，原告上诉。2006年3月，青岛市中院维持原判。

案例1

在彝族习惯法中，嫁出去的女儿是没有权利继承父母的财产的。但如果站在彝族社会的角度来看，一方面，女性在出嫁时娘家要备有丰厚的嫁妆；另一方面，彝族习惯由家庭的男性成员来赡养父母老人，出嫁的女性相当程度上免除了赡养老人的义务。如果一味强调男女平等，共同继承，打破上千年的彝族习惯，可能不但达不到效果，反而影响男性赡养老人的积极性，引发民族矛盾纠纷，影响地区社会稳定。

村民姚某育有一子一女，其妻早逝。在姚某生前生活不能自理的 5 年时间里，女儿对其日常生活进行照顾。姚某去世之后留有祖传贵重物品若干，女儿想分得其中一部分，但儿子认为，按照当地女儿无继承权的风俗习惯，其妹不能继承。当地大部分村民也指责姚某的女儿无理取闹。

案例 2

某县某镇某村的 5 个傣族小孩在封渔期到流经该村的河中捕鱼，渔政管理部门在执法中，方式不当，打伤了 5 个傣族小孩，有关部门对执法人员进行了处分并对受伤害的小孩进行了赔偿，但是纠纷并没有消除。该村的村民聚集在一起围攻渔政管理部门和违法的执法人员，分管的副县长到现场劝说并赔礼道歉也无济于事，最后副县长按当地民族习俗到该村拴红线仪式以示道歉，才将纠纷平息。

案例 3

有一些彝族习惯法的内容和制定法的内容不尽一致，使一些案件要经过国家法律和彝族习惯法的"两次判决"。

1988 年 1 月的某天晚上，美姑县武装部干部海乃石林，看见一伙人酗酒闹事，前去阻止，被闹事人吉日跟甲抓住撞在铁门上晕倒，后送医院不治身亡。经法医鉴定，海乃石林并非吉日跟甲行为造成死亡，而是脑膜炎致死。故吉日跟甲被判缓刑一年。1991 年初，死者父亲按习惯法起诉到德古，经德古判定：由吉日家赔偿海乃家人民币 1450 元。

对于以上案例中出现的冲突现象，我们该作如何理解？

法与习俗的正当性之间存在一定的紧张关系，中国法的现代化需要处理好国家的制定法与"民间法"之间的关系，中国现行法律与中国人的传统观念有一定的冲突。法与习惯都是调整人们行为的规范，都在社会生活中调整着人们的行为，二者既相互补充又相互冲突。我国没有承认习惯作为正式的法律渊源，在习惯与法律规定冲突时就要按照法律的规定行事。在法律现代化的过程中，我们要处理好法律与习惯的关系，使二者和谐共存。

（二）道德规范和正义观念

法律和公平正义观念，在很多问题上的看法是一致的。只是在具体问题上、在具体的情境中，正义的多种脸孔和法律所维护的某种正义、公平可能会发生冲突。可以说法治并不排除道德或者说正义的因素。

公平正义等法律价值是法官法源,但不是法律的表现形式,而是法律深层本质的体现。

我国民法上的公序良俗原则到底是正式渊源还是非正式渊源呢?《民法通则》第七条规定:"民事活动应当尊重社会公德。"《合同法》第七条规定:"当事人订立、履行合同,应当遵守法律、行政法规,尊重社会公德。"新的《民法总则》第八条也规定:"民事主体从事民事活动,不得违反法律,不得违背公序良俗。"这一规定被视为是公序良俗原则的法律依据,这实际上等于把善良风俗当成法律的权威性法源。作为民法基本原则的善良风俗,其含义不同于一般的道德,而是具有法律意义的道德。这说明,社会公德、公序良俗都是我国法的渊源,只不过是非正式渊源。在司法中直接使用公序良俗的原则作为法源是个复杂的问题。比如泸州的二奶遗赠案。

(三) 政策

政策是国家或政党为完成一定时期的任务而制定的活动准则。法律反映的应当是公意,公共政策与法律的这一本质相同,所以把公共政策当成补充性法律渊源。把公共政策作为补充性法律渊源,意味着并非任何团体或者政党的所有政策都可以作为法源,只有那些符合公共利益的政策才可以作为法律渊源。这就是说,某一项政策是不是公共政策,不是由什么人都可以随便宣布的,而是要经过认真论证才能得出结论的。但是,政策究竟是正式渊源还是非正式渊源?这颇具争议性。

一般认为,政策分为党的政策和国家政策。《十八大报告》中首次提出"健全残疾人社会保障和服务体系,切实保障残疾人权益",这是党的政策。《中华人民共和国国民经济和社会发展第十二个五年(2011~2015年)规划纲要》,这是国家政策。

高其才教授认为,因为我国《民法通则》第六条规定:"民事活动必须遵守法律,法律没有规定的,应当遵守国家政策。"国家政策既然已被写进了法律里进行明确规定,因此就成为我国法律的正式渊源。[①] 但高其才教授同时也

---

① 高其才:《法理学》,清华大学出版社,2015,第93页。

认为,《民法通则》第六条有将国家政策等同于法律的意味。而张文显教授主编的《法理学》则将政策不加区分,认为均居于当代中国法的非正式渊源。[①] 笔者认为,政策虽然在制定法律时起着重要的指导作用,但并不能因法律写了"政策"二字就认为政策成了法的正式渊源。

(四) 法理学说

法理学说作为法源,是指法学研究者的讨论被当成判决的依据或者被立法者赋予权威。为了让判决经得起推敲,让司法正义看得见,现代国家一般不承认法理是具有直接法的效力的法渊源,但却是具有推理意义上的法渊源。

2014年12月19日,南京玄武法院向案件当事人出具了一份与众不同的判决书——针对我国立法缺乏相应规定的部分,法官在说理部分援引学者观点加强论证,实属全国首例。分析背后的原因,援引学者观点阐述理由是立法的空白所致。不得不说,面对诸如"刑民交叉案件如何协调"之类的问题缺乏法律及司法解释规定的情形,要出具一份有理有据的判决书,走出这种尴尬的困境,着实需要一种令人信服的依据来予以平衡填补。

在这份引起全国法学界不小震动的判决书中,关于民事诉讼中出现未涵盖在生效刑事判决中的新证据,致民事判决与生效刑事判决可能存在冲突如何协调的问题,法律或司法解释缺乏相应的规定。对此,南京大学民法学专家叶金强教授在刑民交叉研讨会上认为,刑民交叉案件的处理应当采取分别判断、个案判断。即在该类案件中,案件的事实是同一的,但刑事审判程序与民事审判程序关注的重点不同,需要的案件事实、证据材料不同,裁判的结果也应当根据刑法、民法分别作出判断。东南大学法学院院长刘艳红教授在刑民交叉案研讨会上认为,刑民交叉案件没有一个简单的处理模式,无论是"先民后刑"还是"先刑后民"都是教条化、简单化的处理方法,最重要的原则还是取决于具体个案中民事关系和刑事关系的关联性和相互影响程度。本院认为,在刑民交叉案件中,刑事证据的认定标准远高于民事证据。就同一法律事实,刑事判决在先,民事判决在后,刑事判决中认定的事实应当作

[①] 张文显主编《法理学》(第四版),高等教育出版社,北京大学出版社,2012,第58页。

为民事裁判的依据。但在刑事判决生效后,出现新的证据,民事案件不应仍依据生效的刑事判决书作出裁判,而应根据优势证据规则作出独立的判断。因民事判决与刑事判决并非基于同一法律事实,故也不存在两判决认定事实冲突的问题。

此外,该判决书还引用了南京大学刑法专家孙国祥教授在2014年5月13日南京市中级人民法院召开的经济犯罪案件中刑民交叉问题案例研讨会上的发言观点。

但是,也有观点认为,"学者的观点"这样一种学理解释能否理所当然地占据判决理由部分的一席之地,还有待商榷,但该案援引的出发点和立足点还是值得肯定和支持的。

(五) 判例

判例不属于我国法律的正式法源或权威性法源(特区除外)。这与我国的法律文化传统有很大的关系。制定法在我国法制史上一直占据最重要地位,虽然在历史长河中,官方公布的判例曾经是正式法律形式,即中国法制史中经常讲到的律、令、格、例。但我们始终没有较为完善的判例法技术,因此没有生成判例法制度。

但是,我国没有判例法制度,不等于说没有判例。2000年6月,最高法院决定定期向社会公布部分裁判文书,在汇编前言中指出:"最高人民法院的裁判文书,由于具有最高的司法效力,因而对各级人民法院的审判工作具有重要的指导作用,同时还可以为法律、法规的制定和修改提供参考,也是法律专家和学者开展法律教学和研究的宝贵素材。"这说明,最高法院的裁判文书对各级法院审判工作具有重要指导作用,可以构成法的渊源之一。因此,判例在中国现代法治建设中发挥着越来越重要的作用。

过去我们对判例法和制定法存在不少的误解,比如我们常认为判例给法官留下的自由空间太大、任意太多,不像制定法那样能够"很好地"约束法官的自由裁量权。但实际情况并不是像人们想象的那样。判例法并没有为法官留下更大的自由空间,情况恰恰相反,因为在前例的拘束原则下,前后案例之间自由伸缩的空隙相当小。所以许多人认为,很可能是判例法更加适合于法治原则的实现。由于法官素质、法律技术、法律文化背景以及我国的制定法的传统等因素的存在，判例成为权威性法源还需要法学家和其他法律人的不懈努力。

（六）宗教教规

根据我国《宪法》第三十六条规定，"中华人民共和国公民有宗教信仰自由。国家保护正常的宗教活动"。国家的法律高于宗教教规，只有在不抵触法律规定的前提下，才可以对教徒有约束力。教规如和我国法律规定相抵触，则必须按法律规定办事。

案例：和尚钱定安遗产纠纷案

钱定安原是上海清凉寺的和尚，新中国成立后还俗、结婚，以设摊卖香烟生活，未生育子女。1973年其妻死亡。1981年，钱定安再次在上海玉佛寺出家当和尚。1984年9月26日，钱定安因脑出血死亡。丧葬由玉佛寺料理。1984年10月13日，其兄钱文贵亦死。钱文贵之子钱伯春持上海市黄浦区公证处出具的继承权公证文书从银行提取了钱定安的遗产1500元存款。此后，钱伯春又去玉佛寺要求继承钱定安的其他遗产存款2700元、国库券100元，被玉佛寺拒绝，钱伯春因此向法院起诉，要求继承钱定安的上述遗产。

玉佛寺则认为根据佛教传统教规，凡出家的僧人，"色身交于常住，性命交于龙天"。和尚从出家开始，生养死葬，皆由寺庙负责，与俗家无关，死后一切财物，统统归寺庙所有，俗家亲属无权干预。钱定安生前的一切生活费用由玉佛寺承担，死后由玉佛寺按照宗教仪式为他举行葬礼，他死后的遗物，应归玉佛寺所有，钱伯春无权继承。

一种意见认为：我国宪法、民法通则和继承法都规定，保护公民私有财产的继承权，和尚也是公民，也应保护其私有财产的继承权，其死亡后所遗私有财产亦应按继承法的规定处理，和尚的亲属依法可以继承和尚的个人财产。

另一种意见认为：宗教问题比较复杂，处理这一问题要考虑到教规和社会影响，从佛教传统教规来说，和尚的遗产其亲属是不能继承的。一个人出家当和尚后，与家人之间没有权利义务关系，因此，和尚与亲属不应相互继承遗产。处理这类纠纷时应考虑到国家的宗教政策。不宜完全适用继承法的规定。

法院认为，本案提出的问题，实质上是法律与教规的关系问题。关于和尚的继承权问题，以及和尚遗产的继承问题，我国继承法无特别规定。根据我国宪法的上述规定，具有我国国籍的和尚，他首先具有我国公民的身份。并依法具有宗教信仰的自由。因此，和尚就是信仰宗教的公民而已。一个信仰宗教的公民，可以进行正常的宗教活动，但任何宗教活动，都只能在遵守宪法和法律的前提下进行。因为任何公民在法律面前一律平等，都有遵守宪法和法律的权利和义务。

本案，和尚钱定安死后，他所遗的个人财产，按教规应归寺庙所有。但他的哥哥钱文贵死在他之后，依法享有继承其遗产的权利。钱文贵死后，其继承遗产的权利转移给他的合法继承人。因此，本案原告钱伯春，应当有继承钱定安遗产的权利。本案被告上海玉佛寺不得以教规否定钱伯春的继承权。

第六章 法律责任：法到何处去？

引例

　　某市食品药品监督管理局在执法过程中，发现某食品公司在其生产的猪肉罐头中超范围使用食品添加剂安赛蜜，决定行政处罚罚款 168 万余元。由于做出该处罚时，2015 年新的《食品安全法》还未生效，食药局提出的处罚依据是 2009 年旧的《食品安全法》第八十六条。

　　但是，经过仔细研究，律师发现，尽管 2009 年旧的《食品安全法》第四十六条规定了"食品生产者应当依照食品安全标准关于食品添加剂的品种、使用范围、用量的规定使用食品添加剂；不得在食品生产中使用食品添加剂以外的化学物质和其他可能危害人体健康的物质"。但是，旧的《食品安全法》仅仅在第八十六条第（三）项里规定了"食品生产者采购、使用不符合食品安全标准的食品原料、食品添加剂、食品相关产品"应该承担相应的法律责任，并没有对于超范围使用食品添加剂的情形做出具体处罚规定。

第一节 法律责任是法的归属

　　我们制定法律的目的就是实现公平正义，保障公民自由和社会秩序的实现，但是，再详尽再全面的法律，如果没有法律责任部分，整个法律体系就会犹如海市蜃楼一般虚无缥缈，显得空洞而毫无价值。在上述案例中，由于当时的《食品安全法》并没有规定相应行为的法律责任的承担，因此，相关执法部门做出的行政处罚决定就是一个违反依法行政的行政行为，是不符合现代法治政府的理念的。因此，只有完善相应的法律责任，才能维护法律的权威，实现社会的公平正义。法律责任是法律体系不可或缺的内在逻辑组成部分，是维护法律权威、实现法律效力的最后保障因素。

一 法律责任的含义

"责任"一词可以从两个方面来理解其含义：其一，从积极角度看，责任是指分内之事，如尽责任、岗位责任、职责等；其二，从消极角度看，责任是指没有做好分内之事而应承担的责任。

关于法律责任的含义，主要有以下三种学说。

1. 否定性评价说

法律责任就是法律对某种行为进行否定性评价。该学说将法律责任与法律价值判断保持一致，但其不足之处在于，某些轻微违法行为虽会受到法律的否定性评价，但行为人却不一定承担法律责任。

2. 不利后果说

法律责任，是指行为人由于违法行为、违约行为或法律规定而应承受的某种不利的法律后果。

但是，不利后果说过于宽泛而无法被法律责任完全涵盖。一合同因缺乏某些有效要件而被宣布无效，一方缔约人会因此承担丧失其约定权利或预期利益的不利后果，但却可能并不因此而承担法律责任。

3. 特定义务说

法律责任是由特定法律事实所引起的对损害予以补偿、强制履行或接受惩罚的特殊义务，亦即由于违反第一性义务而引起的第二性义务。[1]

按照特定义务说的观点，一般意义上的义务又称第一性义务，即通常意义上的法律义务，包括法定的作为或不作为的义务以及合法约定的作为或不作为义务。法律责任是一种特殊意义上的义务，又称第二性义务，通常指违反了法定或约定义务而引起的新的特定义务。

法律责任有广义和狭义之分。广义的法律责任，既包括了法所规定的不

---

[1] 张文显主编《法理学》（第四版），高等教育出版社、北京大学出版社，2012，第122页。

必强制履行的各种应尽义务，如一般的守法义务、赡养义务或举证责任等，也包括由于实际违反法律的规定而应当具体承担的强制履行的义务。狭义的法律责任，就指后一种情况，也有人称为"违法责任"。[①]

我们认为，法律责任是指行为人由于违法行为、违约行为或法律规定而应承担由此引起的补偿损害、强制制裁等法律后果。法律责任产生的原因是特定的，即存在违法行为、违约行为或者法律规定的情形。因此，可以说法律是确定法律责任的最终依据。与其他责任不同的是，法律责任的承担具有国家强制性。

法律责任与法律权力的关系：法律责任的认定、归结与实现都离不开国家权力；违法行使权力又须承担相应法律责任，即"有权必有责"。

法律责任与法律权利的关系：法律责任规范着权利的界限，防止滥用权利；权利受到侵害时，法律责任又成为权利救济手段。

法律责任与法律义务的关系：原则上，法律责任的产生必须以法律义务为基础，有法律义务才有法律责任，无法律义务则无法律责任；法律责任是履行法律义务的保障。

法律责任与法律义务的关系也存在如下例外情形。

1. 有义务但无责任：如消灭时效完成后的债务。我国《产品质量法》第三十三条规定：销售者应当建立并执行进货检查验收制度，验明产品合格证明和其他标识。这也是有义务无责任的情形，但这种情况属于法律规则内在逻辑结构不完备，需要立法者予以完善。

2. 无义务但有责任：如动物致人损害的赔偿责任。

3. 法律义务并不意味"不利"；法律责任一般和"不利"相关。

二 法律责任的种类

根据不同的标准，可以将法律责任作不同的分类。

[①] 孙育玮：《关于"法是统治阶级意志表现"命题的定义性问题——读恩格斯"生命"定义论述的启示》，载孙育玮《走向法治的法理思考》，中国法制出版社，2013，第211页。

（一）根据违法行为的性质和社会危害程度、法律调整方式分类

根据违法行为的性质和社会危害程度、法律调整的方式，法律责任可以分为刑事责任、民事责任、行政责任和违宪责任。这是最基本的分类。

刑事责任是指行为人因其犯罪行为所必须承受的，由司法机关代表国家所确定的惩罚性法律后果。其特点是：行为的严重社会危害性；惩罚性责任；罪刑法定。

民事责任是指行为人违反民事法律所应承担的一种救济责任，主要是一种财产责任，可由当事人协商解决。根据《民法总则》第一百七十九条的规定，承担民事责任的方式主要有停止侵害、排除妨碍、消除危险、返还财产、恢复原状、修理、重作、更换、继续履行、赔偿损失、支付违约金、消除影响、恢复名誉和赔礼道歉，共十四种责任方式。民事责任一般为补偿性法律责任，只是填补当事人的损失。法律规定惩罚性赔偿的，依照其规定。承担民事责任的方式，可以单独适用，也可以合并适用。

行政责任是指因违反行政法或因行政法规定而应承担的法律责任。这是一种伴随社会的法治化而出现的公法责任。

违宪责任是指因违反宪法而应当承担的法定的不利后果。违宪通常是指有关国家机关制定的某种法律、法规和规章，以及国家机关、社会组织或公民的某种行为与宪法的规定相抵触。在我国，全国人民代表大会常务委员会负责监督宪法实施，认定违宪责任。

分析：孙志刚案中的法律责任有哪些？是否存在违宪责任？

（二）以是否具有惩罚性为标准分类

以是否具有惩罚性为标准，法律责任分为惩罚性法律责任和补偿性法律责任两类。

惩罚性法律责任，指国家通过强制对责任主体的人身、财产和精神进行制裁的责任方式，包括民事制裁、行政制裁、刑事制裁、违宪制裁。

补偿性法律责任，包括民事补偿和国家赔偿。其中民事补偿又可分为防止性补偿（排除妨碍、消除危险）、回复性补偿（返还财产、恢复原状、恢复

名誉、消除影响）和补救性补偿（停止侵害、赔偿损失、赔礼道歉）。如《民法总则》第一百八十二条第二款规定，如果紧急避险的"危险由自然原因引起的，紧急避险人不承担民事责任，可以给予适当补偿"。第一百八十三条规定，"因保护他人民事权益使自己受到损害的，由侵权人承担民事责任，受益人可以给予适当补偿。没有侵权人、侵权人逃逸或者无力承担民事责任，受害人请求补偿的，受益人应当给予适当补偿"。这些都是属于民事补偿。国家赔偿又可分为行政赔偿和司法赔偿。

（三）以责任主体是否有过错为标准分类

以责任主体是否有过错为标准，法律责任分为过错责任、无过错责任和公平责任三类。

过错责任是指以存在主观过错为必要条件，即承担责任必须以行为人有主观过错为前提。至于我国不少学者提到的推定过错责任，笔者认为，推定过错责任并不是一类独立存在的法律责任种类，它只是为了减轻受损害者在诉讼等救济程序中的证明责任而推定行为人存在过错的证明方式，它依然居于过错责任，只不过是一种特殊过错责任而已。这种推定过错责任必须要有法律的明确规定才能予以适用。

无过错责任原则是指损害的发生既不是加害人的故意也不是受害人的故意和第三人的故意造成的，但法律规定由加害人承担民事责任的一种特殊归责原则。它是指没有过错造成他人损害的，依法律规定应由与造成损害原因有关的人承担民事责任的原则。无过错责任原则也叫无过失责任原则，学术上也把无过错责任称为"客观责任"或"危险责任"，英美法则称之为"严格责任"。无过错责任不以主观过错为必要条件，只要有损害，就要承担法律责任。它是一种基于法定特殊侵权行为的归责原则，其目的在于保护受害人合法权益，有效弥补害人因特殊侵权行为所造成的损失。如我国《侵权责任法》第七条规定的"行为人损害他人民事权益，不论行为人有无过错，法律规定应当承担侵权责任的，依照其规定"。

《民法通则》第一百零六条分三款对过错责任、无过错责任和违约责任分别进行了规定。其中，第三款规定："没有过错，但法律规定应当承担民事责任的，应当承担民事责任。"但对应的《民法总则》却没有了相关规定，只是在第一百七十六条规定："民事主体依照法律规定和当事人约定，履行民事义务，承担民事责任。"《民法总则》没有再对民事责任承担的主观过错进行区别，而是笼统规定"依法律"和"依约定"承担相应民事责任。

公平责任是指法无明文规定适用无过错责任，但适用过错责任又显失公平的，不以行为人有过错为前提，由当事人合理分担责任。公平责任原则作为一种责任分配原则，其责任分配的依据既不是行为，也不是特定事故原因，而是一种抽象的价值理念——公平。一般来说，在法律规范的结构中，价值理念不具有直接的可操作性，把一种价值理念作为调整具体社会关系的操作工具，是一种特殊的法律现象。因此，公平责任原则的适用范围毕竟有限，只能作为过错责任和无过错责任的补充。

公平责任原则的适用应当具备三个条件。

1. 当事人双方都没有过错

《民法通则》第一百三十二条规定："当事人对损害的发生都没有过错的，可以根据实际情况，由当事人分担民事责任。"但是，《民法总则》里没有相关的规定。

对于"没有过错"应包括三层含义。

首先，不能推定行为人有过错。换言之，不能通过过错推定的办法来确定行为人有过错。否则，则属于过错责任而非公平责任。

其次，这种"没有过错"不是法律规定的"无过错"情形。否则，则属于无过错责任而非公平责任。

最后，确定或推定任何一方的过错，均显失公平。即损害的发生不能确定任何一方的过错，而且认定或推定过错也显失公平。

2. 有较严重的损害发生

如果不分担损失则受害人将受到严重的损害，并且有悖于公平、正义的观念。

如何确定损害程度较严重，并无统一标准，只能由法官在个案中根据实际情况予以判断。

损害的程度是一个相对的概念，一般人对损害大小的看法，与特定的加害人和受害人的看法并不一定相同。因此，在确定损害程度时，应考虑当事人的实际负担能力和损害承受能力。另外，在确定损害程度时，还应结合受害人的一些情况考虑，比如受害人的财产是否易受损害，受害人自身应承担多大的风险等。但应当指出的是，损害程度的大小尽管包含了个体性因素，但在具体环境中，其本质上还是有一个客观的、基本的社会认定标准。只是在公平责任原则的适用中，要更多地考虑当事人的个体因素。

3. 不由双方当事人分担损失，有违公平的民法理念

承担公平责任既有利也有弊。公平责任原则弹性较大，赋予了法官较大的自由裁量权。这就要求法官依据内心的公平、正义的道德观念，来合理确定当事人是否应当分担损失以及如何分担损失。但也正是因为这一特点，决定了公平责任原则在理论上的模糊性，比如公平责任在构成要件的要求上并不严格，行为往往不具有违法性，与损害结果之间往往也没有法律上的因果关系，而仅仅是一种事实联系等。另外，这一特点也可能造成实践中法官对公平责任原则的滥用，将应适用过错责任原则或无过错责任原则的案件依公平责任原则处理，或者将所有依过错责任原则难以处理的案件也依公平责任原则处理。

正如有的学者所言："从中国公平责任原则的本质和功能看，它承担的是保险和社会保障制度的任务。随着中国经济的发展，保险业和社会保障制度将不断完善，公平责任的适用范围也将日趋缩小，最终可能会失去作为民事责任的一项独立归责原则的地位，而只体现为一种民事赔偿标准，这是一种自然的回归。"

分析：南京彭宇案的一审判决适用的是什么责任承担原则？其适用是否严格遵守了法律的规定或者公平的价值理念？

南京彭宇案的一审判决中写道："从常理上分析，其（彭宇）与原告相撞的可能性较大，如被告是见义勇为做好事，更符合实际的做法应是抓住撞到原告的人，而不是仅仅好心相扶。如被告是做好事，根据社会情理，在原告家人到达后，其完全可以在言明事实经过并让原告家人将原告送往医院，然后自行离开，但被告未做此等选择，其行为显然与情理相悖。"由此认定，虽然双方均无过错，但应按照公平责任合理分担损失，彭宇补偿徐寿兰损失的40%，共计4.5万多元。显然，彭宇案中，法官在进行责任认定时，一方面从"情理"出发，推断出被告与原告相撞的可能性较大，即存在过错的可能，另

一方面又承认"双方均无过错",在没有对是否公平进行充分论证的基础上,径行做出了各打五十大板的所谓"公平"判决。

第二节 归责与免责

一 归责的含义及归责原则

法律责任的归责,也有学者称之为法律责任的认定与归结,是指对法律责任进行判断、认定、追究、归结以及减缓和免除的活动。法律责任的归责是由国家特设或授权的专门机关或社会组织依照法定程序进行的。

在对法律责任进行判断、认定、追究、归结以及减缓和免除时,必须遵循一定的原则,即归责原则。

(一)责任法定原则

责任法定原则主要指责任的性质、范围、方式等预先由法律来规定。

1. 要求:法定性、合理性、明确性

作为一种否定性的法律后果,法律责任应当由法律规范预先规定;违法行为或违约行为发生后,应当按照事先规定的性质、范围、程度、期限、方式追究违法者、违约者或相关人的责任。

2. 表现:法无明文不为罪、不处罚;禁止类推适用;法不溯及既往

责任法定原则否定和摒弃责任擅断、非法责罚等没有法律依据的行为,不允许法律的类推适用,还否定和摒弃对行为人不利的溯及既往,强调"法不溯及既往"。

比如,我国《行政处罚法》第三条规定:公民、法人或者其他组织违反行政管理秩序的行为,应当给予行政处罚的,依照本法由法律、法规或者规章规定,并由行政机关依照本法规定的程序实施。没有法定依据或者不遵守法定程序的,行政处罚无效。第四条规定:行政处罚遵循公正、公开的原则。设定和实施行政处罚必须以事实为依据,与违法行为的事实、性质、情节以及社会危害程度相当。对违法行为给予行政处罚的规定必须公布;未经公布的,不得作为行政处罚的依据。

事 例

某市政府在一次工作检查中发现两起行政行为存在问题：该市技术监督局在查办一起产品质量案件过程中，将有关当事人扣押了 48 小时；该市交通管理部门在一起交通事故的处理中，超过法定的时限进行责任认定，同时还强令一方当事人赔偿另一方当事人因交通事故造成的损失。

根据我国的《行政处罚法》，技术监督局无权以限制人身自由的方式追究当事人的责任。根据我国的《道路交通安全法》，交通管理部门在责任认定过程中有时限上的要求，交通管理部门不能违背这一法律程序的规定；另外，交通管理部门只有权力进行责任认定，并没有权力决定与事故有关的损害赔偿问题。

（二）因果联系原则

因果联系原则，是指在认定和归结法律责任时，必须首先考虑因果关系，即引起和被引起关系，具体包括：人的行为与损害结果或危害之间的因果关系；人的意志、心理、思想等主观因素与外部行为的因果关系。因果联系是决定是否承担法律责任的关键原则。由于客观事物之间联系的多样性，因果关系也呈现复杂多样的态势。比如，甲欲伤害乙，用匕首胡乱捅了几下乙，但并不致命。在乙被送到医院后，医生用错药，乙当场死亡。那么，乙死亡的后果应不应该由甲来承担法律责任？这就是认定法律责任时需要认真论证的因果关系。

（三）公正合理原则

公正合理原则主要指"违法必究、责罚均衡、罚当其罪、具体分析、程序正义、平等对待"，要对行为人的心智、情感等因素加以考虑。

基本含义如下。

（1）法律责任的性质与违法行为或违约行为的性质和具体情节相适应，与行为人的主观恶性相适应。（责罚相当原则）

（2）任何违法行为都应当依法追究相应的责任。（责任平等原则）

（3）法律责任要与危害后果相适应。（责任相称原则）

（4）归责要综合考虑行为人承担责任的各种因素，或坚持同样案件同样处理，或做到合理的区别对待。（责任平等原则）

（5）在设定和归结法律责任时还应考虑行为人的心智和情感因素，以期真正发挥法律责任的功能。

思考：学会尊重一个小偷

一个被怀疑偷电线的小偷，在广州市白云区新市镇石马村被抓到他的十多人活活用棍子打死。据目击群众介绍，此人被铁棒木棒连续毒打长达20多分钟后被扔在马路边无人救助，上午7时多小偷死去。

（四）责任自负原则

责任自负原则，是指凡是实施了违法行为或违约行为的人，应当对自己的违法行为或违约行为负责，必须独立承担法律责任。同时，没有法律规定的，不能让没有违法行为或违约行为的人承担法律责任。当然，责任自负原则也不是绝对的，在某些特殊情况下，为了社会利益保护的需要，会产生责任的转移承担问题。

案　例
中国古代的株连制度：方孝孺案——中国史上
唯一被"诛灭十族"的人

方孝孺（公元1357~1402年），字希直，一字希古，明初浙江宁海人。他是一代名儒宋濂的得意门生，被视为当时的大儒。

燕王朱棣起兵谋反，方孝孺替建文帝起草了一系列征讨燕王的诏书和檄文。燕王朱棣的军队入京城后，建文皇帝投火自尽。这一天，方孝孺也被关入监狱。当年燕军从北平出发南下时，朱棣的老师，也是他的主要谋士姚广孝临别前嘱咐他千万不要杀方孝孺。说："城池攻克这天，他一定不投降，希望不要杀他，你一定不要杀他。因为，你杀了方孝孺，天下的'读书种子'就绝灭了。"明成祖答应了。明成祖于是就想让方孝孺为他起草即位诏书。方孝孺被召来后，悲伤痛哭之声响彻宫殿内外。

明成祖示意左右侍从递上毛笔书札，对方孝孺说："朕登基之事诏告全国，非先生起草不可。"孝孺把笔扔在地上，一边哭一边骂着说："死就死吧，诏书不能起草。"成祖大怒，命令将方孝孺在街市当中凌迟处死。终年四十六岁。

方孝孺一案，前后共连坐诛杀了他的族人、亲戚、朋友几百人。他的学生也有自杀殉师的，他们是卢原质、郑公智、林嘉猷，都是宁海人。

（五）效益原则

效益原则是指在设定及追究行为人的法律责任时，应当进行成本收益分析，讲求法律责任的效益。

效益原则的要求是，为了有效遏制违法和犯罪行为，必要时应当依法加重行为人的法律责任，提高其违法、犯罪的成本，以使其感到违法、犯罪代价沉重、风险极大，从而不敢以身试法，或有所收敛。法律的经济分析是研究、确定法律责任的一个比较有用的理论工具。

我们可以借助数学公式来说明。

如果逃税者一次逃税 5000 元，一共逃税 100 次，而只被发现 5 次（实际查处比例低于 5%），按照现行《税收征收管理法》，大多是"处以五倍以下罚款"，那么，他的违法成本是：5000（元）×5（倍）×5（次）= 125000（元）；

他的违法净收益（通过违法带来的收益）是：5000（元）×100（次）- 125000（元）= 375000（元）。

假设在制度上将罚款额定在逃税额 20 倍以上，比如 25 倍。在其他因素不变的情况下，逃税者的违法成本就是：5000（元）×25（倍）×5（次）= 625000（元）；

他的违法净收益是：5000（元）×100（次）- 625000（元）= -125000（元）。

很显然，违法者考虑到自己的"利害关系"，在高违法成本的情况下，是不会选择做出违法行为的。

二 归责要件（构成要件）

承担法律责任即意味着承担法定的不利后果，是对法律责任主体的法律处罚与责难，因此，科学合理地确定法律责任的构成要件，确保罚当其所、责罚相当，以实现法律公平正义的价值目标。法律责任的构成要件，也就是归责要件，就是认定法律责任时所必须考虑的条件。一般而言，法律责任的承担须满足以下五个方面的要件。

（一）主体上：责任能力

承担法律责任首先必须要解决谁来承担的问题，因此，法律责任的主体就是认定法律责任时的重要条件。责任主体是指因违反法律、违约或法律规定的事由而承担法律责任的人，包括自然人、法人和其他社会组织。

责任主体有无责任能力是是否承担法律责任的前提条件。责任能力是与行为能力直接相关的一个概念，是行为能力在追究法律责任与免责的法律关系中的具体存在形式，其与行为能力是一致的，通常情况下有行为能力即有责任能力，无行为能力即无责任能力。

案 例
"6·20南京宝马肇事案"——患有"急性短暂性精神障碍"的人是否具有责任能力？

2015年6月20日下午，在南京市秦淮区石杨路与友谊河路交界处，一辆陕AH8N88宝马牌轿车由西向东撞上一辆正常行驶的马自达轿车，导致轿车当场解体，车内一男一女被撞出车外，不幸身亡。肇事驾驶人王季进事发后离开现场，后被警方找回，并因涉嫌交通肇事罪被警方刑事拘留。事故现场未发现毒品，排除王季进酒驾、毒驾嫌疑，王季进所持驾驶证在有效期内。2015年9月6日，南京脑科医院司法鉴定所出具了司法鉴定意见书。据鉴定肇事司机患有急性短暂性精神障碍。7日，该案两名受害者的家人分别表示，对此鉴定结果不接受，要求进行更公开、公正的司法鉴定。

事发后南京警方在处理过程中不专业的表述推动了舆论质疑。先是南京警方有关人士在车速未出检测结果前公开表态称，一路上，肇事者的车速确实要比身边车辆快一些，但并没有出现狂奔的现象。而后，警方公布了肇事宝马车在肇事时的车速为195.2千米/小时。一时间"官二代说""顶包说""毒驾说"四起，警方在通报中一一否认。

时隔两个月，一份最新通报的消息又一次受到公众质疑，最终这起交通事故被网友戏谑为"一个精神病患者携带着玉米粉开着宝马车以快于其他车一点的速度在闹市区撞毁了马自达"。

笑话

自从南京肇事司机被南京脑科医院鉴定为患有间歇性精神病之后，最近各大医院院门口排起了长队，一打听原来都是来办间歇性精神病证明的，还说是现在开车上路必带三证：驾驶证、行驶证和间歇精神病证。不说了，我排队去了。

自从得了精神病，整个人都精神多了。

自从昨天办了个"急性短暂性精神障碍患者证"，就把这个证戴在脖子上，现在同事对我也好了，邻居也有礼貌了，哎，得了精神病的日子真好！都别惹我啊，我可是有身份的人。

（二）主观上：过错

主观过错是指行为人实施违法行为或违约行为时的主观心理状态。不同的主观心理状态对认定某一行为是否有责及承担何种法律责任有着直接的联系。行为人主观上是否存在过错，是承担法律责任的一般构成要件。

主观过错有故意和过失之分。故意是指明知自己的行为会发生危害社会的结果而希望或者放任这种结果发生的心理状态，包括直接与间接故意。过失是应当预见自己的行为可能发生损害他人、危害社会的结果，因为疏忽大意而没有预见，或者已经预见而轻信能够避免，以致发生这种结果的心理状态，包括疏忽大意的过失与过于自信的过失。

分析宫部美幸的小说《无止境的杀人》中主人公的主观过错

雨宫杏子是个爱钻牛角尖的女人，老是怀疑男友相模佳夫不再喜欢她了。一天深夜，在杏子的住处，他再一次费尽口舌安抚她。她总算止住泪水，但是对于他"我今晚住这里好吗"的要求，却不肯允诺。她说："我想拿你的话当赌注。今晚让我一个人静静，我会好好想一想的。"接着她说"外头好像很冷"，要他喝了一杯热咖啡，让他回去了。他在驾车回家途中发生车祸，死亡。

后来证实，她在他的咖啡里加了能打瞌睡的止痛药，而且她知道他回家必须要经过一段非常危险的路段。但她这样做的心态是"我想拿你的话当赌注"，如果你没有因为这样而死掉的话，我就再相信你一次。

一般而言，承担法律责任都要看责任主体的主观上是否有过错。但是，也有着在无过错的情形下承担法律责任的，即无过错责任。比如美国的烟草商巨额赔偿案中，烟草商承担赔偿责任就是适用的无过错责任。

烟草商巨额赔偿案

2002年10月4日，美国洛杉矶高等法院陪审团以11票对1票的绝对多数，裁决以万宝路、骆驼等香烟品牌而举世闻名的烟草商菲利普·莫里斯公司向一名由于长期抽烟而患上肺癌的妇女支付280亿美元的巨额赔款。这是迄今为止在烟民诉烟草业的案件中出现的最高惩罚性赔偿金，同时也创下了美国历史上个人赔偿案的最高纪录。

（三）客观上：违法行为、违约行为或法律事实

承担法律责任的客观构成要件就是要求责任主体必须在客观上实施了某种行为，一般认为就是实施了违法行为、违约行为或者基于法律的规定。违法行为或违约行为在法律责任的构成中居于重要地位，是法律责任的核心构成要素。

1. 违法行为

大量的法律责任是由违法行为产生的。广义的违法行为指所有违反法律

的行为，包括犯罪行为和狭义的违法行为。狭义的违法行为是指一般的侵权行为，包括民事侵权行为和行政侵权行为。

承担法律责任的前提是违法行为同时具备形式违法性和实质违法性。

形式违法性：只有当法律规定了某种行为是违法的，并且对该违法行为规定了其责任方式时，才可以追究其法律责任。这是法律明确性的要求，也是法律不溯及既往的要求，根本上是为了保护国民的预测可能性。

实质违法性：在审判实践中，形式地判断某行为是否合乎法条的规定是不够的，必须实质地考察该行为是否具有实质的违法性。而且，逻辑上讲，不具有实质危害性的行为形式上也不可能真正具有构成要件符合性，否则就是变相地承认立法的不正义——把不值得处罚的行为规定为违法。承担法律责任必须同时具备实质违法性，也即社会危害性。而"掏鸟窝被判十年半"中，法官在对案件的实质违法性的判断上似乎就违背了法理。类似的案件还有天津老太气枪案（一审判非法持有枪支罪三年半），内蒙古农民无证收玉米案（一审判非法经营罪判一缓二，罚2万元），以及河南农民采"野草"案（一审判非法采伐国家重点保护植物罪判三缓三，罚3000元）。

案 例

小鸟大案：掏鸟窝被判十年半

2014年7月，郑州职业技术学院大一学生闫啸天伙同王亚军先后在河南省辉县市高庄乡土楼村一树林内非法猎捕国家二级保护动物燕隼和隼形目隼科动物共16只，并将其中10只贩卖。同月，闫啸天从河南省平顶山市张某手中以550元的价格购买国家二级保护动物凤头鹰1只。

2015年5月28日一审认定闫啸天构成非法猎捕、收购珍贵、濒危野生动物罪，判处有期徒刑十年零六个月，罚金1万元。8月21日，河南省新乡市中级人民法院认定原判认定事实清楚，定罪准确，量刑适当，审判程序合法，裁定驳回上诉，维持原判。

承担法律责任的本质就在于社会危害性，即对法律保护的利益的侵犯程度。一般人对法律保护的利益的理解未必全面准确，但大众朴素的情感反而反映出这些行为是否具有对社会的实质危害性。正如同济大学刑法学教授金泽刚所说，除了立法和解释的因素外，民众对不同案件的轻重比较也值得尊重。例如，同属破坏环境资源的犯罪，一些污染环境的案件在实践中屡屡发生，有的污染甚至导致当地水源丧失，鱼虾绝迹，数十年治理都难以恢复，民众怨声载道，却从未见"重刑伺候"。这里固然有立法因素的制约，但司法如此"厚此薄彼"必然有损普遍的公平正义。说到底，我们没有足够的理由批判民众关注身边赖以生存的水源和鱼虾超过关注远在森林里的动物。我们不妨问问，二者相比，谁更正义呢？①

2. 违约行为

违约行为，即违反合同约定，是指合同当事人违反合同约定义务，没有履行一定法律关系中作为的义务或不作为的义务的行为。违约行为是违约责任的基本构成要件，没有违约行为，也就没有违约责任。

与违法行为相比，违约行为有着不同的特征：从主体上看，违约行为的主体具有特定性，违约行为人必须是合同关系中的当事人。从前提上看，违约行为是以有效的合同关系的存在为前提的。没有有效的合同关系，就没有合同义务，也就不存在当事人一方不履行合同义务或履行合同义务不符合约定的问题。所以，只有有效的合同关系的存在，才有违约行为的存在和可能。从性质上看，违约行为就是违反了合同义务。这些义务主要包括：当事人在合同中约定的义务；法律规定的义务；依据诚实信用原则而产生的其他义务，如注意义务、告知义务、照顾义务、忠实义务、说明义务等。从后果上看，违约行为导致了对合同债权的侵害。债权是一种相对权，它的实现有赖于债务人切实、积极地履行合同义务，而违约行为导致债权人的债权无法实现或无法完全实现。

3. 法律规定

法律规定成为产生法律责任的原因，是指从表面上看，责任人并没有从事任何违反法律的行为，也没有违反任何契约义务，仅仅由于出现了法律所规定的法律事实，就要承担某种赔偿责任。比如无过错责任中的产品致人损害、高度危险作业致损等情形，就是基于法律的明确规定而承担法律责任，

---

① 金泽刚：《大学生售鸟案司法判决为何难服众》，http://epaper.bjnews.com.cn/html/2015-12/08/content_611819.htm?div=-1，最后访问日期：2017年9月25日。

而不用看责任主体是否存在违法行为或违约行为。

（四）后果上：损害结果

损害结果是指违法行为或违约行为侵犯他人或社会的权利和利益所造成的损失和伤害，包括实际损害、丧失所得利益及预期可得利益。损害结果可以是对人身的损害、财产的损害、精神的损害，也可以是其他方面的损害。

损害结果具有侵害性和确定性。一般认为，损害结果具有侵害性，是指法律所保护的合法权益遭受了侵害。此处颇有疑问的是，法律尚未规定（保护）的权益，如悼念权、性生活权等受到侵害，难道不构成"损害后果"这一归责要件吗？损害结果具有确定性，是指违法行为、违约行为或法律事实已经实际造成的、能够客观确定的侵害事实，而不是推测的、臆想的、虚构的、尚未发生的情况。比如，对于因飞机延误而导致一份上百万元的订单未能签订成功，此订单损失虽已实际发生，但却并不是能客观确定的，因此航空公司不承担赔偿订单损失的责任。

（五）逻辑关系上：因果关系

万事万物之间必有联系。在哲学意义上，原因和结果是揭示客观世界中普遍联系着的事物具有先后相继、彼此制约的一对范畴。原因是指引起一定现象的现象，结果是指由于原因的作用而引起的现象。因果关系是一种引起与被引起的关系。作为法律责任构成要件的因果关系，是违法行为、违约行为或者法律事实与损害结果之间的必然联系。当损害结果发生时，要确定某人应否对该结果负责任，就必须查明他所实施的违法行为、违约行为或者法律事实与该结果之间是否具有因果关系。

然而，辩证唯物主义认为，客观事物之间联系的多样性决定了因果联系复杂性，事实上的因果关系极为复杂，一因一果、一因多果、多因一果、多因多果等，法律只考虑其中与法律责任认定有关的因素。因果关系是法律规定的因果关系，具有法定性。查明因果关系时，一定要从实施行为或法律事实发生的时间、地点、条件等具体情况出发作具体分析。曾经有这样一个案例，楼上的厕所漏水，楼下住户多次要求楼上住户修理，无果之后自行搭梯子检查修理，踩滑摔伤。那么，楼下住户摔伤，究竟是谁之过？其直接原因很显然是他自己爬梯子不小心踩滑而摔伤，但他为什么会去爬梯子？这就涉及直接原因和间接原因的分析。

总之，法律责任的构成要件要从以下几个方面进行分析。①谁？②主观状态怎样？③做了什么？④危害结果是什么？⑤行为与结果之间有无因果关系？当然，主观状态有时并不是构成法律责任的必备要件。

案例：丈夫戴面具强奸妻子

2013年12月18日上午，丈夫邵某早早出门上班，妻子小燕在泉州台商投资区东园镇工厂员工宿舍休息。一男子潜入宿舍，抢劫强奸了小燕。两天后，犯罪嫌疑人落网。令人大跌眼镜的是，犯罪嫌疑人竟是小燕的丈夫邵某。邵某自导自演，在妻子不知情下，演了这场戏，只为让老婆提早体验私会网友的危险性。丈夫邵某涉嫌强奸罪被刑事拘留。

分析邵某的行为能否构成强奸？该不该承担法律责任？

案例：深圳梁丽拾黄金案——"拾金有昧"该当何罪？

2008年12月9日8时许，东莞一家珠宝公司的员工王某在深圳机场办理行李托运手续时，被值机人员指示到另一个柜台办理。王某于是离开柜台，并将一个装有一只小纸箱的行李手推车留在柜台前1米的黄线处。其时没有人知道，小纸箱装有14555克黄金首饰。王某离开33秒后，梁丽出现在这个纸箱旁。大约半分钟后，梁丽将纸箱搬进了机场一间厕所。王某4分钟后返回，发现纸箱不见了，随即向公安机关报警。

当日9时40分许，梁丽吃早餐时告诉同事，捡到一个比较重的纸箱。随后，两名同事经梁丽同意，将纸箱打开并取走两包黄金首饰。梁丽从同事那里得知纸箱内是黄金首饰后，将纸箱放到自己的清洁手推车底层后离开，并从纸箱内取出一件首饰交由同事到黄金首饰店鉴别，证实是黄金首饰。

当日14时许，梁丽下班后将纸箱带回住处，从纸箱取出一部分黄金首饰放入其丈夫放在床边的衣服口袋内，纸箱就放置于床底下。

18时许，民警到梁丽家中询问其是否从机场带回物品，梁丽否认。民警遂对其进行劝说，直到床下存放的纸箱被民警发现，梁丽才承认该纸箱就是从机场带回的。当民警继续追问是否还有首饰未交出，梁丽仍予否认。民警随后从梁丽丈夫的衣服口袋内查获另一部分黄金首饰。最终民警将大部分黄金首饰追回，但尚有136克黄金首饰去向不明。

随即，深圳警方以涉嫌盗窃罪将梁丽逮捕。

是"捡"还是"盗"？

经过反复审查和研究，深圳市检察机关9月25日对此案审查终结。深圳市检察机关办案人员认为，判断梁丽的行为是"捡"还是"盗"，关键是看其拿走的物品究竟是"遗忘物"，还是"受害人实际控制下的财物"。但在此案当中，受害人王某是在19号柜台办理行李托运手续时，被值机员告知需要到10号柜台办理，因此将行李留在19号柜台前，到22米远的10号柜台办理。王某离开期间，梁丽将装着黄金的纸箱当成"遗忘物"拿走，很难判断梁丽是否存在主观故意。判断梁丽的行为虽然也有盗窃的特征，但构成盗窃罪的证据不足，更吻合侵占罪的构成特征。

根据"刑疑从轻"的原则，从有利于梁丽的角度出发，检察机关认定梁丽不构成盗窃罪。由于侵占罪不是检察机关管辖的公诉案件，属于自诉案件，检察机关将本案退回公安机关，并建议公安机关将相关证据材料转交自诉人。

"捡"黄金案引发的思考

正方：深圳市检察机关的处置体现了"疑罪从无"、宽严相济的法律精神，是尊重人权、法治进步的表现。尽管我国新刑法确立了"无罪推定"的原则，但"有罪推定"在司法实践中仍然大行其道。深圳市检察机关此次对存疑、介乎两可之间的"捡"黄金案"从轻"而非"从重"处理，正是"疑罪从无"的现代司法理念的体现。

反方：检察机关做出显著有利于梁丽的结论，是"法律对舆论的让步"，显著有违"法律面前人人平等"的原则，对于规范社会道德起到了不当的示范作用。

不少专家认为，检察机关的处理结果存在一定的道德风险。梁丽的行为的确暴露出其法律意识的淡薄和道德的缺失。因此，有必要对社会的认知标准进行引导，让公众清醒地认识到"法律上的免予公诉并非意味着道德上的'豁免'"，否则，法律的"温情"将演化为对不当行为的纵容，进而混淆对行为认知和道德判断的标准，造成全社会难以承受的风险。

三 法律责任竞合

一方面，纸面上的不同法律规范会从不同角度对社会关系加以调整，并且具有抽象概括性，另一方面，现实的法律关系又是纷繁复杂的，因此，法律规范在调整社会关系时就可能会产生一定的重合，使得一个行为同时触犯了不同的法律规范，面临数种法律责任，从而引起法律责任的竞合问题。

法律责任竞合，就是行为人的行为触犯了两个或两个以上法律的禁止性规定，导致两种或两种以上的责任产生，而这些责任之间相互冲突的现象。比如，出卖人交付的物品有瑕疵，致使买受人的合法权益遭受侵害，买受人向出卖人既可主张侵权责任，又可主张违约责任，但这两种责任不能同时追究，只能追究其一，这种情况即法律责任的竞合。法律责任竞合，既可发生在同一法律部门之内，如民法上侵权责任和违约责任的竞合，也可发生在不同的法律部门之间，如民事责任、行政责任和刑事责任等之间的竞合。

法律责任竞合的特点主要有以下几点。

1. 一个主体。数个法律责任主体为同一个法律主体。

2. 一个行为。责任主体只实施了一个行为，而不是多个行为。

3. 数个法律责任。责任主体实施的这个行为符合两个及两个以上法律责任的构成要件。

4. 数个法律责任之间相互冲突，不能吸收，不能并存。如果数个法律责任可以被其中之一所吸收，如某犯罪行为的刑事责任吸收了其行政责任；或可以并存，如某犯罪行为的刑事责任与附带民事赔偿责任被同时追究，则不存在责任竞合的问题。

但是，对于竞合是"不能吸收，不能并存"的这一前提下的法律责任冲突，在我国法学界却有不同的理解。我国《行政处罚法》第七条规定："公民、法人或者其他组织因违法受到行政处罚，其违法行为对他人造成损害的，应当依法承担民事责任。违法行为构成犯罪的，应当依法追究刑事责任，不得以行政处罚代替刑事处罚。"这究竟是刑事责任吸收了行政责任，民事责任与行政责任或者刑事责任并存，从而不存在竞合问题，还是属于"行政处罚与民事责任、刑事责任竞合的适用原则"[1]？笔者认为，《行政处罚法》第七条的规定不属于责任竞合的问题。因为法律责任的竞合，最关键的特征是数个法律责任之间出现了冲突，冲突即矛盾，即不可调和，只能择其一而不能同时适用。

由于法律责任竞合往往是在法律事实的认定过程中发现的，因此法律解释是解决法律责任竞合的一种途径或方法。一般而言，不同法律部门的竞合，从重；同一法律部门（民法）的竞合，择一。

对于不同法律部门间法律责任的竞合，一般来说应按重者处之。如果相对较轻的法律责任已经被追究，再追究较重的法律责任应适当考虑折抵。目前在实践中，法律责任的竞合较多的是指民事上的侵权责任与违约责任的竞合。对这种法律责任竞合的性质及法律上如何处理，理论上存在争议，各国的法律规定也有所不同。有的国家禁止竞合，规定不得将违约行为视为侵权行为，从而不产生责任竞合问题；有的则允许或有限制地允许竞合，而赋予当事人选择请求权。我国法律就赋予了当事人选择的权利。《合同法》第一百一十六条规定：当事人既约定违约金，又约定定金的，一方违约时，对方可以选择适用违约金或者定金条款。第一百二十二条也规定：因当事人一方的违约行为，侵害对方人身、财产权益的，受损害方有权选择依照本法要求其承担违约责任或者依照其他法律要求其承担侵权责任。

四 免责

免责，也称法律责任的免除，是指责任主体具备了承担法律责任的条件，但由于出现法定条件，致使其法律责任被部分或全部地免除。由于部分免除责任，也就意味着减轻法律责任，因此，一般认为免责也包括法律责任的减轻。

免责是否等同于无责任或不负责任？免责的前提是存在法律责任，如果法律责任自始就不存在，也就谈不上法律责任的免除。因此，免责不能等同于"无责任"，也不是"不负责任"。免责并不意味着被免责的行为是合理的、法律所允许的或法律不管的，更不意味着这些行为是法律赞成或支持的。

---

[1] 高其才：《法理学》，清华大学出版社，2015，第144页。

比如,《民法总则》第一百八十四条规定:"因自愿实施紧急救助行为造成受助人损害的,救助人不承担民事责任。"有人认为该条增加了一种新的免责事由——见义勇为,但"救助人不承担民事责任"是指救助人根本就没有法律责任,因此不存在"免责"一说。立法者的本意是为了扭转"老人摔倒无人扶"的社会风气,但此种不问"见义勇为"具体情形而一概不担责的规定至少存在两个方面的问题。一是该规定不利于受损人方。因为该规定太过于绝对,"见义勇为"可能是"好心办坏事"。二是该规定也并不利于救助人一方。究竟是救助人还是侵权人,证明责任在行为人,而要证明自己是在做好事行使救助行为,却并不容易,例如南京彭宇案、天津许云鹤案。

免责是否等同于赦免?赦免是中国封建社会在法律外对法律责任的免除,即"法外施恩"。我们现在所说的"免责"是法定的免责,不是在法律外的免除法律责任。

应该承担法律责任而不承担,这对责任主体是一种责任免除的利益获得,但对受损方是不利的,因此必须是在出现了法定条件的情形下才可以免责,否则对受损方是不公平的。一般而言,免责的原因(条件)有以下几种。

1. 时效免责,即法律责任经过一段时间后免除。2017年《民法总则》第一百八十八条将诉讼时效期间改为3年,同时规定"法律另有规定的,依照其规定"。那么,《民法通则》第一百三十六条关于1年的诉讼时效还有效吗?《民法通则》第一百三十六条规定下列的诉讼时效期间为一年:(一)身体受到伤害要求赔偿的;(二)出售质量不合格的商品未声明的;(三)延付或者拒付租金的;(四)寄存财物被丢失或者损毁的。

2. 不诉免责,是指如果受害人或有关当事人不向法院起诉要求追究行为人的法律责任,行为人的法律责任就实际上被免除了。由于实践生活的复杂性,有可能存在受害人或有关当事人基于某种压力而不敢"告诉",这就需要对受害人或有关当事人的主观状态进行考察。

3. 自首、立功免责,是对那些违法之后有自首、立功情节的人,免除其部分或全部法律责任。如我国《刑法》第六十七条、第六十八条的规定。

4. 补救免责,即对于那些实施违法行为,造成一定损害,但在国家机关归责之前采取及时补救措施的人,免除其部分或全部责任。这种免责的理由是违法者在归责之前已经超前履行了第二性义务。

5. 协议免责或意定免责，即所谓"私了"。这种免责一般不适用于犯罪行为和行政违法行为（即"公法"领域的违法行为），仅适用于民事违法行为（即"私法"领域）。

6. 人道主义免责（因履行不能而免责）。权利是以权利相对人即义务人的实际履行能力为限度的。在权利相对人没有能力履行责任或全部责任的情况下，有关的国家机关或权利主体可以出于人道主义考虑免除或部分免除有责主体的法律责任。

五　归责的方法和程序

归责的方法和程序，即法律责任认定和归结的过程，实际上就是法律责任构成的分析，同时判定法律关系主体第一性义务是否履行的问题。

具体的方法和程序如下。

第一步：判定是否符合法律责任的构成要件。

1. 如果不符合法律责任的构成要件，无法律责任。包括三种情形：一是没有违法或违约或其他法定事由，如法定范围内的正当防卫和紧急避险；二是主体不具备承担法律责任的要件，如主体未达到法定责任年龄、精神上无认知和控制能力（仅限于刑事责任领域）；三是即使有违法行为、违约行为或其他法定事由，但这些行为或法定事由与损害结果之间不存在法律上的因果关系。

2. 如果符合法律责任以构成要件，存在法律责任。

第二步：判别责任主体。

基于责任法定原则和因果联系原则分析行为和后果之间的关系。

1. 行为和后果之间不存在因果关系，归责错误，应当由其他主体承担责任。

2. 行为和后果之间存在因果关系，归责正确，责任主体确定。

第三步：明确法律责任的性质。

刑事责任、民事责任还是行政责任？

第四步：判定责任的程度。

根据是责任法定原则、因果关系原则（主要判别责任主体的主观要件与违法行为之间的因果关系）、公正合理原则。

第五步：判别有无减轻及免除责任的情形。

思考分析

小明违反了法律规定，法院依法追究了他的法律责任。但小明所违反的法律是在他出国期间由国内立法机关制定的，小明不知道有这种法律规定，他回国后也无人告知他已经制定了这一法律。小明认为不知者不为过，法院不应当根据他不知道的法律规定处罚他，至少也应考虑对他予以减轻处罚。

运用所学法律知识和法律基本原理分析以上案例。

第三节 法律责任的承担

追究法律责任的目的就在于，通过使当事人承担不利的法律后果，保障法律上的权利、义务、权力得以生效，实现法的价值。怎样才能让当事人承担不利的法律后果？这也就是法律责任承担的方式，即承担或追究法律责任的具体形式，包括惩罚、补偿、强制等三种。

一 惩罚

惩罚即法律制裁，是由特定国家机关对违法者依其法律责任而实施的强制性惩罚措施。惩罚是最严厉的法律责任承担方式。

在理解惩罚即法律制裁时，必须厘清违法行为、法律责任和法律制裁的关系：①违法行为是产生法律责任的主要原因，但是有法律责任不一定有违法行为；②有违法行为不一定有法律责任的实际承担，即可能免责；③法律责任是法律制裁的前提，没有法律责任就不会有法律制裁，法律制裁是落实法律责任的一种主要方式，但法律责任的存在并不意味着一定会有法律制裁，有可能承担的是补偿或强制的法律责任；④违法行为人和责任承担者并不一定是同一主体。

惩罚主要包括：刑事制裁、民事制裁、行政制裁和宪法制裁。

刑事制裁即刑事法律责任，就是一种惩罚性法律责任，惩罚是刑事责任的首要功能。刑事制裁作为一种最严厉的制裁方式，主要包括限制、剥夺责任人的自由、财产、政治权利甚至生命。

民事制裁是由人民法院确定并实施的，对民事责任主体给予的强制性惩罚措施。很多学者认为，民事制裁主要包括赔偿损失或支付违约金等①。但是，笔者认为，在我国，民事法律责任主要不是一种惩罚责任，即使通过司法程序追究责任主体的民事责任，它依然不具有惩罚性，对受损害一方来说依然只具有补偿性。当然，其中也有部分民事法律责任执行惩罚的功能，具有惩罚的内容。比如，违约金本身就含有惩罚的意思。此外，精神损害赔偿也是惩罚性赔偿。法院审理民事案件，收缴进行非法活动的财物和非法所得，并可以依法处以罚款和拘留，也是惩罚性民事制裁。而我们经常说的"民事赔偿损失"实际为补偿性质。在美国侵权法中，法院可以对"蓄意害人"的侵权行为判处惩罚性赔偿金。这是作为惩罚被告的一种方式而给予原告的超过其实际损失的损害赔偿金。一个79岁的老太太到麦当劳去吃饭，由于服务生把咖啡的温度没调好，高了几度，标准应当是华氏155度，而供应的咖啡是在华氏180~190度。老太太不小心烫到了自己的腿，烫起了几个泡泡，诊断为三度烫伤。老太太就起诉要求赔偿，结果法院判决麦当劳赔偿270万美元。美国法官解释判决说为什么要判这么多，不是因为老太太需要这么多赔偿，而是惩罚性赔偿，面对麦当劳这样一个跨国大公司，如果不赔偿这么多钱，对他没有惩罚的意义。

四碗方便面，获刑八年半
——从李海峰案看过度维权与敲诈勒索的边界

2014年12月，黑龙江货车司机李海峰在一镇上小超市购买了四包今麦郎诱惑酸辣方便面，食用后出现腹泻腹痛的情况，接着发现醋包内有疑似"玻璃碴"的物体，且四包方便面均已过期。随后李海峰找到今麦郎公司投诉醋包内有"玻璃碴"，以找媒体曝光为由提出索赔300万元。在维权期间，李海峰以个人名义联系了上海、西安的两家检测机构对醋

---

① 高其才：《法理学》，清华大学出版社，2015，第147页。张文显主编《法理学》（第四版），高等教育出版社、北京大学出版社，2012，第130页。

包的相关成分进行检测，最后西安的检测机构检出醋包内汞含量超标。于是李海峰又认为其母亲在2014年10月刚刚做过的乳腺癌手术，与此前长期食用该品牌方便面有关，因此将赔偿款提高到500万元，最后坚持索赔450万元。

李海峰在得到今麦郎公司拒绝高额赔偿答复后，开通微博，发布"今麦郎含有致癌物质，汞超标接近五倍，用的工业盐，亚硝酸含量为11mg"，"我妈妈因家里工作原因长期食用方便面导致患上乳腺癌！最小的癌症患者不到三岁！下面为大家发上检测结果和病历报告！劝大家远离今麦郎黑心企业"的网络信息，并向今麦郎公司负责协调此事的人员和公司客服手机发布短信，"昨天已经有三家媒体联系了我，微博的阅读量快要突破四万人！大家再努努力继续转发！让更多的人知道今麦郎这个黑心企业"。

今麦郎公司随后以李海峰涉嫌敲诈勒索罪为名向当地公安机关报案，2015年12月18日河北省隆尧县人民法院〔2015〕隆刑初字第258号刑事判决书宣判李海峰犯敲诈勒索罪，判处有期徒刑八年六个月，并处罚金两万元人民币。

一审判决认定李海峰构成敲诈勒索罪，判处八年六个月有期徒刑究竟是从轻还是过重？

从判决书陈述及判后主审法官接受媒体采访可知，合议庭认定李海峰犯罪未遂，依法从轻处罚。敲诈勒索罪涉案数额特别巨大或者有其他特别严重情节的，可处十年以上有期徒刑。一审法院认为李海峰敲诈行为未遂，判其有期徒刑八年六个月，这貌似手下留情，但是，这个案件是今麦郎公司所在县城的法院审理的，据今麦郎公司官网介绍，该公司1994年便在当地施工建设并投产运行，现今无疑已是小县城上的明星企业，这不得不让人产生诸多联想，法院再怎么解释轻判李海峰，也去除不掉公众对其公正性的质疑。法官认为因四碗方便面，提出几百万元的天价索赔不合理，那么，法官们有没有想过，因四碗方便面判处消费者八年六个月有期徒刑合理不合理？

即便法院要认定他有非法占有的故意，但就情节来看，李海峰后来明确提出不要赔偿了，那这算不算"中止"？如果要轻判李海峰，为什么不认定其"中止",因为"中止"比"未遂"来说更有轻判的空间。

行政制裁即行政法律责任,包括行政处罚、行政处分等,比如没收进行非法活动的财物和非法所得、罚款、拘留等,都是以执行惩罚和预防功能为主的责任。

违宪制裁与上述三种法律制裁有所区别,是对违宪行为所实施的法律制裁,是具有最高政治权威的法律制裁。在我国,违宪制裁主要是指全国人民代表大会及其常委会撤销同宪法相抵触的法律、行政法规、地方性法规,罢免国家机关的领导人员等强制措施。

二 补偿

补偿的基本意思是弥补缺陷,抵消损失。作为法律责任承担方式的补偿,是通过国家强制力或当事人要求责任主体弥补所造成损失的责任方式。补偿侧重强调事实,较少渗入道德评判,目的主要在于弥补受害人的损害。补偿的方式除了对不法行为的否定、对受损害方进行精神慰藉外,主要为财产上的补偿,比如民事补偿方式就包括停止侵害、排除妨碍、消除危险、返还财产、恢复原状、修理、重作、更换、继续履行、消除影响、恢复名誉等。

在我国,补偿主要包括民事补偿(或赔偿)和国家赔偿两类。由于我国法律在规定法律责任承担方面,更多的是使用"赔偿"一词,如《民法总则》第一百七十九条第(八)项的"赔偿损失",《国家赔偿法》更是直接以"赔偿"作为法律名称,但正如前所述,我国的民事责任主要是补偿性质,国家赔偿的性质也实为补偿。如著名的麻旦旦"少女嫖娼案"中,法院最后判处被告泾阳县公安局支付受害者麻旦旦赔偿金74.66元,这么低的赔偿金甚至说是"补偿"都太少。因此,2012年新《国家赔偿法》第三十五条规定了致人精神损害的,应当在侵权行为影响的范围内,为受害人消除影响,恢复名誉,赔礼道歉;后果严重的,应当支付相应的精神损害抚慰金。尽管精神损害的国家赔偿之路可能还会在司法实践中存在很大障碍,但至少法律已经有了很大的进步。

三 强制

强制是指国家通过强制力迫使不履行义务的责任主体履行义务的责任方式。强制是承担行政法律责任的主要方式，其主要的功能在于保障当事人履行法律义务，从而实现权力对行政法律关系的管理，使行政法律关系正常运作。强制包括对人身的强制（拘传、强制传唤、强制戒毒、强制治疗、强制检疫等方式）和对财产的强制（强制划拨、扣缴、拆除、拍卖、变卖等方式）。强制主要为直接强制，也有代执行、执行罚等间接强制。

第七章 法运行的一般原理：法要怎么用？

第一节 法的适用概说

一 法适用的目标：实现可预测性和可接受性的协调关系

法律人适用法律的最直接目标就是要获得一个合理的法律决定。在法治社会，所谓合理的法律决定就是指法律决定具有可预测性和正当性。法律决定的可预测性是形式法治的要求，它的正当性是实质法治的要求。法适用的目标就是要让法律决定具有可预测性（形式法治的要求）和正当性（实质法治的要求），二者实现有机统一。

（一）可预测性：形式法治的要求

为了尽可能地避免武断和恣意，形式法治要求裁判者将法律决定建立在既存的一般性法律规范的基础上，并按照一定的方法——推理规则和解释方法——适用法律规范。

（二）正当性：实质法治的要求

正当性也叫合理性、合目的性和可接受性，是指按照实质价值或某些道德考量，法律决定是正当的或正确的。法律人乃是通过运用一些普遍承认的法学方法，来达到与实质价值或道德的一致性。

注意：这里的实质价值或道德是有一定范围的或受到限制的，主要是指特定法治国家或宪政国家的宪法规定的一些该国家的公民都承认的、法律和公共权力应该保障与促进的实质价值，例如我国宪法规定了人权、自由和平等。

(三) 可预测性和正当性的紧张关系

可预测性和正当性之间存在紧张关系，实现了可预测性的法律决定可能与特定国家的法秩序所承认的实质价值或道德相背离，而具有正当性的法律决定却可能违背可预测性。这种紧张关系是形式法治和实质法治之间紧张关系的一种体现。

例如，一小偷将三岁小孩往地上摔死，但有自首，有重大立功，判死缓——有可预测性。

但老百姓不干了，到法院门口闹事——无可接受性。

法律裁决的可预测性与可接受性间的紧张关系典型案例如下。

案例1：许霆案——从无期到5年

2006年4月21日晚10时，许霆到某银行ATM取款。结果取出1000元后发现银行卡账户里只被扣了1元，狂喜之下，许霆先后取款171笔，合计17.5万元。后在陕西宝鸡火车站被警方抓获。

广州市中院审理后认为，许霆的行为已构成盗窃罪，判处无期徒刑，剥夺政治权利终身并处没收个人全部财产——实现了可预测性（但老百姓不接受，因为当时原深圳市市长贪了一亿也是无期）。

许霆上诉，发回重审，2008年3月广州中院认定许霆犯盗窃罪，判处有期徒刑5年。许霆再度上诉，广东省高院驳回上诉，维持原判——实现了可接受性。

案例2：男子目睹妻子遭强奸，砍死施暴者被判无期

2006年3月17日晚，张某趁田某出去散步，强暴了田某的妻子。当田某回到宿舍门口时，听到宿舍里妻子大喊"不要、不要"。他从一旁窗户爬了进去，发现张某正压在妻子身上，张看到田某进来从床上下来。田某冲上前与张某扭打在一起，田某后来用菜刀把张某砍死。

浙江温州中院审理后认为，田某非法剥夺他人生命，致一人死亡，其行为已构成故意杀人。田某有自首情节，可从轻处罚，案发的主要原因是田某目睹张某对妻子实施性侵犯，张某在本案中存在重大过错，故对田某从轻处罚，一审判处田某无期徒刑——实现了可预测性。

网友热议：砍死人事出有因，作为任何一个丈夫来说，看到自己的妻子被强奸，谁都不会转身离开的，法院这样判，有失公允！判十年以下比较合理。法律不能保护恶人——无可接受性。

案例3：于欢案（辱母案）[①]——**从无期到5年**

2016年4月13日，债权人吴学占（后因涉黑被聊城警方控制）在苏已抵押的房子里，指使手下拉屎，将苏银霞按进马桶里，要求其还钱。14日，苏银霞和儿子于欢，连同一名职工，被带到公司接待室。11名催债人员围堵并控制了他们三人。其间，催债人员用不堪入耳的羞辱性话语辱骂并露出下体侮辱苏银霞。令于欢濒临崩溃。后来于欢看到接警的警察要走，情绪崩溃，站起来试图冲到屋外唤回警察，被催债人员拦住。混乱中，于欢从接待室的桌子上摸到一把水果刀乱捅，致使杜志浩等四名催债人员被捅伤。其中，杜志浩失血性休克于次日凌晨死亡。另两人重伤，一人轻伤。

2017年2月17日，聊城市中级人民法院一审以故意伤害罪判处于欢无期徒刑。山东聊城法院认为：虽然讨债人限制了苏银霞母子的人身自由，并当着于欢的面羞辱了他的母亲，但杜志浩等并未动用工具，在已出警的情况下，不存在防卫的紧迫性，因此判定于欢犯有故意伤害罪而判处无期徒刑，剥夺政治权利终身，并要求于欢赔偿死亡赔偿金、丧葬费、被扶养人生活费等共计830多万元。

2017年6月23日，山东省高级人民法院公开宣判上诉人于欢故意伤害一案。于欢犯故意伤害罪，判处有期徒刑五年。

通过以上案例，我们发现在现实生活中，当发生一件影响重大的法律事件时，法治的正当性更多关注的是老百姓舆情。但是，舆情是舆情，法律是法律。舆情本身如果能从中立客观出发监督司法是保证司法公正之必要，但是如今的网络暴力无处不在，吃瓜群众不分青红皂白站在道德制高点随意指责谩骂，就有可能演变为舆情干扰司法。因此，两者之间不能混淆，但两者之间并非天然对立，民意执念的朴素正义，应该在法律管道内有正常的吸纳空间。在公众一边倒地同情所谓弱势群体的时候，我们期待足以令人信服的正义理据，或者做出正义的修订。

[①] 《辱母案》：http://baike.so.com/doc/25352122-26369005.html，最后访问日期：2017年10月2日。

（四）当可预测性和正当性之间出现紧张关系，法官（裁判者）该怎么选择

从整体法治来看，裁判者既不能陷入机械的法条主义，也不能陷入道德至上主义，必须在二者之间寻找最佳的协调。

1. 可预测性具有初始的优先性。对特定时间段内的特定国家的法律人来说，可预测性具有初始的优先性。

2. 灵活运用法律解释、法律推理和法律论证等法学方法，运用自由裁量权将正当性统摄到法的可预测性里去，最大限度地消解二者的紧张关系。比如，本书"法律概念"部分对"毁坏"一词的理解，就是灵活运用法律解释的法学方法，将法律的正当性统摄到法的可预测性里去。

注意：可预测性和正当性（可接受性）之间的关系，实际上也是规则和原则、正式渊源和非正式渊源、法律和道德之间的关系。

二 法适用的方法和步骤

（一）法适用的方法

法适用的方法即法律方法，是法律人在法律适用过程中，解决和分析法律问题所采用的方法和技术的总称。

法律适用的主体是"法律人"，包括立法者、司法者、执法者和法律监督者。法律适用方法仅指法律人法律适用过程中所使用的方法，仅指在法律领域中具有独特性的方法。

法律方法与法学方法都是属于法的方法，不过法律方法更多的是关于法的适用方面的实践方法，而法学方法主要是法学理论方面的研究方法。二者的关系如图 7-1 所示。

一般而言，法律方法主要有法律发现、法律解释、漏洞补充、法律论证、法律推理和价值衡量六种方法。针对个案，法律适用者发现法律有三种情况：明确的法律、模糊的法律和法律的空缺结构。前者可直接进入法律推理，中者先需法律解释，后者则要进行漏洞补充即法官造法。当法律本身是明确的，只需要适用者去发现法律即可，但法律一旦是模糊的或者法律本身是不存在

的（法律漏洞），这时就需要法律解释和进行漏洞补充予以完善法律，从而在执法和司法过程中，运用法律论证、法律推理方法结合法律与事实进行逻辑推理以及价值衡量，以便得出符合法律价值的裁判。对用不同方法获得的法律推理的大前提都需要进行法律论证，以确定最好的理解。以上所有法律方法中都贯穿着价值衡量问题。法律方法的运用如图 7-2 所示。

图 7-1　法的方法

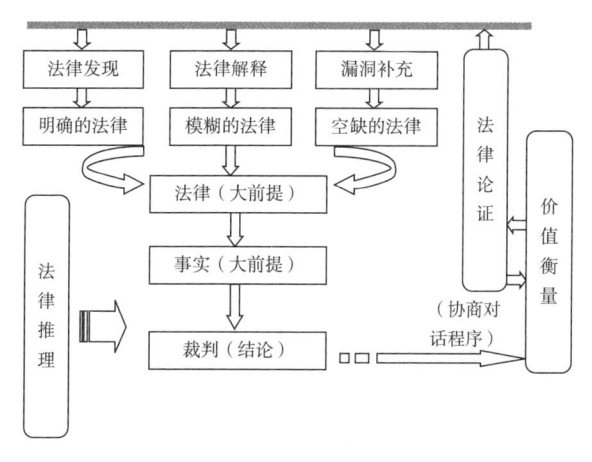

图 7-2　法律方法的运用

1. 法律发现是法律人寻找和确定所要适用的法律规定的过程。法律发现主要指司法过程中的法律发现，与之相区别的是法官造法或者对法律的所谓自由发现，是为限制法官裁判的任意性而开发的一种法律方法。这种方法为法官裁判案件限定了其发现法律的大致场所，即各种形式法律渊源。

2. 法律解释是指由特定的机关、社会组织和个人，根据立法精神、国家政策和法律意识对法律或法律条款的含义所做的说明和解释。法律解释是在法律实施过程中具体地揭示法律内容的一种特殊的活动，具有填补法律空白和漏洞的作用。

3. 漏洞补充，是在法律规则出现空白时才使用的法律方法。公民只要表达了请求司法救济的愿望，那么，法官就不能以法明文规定为理由拒绝审判案件（对刑事案件是"疑罪从无"）。在这种情形下，法官可行使一定的自由裁量权，对法律进行创造性运用，即出现针对个案的法官造法。

4. 法律论证是提出一定的根据和理由来证明某种立法意见、法律表述、法律陈述和法律决定的正当性。法律论证主要是对法律解释、漏洞补充所确认的作为法律推理大前提的法律的正当性所做的说明。

5. 法律推理，这里仅指三段论式的演绎推理，即从一般的法律规定到个别特殊行为的推理。托马斯·杰斐逊说："推理的艺术在民主法治国家是首要的，因为公民是通过正当化的理由被说服的，而不是通过武力征服的。"美国一些法官说："我们总能看到法官推理。法官推理首先要决定法律规则是什么，其次决定与规则有关事实，第三将法律适用于事实。做出这样的决定是法官每天工作的一部分。"

法律论证与法律推理二者侧重点不同，是同一个思维过程的两个不同侧面。法律论证的主要任务就是论证作为法律推理大前提的合法性和合理性，是法律推理能否得出正确判断和结论的保障。法律推理强调的是结论形成的实际思维过程；法律论证则是将这个过程用语言的形式予以证明并合乎逻辑地充分反映出来，以达到说服人的目的。所以，法律论证重在证明结论的正确性。

6. 价值衡量，是各种法律方法中的最高境界，是指法官在具体个案中面临多元的法价值冲突时所进行的一种慎重权衡的方法。法律方法不仅仅是技术和逻辑的问题，同时也是价值问题和社会问题。因此，价值衡量贯穿在其他法律方法，尤其是法律论证的全过程之中。

事实判断是在法律适用环节，从法律角度来判断"案件的客观情况"。价值判断是在法律适用环节，从法律角度来判断行为及危害的程度如何。

但是，要注意的是，"事实判断"一词具有多义性。

事实判断——法律判断：当"事实判断"与"法律判断"作为一组概念

出现时，是从法律推理之大小前提的角度进行理解的。

事实判断——价值判断：当"事实判断"与"价值判断"作为一组概念出现时，是从价值衡量之事实判断的角度进行理解的。

例："某省规定构成盗窃罪的最低金额是 2000 元"，这是事实判断还是法律判断，是事实判断还是价值判断？

（二）法适用的步骤

理论上，法适用的步骤是非常清晰明了的。确认事实（小前提，对应法庭调查）加上确定法律规范（大前提，对应法庭辩论）从而推导法律决定（结论，对应法庭评议和判决）。

法律适用的过程如图 7-3 所示。

$$
\begin{array}{c}
\text{查明事实（小前提的构建）} \\
\downarrow \\
\text{寻找规范（大前提的建构）} \\
\downarrow \\
\text{将事实置于规范之下（涵摄）} \\
\downarrow \\
\text{得出结论}
\end{array}
$$

图 7-3　法律适用的过程

但是，法适用的三个步骤并非各自独立、严格区分的单个行为，而是可以相互转换。首先，查明和确认法律事实的过程不是一个纯粹的事实归结过程，而是一个在法律规范和事实之间的循环过程，必须把生活事实转化为"法律事实"。其次，确定法律规范的过程也不是一个纯粹的对法律规范的语言解释过程，而是从该国整个法律体系中选择一个与确定的案件事实相切合的法律规范。最后，通过法律解释，弥合一般与个别之间的缝隙，解决规范与事实之间的紧张关系。因此，法律解释必然存在于法律适用过程中。

第二节　法律证成活动的展开

一　法律适用过程就是一个法律证成的过程

证成，从字面来理解，就是证明成立的意思。

每个人每天都在做着"证成"的事情：今天我要不要去上法理学课？上课那老师太讨厌了，老是点名回答问题，万一叫到我怎么办？所以，我还是去吧……

法律证成就是给决定提供充足理由的活动或过程。

在适用法律的过程中，无论是依据一定的法律解释方法所获得的法律规范即大前提，还是根据法律所确定的案件事实即小前提，都是用来向法律决定提供支持程度不同的理由。

因此，法律适用过程也是一个法律证成的过程。

二 内部证成和外部证成的关系

从法律证成的角度看，法律决定的合理性取决于外部证成和内部证成两个方面。

1. 外部证成：推理的前提是合理的、正当的

外部证成关心的是前提的合理性，是对法律决定所依赖的前提的证成，是对内部证成中所使用的前提的合理性进行证成的活动。

外部证成也要借助三段论进行推理，对内部证成中的大、小前提进行证成。

2. 内部证成：推理的规则是可靠的

内部证成只关心结论的有效性。法律决定按照一定推理规则从相关前提中逻辑地推导出来，内部证成是要保证从前提到结论是否符合推理规则或规律。

内部证成借助三段论推理：大前提+小前提=结论。

可以用一些生活中的证成来说明内部证成和外部证成的关系。

例1

首先，看内部证成：

所有人都要死——大前提；

小明是人——小前提；

所以小明也要死——结论。

但是，为什么所有人都要死，以及小明为什么是人，需要进行外部证成：

所有有手有脚有思想有感情的动物都是人——大前提；

小明有手有脚有思想有感情——小前提；

所以小明是人——结论。

但是，为什么有手有脚有思想有感情的动物就一定是人，这还需要再次证成。

例 2

首先，看内部证成：

人渴了都要喝水——大前提；

我渴了——小前提；

所以我要喝水——结论。

但是，为什么人渴了都要喝水，以及怎么证明你渴了，需要进行外部证成：

人渴了的表现是口干舌燥——大前提；

我口干舌燥——小前提；

所以我渴了——结论。

但为什么人渴了的表现就是口干舌燥？还需要再次证成。

所以，理论上，内外证成可以无限循环下去。

接下来，我们进行法律证成。

例 1

首先来看控诉机关的内部证成过程：

携带凶器抢夺他人财物构成抢劫——大前提；

小明携带两根绣花针抢夺了被害人的钱包——小前提；

所以，小明的行为构成抢劫罪——结论。

但是，这个证明能否成立？辩方会对其中的小前提进行外部证成，得出小前提不成立的结论，从而推翻以上结论。

携带凶器抢夺他人财物构成抢劫——大前提；

小明携带两根绣花针抢夺了被害人的钱包——小前提；

（外部证成：

凡事凶器均具有严重杀伤力——大前提；

两根绣花针不具有严重杀伤力——小前提；

所以，两根绣花针不是凶器——结论。）

所以，小明的行为不构成抢劫罪——结论。

控方为了证明自己的结论是成立的，也会对小前提"小明携带两根绣花针抢夺了被害人的钱包"进行外部证成，证明绣花针是凶器，从而证明结论的正确性。

携带凶器抢夺他人财物构成抢劫——大前提；

小明携带两根绣花针抢夺了被害人的钱包——小前提；

（外部证成：

小明自幼习武擅长用绣花针杀人——大前提；

两根绣花针具有严重杀伤力——小前提；

所以，两根绣花针是凶器——结论。）

所以，小明的行为构成抢劫罪——结论。

例 2

请大家分析许霆案一审判决的证成过程。

同学甲上前进行法律证成：

盗窃金融机构，数额特别巨大的，判处无期徒刑或死刑——大前提；

许霆盗窃了金融机构，盗窃数额特别巨大——小前提；

所以，许霆被判无期徒刑——结论。

这个证明成不成立？为什么说许霆盗窃的是金融机构？这是不是需要再进一步证成？

于是，同学乙上前对同学甲的证成中的小前提再次进行外部证成：

所有装有国家的钱的地方就是金融机构——大前提；

ATM 装了国家的钱——小前提；

所以，许霆盗窃的是金融机构——结论。

同学乙的这个证明有没有问题？为什么说所有装有国家的钱的地方就是金融机构？我是我们单位的会计，我的口袋也装了国家的钱，难道你能说我是金融机构吗？

好，再来一个三段论进行外部证成，直到说服对方为止。

所以，理论上，内外证成可以无限循环下去。

例 3

某人×携带硫酸，并将硫酸泼洒在一位女会计的脸上，然后抢走她的钱包。德国联邦法院依照德国刑法第二百五十条的规定，即行为人携带武器实施抢劫行为的，应该加重处罚，对被告×施加了加重处罚。

我们将该判决改写为下列的三段论。

第一次证成如下。

大前提 T1：行为人携带武器实施抢劫行为的，应该加重处罚。

小前提 T2：×携带硫酸，并将硫酸泼洒在一位女会计的脸上，然后抢走她的钱包。

结论 C：×应该被加重处罚。

在该三段论中，从前提 T1 和 T2 到结论在逻辑上并不是一个必然的推理，或者说结论并不能够按照一定的推理规则从前提中推导出来。因为前提 T1 与 T2 之间是断裂的，也就是说，在这两个前提之间缺乏联系，或者说在法律规范与案件事实之间缺乏联系。为此，我们在该三段论之间增加一个前提 T'，即硫酸是武器。

这样，上述的三段论就成为下列的推理链条 1。

第二次证成如下。

大前提 T1：行为人携带武器实施抢劫行为的，应该加重处罚。

前提 T'：硫酸是武器，或武器包括了硫酸。

小前提 T2：×携带硫酸，并将硫酸泼洒在一位女会计的脸上，然后抢走她的钱包。

结论 C：×应该被加重处罚。

在这个三段论中加入 T' 之后，该法律推理或法律决定至少在推理的形式上是比较完整的。但是，它凸显出该判决中的一个需要证成的核心命题，即硫酸是武器。这就要求法官或其他法律人在其法律决定中要着重论证该命题，而对该命题的论证就是一个外部证成。

我们将对该命题的论证继续加入上述的三段论，就得到下列的推理链条 2。

第三次证成如下。

大前提 T1：行为人携带武器实施抢劫行为的，应该加重处罚。

前提 T11：所有的武器如枪、炮等都具有危险。

前提 T12：硫酸在该案件中的使用也具有枪、炮等武器的危险。

前提 T13：所有在同样情景下使用的东西具有枪、炮等武器的危险的，都应该属于武器。

前提 T14：硫酸是武器。

小前提 T2：×携带硫酸，并将硫酸泼洒在一位女会计的脸上，然后抢走她的钱包。

结论 C：×应该被加重处罚。

说明如下。

推理链条 2 比推理链条 1 更合理之处，不仅在于前者说明了硫酸为什么是武器，而且在于它增加了前提 T13。而 T13 是一个具有普遍性的命题，即规范性命题。它保证了"相同问题相同处理，不同问题不同处理"的原则的实现。对我们来说，更为重要的是，推理链条 2 将该法律决定的前提中的那个隐而不彰的问题更加细微地凸显出来，即将危险性作为武器的核心点是合理的吗，以及硫酸与枪炮等武器具有同等程度的危险吗？

上述推理链条的分析说明，在内部证成中越是多地展开逻辑推导步骤，越是能够尽可能地将法律决定中的问题清楚地凸显出来，越是能够更加逼近问题之核心。相反，如果在内部证成中展开的推导步骤越少，而且因此推导的跨度非常大，那么，这些步骤的规范性内涵就不会清晰地显现出来。这就使法律决定很容易受到攻击，而且这些攻击经常是非特定化的。因此，虽然展开的步骤越多越导致论证的烦琐，但是能够产生清晰的结果。

法律的推理或法律适用在整体框架上是一个三段论，而且是大三段论套小三段论。这就意味着在外部证成的过程中也必然涉及内部证成，也就是说，对法律决定所依赖的前提的证成本身也是一个推理过程，亦有一个内部证成的问题。因此，法律人在证成前提的过程中也必须遵循一定的推理规则。即使法律决定所依赖的前提得到一定的法的渊源和法律解释规准的支持，但是这个前提作为一个法律判断或结论不是从该前提所依赖的前提中逻辑地得出的，就是不正当或不合理的前提。

这就是说，法律人在法律适用或做法律决定的过程中所确立的每一个法律命题或法律判断都必须能够被重构为逻辑上正确的结论。总之，我们不能够将内部证成只理解为通常所谓的法律规范、案件事实与法律决定之间的推理规则，还包括了确立前提本身所要遵循的推理规则。

第三节　法律推理技术的运用

一　法律推理就是在事实与规范之间的目光往返

法律推理是一项复杂的智力活动，是指以确认的案件事实和法律规范为前提，推导出正当性法律决定的思维过程。法律推理是法律人将形式逻辑运用于处理案件过程的思维形式。法律推理贯穿于法律实施的整个过程。

法律推理就是在事实与规范之间的目光往返：寻找并分析可以适用的法律渊源，分析研究依据法律可以认定的事实，最后将相关法律规范适用于本案事实，确定由事实引起的权利义务，得出结论，处理案件。

法律推理是在法律争辩中运用法律理由的过程，是一种寻求正当性证明的推理。而且，在法庭上，控辩双方的推理和法官的推理究竟何者具有权威性，并不是以其身份来划定，而是看其推理是否有法律理由和正当理由。在司法实践中，法官要理性、逻辑地而不是机械地适用法律，有时需要对法律理由和正当理由做出权衡。

法律推理具有以下特征。①以法律以及法学中的理由为基础。（独特的法律原理与解释方法）②要受现行法律的约束。正式渊源和非正式渊源都可以成为推理的理由。③法律推理是一种寻找正当性证明的推理，不同于为了发现真相或真理的自然科学推理。④是事实判断和价值判断的结合过程。

二　法律推理的分类：两大类五小类

法律推理分形式推理和实质推理两大类。

（一）形式推理

1. 演绎推理（一般到个别，必然性推理）

演绎推理是从一般到特殊的推理。如果前提正确，同时推理规则也正确，则结果必然正确。因此，演绎推理是一种必然性推理。

演绎推理有三段论、选言推理、假言推理、关系推理等形式。

经典的演绎推理方式是三段论：

大前提（L——法律规范）；

小前提（F——法律事实）；

结论（J——法律裁判）。

大前提：所有人都要死；

小前提：小明是人；

结论：所以小明也要死。

有人说如果小明不死呢？那他就是都教授（不是人）。

在大陆法系和英美法系的演绎推理过程中，有一个并不严谨的比较。

大陆法系：案件事实—法律规范—判决。

英美法系：案件事实—先前判例—判决。

2. 归纳推理（个别到一般，或然性推理）

归纳推理，是当没有适合的法律规则和原则可供适用时，法官从一系列早期判例中总结出适用的规则和原则，依照先例处理案件的过程。归纳推理是一种或然性推理，其从很多个别情况总结出来的一般规则，具有或然性，其结论并不一定可靠。

推理过程：

案例1 具体情况；

案例2 具体情况；

案例3 具体情况；

……

因此，得出一般结论。

举例来说：

看见一只乌鸦，黑色的；

又看见一只乌鸦，黑色的；

这几年我看到的乌鸦，都是黑色的；

所以，"天下乌鸦一般黑"。

但这个推理可靠吗？因为我根本没有看过全天下的乌鸦，在亚马孙丛林里也已经发现了白色乌鸦。同理，"天下男人都不是好东西"也是一个归纳推理，因此也是一个并不可靠的结论。

要保证归纳推理的结论可靠，就必须做到：

（1）被考察对象的数量要尽可能多；

（2）被考察对象的范围要尽可能广；

（3）被考察对象之间的差异要尽可能地大。

因此，根据被考察的对象是否完全涵盖，可以将归纳推理分为完全归纳推理和不完全归纳推理。

完全归纳推理，又称"完全归纳法"，它是以某类中每一对象（或子类）都具有或不具有某一属性为前提，推出以该类对象全部具有或不具有该属性为结论的归纳推理。

举例如下。

（1）太平洋已经被污染；大西洋已经被污染；印度洋已经被污染；北冰洋已经被污染；（太平洋、大西洋、印度洋、北冰洋是地球上的全部大洋）所以，地球上的所有大洋都已被污染。

（2）张一不是有出息的；张二不是有出息的；张三不是有出息的；（张一、张二、张三是张老汉仅有的三个孩子）所以，张老汉的孩子都不是有出息的。

不完全归纳推理是"完全归纳推理"的对称。以关于某类事物中部分对象的判断为前提，推出关于某类事物全体对象的判断做结论的推理。

在归纳推理中，完全归纳推理是不多的，不完全归纳推理则是大量的。

"天下乌鸦一般黑"是完全归纳推理还是不完全归纳推理得出的结论？

我国存在归纳推理吗？最高法院的司法解释是不是归纳推理？

最高人民法院《关于审理劳动争议案件适用法律若干问题的解释（一）》第一条规定："劳动者与用人单位之间发生的下列纠纷，属于《劳动法》第二条规定的劳动争议，当事人不服劳动争议仲裁委员会作出的裁决，依法向人民法院起诉的，人民法院应当受理：（一）劳动者与用人单位在履行劳动合同过程中发生的纠纷；（二）劳动者与用人单位之间没有订立书面劳动合同，但已形成劳动关系后发生的纠纷；（三）劳动者退休后，与尚未参加社会保险统筹的原用人单位因追索养老金、医疗费、工伤保险待遇和其他社会保险费而发生的纠纷。"该司法解释就是一个归纳推理，是一个不完全归纳推理。

3. 类比推理（个别到个别，类推、比照适用，或然性推理）

类比推理是指在没有法律规定的情况下，比照最相近似的法律规定加以处理的推理形式（弥补法律漏洞）。

推理方式如下。

A（类）事物具有 a、b、c、d 属性。

B（类）事物具有 a、b、c 属性。

因此，B 类事物也具有 d 属性。

类比推理更不可靠。

《吕氏春秋》：狗似玃，玃似母猴，母猴似人，人之与狗则远矣。此愚者之所以大过也。

类比推理如下：

(1) 确认哪些是重要的案情；

(2) 类比推论的可接受性与被分析情况的数量成正比；

(3) 可接受性依赖于正相似与负相似的数量；

(4) 适用类比推理法官的价值取向很重要。

类比推理的关键是价值判断。

尽管类比推理不可靠，但英美法系都使用类比推理。

因为，类似情况要类似处理。

但是，适用类比推理法官的价值取向很重要。

如果法官甲崇尚自由，他会从自由的角度找与之相符的特征，在以往的判例中寻找类似案例，做一个倾向于自由的判决。

如果法官乙重视秩序，他又会从秩序的角度找与之相符的特征，在重视秩序的判例中寻找相似的判例，然后做一个倾向于秩序的判决。

我国有没有类比推理？在刑法领域，不适用有罪类比推理（不利于被告的类推），但可以无罪类比推理。在民事法、行政法领域，为及时解决纠纷，一般允许类推。因为类似情况要类似处理。在法律无具体规定时，依据最相近似条款进行类比适用解决疑难案件。

《侵权责任法》第八十七条规定："从建筑物中抛掷物品或者从建筑物上坠落的物品造成他人损害，难以确定具体侵权人的，除能够证明自己不是侵权人的外，由可能加害的建筑物使用人给予补偿。"《民法通则》第一百二十六条规定："建筑物或者其他设施以及建筑物上的搁置物、悬挂物发生倒塌、脱落、坠落造成他人损害的，它的所有人或者管理人应当承担民事责任，但能够证明自己没有过错的除外。"对于高空坠物致人损害的法律责任，究竟应该如何承担？《民法通则》采用的是所有人（管理人）过错责任方式，而《侵权责任法》却采用了"连坐法"进行类推，看似补偿了受损害者的损失，实则造成了更大范围内的公平受损。①

4. 设证推理（由果找因，溯因推理）

设证推理是最不可靠的推理方式。

设证推理由美国实用主义哲学家皮尔斯创立。这种推理从已知的某个结果出发，试图确定与其相关的解释，所以常常被称作是寻求最佳解释的推理（inference to the best explanation）。

设证推理就是先假设后证明的过程。设证推理的创立人皮尔斯以其亲身经历说明了设证推理的过程。有一次皮尔斯去土耳其，在从码头到目的地的路上，他遇到一个男人骑在马上，4个马夫为他撑着遮阳篷。他想到只有当地省长才有如此排场，于是推论那个骑马的男人就是省长。这是设证法在日常生活中的一个具体运用。

设证推理的方式如下：

（1）被观察到或待解释现象C；

（2）如果H，则C（如果H为真，C是当然结果）；

（3）结论：H或为真。

比如，这几年反腐很厉害，一看到某官员跳楼自杀的报道，我们立马想到是，贪官畏罪自杀；然后官方出来辟谣，这个人生前抑郁，家庭生活不幸福，他是抑郁而死。这说明我们从以往观察到的官员自杀现象，得出这个官员畏罪自杀的结论并不可靠。

在宋代话本小说《错斩崔宁》中，刘贵之妾陈二姐因轻信刘贵欲将她休弃的戏言连夜回娘家，路遇年轻后生崔宁并与之结伴同行。当夜盗贼自刘贵家盗走15贯钱并杀死刘贵，邻居追赶盗贼遇到陈、崔二人，因见崔宁刚好携

---

① 更多相关争议观点，可参考腾讯网：《高空坠物"连坐"担责不合理》，http://xw.qq.com/iphone/m/view/4dcae38ee11d3abb0bccbcd63ba3628b.html，最后访问日期：2018年3月1日。

带 15 贯钱,遂将二人作为凶手捉拿送官。官府当庭拷讯二人,陈、崔屈打成招,后被处斩。其中,邻居就是运用设证推理方法断定崔宁为凶手。但崔宁事实上并非凶手,可见设证推理不为可靠。

设证法与其他推理方法的区别是,设证法具有太强的假设性,其结论最不可靠。因为,归纳法是由诸多相似的个性推导出一个未知的共性,而类推则是由较多个性特征的相似性推导出另一些较少的未知特征的相似性。两者都是由较多的已知证据推导出较少的未知结论,而设证则是仅仅从个别特征的相似性就推导出另一个未知的特征的相似性。其结论必然是极不可靠的。

设证推理虽不可靠但却是必不可少的。设证推理就像一种猜测,在方法上更多的起着提供假说的作用,而非直接由其产生具有说服力的结论。因为任何一种证明都是在假设,符合我们的认识规律。

设证推理效力很弱,但是在法律推理中必然要运用。相反,如果没有这种假设,法律人就只能漫无计划、漫无目的的查找法律,看能否找到一个适当的规定。

(二) 实质推理

实质推理,又称辩证推理,是指在两个以上相互矛盾的,但又都有道理的陈述中选择其一的推理。辩证推理是在缺乏结论得以产生的确定无疑的事实和法律依据的情况下进行的推理。其依据的往往是实质的而非形式的理由。

比如,出租车司机甲送孕妇乙去医院,途中乙临产,情形危急。为争取时间,甲将车开至非机动车道掉头,被交警拦截并被告知罚款。经甲解释,交警对甲未予处罚且为其开警车引道,将乙及时送至医院。在此交通违章的处理中,交警主要使用了实质逻辑的推理方法。

辩证推理必须具备以下条件:①规范模糊,存在概括性条款和不确定法律概念;②规范稀缺,存在法律漏洞(规范的不圆满状态);③规范冲突,法律规范之间存在冲突;④严重不公,法律本身缺乏正当性。

实质推理需要从政策、公理、习俗、公共道德综合考量,寻找优先应当保护的价值和利益。

第七章 法运行的一般原理：法要怎么用？

第四节　法律解释方法的奥妙

一　法律解释是对文字奥妙的探究

张明楷教授曾讲过文字太奥妙，具有多种含义。要探究法律规范文字的目的，就必须解释法律。比如有个很熟悉的教授给张教授发短信："请问你知道×××的手机号码？"张回："知道。"他问："你现在可以发给我吗？"张回："可以。"对方马上电话打过来：老兄，你什么意思啊？张教授的回复完全违反常识，但是却没有回答他的目的。

法律解释，是指一定的人或组织对现行的法律规范、法律条文的含义、内容、概念、术语以及适用条件等所做的说明。

法律解释是司法实践操作的需要。法律是概括的抽象的，只有经过解释，才能成为具体行为的规范标准。比如，一个身材弱小的女大学生，走在人烟稀旷的路上，对面过来一个身材高大男子，害怕被抢，于是就紧紧抱住包。对面男子本来没有抢她的意思，看着她那么紧张，就起了念头，走到跟前，就把包夺走了。根据我国刑法规定，抢夺罪是指以非法占有为目的，趁人不备，公开夺取数额较大的公私财物的行为。但是案例中男子的行为是盗窃还是抢夺？是趁人有备还是趁人不备？所以需要对这里的"趁人不备"进行法律解释。

法律解释是适应社会的需要。法律具有相对的稳定性，只有经过解释，才能适应不断变化的社会需求。法律解释还是完善法律、弥补漏洞的需要。人的能力是有限的，只有经过不断的解释，法律才能趋于完善。著名的三里屯优衣库不雅视频事件里，引起广泛争议的法律问题就是关于"公共场所"的界定问题。2015年4月中旬，两名当事人在三里屯优衣库试衣间内发生性关系并用手机拍摄视频，后该视频在传递给微信朋友时流出并被上传至互联网。7月15日，北京警方带走包括优衣库不雅视频男女主角等5人进行调查。孙某某因将淫秽视频上传新浪微博被刑事拘留，3人因传播淫秽信息被行政拘留。根据《治安管理处罚法》第五条规定，在公共场所故意裸露身体，情节恶劣的可处拘留。该条虽然规定了"公共场所"，但是没有对公共场所做出一般性的定义，只是在第二十三条明确列举了"车站、港口、码头、机场、商场、公园、展览馆"这几处常见的公共场所。人大法工委撰写的法律释义是，"公共场所是指具有公共性的特点，对公众开放，供不特定的多数人随时出入、停留、使用的场所"。

争议：试衣间是不是"公共场所"？

有的认为：试衣间属于提供给顾客的服务场所，应当认定为公共场所，而且发生性关系比法律条文规定的裸露身体更严重，法律后果也应该更严重。

有的认为：当事男女的行为并不违法，因为试衣间不是公共场所。理由是，它可以被解释为广义的"住宅"。

北大副教授车浩在《试衣间行为是否违法，要看法律人脑洞有多大！》中提出观点：解释者不得逾越可能文义的限度，因为那代表着立法的民主基础。无论对部门法还是宪法，都是一样。一旦超越，就进入了立法者的领域。

即使把"住宅"的日常用法推至弹性的边界，谁会带着相亲对象指着试衣间说，我有房，这就是我的"住宅"——女方可能反手一巴掌，这还是老娘的爱呢。

"公共场所"不是一个物理的、建筑的、空间的概念，而是一个法律的、文化的、规范的概念。它不是一个由水泥砖瓦组成的静态空间，而是由一群人的社会生活交织而出的动态秩序。

把握住这一点，有助于我们理解"公共场所"背后的法律精神，而不至于脱离开法律思考，僵化地通过新华字典解释"公共场所"这四个汉字。

在认定"公共场所"的时候，不能抽象地、泛泛地一概而论，而是必须结合相关法条的具体语境，廓清该法条中"公共场所"的特定功能和相应范围，结合在个案的具体场所中开展的社会生活的内容来加以判断。

二 法律解释的特点

（一）对象：是法律规定和它的附随情况

法律规定本身是法律解释的对象，这是毋庸自疑的。除此之外，法律的附随情况有时也是法律解释的对象。附随情况主要指法律在制定和实施时的政治、经济、文化背景情况，解释法律不能脱离社会现实。

比如，在许霆案中，将 ATM 解释为"金融机构"，是否就有脱离了社会现实的嫌疑？

（二）前提：与具体案件密切相关

法律解释的前提包括两个方面：解释是由待处理案件引起的；解释时需要把法律条文和案件结合起来。

比如在以色列有一个特别有意思的法律规定：禁止周六抠鼻孔。这就是法律规定。后来有个小伙子在周六抠了别人的鼻孔，这就是案件事实。这就需要将法律条文"抠鼻孔"的规定与"抠了别人的鼻孔"结合起来进行解释。

下面将通过一个真实事件来理解法律解释的两个前提条件。

1. 存在法律

《互联网上网服务营业场所管理条例》第九条：中学、小学校园周围 200 米范围内和居民住宅楼（院）内不得设立互联网上网服务营业场所。

2. 存在案例

甲要设立网吧，找测绘人员测绘刚好超过 200 米，但乙（已在同地段开设网吧）认为甲测绘路线有问题，提出异议，怎么解释？

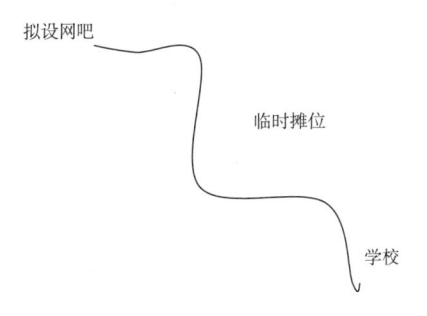

图 7-4　测绘线路

3. 文化部提请解释

正是由于出现了相关案例需要对现存的相关法律规定的理解进行解释说明的情况，文化部提请国务院对该规定进行解释。

文化部关于提请解释《互联网上网服务营业场所管理条例》有关条文的函

国务院法制办公室:《互联网上网服务营业场所管理条例》(以下简称《条例》)自 2002 年 11 月 15 日施行以来,文化行政部门在执行《条例》过程中遇到以下问题,需要提请你办进行解释。

一、《条例》第九条规定,"中学、小学校园周围 200 米范围内和居民住宅楼(院)内不得设立互联网上网服务营业场所"。普通中专、成人中专、职业高中、技工学校等中等学校是否属于《条例》所规定的中学范畴?校园周围 200 米范围应当如何界定?是指平面直线距离还是行走距离,是从学校校园门口开始丈量还是从学校校园围墙开始丈量,丈量是到互联网上网服务营业场所的门口还是其营业场所边沿?

(三)具有一定的价值取向性

法律解释的时候,一定会存在价值判断和价值抉择,具有一定的价值取向性。

(四)受解释学循环的制约

"解释学循环"是解释学用语,是指在对文本进行解释时,理解者根据文本细节来理解其整体,又根据文本的整体来理解其细节的不断循环过程。整体只有通过理解部分才能得到理解,对部分的理解又只能通过对整体的理解。

在解释法律条文上通过"解释学循环"来确定某些词语的意义,即在法律规范与事实(大小前提)之间循环,在法律每个用词、条文和规定与整个法律制度、法律体系之间循环,可以防止孤立地、断章取义地理解法律。

"解释学循环"对法律人的意义在于,要成为一个真正的法律人,必须要学会解释性循环方法。一个高明的法律人,必须将解释学循环运用得出神入化。张明楷教授所著的《刑法分则的解释原理》,通篇讲授解释学循环。其中,张教授举了如何运用循环解释学对刑罚中关于盗转抢的规定进行解释。

《刑法》第二百六十三条规定:以暴力、胁迫或者其他方法抢劫公私财物的,处三年以上十年以下有期徒刑,并处罚金;有下列情形之一的,处十年以上有期徒刑、无期徒刑或者死刑，并处罚金或者没收财产：（五）抢劫致人重伤、死亡的……

第二百六十九条规定：犯盗窃、诈骗、抢夺罪，为窝藏赃物、抗拒抓捕或者毁灭罪证而当场使用暴力或者以暴力相威胁的，依照本法第二百六十三条的规定定罪处罚。

因此，盗窃+暴力=抢劫。

1. 如果犯盗窃林木罪将人打伤，也转化为抢劫。

2. 小明到某单位偷东西，被保安发现，将保安打成重伤，这里该适用抢劫罪的普通刑罚（3至7年）还是加重刑罚（10年至死刑）？应该适用加重刑罚10年至死刑。

3. 小强到某单位偷东西，发现办公室有人，直接上去打人（未构成重伤），然后拿走东西，走到门口被保安发现，将保安打成重伤。小强的前一个行为由盗窃转化为抢劫，构成抢劫罪，后一个行为构成故意伤害罪。因此，抢劫和故意伤害数罪并罚，只有6至20年。

上述情况中，小强的行为是不是更严重？但却面临更轻的刑法责任。这就导致个案出现不正义。如果你是法官，请问你怎么办？

张明楷教授的方法：将小强的前一个行为降一格定为盗窃，然后根据"盗窃+暴力=抢劫"，按加重情节处罚10年至死刑。

三 法律解释的种类

根据解释主体和解释的效力不同，可以将法律解释分为正式解释（有权解释、法定解释）和非正式解释（学理解释、无权解释）两大类。广义的法律解释包括有权解释和无权解释，狭义的法律解释仅指有权解释。

（一）正式解释

正式解释（有权解释、法定解释），是指由特定国家机关、官员或其他有解释权的个人做出的有法律约束力的解释。

我国的正式解释具体包括：立法解释、司法解释、行政解释和地方性法规的解释。

1. 立法解释

根据我国《立法法》第四十五条规定，法律解释权属于全国人民代表大会常务委员会。法律有以下情况之一的，由全国人民代表大会常务委员会解释：（一）法律的规定需要进一步明确具体含义的；（二）法律制定后出现新的情况，需要明确适用法律依据的。第四十六条规定，国务院、中央军事委员会、最高人民法院、最高人民检察院和全国人民代表大会各专门委员会以及省、自治区、直辖市的人民代表大会常务委员会可以向全国人民代表大会常务委员会提出法律解释要求。

理解方法解释需要掌握以下要点。

（1）立法解释与法律的效力是否相同？我国《立法法》第五十条规定："全国人大常委会的法律解释同法律具有同等效力。"但是，全国人大常委会作为全国人大的常设机构，二者的法律地位并不等同。因此，人大常委对自己制定的法律做出的解释与法律本身效力相同，这有任何理论障碍。但是，人大常委对人大制定的法律所作的解释，由于制定主体不同一，主体地位不同，其法律效力怎么会相同呢？

（2）针对法律本身进行解释，不对具体应用进行解释。可进行立法解释的情形：①法律需要进一步明确具体含义，如对信用卡的解释、对黑社会组织的解释；②出现新情况，需要明确适用法律的依据。

（3）两央（国务院、中央军委）、两高、两委（全国人大专门委员会、省级常委会）可以提出法律解释的"要求"。其他国家机关只能向全国人大常委会提"建议"对法律进行解释。

2. 司法解释

司法解释是指最高院、最高检对司法中具体应用法律问题所做的有普遍约束力的解释。

我国《立法法》对司法解释的主体、对象、程序等做了规定。《立法法》第一百零四条规定，最高人民法院、最高人民检察院做出的属于审判、检察工作中具体应用法律的解释，应当主要针对具体的法律条文，并符合立法的目的、原则和原意。遇有本法第四十五条第二款规定情况的，应当向全国人民代表大会常务委员会提出法律解释的要求或者提出制定、修改有关法律的议案。最高人民法院、最高人民检察院做出的属于审判、检察工作中具体应用法律的解释，应当自公布之日起三十日内报全国人民代表大会常务委员会备案。最高人民法院、最高人民检察院以外的审判机关和检察机关，不得做出具体应用法律的解释。

理解司法解释需要掌握以下要点。

（1）主体上，包括最高人民法院所作的审判解释、最高人民检察院所做的检察解释和两高联合所做的联合解释。两高解释有原则性分歧，报请全国人大常委会解释或决定。

（2）内容上，只针对具体法律（注意：不包括行政法规）条文在具体应用过程中出现问题时进行解释。如要对法律本身或者明确适用法律的依据进行解释，需要提请全国人大常委会解释。

然而，现实中，最高人民法院、最高人民检察院做出了大量关于法律适用的解释。这些解释是否完全限于具体法律条文在具体应用过程中出现的问题进行解释？恐怕并不尽然。

最高人民法院关于贯彻执行《中华人民共和国民法通则》若干问题的意见（试行）（2008年部分废止）（1988年1月26日最高人民法院审判委员会讨论通过）。

《最高人民法院关于适用〈中华人民共和国民事诉讼法〉的解释》（2014年12月18日由最高人民法院审判委员会第1636次会议通过，现予公布，自2015年2月4日起施行）。

最高人民法院关于执行《中华人民共和国行政诉讼法》若干问题的解释（1999年11月24日最高人民法院审判委员会第1088次会议通过）。

《最高人民法院关于适用〈中华人民共和国行政诉讼法〉若干问题的解释》（2015年4月20日由最高人民法院审判委员会第1648次会议通过，现予公布，自2015年5月1日起施行）。

（3）形式上，包括解释、规定、批复和决定。

（4）性质上，司法解释不是严格意义上的"立法"，但由于具有普遍的法律约束力，属于"规范性法律文件"，属于法的正式渊源（争议）。

注意：两高在直接受理的案件中形成的法律适用意见、指导性案例不属于司法解释，属于法的非正式渊源。

3. 行政解释

国务院及其主管部门对不属于审判、检察工作中的其他法律、法规具体应用的问题所做的解释即行政解释。这种解释，一般体现在国务院及其主管部门制定的有关法律、法规的实施细则中，比如人力资源和社会保障部制定的《实施〈中华人民共和国社会保险法〉若干规定》。此种解释属于立法性解释。此外，还有针对具体应用法律法规的问题进行的解释，比如公安部《关于办理赌博违法案件适用法律若干问题的通知》。

醉驾是司法问题，由两高作司法解释；酒驾是执法问题，可由公安部作行政解释。

4. 地方性法规的解释

地方性法规的解释包括两种情况：一是地方性法规本身需要进一步明确界限或作出补充规定的，由相对应的省级人大常委会作出解释；二是地方性法规的具体应用问题，由相对应的省级政府主管部门解释。

（二）非正式解释

非正式解释（学理解释、无权解释）是指由学者或其他个人及组织对法律规定所做的不具有普遍法律拘束力的解释。

是否具有法律上的普遍约束力是区别正式解释与非正式解释的关键。

需要注意的是，在我国，行政执法人员或者处理具体案件的法官、检察官在日常执法、司法过程中所做的解释属于非正式解释。两高在直接受理的案件中形成的法律适用意见、指导性案例也不属于司法解释，属于法的非正式渊源。

四 法律解释的方法

1. 文义解释（死抠条文）

文义解释，又称"文理"（注意：不是"学理"解释，"学理"解释不是一种解释方法，而是解释的分类）解释、语法解释、语义（学）解释，是指按照日常、一般的或法律的语言使用方式清晰地描述法律条款。文义解释的证成对象是：语言的使用方式或规则的有效性。

注意：文义解释虽然可能是最接近立法原意的解释，但是，由于文义解释是将解释的焦点集中在语言上，而不顾及根据语言解释得出的结果是否公正、合理，因此不公正的结论往往是出自文义解释的结果。由于文义解释直接死抠条文本身，因此法官的自由裁量权小。

根据解释尺度的不同可分为：字面解释、限制解释与扩充解释。限制解释是指在法律条文的字面含义显然比立法原意广时，做出比字面含义窄的解释。扩充解释是指在法律条文的字面含义显然比立法原意窄时，做出比字面含义广的解释。字面解释是指严格按照法律条文字面的通常含义解释法律，既不缩小，也不扩大。

文义解释虽然死把字眼，但能否就此认为文义解释一定是字面解释？

比如，全国人民代表大会常务委员会《关于〈中华人民共和国刑法〉有关信用卡规定的解释》规定：全国人民代表大会常务委员会根据司法实践中遇到的情况，讨论了刑法规定的"信用卡"的含义问题，解释如下：刑法规定的"信用卡"，是指由商业银行或者其他金融机构发行的具有消费支付、信用贷款、转账结算、存取现金等全部功能或者部分功能的电子支付卡。

很显然，以上对信用卡的解释扩大了信用卡最初的含义，但这依然属于文义解释。

2. 体系解释（联系上下文）

体系解释，又称逻辑/系统解释，将被解释的法律条文放在整部法律中乃至整个法律体系中，联系此法条与其他法条的相互关系来解释法律。正所谓："欲寻词句义，应观上下文。"

体系解释要运用逻辑分析的矛盾律，证明上下文之间无矛盾。

3. 主观目的解释（参照立法资料或意图）

主观目的解释，又称立法者目的解释，根据参与立法者（制定者）的意志或立法资料揭示某个法律规定的含义。主观目的是指立法者当时立法的意图。主观目的解释的证成对象是：立法者的目的或意图。证成证据是：以一定的立法资料为根据。张明楷教授认为，根本没有立法原意。"我在想问题的时候，从来不想、也不问立法者是怎么想的。因为我觉得根本没有立法原意。你怎么能知道立法原意呢？立法者是全国人民代表大会或者常务委员会，这是一个集体，我们怎么可能知道在立法的时候，他们是怎么想的，他们想的是不是一样。即使有立法原意，我们没有获得立法原意的任何途径。""如果讲立法原意,那就是法律颁布很久,我们要生活在死人的统治之下。很多国家法律,都有一百多年甚至更久的历史,不会有人去问一百多年前的人是怎么想的,从来不会有人去问。"唐诗宋词,几千年来不断有人解释。"有人说,这句话真好,有八种意思。他问过李白吗?他说的八种意思,绝对不是李白当时的意思,法律也是一样。"

然而,根据《立法法》第一百零四条规定:"最高人民法院、最高人民检察院作出的属于审判、检察工作中具体应用法律的解释,应当主要针对具体的法律条文,并符合立法的目的、原则和原意。"立法目的、立法原意是司法解释时必须要遵循的方法,不符合立法目的、原则和原意的司法解释则有可能被全国人大常委会宣布无效而被撤销。

当然,张明楷教授说我们不能"生活在死人的统治之下",不无道理。因此,在探寻立法目的、立法原意的时候,应尽可能站在人类理性的高度去解读当时的立法资料,以发展的眼光去看待立法者意图。一旦立法原意不再符合现代法治精神,则应该摒弃立法原意重新修改或制定法律,而无须死守原来的法律不变。美国宪法正是通过27项修正案不断修正制宪者们当初的立法原意,才能在二百多年来还保持着生机和治力。

4. 客观目的解释

客观目的解释,根据法的客观目的(法律精神)而不是根据过去和目前事实上存在的任何个人的目的,对某个法律规定进行解释,往往借助社会伦理道德(即法伦理性原则)。

客观目的是立法者也不能改变的目的,是受社会物质生活条件决定的,是法律自身的目的,即内在于法律的目的。

法伦理性原则,隐含于法律规范调整之中,只有借助它们才能掌握并且表达出规整与法理念间的意义关联。它们的基础是实质的正义内涵,它们依凭其固有的信服力使得法律规范具有正当性。法伦理性原则,在我国民法中表现为平等、自愿、公平、诚实信用、公序良俗原则等。

5. 历史解释

历史解释,依据正在讨论的法律问题的历史事实对某个法律规定进行解释。历史解释的证成对象是:对历史事实及其与现实情形的差异进行证成,过去实施的解决方案导致的后果不符合社会道德标准。历史解释就是比较古今的不同，从而对有关法规做出解释（否定历史，肯定现在）。

但是，究竟什么是"历史解释"，在法理学界有着不同的理解。

一种观点认为，历史解释是一种否定性的解释，即解释结果是，过去对该条文的解释会导致的危害在当前仍然可能出现，所以当前不能沿用过去的解释。

另一种观点认为，历史解释是通过研究立法时的背景资料、立法机关审议情况、草案说明报告及档案资料，来说明立法当时立法者准备赋予法律的内容和含义。①

"度娘"则认为，历史解释是对某一法律规范产生、修改或废止的经济、政治、文化、社会的历史条件的研究做出说明，同时将新的法律规范同以往同类法律进行对照、比较，以阐明法律的意义。强调依据立法史料，探求立法者在制定法律时所依据的事实、情势、目的等来探知立法者意思。

6. 比较解释

比较解释根据外国立法例和判例学说对某个法律规定进行解释（比较解释在推理方法上是类比推理）。

为了更全面地理解各种解释方法，下面通过个例来进行讨论分析。

例1："200米范围内"是直线距离还是交通行走距离

甲要设立网吧，找测绘人员测绘刚好超过200米，但乙（已在同地段开设网吧）认为甲测绘路线有问题，提出异议。

怎么解释《互联网上网服务营业场所管理条例》第九条"中学、小学校园周围200米范围内和居民住宅楼（院）内不得设立互联网上网服务营业场所"的规定？对此，国务院法制办和文化部等四部委分别作了如下解释。

国务院法制办公室对《文化部关于提请解释〈互联网上网服务营业场所管理条例〉有关条文的函》的复函（国法函2003〈188〉号）：《条例》第九条规定，"中学、小学校园周围200米范围内和居民住宅楼（院）内不得设立互联网上网服务营业场所"，该条中的"中学、小学"是指以未成年人为教育对象，实施中等和初等教育的学校，包括普通小学、普通中学和其他以未成年人为教育对象的实施中等和初等教育的各类学校。该条中的"200米范围

---

① 张文显主编《法理学》（第四版），高等教育出版社（北京大学出版社），2012，第239页。

内"是指自中学、小学围墙或者校园边界的任意一点向外沿直线延伸200米的区域。

文化部、工商总局、公安部、工业和信息化部《关于加强执法监督 完善管理政策 促进互联网上网服务行业健康有序发展的通知》（2014年11月16日）二、（四）扩大长效机制试点范围：上网服务场所距中学、小学校园出入口最低交通行走距离不低于200米。允许试点地区将上网服务场所不得在居民住宅楼（院）内设立，调整为不得在居民住宅楼内设立。

请问：国务院法制办的复函以及四部委的通知是属于什么解释？

例2：我的姓氏谁做主

全国人大会常委会关于《民法通则》第九十九条第一款、《婚姻法》第二十二条的解释关于"姓名权"的解释属于什么解释？

全国人大会常委会关于《民法通则》第九十九条第一款、《婚姻法》第二十二条的解释（2014年11月1日第十二届全国人民代表大会常务委员会第十一次会议通过）

最高人民法院向全国人民代表大会常务委员会提出，为使人民法院正确理解和适用法律，请求对民法通则第九十九条第一款"公民享有姓名权，有权决定、使用和依照规定改变自己的姓名"和婚姻法第二十二条"子女可以随父姓，可以随母姓"的规定作法律解释，明确公民在父姓和母姓之外选取姓氏如何适用法律。

全国人民代表大会常务委员会讨论了上述规定的含义，认为：公民依法享有姓名权。公民行使姓名权属于民事活动，既应当依照民法通则第九十九条第一款和婚姻法第二十二条的规定，还应当遵守民法通则第七条的规定，即应当尊重社会公德，不得损害社会公共利益。在中华传统文化中，"姓名"中的"姓"，即姓氏，体现着血缘传承、伦理秩序和文化传统，公民选取姓氏涉及公序良俗。公民原则上随父姓或者母姓符合中华传统文化和伦理观念，符合绝大多数公民的意愿和实际做法。同时，考虑到社会实际情况，公民有正当理由的也可以选取其他姓氏。基于此，对民法通则第九十九条第一款、婚姻法第二十二条解释如下：

公民依法享有姓名权。公民行使姓名权，还应当尊重社会公德，不得损害社会公共利益。

公民原则上应当随父姓或者母姓。有下列情形之一的，可以在父姓和母姓之外选取姓氏：（一）选取其他直系长辈血亲的姓氏；（二）因由法定扶养人以外的人扶养而选取扶养人姓氏；（三）有不违反公序良俗的其他正当理由。

少数民族公民的姓氏可以从本民族的文化传统和风俗习惯。

日本最高法院判决："民法规定夫妻同姓"不违宪[①]

2015年12月16日，日本最高法院大法庭就"夫妻同姓"以及"女性离婚后6个月内禁止再婚"制度是否违宪做出判决。这两条影响100多年来日本家庭形态的法律均来源于1898年颁布的《明治民法》，在同一天接受日本最高法院大法庭重新审判，判定其是否合乎宪法。寺田逸郎审判长判决后者违宪，而夫妻同姓制度不违宪。判决认为："夫妻同姓"规定不存在形式上的男女不平等，有其合理性并已扎根于日本社会，因此合乎宪法。

"夫妻同姓"制度始于明治时期，后被日本现行民法继承。日本《民法》第750条规定，夫妻双方婚后应使用其中一人的姓氏作为婚后共同姓氏。虽然这项规定没有排除"夫随妻姓"的情况，但根据厚生劳动省"人口动态统计"显示，2014年结婚的夫妇中，妻子随夫姓的比例约为96%。

"夫妻同姓"诉讼原告小国香织（音译）在法庭上表示："当失去了自己原本的姓氏，你会感觉受轻视、不被尊重。那感觉就像失去一部分自我。"

80岁的原告冢本恭子（音译）为保留姓氏已经抗争半个多世纪。她对媒体记者说："我想用冢本恭子这个名字活着，死后我还是要叫冢本恭子。我要自己决定自己的名字，这是我的生活！"

[①]《日本最高法院判决："民法规定夫妻同姓"不违宪》，http://www.guancha.cn/Neighbors/2015_12_16_344887.shtml；《"夫妻同姓"不违宪"再婚等半年"违宪》，http://epaper.oeeee.com/epaper/A/html/2015-12/18/content_22414.htm，最后访问日期：2017年11月2日。

例 3：公园内禁止攀枝摘花

公园规定："公园内禁止攀枝摘花。"一人将整珠花连根拔起，说，我没有"攀枝"也没有"摘花"——什么解释？

公园管理大妈要处罚他，说"禁止攀枝摘花"就是"不允许无故毁损整株花木"——什么解释？

甲将花摘下，公园管理大妈要处罚他，他仔细一瞧，哈哈大笑：这朵花是公园墙外的！我没有摘"公园内"的花——什么解释？

1. 大妈从包里掏出《环保法》说，这里规定了，破坏环境就要罚款——什么解释？

2. 大妈从包里找到规划局资料，红线图上面注明："公园墙外一米均属于公园"——什么解释？

3. 大妈找不到资料，急得吵了起来，围上一群人，大妈说：你看大家都看着呢，你一个大小伙子这样子影响多不好哦——什么解释？

4. 大妈打电话问《今日说法》专家，专家说：邻国的日本摘一朵花罚500元——什么解释？

5. 大妈打电话问了历史学家，历史学家说：清朝一公主摘花，被赦免了，群臣极为不满——什么解释？

例 4："打油诗"——"我的一半财产权"究竟是哪一半？

2003 年 7 月，年过七旬的王某过世，之前立下一份"打油诗"遗嘱："本人已年过七旬，一旦病危莫抢救；人老病死本常事，古今无人寿长久；老伴子女莫悲愁，安乐停药助我休；不搞哀悼不奏乐，免得干扰邻和友；遗体器官若能用，解剖赠送我原求；病体器官无处要，育树肥花环境秀；我的一半财产权，交由老伴可拥有；上述遗愿能实现，我在地下乐悠悠。"

对于王某遗嘱中"我的一半财产权"所涉及的住房，指的是"整个房子的一半"，还是"属于父亲份额的一半"，家人之间有不同的理解。儿子认为，父亲的意思应当是，母亲应该继承属于父亲那部分房产的一半，而不是整个房产的一半。王某老伴坚持认为，这套房子是其与丈夫的共同财产，自己应拥有整个房产（包括属于丈夫的另一半房产）。

分析如下。

王某老伴与子女对遗嘱的理解均没有参照任何其他东西，属于文义解释。

如果老伴说，人家美国就是这样……

如果孩子说，我们家族历史上都是这样……

后来第三个人说，我翻了翻他生前的日记，应该是……

后来老伴又说，我们村的风俗习惯都是……

以上几种情况下，各属于什么解释方法？

例5：当学术遇上法律——台湾"诽韩案"

1976年10月，台湾学者郭寿华在发表《韩文公、苏东坡给予潮州后人的观感》一文，提及："韩愈为人尚不脱古文人风流才子的怪习气，妻妾之外，不免消磨于风花雪月，曾在潮州染风流病，以致体力过度消耗，及后误信方士硫黄铅下补剂。离潮州不久，果卒于硫黄中毒。"

此文刊登后，韩愈第39代直系孙韩思道根据《刑法》第三百一十二条向"台北地方法院"提出自诉，控告郭寿华"诽谤死人罪"。

刑庭推事（法官）认定："自诉人以其祖先韩愈之道德文章，素为世人尊敬，被告竟以涉于私德而与公益无关之事，无中生有，对韩愈自应成立诽谤罪。自诉人为韩氏子孙，因先人名誉受侮，而提出自诉，自属正当。"判处被告罚金三百元。郭寿华不服上诉，台湾高等法院判决驳回，维持原判，该案遂告定谳。

法院内的不少法官坚持认为判决正确，既然法律明文规定了"直系亲属"有诉权，韩思道身为韩愈第39代孙，完全符合"直系亲属"之文义。法官们对"直系亲属"采用文义解释中的字面解释方法。

原来台湾"民法"制定之初，亲属法审查意见书第三点指出："亲属不规定范围。"也就是说，直系血亲之亲疏，不作规定，由民刑及其他法律，视其情形分别规定。立法者一时疏忽，于制定刑事诉讼法第二百三十四条第五项时，仅规定："刑法第三百一十二条之妨害名誉及信用罪（诽谤死者罪），已死者之直系血亲得为告诉。"未就直系血亲之亲疏设有限制。

20世纪80年代，当年的法官杨仁寿出版《法学方法论》一书，对"诽韩案"进行了自我检讨，坦承："此件判决，至今思之，未免可哂。平心而论，此号判决仍在'概念法学'阴影笼罩之下。审判者一味专注于概念逻辑，只知'运用逻辑'，为机械的操作，未运用智慧，为'利益衡量'，才会闹此笑话。"显然，杨法官认为不应局限于"概念法学"的机械操作，而应结合立法目的进行利益衡量，做出目的解释才是审判者应有之态度。

案例 6：一个西红柿惹的祸

有家水果店卖西红柿，被工商局查，说西红柿不是水果，超出经营范围，罚款 3000 元。店家不服，起诉。

法官做出的解释是：根据社会伦理和一般人的习惯来看，西红柿是"果蔬"。

我们再来看看一百多年前美国法院的解释。

事件源于美国 1883 年关税法，其中规定进口蔬菜要缴纳高达 10% 的税，而水果则不用。当时纽约海关认为西红柿是蔬菜，需交税。约翰·尼克斯（John Nix）等人是做进口西红柿生意的，他们可能认真研习了一番植物学知识，决定钻钻空子，于 1887 年将纽约港海关税收员爱德华·L. 赫登（Edward L. Hedden）告上了法庭，他们认为西红柿应该归为水果，要求返还被征收的税款。

在法庭中，双方的律师展开了激烈的交锋，不过本案并不像其他案件那样证据、证人无数，双方手中只有一件武器，那就是词典——《韦氏词典》、《伍斯特词典》以及《帝国词典》。

原告认为：按照词典的解释，西红柿属于"果实"，所以应该以"水果"来对待，不应收取关税。而被告认为，像豌豆、茄子、黄瓜这样的"果实"，实际上是被定义为"蔬菜"的。

虽然原告律师颇费口舌地朗读词典，但法官一致站在了被告一方，裁决番茄是蔬菜而不是水果。尽管番茄完美符合植物学中水果的定义，但是人们通常将之作为主菜，烹饪食用，而不是作为甜点。从大众观念和日常吃法而言，它还是更像蔬菜一点。法官哈瑞斯·格雷（Horace Gray）指出，尽管词典定义水果为"植物种子，或者包含种子的部分，特别是某些植物的多肉多汁的包含种子的部分"，但是此定义并未明确表明西红柿就是水果，而不是蔬菜。

五 法律解释方法的位阶

法律解释的各种方法从不同的角度对法律进行理解、说明，各有优劣。

1. 文义解释和立法者目的解释使解释者严格受制于制定法，保证法的确定性和可预测性。

2. 历史解释和比较解释容许解释者参酌历史的经验和国外的经验。

3. 体系解释有助于某国法秩序避免矛盾，保障法律适用的一致性。

4. 客观目的解释使法律决定与特定社会的伦理与道德要求一致，保证其正当性。

各种解释方法分别指出了在法律解释中需要考虑的不同因素，这些因素的重要性的不同认定会导致解释结论的不同，最终导致法律适用的不确定性，故而需确立解释方法的位阶关系。

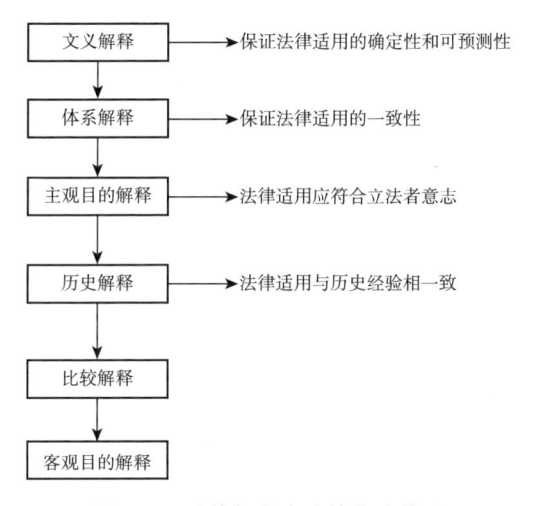

图 7-5 法律解释方法的位阶关系

以上方法需要综合运用，但其中也有先后顺序：文义解释→体系解释→立法者意图或目的解释→历史解释→比较解释→客观目的解释。一环扣一环，文义解释是核心。

注意：这种先后顺序仅仅是一般情况，是初步性的，不是固定的，是可以被推翻的。只是推翻这种优先性关系时，必须充分论证，即只有在有更强理由时，法律人才可推翻那些优先性关系。

实践中，往往借助多种解释方法。例如，通过综合运用多种法律解释方法，可以认为"无过错责任"是中国产品责任的基本归责原则。

（1）通过文义解释理解法律规定。《产品质量法》第四十一条第一款规定,"因产品存在缺陷造成人身、缺陷产品以外的其他财产（以下简称他人财产）损害的,生产者应当承担赔偿责任";该法第四十二条第二款规定:"销售者不能指明缺陷产品的生产者也不能指明缺陷产品的供货者的,销售者应当承担赔偿责任。"这里使用的文字是"应当",即在通常情况下,法律条文中的"应当"就是"必须"。

（2）运用体系解释的方法考查法律规定的体例结构。在《产品质量法》制定之前,《民法通则》第一百二十二条已经规定产品责任属于特殊侵权行为,有别于一般侵权行为。后者实行过错责任原则,前者作为特例,不适用过错责任原则。

（3）通过目的解释考察立法意图、立法目的。《产品质量法》第一条就明确了该法的立法目的:"保护消费者合法权益、维护社会经济秩序。"产品的缺陷在生产过程中已经存在,生产者所处的地位使他们能及时发现并避免产品缺陷存在,消费者因缺乏相应专业知识,不可能及时发现产品缺陷。适用无过错责任才能很好地保护处于不利地位的消费者。

（4）了解民法通则起草者们的解释,这是历史解释的方法。参加民法通则起草的学者对这一问题的解释是:"产品责任可以实行过错责任原则,也可以实行无过错责任原则,合同关系中对质量不合格的责任,通常都实行过错原则,产品责任可根据法律规定实行无过错责任。"在同一书中,另一位学者也指出产品责任属于七种特殊侵权责任之一,适用无过错责任。"最大限度地保护消费者的利益"是这一条的精神。

六 当代中国的法律解释体制

法律解释体制是指国家法律解释权限划分的制度。我国初步形成了一元多级的法律解释体制,即以全国人大常委会的解释权为核心和主体的各机关分工配合的法律解释。

"一元"体现为:我国立法解释权属于全国人大常委会,又称为立法解释。全国人大常委会的法律解释同法律具有同等效力。

"多级"表现为:除全国人大常委会的解释外,还存在其他类型的法定法律解释,即司法解释、行政解释和地方性法规的解释。

第八章 法律关系：法如何做到微观运行？

> 法书万卷，头绪纷繁，莫可究诘，然一言以蔽之，其所研究或所规定者，不外法律关系而已。
>
> ——台湾学者郑玉波

第一节 小案件大关系：法律关系之重要性

引例：快递柜的超期服务费，你说该不该收

快递柜是近年来物联网发展起来后兴起的新事物，其营运模式简单来讲，主要有以下四种：①快递公司投资设立，如丰巢；②第三方公司投资设立，如收件宝；③电子商务公司投资设立，如京东自提柜；④物业等主体自费设立。速递易，属于第三方公司投资运营的模式。快递员使用速递易设置在小区里的箱格进行投递时，将会按其使用的箱子大小收取投递服务费，其标准为：大号箱子0.6元/次，中号箱子0.5元/次，小号箱子0.4元/次。如果收货人在规定的时间内未领取快递，将会被速递易收取超期服务费，其标准为：成都在物品投放后48小时未取，其他城市在物品投放后24小时未取（双十一期间是4小时），将按超期天数收取超期费，不满一天按一天计费，每天收取1元。其他第三方公司的做法与速递易大致相同。

那么，快递柜的超期服务费，究竟该不该收？如果该收，又该怎么收？

首先我们应该明确我们作为买主，究竟与谁建立了法律关系？又是谁在向我们收取超期服务费？因此，法律关系的厘清对于我们是否该承担超期服务费是重要的逻辑起点。在分析其中的法律关系的时候，由于网购的复杂性，又应该区分为包邮和不包邮，以及同意和不同意放在快递柜里保管，来分析买家究竟与谁建立了法律关系以及建立的是什么法律关系。

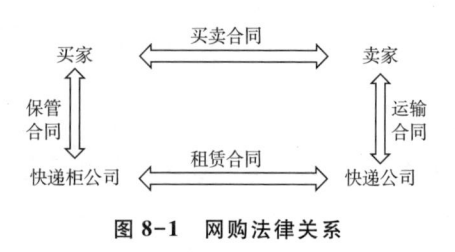

```
           买卖合同
   买家 <————————————> 卖家
    ↕                    ↕
   保管                  运输
   合同                  合同
    ↕     租赁合同        ↕
  快递柜公司 <——————————> 快递公司
```

图 8-1 网购法律关系

法律关系是法学中最基本最重要的法律概念，法律关系理论是法学理论中最重要的范畴。要了解法是怎样通过规范作用发生社会作用的，领略法律的运作理念，就必须深入了解法律关系的有关理论。

一 法律关系的含义及其意义

法律关系是指法律规范在调整社会关系的过程中形成的人们之间的权利和义务关系。因此，法律关系是用静态的法律规范将纷繁复杂动态的社会关系进行调整后形成的，如图 8-2 所示。男女之间的同居关系（承认同性婚姻的国家包括同性之间的同居关系）经过婚姻法的调整，就形成了婚姻法律关系。

在一定意义上可以说，所有法律现象无一例外都可以用法律关系加以解释，任何法律现象的存在都是为了处理某种法律关系，认识和研究法律关系问题，具有重要的理论意义。法律关系相当于学习法律的字典，只要按图索骥，再纷繁复杂的法律现象都能迎刃而解。如图 8-3 所示，静态的法律规范与动态的社会关系之间，需要法律关系进行联结，才能让静态的法律规范活起来用起来，让变幻多姿的社会关系在法律的框架内有序进行。

```
   法律规范（静）
        ↓
   法律关系（中间环节）         法律关系＝法律规范＋社会关系
        ↓                          ↓      ↓       ↓
   社会关系（动）              婚姻关系＝婚姻法＋同居关系

  图 8-2 法律关系的意义          图 8-3 法律关系的含义
```

第八章 法律关系：法如何做到微观运行？

下面通过几个小小的案件来理解识别和判断一个案件中的法律关系是多么重要。

案例1：维修合同引发复杂法律关系

2011年5月6日，四川盛强物流有限公司（住址在甲市乙县）作为承租人与出卖人四川同创工程机械有限公司（住址在成都市某区）、出租人（买受人）中恒国际租赁有限公司（住址在北京市）签订融资租赁合同，由中恒公司为盛强公司融资购买汽车起重车，并由出卖人同创公司直接将设备交给承租人盛强公司。此后，盛强公司向太平洋财保丙县支公司投了机动车交通事故责任强制保险及商业险，并指定了第一受益人为中恒租赁有限公司。

2012年5月20日下午，驾驶员王东在甲市乙县某工地操作起重车因操作不当侧翻，造成车辆局部受损。事发后，盛强公司向太平洋保险丙县支公司报了险，太平洋保险丙县支公司委托甲市支公司进行了现场查勘并定损后，将事故车辆交由甲市光辉汽车修理厂（住址在甲市丁区）维修。

2012年7月26日，甲市光辉汽车修理厂要求支付施救费材料费等52486元。但李某某、盛强公司、太平财保丙县支公司均未向光辉汽车修理厂支付该费用，该起重车随即处于待修状态。

2013年1月9日，甲方（保险人）太平财产保险有限公司甲市支公司、乙方（被保险人）四川盛强物流有限公司（以及实际车主李某某，住址在甲市乙县）、丙方（承修方）甲市光辉汽车修理厂三方签订《损失确认书》，内容为："……经当地辖区交警勘察裁定：当事人王东承担事故的全部责任。甲方现场查勘核实，并经甲、乙、丙三方友好协商，同意对该事故车辆采用包干修复方案，包干修复费用为人民币（大写）贰拾肆万伍仟元（245000元）整。""此金额为最终损失核定金额，三方签字或盖章生效。"甲、乙、丙三方均加盖印章，盛强物流公司并注明"此修理费与我公司无关"。确认书签订后，太平洋财保丙县支公司和盛强公司仍然均未向光辉汽车修理厂支付修复费用。为此，该事故车辆一直停放在光辉汽车修理厂至今未予再继续进行维修。

2013年3月13日，四川盛强物流要限公司和李某某向甲市乙县人民法院起诉：被告（1）太平洋财产保险有限公司丙县支公司、被告（2）甲市光辉汽车修理厂、被告（3）中恒国际租赁有限公司，四川同创工程机械有限公司为第三人。请求法院判令：①被告（2）将案涉汽车起重车修复完毕，并由被

— 287 —

告（1）在承包商业险范围内对起重车修复费全额赔偿，用于原告支付该起重车修复费用；②解除原告和被告（3）之间的租赁合同，将修复好的起重车返还给被告（3）；③被告（1）对该车不及时定损、被告（2）迟延修理涉案车辆而致所造成原告停运损失42000元；④三被告承担本案的诉讼费用。

分析案件的最首要的工作是要准确分析把握案件所涉及的法律关系，以便针对每种法律关系结合相关法律知识进行准确分析。

本案的法律关系主要有四个。

1. 四川富强物流有限公司与卖方四川同创工程机械有限公司、出租人中恒国际租赁有限公司之间的融资租赁合同法律关系。融资租赁合同的三方当事人分别是富强物流公司（承租人）、同创工程机械有限公司（卖方）与中恒国际租赁有限公司（出租人）。

2. 富强物流公司与太平洋财保丙县支公司之间的保险合同法律关系。在这一保险合同中，投保人是富强物流公司，保险人是太平洋某县支公司，受益人是中恒国际租赁有限公司。

3. 四川富强物流公司与光辉汽修厂的维修合同法律关系，双方分别是富强物流公司和光辉汽修厂。

4. 李某某与富强物流公司的挂靠法律关系，李某某为实际车主所有者，富强物流公司为法定车主所有者。

根据本案的诉讼标的可以确定该案最核心的法律关系应该是富强物流公司与太平洋财保丙县支公司之间的保险合同法律关系和四川富强物流公司与光辉汽修厂的维修合同法律关系。

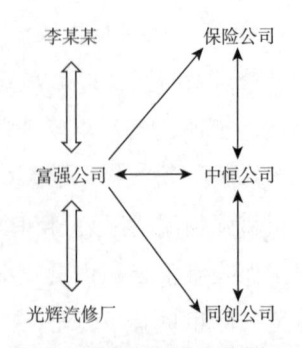

图 8-4 维修合同法律关系

案例 2：温州某考生诉国内某著名学府行政合同案

原告毕业于温州某中学，在校期间一直担任团支部书记，曾被评为温州市优秀学生干部、浙江省三好学生，2003 年高考文科成绩为 579 分，高出省重点分数线 38 分。她填报的第一志愿是国内某著名学府。2003 年 7 月 14 日，浙江省招办公布第一批重点本科院校、第一志愿投档线，原告的高考成绩比该招生学校的投档线高出 37 分，居浙江省投报该校考生的前列。但被告在 2003 年 7 月 16 日，以她身材太矮为由将她的档案退回，并声称其毕业生一般都当公务员，所以有身高要求，有招生自主权，在同等条件下，他们优先选择高个学生。但原告及其父母在填报志愿前认真查阅过该校的招生政策，其《招生章程》除对提前批专业队考生有身高要求外，其余各专业均无身高要求，并注明预备党员、学生干部、省三好学生等在同等条件下优先录取。上述事实有相关的证据材料为证。

法律关系的界定是本案的关键。对于学校与学生的关系，专家学者各说风云，而且由于学校与学生的关系的复杂性，也很难界定学校的招生性质，该案只从一个角度，即特定的时期（学校在招生的情境中），那么学校是否有权拒绝招收校方认为条件不合要求的学生，考生是否有权要求招生学校遵守该校《招生章程》的规定录取自己呢，学校招生的行为到底怎么限制规范呢？

本案的"阿基米德支点"是法律关系，只要明确了诸多教育法律规范中学校与学生之间的法律关系属性，就能够轻而易举的对上述问题做出回答。最后，法院认定，被告的行为构成行政合同的违约，应撤销先前做出的行政行为，重新做出行政行为。

二 法律关系的特点

1. 合法性——根据法律规范建立的社会关系

法律规范是法律关系产生的前提，因此法律关系具有合法性。

法律关系是法律规范的实现形式，是法律规范作用于社会关系的结果，是法律规范的内容（行为模式及其后果）在现实社会生活中得到具体的实现，是法律形式与社会内容的有机统一。

法律关系是人与人之间的合法（符合法律规范的）关系。这具有重大的实践意义：在社会生活中，有大量的事实关系，如同居关系、未经认可的收养关系、以规避法律为目的的契约关系、无效或失效的合同关系等,虽不是法律关系,但有可能与法律的适用相关联,在法律适用过程中必须认真处理。需要注意的是,法律关系是合法的关系,不等于说法律关系均由合法行为引起。违法行为是引起新的法律关系产生的法律事实。

法律关系不同于法律规范调整或保护的社会关系本身。如刑事法律关系不同于刑法所保护的关系:小明因盗窃被刑拘,这里的法律关系是什么?所保护的法律关系又是什么?

2. 意志性——体现意志性的特种社会关系

法律关系是根据法律规范建立的,因此同法律规范一样都要体现国家意志。法律关系体现国家意志但并非只体现国家意志,也体现当事人意志。因为法律关系是社会关系的法律形式,是现实的、特定的法律主体所参与的具体社会关系,因此特定法律主体的意志对于法律关系的建立与实现也有一定的作用。如,大多数民事法律关系的产生,不仅要通过法律规范所体现的国家意志,而且要通过法律关系参加者的个人意志表示一致。但是,从实质上看,法律关系体现的是国家的意志,所有法律关系均体现国家意志。体现国家意志的法律关系不必然体现个人意志,体现个人意志的法律关系必然体现国家意志。有的法律关系只体现国家意志不体现个人意志,有的法律关系既体现国家意志也体现个人意志,但绝对没有法律关系只体现个人意志的情形。

在法学家们以及各个法典看来,各个个人之间的关系,例如缔结契约这类事情,一般是纯粹偶然的现象,这些关系被他们看作是可以随意建立或不建立的关系,它们的内容完全取决于缔约双方的个人意愿。每当工业和商业的发展创造出新的交往形式,例如保险公司等的时候,法便不得不承认它们是获得财产的新方式。契约关系是人们有意识、有目的地建立的社会关系;法律关系作为一种特殊的社会关系,既有以人的意志为转移的思想关系的属性,又有物质关系制约的属性;法律关系不仅仅体现当事人的意志,更要体现国家的意志。

3. 内容上,是特定法律主体之间的权利和义务关系

权利和义务是法律关系区别于其他社会关系的重要标志。法律关系是法律规范规定的权利义务在社会关系中的体现。与法律规范本身规定的权利义务不同,法律关系主体的权利、义务是特定的、个别化的。法律规范中的权

利义务只是体现了法律制定者的美好愿望和价值需求,只是一种应然性和可能性的权利义务,

比如,《合同法》第二百一十二条规定:"租赁合同是出租人将租赁物交付承租人使用、收益,承租人交付租金的合同。"村民黄某根据此条款将自己的房屋租借给邻居郑某用作豆腐房,两人约定:郑某每年向黄某支付租金1000元。村民黄某与郑某约定将房屋出租,郑某支付租金,这属于两人在这个特定的房屋租赁法律关系中之具体义务,其义务只对他们两个人有效,不具有普遍的法律效力。也就是说,如果没有其他的约定,别人不承担他们约定的义务。另外,假如黄某与郑某一直遵守了他们之间的上述约定,那么实际上他们用实际行为实现了《合同法》第二百一十二条所规定的内容。

正是在这个意义上,法律关系主体之间的法律权利和法律义务是法律规范所规定的法律权利与法律义务在实际的社会生活中的具体落实。

三 法律关系的分类

1. 调整性和保护性法律关系

根据法律关系产生的依据、作用和实现的内容不同,可以将法律关系分为调整性和保护性法律关系。

调整性法律关系是基于合法行为而产生,执行法的调整职能的法律关系。它发挥着法律的调整作用。调整性法律关系是法律关系的正常形式,无须法律制裁,所实现的是法律规范的行为规则的内容。在民事法律关系中,调整性法律关系应当是基本的法律关系,占绝大多数,只有当权利被滥用需要强制矫正的情形出现时,才会出现保护性法律关系。

保护性法律关系是基于违法行为而产生的,旨在恢复被破坏的权利义务关系而建立的国家和相对人之间的法律关系。它执行着法的保护职能。保护性法律关系是法的实现的非正常形式,需要法律制裁,所实现的是法律规范的保护规则的内容。

我们在社会生活中形成的法律关系,绝大多数都是调整性法律关系,保护性法律关系是少数。调整性法律关系多存在于私法领域,一般无须公权力介入;而保护性法律关系基本都需要公权力介入,多存在于公法领域。在刑事法律关系中,原则上只有保护性法律关系,这也就决定了刑法的评价和保

障机能，几乎不存在调整机能。在行政法律关系中，原则上也应当是保护性法律关系。因为行政权的权力来源是人民群众，行政权力基础就应当是执政为民，保护最广大人民的利益。比如行政拘留法律关系。

行政法律关系中是否存在调整性法律关系，学界有争议。最典型的如行政许可、行政复议、行政诉讼、行政给付和行政合同等行政行为，当事人一方是行政权力机关或机构，另一方是行政相对人和相关人，虽然是不平等主体形成的法律关系，但在权利的主张还是放弃上，相对人和相关人是能够自主决定的。其实，从这个意义上说，在刑事法律关系中，也存在意思自治的情况。如自诉案件（公诉转自诉案件除外），自诉人诉与不诉，完全取决于自诉人的意思。即便是起诉后，被告人和被害人还可以和解。新修订的2013年1月1日生效的《刑事诉讼法》第五编中专门增加了第二章"当事人和解的公诉案件诉讼程序"，这为法律人继续探讨调整性法律关系和保护性法律关系留下了巨大空间。

法律关系既然是由法律事实与法律规范所制约形成的，那么，我们在对待法律关系态度上，就不应当抱有一成不变的思想。从当事人的角度分析，很可能出现事实认识错误和法律认识错误；从公权力部门的角度来分析，也可能出现事实判断不准确和法律适用不正确。调整性法律关系与保护性法律关系之间，在一定条件下常常会转变。比如在民事法律关系中，当侵权、违约、缔约过失、不当得利或无因管理等法律事实显现后，当事人不履行义务，不承担责任就可能由调整性法律关系转变为保护性法律关系。在保护性法律关系中，当事人之间依照自愿合法的原则，做出调解或和解，这时即由保护性法律关系转变为调整性法律关系。在刑事、行政法律关系中，当一定条件成就时，也存在由保护性法律关系到调整性法律关系转变比较复杂的情形。举个刑事法律关系中侵占罪的例子。侵占罪是亲告罪，就是当事人依法向人民法院告诉才处理的犯罪。如果被告人面临指控时主动赔偿，原告人放弃告诉，当事人意见达成一致时，就由保护性法律关系转变为调整性法律关系。[①]

2. 横向（平权）和纵向（隶属）的法律关系

根据法律主体的地位是否平等，可以将法律关系分为横向（平权）和纵

[①] 杨建军：《谈调整性法律关系和保护性法律关系》（《今日大同》2013年第10期），http://blog.sina.com.cn/s/blog_ b4fdb87b0101o229.html，最后访问日期：2017年8月20日。

向（隶属）的法律关系。

横向法律关系是指平权法律主体之间的权利义务关系。其特点在于，法律主体的地位是平等的，权利和义务的内容具有一定程度的任意性，如民事财产关系、民事诉讼之原、被告关系等。

纵向（隶属）的法律关系是指在不平等的法律主体之间所建立的权力服从关系（旧法学称"特别权力关系"）。其特点为：①法律主体处于不平等的地位。如亲权关系中的家长与子女，行政管理关系中的上级机关与下级机关，在法律地位上有管理与被管理、命令与服从、监督与被监督诸方面的差别。②法律主体之间的权利与义务具有强制性，既不能随意转让，也不能任意放弃。如警察抓小偷的行为。

3. 单向（单务）、双向（双边）和多向（多边）法律关系

根据法律主体多少及其权利义务是否一致，可以将法律关系分为单向（单务）、双向（双边）和多向（多边）法律关系。

所谓单向（单务）法律关系，是指权利人仅享有权利，义务人仅履行义务，两者之间不存在相反的联系。单向法律关系是法律关系体系中最基本的构成要素，如不附义务的赠与法律关系。但是要注意的是，单向法律关系的主体也是两个。

双向（双边）法律关系，是指在特定的双方法律主体之间存在两个密不可分的单向权利义务关系，其中一方主体的权利对应另一方的义务，反之亦然。例如，买卖法律关系就包含着这样两个相互联系的单向法律关系。双向法律关系，特定的双方法律主体间的两个密不可分的单向法律关系。

所谓多向（多边）法律关系，又称"复合法律关系"或"复杂的法律关系"，是三个或三个以上相关法律关系的复合体，其中既包括单向法律关系，也包括双向法律关系。例如，行政法中的人事调动关系，至少包含三方面的法律关系，即调出单位与调入单位之间的关系，调出单位与被调动者之间的关系，调入单位与被调动者之间的关系。这三种关系相互关联、互为条件，缺一不可。

其实，一切法律关系无论多么复杂，均可分解为单向的法律关系来加以考察。例如，买卖法律关系就包含着这样两个相互联系的单向法律关系。以买卖的标的物为标准，卖方只有交付货物的义务，买方只有接收货物的权利。

4. 第一性（主法律关系）和第二性（从法律关系）

根据相关法律关系的地位，可以将法律关系分为第一性（主法律关系）

和第二性（从法律关系）。

第一性法律关系，即主法律关系，是人们之间依法建立的不依赖其他法律关系而独立存在的或在多向法律关系中居于支配地位的法律关系，可独立存在或处支配地位，如调整法律关系、实体法律关系等。

第二性的法律关系是指由第一性法律关系产生的，居于从属地位的法律关系。如保护法律关系、程序法律关系、担保法律关系等。

一切相关的法律关系均有主次之分，例如，在调整性和保护性法律关系中，调整性法律关系是第一性法律关系（主法律关系），保护性法律关系是第二性法律关系（从法律关系）；在实体和程序法律关系中，实体法律关系是第一性法律关系（主法律关系），程序法律关系是第二性法律关系（从法律关系）等。

5. 公法法律关系、私法法律关系、公法私法混合法律关系

公法与私法分类的基本意义在于便于法律的适用，易于确定法律关系的性质，适用何种法律规定，采用何种救济方法或制裁手段，以及案件应由何种性质的法院或审判庭受理、适用何种诉讼程序等。

公法调整的是国家与公民之间、政府与社会之间的各种关系，主要体现为政治关系、行政关系及诉讼关系等。公法以权力为轴心，严守"权力法定""法无授权不可为"的定律。

私法调整私人之间的民商事关系即平等主体之间的财产关系和人身关系。私法则以权利为核心，适用"权利推定""法不禁止即自由"的逻辑。

公法奉行"国家或政府干预"的理念，私法遵循"意思自治""私法自治"的原则。

公私法混合法律关系就是法律关系与公法、私法都有关。

孙志刚案中的宪法关系[①]

这起案件源于我国的收容审查制度，该制度的基本法律依据是国务院 1982 年出台的《城市流浪乞讨人员收容遣送办法》。

---

① 《反思收容——从孙志刚事件到收容制度变革》，http：//www.humanrights-china.org/china/magazine/2003.4/p23-30.htm，最后访问日期：2017 年 7 月 21 日。

2003年5月14日，俞江、徐志永、滕彪三位法学博士将一份题目为《关于审查〈城市流浪乞讨人员收容遣送办法〉的建议书》传真至全国人大常委会法制工作委员会。建议书中指出："《中华人民共和国立法法》第88条第2款规定，全国人大常委会有权撤销同宪法和法律相抵触的行政法规。第90条第2款规定，公民认为行政法规同宪法或法律相抵触的，可以向全国人大常委会书面提出进行审查的建议。"

他们以中华人民共和国公民的身份，认为国务院1982年5月12日颁布的至今仍在适用的《城市流浪乞讨人员收容遣送办法》，与我国宪法和有关法律相抵触，特向全国人大常委会提出审查《城市流浪乞讨人员收容遣送办法》的建议。

5月23日，贺卫方、盛洪、沈岿、萧瀚、何海波等5位著名学者同样以中国公民的名义，再次联合上书全国人大常委会，就孙志刚案及收容遣送制度实施状况提请启动特别调查程序。

6月18日，国务院总理温家宝主持召开国务院常务会议，审议并原则通过了《城市生活无着的流浪乞讨人员救助管理办法（草案）》。会议认为，20多年来，我国经济社会发展和人口流动状况发生了很大变化，1982年5月国务院发布施行的《城市流浪乞讨人员收容遣送办法》，已经不适应新形势的需要。

6月20日，温家宝总理签署国务院第381号令，公布施行《城市生活无着的流浪乞讨人员救助管理办法》（以下简称《办法》）。《办法》自2003年8月1日起施行。1982年5月国务院发布的《城市流浪乞讨人员收容遣送办法》同时废止。

本案中涉及典型的宪法法律关系。根据宪法理论，宪法关系主要包括公民与某些国家机关的关系以及国家机关之间的关系。具体到本案，包括两层宪法法律关系。首先，公民与违宪审查机关的关系是宪法关系。其次，违宪审查机关与其他国家机关之间的关系也是宪法关系。违宪审查机关是直接适用宪法和宪法性法律、保障宪法实施的机关，全国人大常委会作为违宪审查机关，与被审查的机关国务院之间形成宪法法律关系。

第二节 法律关系的静态要素

从法律关系的静态结构来看，法律关系一般由法律关系主体、法律关系客体和法律关系内容三个部分构成。

一 法律关系的主体

法律关系主体是法律关系的参加者，是指参加法律关系，依法享有权利和承担义务的当事人。即在法律关系中，一定权利的享有者和一定义务的承担者。在每一具体的法律关系中，主体的多少各不相同，在大体上都属于相对应的双方：一方是权利的享有者，即权利人；另一方是义务的承担者，即义务人。

（一）法律关系主体的种类

一般而言，法律关系的主体主要包括以下几类。

1. 自然人

自然人是指基于人的自然生理功能出生的一切人。在人类交流日趋紧密化的今天，生活在任何一个国度的自然人，大致上包括如下三类：一是有本国公民资格的人，即本国人，也就是我们通常所说的公民；二是无国籍人；三是外国公民，即外国人。任何自然人，只要置于特定的国家，那么一般均受该国法律的管辖。

2. 拟制人（机构组织）

依法成立的执行或从事法律授权事务的社会组织体，由于在法律上具有了法律人格，能够像人一样享有权利承担义务，因此也被称之为拟制人。

机构组织主要包括法人和非法人组织。法人有营利法人和非营利法人之分。营利法人，如各种公司、企业等；非营利法人，如各类学校、社会团体等。非法人组织，即在法律上不具有法人资格的社会组织，如个人独资企业、合伙企业、不具有法人资格的专业服务机构、企业法人的分支机构、事业单位科研单位设立的不具备法人资格的企业等。此外，立法机关、行政机关和司法机关等国家机关组织为机关法人，也可以参与各类法律关系，因此也属于法律关系的主体。

3. 国家

在特殊情况下，国家可以作为一个整体成为法律关系主体。例如国家作为主权者参与国际公法关系而成为国际公法法律关系主体。国家也可以直接以自己的名义参与国内的法律关系（如发行国库券），但在多数情况下则由国家机关或授权的组织作为代表参加法律关系。

思考：动物、植物（自然物）能否成为法律关系的主体？

案例1：国内第一起自然物作原告的案件——北大学者代表松花江等起诉中石油

2005年11月13日，中石油天然气集团公司所属中石油天然气股份有限公司吉林分公司双苯厂（101厂）的苯胺车间因操作错误发生剧烈爆炸并引起大火，导致100吨苯类污染物进入松花江水体（含苯和硝基苯，属难溶于水的剧毒、致癌化学品），导致江水硝基苯和苯严重超标，造成整个松花江流域严重生态环境破坏。

2005年12月7日，北京大学法学院三位教授及三位研究生向黑龙江省高级人民法院提起了国内第一起以自然物（鲟鳇鱼、松花江、太阳岛）作为共同原告的环境民事公益诉讼，要求法院判决被告赔偿100亿元人民币用于设立松花江流域污染治理基金，以恢复松花江流域的生态平衡，保障鲟鳇鱼的生存权利、松花江和太阳岛的环境清洁的权利以及自然人原告旅游、欣赏美景和美好想象的权利。

令人感到意外的是，黑龙江省高院立案庭在得知诉讼情况后并未接受诉状及相关证据，甚至不敢阅读《起诉书》，直接向原告代表以口头方式告之，"本案与你们无关，目前本案不属于人民法院的受案范围以及一切听从国务院决定"等，拒绝接受本案，而这一理由与原告代表事前预料的"原告不适格"的理由大相径庭。毫无疑问民事案件被政治化的思维和处理方式封杀了。

对此，原告代表坚持向立案庭提出了应当依法接受诉状，如果审查不符合起诉条件可以再裁定不予受理的建议。但是，此举也被法官婉言拒绝。

起诉状部分内容：

正像美国联邦法院布莱克门大法官在塞拉俱乐部诉莫顿案判决中所

写的那样,"在环境诉讼领域,我个人宁愿选择约翰·多恩先生更古老也更中肯的观察和忠告:谁都不是一座孤岛,自成一体;每个人都是广袤大陆的一部分,都是无边大海的一部分,如果海浪冲刷掉一个土块,欧洲就少了一点;如果一个海角,如果你朋友或你自己的庄园被冲掉,也是如此。任何人的死亡都使我受到损失,因为我包孕在人类之中。所以不要问丧钟为谁而鸣,它为你而敲响"。

综上,我们全体原告特向人民法院提起诉讼,请求人民法院给正义披上绿色的盛装,将阳光普照到众生!坚定地受理本案并做出公正的判决。

案例2:来自2000年《新西兰先驱报》的消息

一名农场主,立过一份将部分遗产留给两只牧羊犬的遗嘱。遗产价值高达100万新西兰元。根据遗嘱,农场主的第三任妻子,只能获得20万新西兰元,农场主的两个亲生儿子根据遗嘱分文不得。农场主于1996年去世,死后,两个儿子非常不满,要求奥克兰市法院推翻遗嘱。历经四年,法院最终宣布遗嘱无效,剥夺两只牧羊犬的"继承权",两个儿子可以获得部分遗产。法院宣称,牧羊犬是没有民事继承权利的。

(二)法律关系主体的资格

是否能够成为法律关系的主体,享有权利和承担义务,必须具备相应的权利能力和行为能力,即具有法律关系主体的资格。

1. 权利能力或权义能力

权利能力或权义能力,是法律主体依法享受权利和承担义务的法律资格,是主体参加任何法律关系的必要前提,是权利和义务作用于主体的法理前提,即是法律具体调整主体的法理的和法定的前提。

权利能力与权利的联系:权利是权利能力的前提,是权利能力这一资格在法律关系中的具体反映。但是,具有权利能力,并不必然表明他能参与某种法律关系,享有具体权利。权利能力包括权利和义务两方面,而权利本身不包括义务在内。

权利能力与诉讼权利能力的联系:诉讼权利能力是指成为民事诉讼当事

人，享有民事诉讼权利和承担民事诉讼义务所必需的诉讼法上的资格。二者有着密切的联系。通常情况下，有民事权利能力的人才具有诉讼权利能力，如公民、法人。但二者并不是完全一致的关系。在某些情况下，没有民事权利能力的人，也可以有诉讼权利能力。例如不具有民事权利能力的其他组织，在某些情况下，也可以有诉讼权利能力。

自然人的权利能力可以从不同的角度进行分类。①根据享有权利能力的主体范围不同分为一般权利能力和特殊权利能力。前者又称基本的权利能力，是一国所有公民均具有的权利能力，它是任何人取得公民法律资格的基本条件，不能被任意剥夺或解除。后者是在特定条件下具有的法律资格。这种资格并不是每个人都可以享有，而只授予某些特定的法律主体。如劳动权、选举权。②按照法律部门的不同分为民事权利能力、政治权利能力、行政权利能力、劳动权利能力、诉讼权利能力等。这其中既有一般权利能力（如民事权利能力），也有特殊权利能力（政治权利能力、劳动权利能力）。

拟制人的权利能力与自然人的权利能力不同，没有上述的类别。拟制人的民事权利能力则从其成立时起发生，至撤销或解散时消灭。其范围是由其成立的宗旨和业务范围决定的。自然人的民事权利能力始于出生，终于死亡（特殊权利能力除外）。

思考1：胎儿是否具有权利能力

案例：我国首例保护"胎儿"人身权案

1981年2月10日，石母由于妊娠难产，医院用产钳助产，在牵拉过程中，牵拉胎头较困难，7分钟（其中停顿并放松3次）后胎儿才娩出。当时新生儿皮肤青紫，经检查，新生儿头顶部表皮破2厘米×1厘米，左颞下产钳伤1厘米，胎儿头顶部有9厘米×8厘米血肿。当时夫妻俩谁都没在意孩子头上的伤疤会给以后来带来什么，所以在分娩后第六天产妇即出院。

1981年10月11日，石某（化名"小石头"）出生后第九月，其父母发觉"小石头"的健康情况欠佳，便到医院检查。被医生诊断为"面黄，头呈方形，前囟未闭"。两岁多时，医生诊断"小石头"为先天性上眼睑下垂。三岁多时，"小石头"又被诊断为颅内高压，并开始出现步态不稳，头围增大的症状，即住进上海某医院进行治疗。该医院拟诊为"继发性脑积水"。

面对不幸，"小石头"的父母开始怀疑孩子出生医院助产师的问题。1988

年 10 月 12 日，当地医疗事故技术鉴定委员会对"小石头"的病情做出了鉴定，结论为：确认因助产导致继发性脑积水的依据不足，不属医疗事故。石父母以"小石头"的名义，向江苏省南通市崇川区人民法院提起民事诉讼，要求被告医院对其在助产过程中损害原告的行为承担责任，给予经济赔偿。当时的"小石头"已经 8 岁了。

法院于 1998 年 6 月 1 日正式委托司法部司法鉴定科学技术鉴定研究所，对原告的继发性脑积水的病因及与产钳伤的关系等进行法医学鉴定。法医学鉴定结论为：被鉴定人石某继发性脑积水与其出生时产程时间过长及产伤之间的直接因果关系难以排除，说明被告的行为具有导致原告病情的一定概率；同时因原告母亲系高龄产妇，又属过期妊娠，对胎儿有不利影响的客观因素，此客观条件虽不属原告的过错，但可以适当减轻医院的责任。根据上述理由，江苏省南通市崇川区人民法院判令某医院一次性赔偿石某人民币 106590.42 元。

思考 2：死刑未决犯是否具有民事权利能力？

案例：死刑未决犯的生育权案

郑雪梨的新婚丈夫罗峰于 2001 年 5 月 29 日因琐事与公司副经理王莹（女）发生争执，将王莹杀死。被舟山市中院以故意杀人罪判处死刑。

一审宣判后，罗峰不服，向浙江省高院提起上诉。其间，郑雪梨向舟山市中院提出了人工授精的请求。一审法院告诉郑雪梨，对此没有相关的法律规定，而且舟山市也没有人工授精的条件，拒绝了罗妻的请求。同年 11 月 11 日，罗雪梨向省高院提出人工授精的书面申请。

为慎重起见，浙江省高院召开审判委员会进行讨论，认为法律对此类问题没有规定，这种请求也不属于法院的受案范围，遂决定对郑雪梨的要求不置可否，以沉默的方式予以拒绝。

2002 年 1 月 18 日上午，高院的终审判决做出后，罗峰被执行死刑，郑雪梨要求留下丈夫精子的希望化为泡影。

在本案中，作为死刑未决犯的罗锋在失去人身自由后，其是否还有民事权利能力？是否还有生育权？

2. 行为能力

行为能力是法律关系主体能够通过自己的行为实际取得、享有权利和承担、履行义务的能力。

权利能力与行为能力的关系：权利能力是行为能力的前提，具有行为能力必须首先具有权利能力，但具有权利能力，并不必然具有行为能力。相反，行为能力是保证权利享有者自主行使权利的前提，没有行为能力，则无法自主行使权利，但可以由其法定代理人或法定代理人授权的代理人代为行使权利。

自然人行为能力的确认标准是与其年龄、智力和精神状况相适应的。①能否认识自己行为的性质、意义和后果；②能否控制自己的行为并对自己的行为负责。自然人是否达到一定年龄、神智是否正常，就成为自然人享有行为能力的标志。

一般将自然人的行为能力划分为完全民事行为能力、限制行为能力和无民事行为能力。我国对公民的行为能力的规定如表8-1所示。

表8-1 公民的行为能力

	完全行为能力	限制行为能力	无行为能力
民法	(1) 18 周岁以上的公民；(2) 16 周岁以上不满 18 周岁的公民，以自己的劳动收入为主要生活来源的	(1) 8 周岁以上的未成年人；(2) 不能完全辨认自己行为的精神病人	(1) 不满8周岁的未成年人；(2) 不能辨认自己行为的精神病人
刑法	已满十六周岁的人	(1) 已满十四周岁不满十六周岁的人；(2) 尚未完全丧失辨认或者控制自己行为的能力的精神病人	(1) 不满14周岁；(2) 不能辨认或者不能控制自己行为的精神病人

拟制人与自然人的行为能力有如下区别。第一，自然人的行为能力有完全与不完全之分，而拟制人的行为能力总是有限的，由其成立宗旨和业务范围所决定。第二，自然人的行为能力和权利能力并不是同时存在的。拟制人的行为能力和权利能力是同时产生和同时消灭的。

责任能力是与行为能力直接相关的一个概念，是行为能力在追究法律责任与免责的法律关系中的具体存在形式，其与行为能力是一致的，通常情况下有行为能力即有责任能力，无行为能力即无责任能力。

诉讼行为能力，又称为诉讼能力，是指当事人可以亲自实施诉讼行为，并通过自己的行为行使诉讼权利和承担诉讼义务的诉讼法上的资格。

有诉讼权利能力但没有诉讼行为能力的人，虽然也可以成为民事诉讼中的当事人，但却不能亲自实施诉讼行为，而只能通过其法定代理人或者由其法定代理人委托的诉讼代理人代为实施诉讼行为。比如，患脑瘫的妻子被丈夫起诉离婚，妻子虽不具有诉讼行为能力，但依然享有诉讼权利，其具有诉讼权利能力，只是具体行使诉讼权利只得由她的法定代理人（父母）来代为实施诉讼行为。对此，我国最高人民法院关于适用《中华人民共和国民事诉讼法》若干问题的意见第94条也做出了相应规定：无民事行为能力人的离婚案件，由其法定代理人进行诉讼。

二　法律关系的客体

（一）法律关系客体的含义

法律关系客体是指法律关系主体之间权利和义务所指向的对象。它是构成法律关系的要素之一。法律关系客体是一定利益的法律形式。任何外在的客体，一旦它承载某种利益价值，就可能成为法律关系客体。法律关系建立的目的，总是为了保护某种利益、获取某种利益，或分配、转移某种利益。所以，实质上，客体所承载的利益本身才是法律权利和法律义务联系的中介。

作为法律关系的客体，它必须具有独立性、有用性和可控性。独立性保证它是独立于主体（在认识上可以与主体分离）的"自在之物"。有用性强调它必须满足主体需求，必须是对主体的"有用之物"。可控性则要求它必须是人类能够控制或部分控制的"为我之物"。

案例：买卖月球土地——月球是否能成为法律关系的客体？

丹尼斯·霍普是美国月亮大使馆的总裁，他发现联合国1967年制定的《外层空间条约》有漏洞，即在这份外太空条约中所有联合国成员都签署并同意外太空天体的主权不为任何一个国家所有，但该条约却没有规定私人不可以拥有外太空星体。于是丹尼斯·霍普向当地法院、美国、苏联和联合国递交了一份所有权声明，宣布丹尼斯·霍普为月球、太阳系除地球外的8大行星及其卫星的土地拥有者。

2005年9月5日，北京月球村航天科技有限公司（北京月球大使馆）经工商注册成立，领取了营业执照。10月19日开始销售月球土地。

谈起卖月球土地的起因，该公司首席执行官李捷说，买卖月球土地在美国已经炒得沸沸扬扬，自己在1997年就开始关注此事，并与卖月球土地的美国月亮大使馆总裁丹尼斯·霍普进行过交流。"趁着现在人类登月热的浪潮，我与美国总公司签订了代理协议，专门向中国人销售，并付给总公司许可费，保证最低销量。"李捷介绍，普通人只要花费298元人民币就能在月球及火星等星球购买1英亩（合6亩）土地，公司将发给购买者月球土地证书。购买者拥有月球土地的所有权、使用权以及土地以上及地下3公里以内的矿物产权。"我们对它的定位是有无限增值潜力的礼品。因为普通人买下土地后主要是用来送人。普通人买下地后，若是各国的登月舱在你购买的土地登陆，按理说要付给你相关的费用。"

10月28日，北京月球大使馆有关财物被北京市工商局朝阳分局扣留，理由是"涉嫌投机倒把"。随后，朝阳工商分局对月球大使馆的销售行为做出处罚，行政处罚决定书上写道：月球大使馆售卖月球土地的行为违反了《投机倒把行政处罚暂行条例》的规定，并依据《投机倒把行政处罚暂行条例实施细则》对月球大使馆做出罚款5万元、吊销营业执照的决定，同时责令月球大使馆退还所售月球土地销售款。

（二）法律关系客体的分类

尽管随着社会的发展，法律关系的客体的范围和种类会越来越丰富，但归纳起来主要有以下几类。

1. 物

法律意义上的物是指由法律所规定的，由法律关系主体支配的、在生产上和生活上所需要的且具有独立性的客观实体。它不仅具有物理属性，而且应具有法律属性。包括天然物、人造物、有体物、无体物等。

在我国，有4种物不得进入国内商品流通领域，成为私人法律关系的客体：①人类公共之物或国家专有之物，如海洋、山川、水流、空气；②国家所有的文物；③军事设施、武器（枪支、弹药等）；④危害人类之物（如毒品、假药、淫秽书籍等）。

网络游戏"红月"玩家李某，辛苦获得的装备在一夜之间消失，为此，他将"红月"经营者北极冰科技公司告上法庭。那么，各种虚拟物，如Q币、游戏装备的账号等，能否成为法律关系的客体？

2. 人身、人格

人是人体器官、人身与人格的统一体。人身是人的物质形态，人格是人的精神利益的体现。一方面，人身人格是姓名权/名称权、生命健康权、肖像权、名誉权、荣誉权、隐私权等权利的客体；另一方面，人身人格也是禁止非法拘禁、禁止侮辱诽谤、禁止刑讯逼供等义务的客体。

人的身体是否可以作为法律关系的客体？一定范围内可以成为法律关系的客体。例如，人身的一部分（献血、捐肾、植皮等）、监护权。但是要注意，第一，活人的（整个）身体，不得视为法律上之"物"，不能作物权、债权和继承权的客体。第二，权利人对自己的人身不得进行违法或有伤风化的活动，不得滥用人身，或自践人身和人格，如卖淫。第三，对人身行使权利时必须依法进行，不得超出法律授权的界限，严禁对他人人身非法强行行使权利。如父母能否打子女。加拿大打一巴掌都要被拘。

3. 精神产品（智力成果、无体财产）

精神产品是人通过某种物体或大脑记载下来并加以流传的思维成果。精神产品不同于有体物，其价值和利益在于物中所承载的信息、知识、技术、标识（符号）和其他精神文化。同时它又不同于人的主观精神活动本身，是精神活动的物化、固定化。精神产品属于非物质财富，西方学者称之为"无体（形）物"。

4. 行为（结果）

行为是很多法律关系中权利义务所指向的对象。行为一般会产生两种结果。①物化结果：即义务人的行为（劳动）凝结于一定的物体，产生一定的物化产品或营建物（房屋、道路等）。行为结果不同于义务人的义务，但与义务人履行义务的过程紧密相关。②非物化结果，即行为过程，如抚养赡养行为，整容服务行为，演唱会。

坐车时购买了火车票，这里的法律关系客体是什么？是火车票吗？

三 法律关系的内容

法律关系的内容，就是法律关系主体之间的法律权利和法律义务。当然，法律权利和法律义务不仅仅是法律关系的内容，它们还是法学的基本范畴，是贯穿整个法理学研究的核心内容，法律的制定、实施都是围绕法律权利和法律义务而展开的。

在社会生活中，法律上所规定的权利义务，只有转化为法律关系主体实有的权利义务，才能使法律对社会的调整达到有效的结果。当然，法律权利和法律义务的实现是一个复杂的过程，其能否实现以及实现的程度，不仅取决于一个国家的政治民主法治发展状况等宏观社会背景，也取决于具体法律关系主体的认识能力、行为能力等微观状况。

作为法律关系内容的权利义务与作为法律规范内容的权利义务之间的区别如表8-2所示。

表8-2 权利义务的两种样态

项目	法律关系主体的权利义务	法律规范内容的权利义务
所属领域	实有的法律权利义务，属于现实性领域	应有的权利义务，属于可能性领域
针对主体	主体特定	主体不特定
法的效力	个别化的法律权利义务，针对特定主体有效，不具有普遍的法律效力	一般化的法律权利义务，具有普遍的法律效力

第三节 法律关系的动态运行

从法律关系的动态运行来看，法律关系的产生、变更和消灭等实际运行过程均必须满足一定的条件。

一 法律关系运行的条件

有了法律规范的规定，并不一定产生、变更或消灭相应的法律关系，任何法律关系运行，即法律关系产生、变更、消灭，都是因一定的法律原因或约定原因而产生的。因此，法律规范与一定的法律事实相结合，才会出现法律关系的运行。

法律关系运行的条件就是抽象的法律规范和具体的法律事实。法律规范是法律关系运行的法律依据，是作为抽象的前提而存在的。但只有法律规范，而没有具体的客观事实存在，也不会引起法律关系的运行。只有法律规定的客观存在的外在现象发生，才会引起具体法律关系的运行。这个法律规范所规定的，能够引起法律关系产生、变更和消灭的客观情况或现象就是法律事实。

理解法律事实时要注意以下几点。

1. 法律事实是由法律规定的，具有法律意义，不限于合法的，也有违法的法律事实。也不限于法律明文列举的，如合同法中除了有名合同之外，现实中还有很多无名合同。如朋友帮忙装修房子，不收费。但造成损害了，怎么办？这是个赠与合同还是承揽合同？汶川地震和海王星发生200级地震是不是法律事实？

2. 法律事实是客观存在的外在现象，但并不是说法律事实不包含主观意志。小明咒骂"小强被车撞死"是不是法律事实？

法律事实与法律关系的关系如下。

1. 同一个法律事实（事件或者行为）可以引起多种法律关系的产生、变更和消灭。例如工伤致死，不仅可以导致劳动关系、婚姻关系的消灭，而且也导致劳动保险合同关系、继承关系的产生。

2. 两个或两个以上的法律事实引起同一个法律关系的产生、变更或消灭。例如男女结婚，除了双方自愿结合的意思表示外，还须向结婚登记机关办理登记手续，登记机关颁发结婚证书，双方的婚姻关系才能够成立。其中，"自愿结合的意思表示""向结婚登记机关办理登记手续""登记机关颁发结婚证书"，都是婚姻法律关系形成的事实。

二 法律事实的分类

以是否以当事人意志为转移，可以将法律事实分为法律事件和法律行为。

1. 法律事件

法律事件是法律规范规定的，不以当事人的意志为转移而引起法律关系形成、变更或消灭的客观事实。

法律事件又分成社会事件和自然事件两种。社会事件，比如革命、战争、罢工等。自然事件，比如生老病死、自然灾害等，人的出生会引起抚养和监护关系的产生，死亡却导致抚养、赡养、夫妻关系的消灭和继承关系的产生。

2. 法律行为

法律行为是指法律规定和调整的，人们所实施的，以权利主体的意志为转移，能够引起法律关系形成、变更和消灭的法律事实。

根据行为是否符合法律的内容要求为标准，一般认为，法律行为又分为合法行为、违法行为。合法行为，又称为善意行为，是指行为人所实施的具有一定的法律意义、与法律规范内容要求相符合的行为。违法行为，又称为恶意行为，是行为人所实施的违反现行法律规范的内容要求、危害法律所保护的社会关系、应受惩罚的行为。因此，要注意违法行为也能够引起法律关系的产生、变更和消灭。

还有没有第三种行为。比如高其才教授就认为还存在中性行为，即既不合法也不违法的行为，如同居行为。[①]

注意：同一个法律事实，针对不同的人，可能是法律事件，也可能是法律行为。判断是法律事件还是法律行为，首先判断是否是当事人的行为，如果不是当事人的行为，则是法律事件。例如，在一起交通事故中，甲将乙撞死，引起乙的婚姻关系消灭。请问，乙的婚姻关系消灭是由法律事件引起还是由法律行为引起？

法律关系的产生、变更和消灭条件，如图8-5所示。

图8-5 法律关系运行条件

[①] 高其才：《法理学》，清华大学出版社，2015，第131页。

案例：药家鑫故意杀人案中的法律关系

2010年10月20日22时30分许，西安音乐学院学生药家鑫驾驶陕A419N0号红色雪弗兰小轿车从西安外国语大学长安校区返回市区途中，将前方在非机动车道上骑电动车同方向行驶的被害人张妙撞倒。药家鑫恐张妙记住车牌号找其麻烦，即持尖刀在张妙胸、腹、背等处捅刺数刀，将张妙杀死。逃跑途中又撞伤二人。

同月22日，公安机关找其询问被害人张妙被害案是否系其所为，药家鑫矢口否认。同月23日，药家鑫在其父母陪同下到公安机关投案。

2011年3月23日，药家鑫杀人案开庭。当晚，李玫瑾在央视点评称，药之所以会在瞬间完成连扎6刀的动作，和他长期以来的钢琴训练有关。"一般的犯罪人想置人于死地，扎两刀就会走，可为什么药家鑫要连续捅六刀？这点让我很疑惑。"李玫瑾在给药家鑫的问卷写道："在女孩的呻吟中，你扎了她那么多刀，你在这过程中是什么样的心态？"这个问题在审案当晚的直播中也被中央电视台的主持人提问到了。旋即，李的说法被网友称为"钢琴强迫杀人法"，是在为药开脱罪行。

尽管遭到了很多人的批评甚至谩骂，但这一次李玫瑾依然坚持自己的观点。"我只分析了药家鑫的行为，而没有分析他的观念和动机，没有为他开脱的意思。"至于药家鑫应该判什么刑，李玫瑾对所有人说，她不是刑法专家，不能解答这个问题，最多也只是希望判决不要被舆论左右。

2011年4月22日上午，西安市中级人民法院对被告人药家鑫故意杀人案做出一审判决，以故意杀人罪判处药家鑫死刑，剥夺政治权利终身，并处赔偿被害人家属经济损失45498.5元。

2011年5月20日，陕西省高级人民法院对被告人药家鑫故意杀人一案进行了二审公开开庭审理并宣判，依法裁定驳回药家鑫上诉，维持原判。经最高人民法院核准，故意杀人罪犯药家鑫于2011年6月7日在陕西省西安市被依法执行死刑。

2011年5月31日，药家鑫的父亲药庆卫在微博中写道，"二审结束后，药家鑫留下两条遗愿：一是让我们看望一下张妙的父母，二是让我们看望一下张妙的孩子。2011年5月26日，在律师的陪同下，我们看望了张平选夫妇及张妙的孩子，并给张平选留下20万元现金，作为他们养老之用"。

第八章 法律关系：法如何做到微观运行？

2012年2月8日，张药双方因为索款事件发生肢体冲突，索款无果而终。张妙家属正式向法院起诉药家，要求兑现药家鑫"遗赠"的20万元。西安新城区法院已于2012年2月27日正式受理此案。

药家否认"遗赠"。"此次起诉理由我们认为并不成立。"药家的律师兰和说，药庆卫微博中提到药家鑫的两条遗愿，没有提到钱的事。因此，张家起诉的所谓药家鑫"遗赠"，实际上也是药庆卫在药家鑫遗愿之外，自己的主张。其性质也是药庆卫的赠与行为，与药家鑫"遗赠"无关。药家鑫作为一个学生，并没有工作，没有经济来源，名下也没有财产，根本没有能力向张家"遗赠"20万元。同时，即便是药家鑫"遗赠"，根据我国法律，必须在知道受"遗赠"2个月内，做出接受或放弃的表示，如果到期没有明确表示，即视为放弃。现在2个月时间早已过去，张家实际已放弃了受"遗赠"的权利。"张家这次起诉实际只是上次'索款门'事件的延续。"兰和说。

分析药家鑫事件中的法律关系。

1. 受害人张妙死亡，是引起张家人继承张妙遗产的法律行为还是法律事件？

2. 受害人张妙被药杀死，是药与公安机关发生法律关系的法律行为还是法律事件？

3. 药与公安机关的法律关系是横向还是纵向法律关系？调整性还是保护性？单向还是双向？是第一性还是第二性？

4. 药家鑫与张妙的家人之间是否形成了法律关系？是调整性还是保护性法律关系？药家鑫的父亲药庆卫与张妙的家人之间是否形成了法律关系？是第一性还是第二性法律关系？

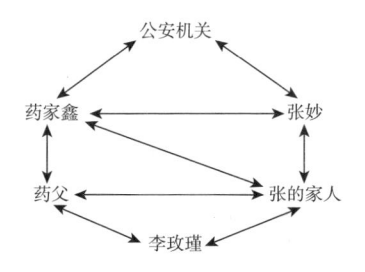

图8-6 药家鑫案法律关系图

5. 判断：李老师的评论有为药家鑫开脱的嫌疑，因此李老师与受害人张妙的亲属之间形成了法律关系。

6. 判断：本案涉及的法律关系中，不一定有国家意志的存在。

三　法律行为

引起法律关系产生、变更和消灭的原因是法律事实，而其中又最普遍的是法律行为。因此，法律行为理论是法理学中非常重要的理论。法律行为是指人们所实施的、以权利主体的意志为转移，能够引起法律关系形成、变更和消灭的法律事实。

（一）法律行为的特点

1. 社会性

法律行为是具有社会意义的行为。所谓社会意义，是指法律行为能够产生社会效果，造成社会影响，具有交互性。人在社会中生活，其行为在主要方面都是社会指向的、纯粹自我指向的行为，一般是不具有法律意义的。

2. 法律性

所谓法律性，是指法律行为由法律规定、受法律调整、能够发生法律效力或产生法律效果。具体来说，首先，法律行为是由法律所调整和规定的行为；其次，法律行为能够发生法律效力或产生法律效果的行为。

法律行为的法律性，并不是说法律行为具有合法性，必须是合法行为。法律行为包括合法行为和违法行为。凯尔森曾指出，"行为之所以成为法律行为正因为它是由法律规范所决定的"。只要是法律所规定的行为，无论符合还是违反了这些行为，都可以成为法律行为。在这一点上，法理学理论上与民法理论上总是存在分歧。如我国《民法通则》第五十四条规定：民事法律行为是公民或者法人设立、变更、终止民事权利和民事义务的合法行为。但2017年《民法总则》第一百三十三条对民事法律行为的界定取消了"合法"二字，"民事法律行为是民事主体通过意思表示设立、变更、终止民事法律关系的行为"。这是否意味着民法学界也对民事法律行为的界定发生了理论上的新变化？

与法律行为相对应的是非法律行为。所谓非法律行为，是指那些不具有法律意义的行为，即不受法律调整、不发生法律效力、不产生法律效果的行为。

非法律行为，也称为中性行为，介于合法行为与违法行为之间，虽没有得到法律的允许又没有受到法律的禁止，即处于现行法律的调整范围之外，无法以现行法律规定进行评价的行为。根据高其才教授的研究，我国学者李双元、张茂称之为"法律容许行为"[1]。但"法律容许行为"仍有"法律允许"之义，故此概念并无多大理论意义。要注意的是，非法律行为一般不简称为"非法行为"，因为这容易带来误解，一般人认为"非法行为"即不合法的行为。

研究法律行为，就是要在立法和司法实践中为法律行为和非法律行为确定明晰的界限，分清哪些属于法律行为，哪些不属于法律行为。例如，甲在某山区集镇上，发现了出卖天麻的被害人（男，58岁，患有肺结核病）。甲请求被害人将天麻交由自己在卖价更高的地方出卖，被害人将天麻交给甲后，甲一直不交付货款，被害人多次向甲催讨，但甲拒不交付。一日，被害人到了甲家（甲一人在家），对甲说："如果不将货款交给我，我就死在你家里。"甲说没有钱。到了晚上，被害人要睡在甲家，但甲嫌被害人有传染病，便拿出一条破棉被，强迫被害人于寒冷之夜在屋檐下露宿，甲次日起床后，发现被害人已经死亡。甲的行为导致了被害人的死亡，但能否说甲的行为属于法律行为？

3. 意志性

法律行为是能够为人们的意志所控制的行为，具有意志性。法律行为是人所实施的行为，反映了人们对一定的社会价值的认同、一定的利益和行为结果的追求以及一定的活动方式的选择。在法律上，纯粹无意识（无意志）的行为不能看作是法律行为。

（二）法律行为的结构

法律行为的结构，即法律行为的构成要件，法律规定的或通过法律解释确定的构成法律行为的要素。通过考察法律行为的结构，具体分析其构成要件和这些要件之间的联结方式。

1. 客观要件（外在要素、环境要素）

法律行为的客观要件是外在的要素，包括行为、手段和结果。

---

[1] 高其才：《法理学》，清华大学出版社，2015，第132页。

（1）外在的行动（行为）

行为包括身体行为和语言行为，人们通过身体或言语或意思而表现于外在的举动。没有任何外在行动的法律行为是不存在的。西方法谚："无行为即无犯罪亦无刑罚。"人的意志或意思只有外化为行动并对身外之世界（对象）产生影响，它才能成为法律调整（指引、评价、约束或保护）的对象。

（2）行为方式（手段）

行为人为达到预设的目的而在实施行为过程中所采取的各种方式和方法。其中包括：行动的计划、方案和措施；行动的程式、步骤和阶段；行动的技术和技巧；行动所借助的工具和器械等。

行为方式（手段）是考察行为的目的并进而判断行为的法律性质的重要标准，是考察法律行为是否成立以及行为人应否承担责任、承担责任之大小的根据。除此而外，在法律上还必须对各种特定行为方式予以规定，以为法律行为性质和类别的判断提供具体的标准。

（3）具有法律意义的结果

具有法律意义的结果指行为的完成状态。没有结果的行为，一般不能视为法律行为。法律通常根据行为的结果来区分行为的法律性质和行为人对行为负责的界限和范围。在此，行为结果是行为过程和全部要素的综合体现。

判断法律行为结果，主要有两个标准：①行为造成一定的社会影响；②该结果应当从法律角度进行评价。

2. 主观要件（内在要素、主体要素）

法律行为的主观要件是行为者内在的要素，包括行为者的主观意志和认知能力。

（1）行为意思（意志）

人的行为是由需要引起的，行为的实施是为了实现对人的需要的满足。需要引起动机，动机产生行为，行为趋向目的，目的实现满足，满足导致新的需要。因此，行为意思包括三个层次，即需要、动机和目的。

（2）行为认知

行为人对自己行为的法律意义和后果的认识。行为目的的形成并不完全是一个盲目的过程，它基于人的认知能力、水平，基于人对行为意义、后果的认识与判断。在法律上，正是根据人的认知能力的有无和强弱，而将自然人分为有行为能力人、限制行为能力人和无行为能力人。

事实错误的法律评价——案例式探讨

案例1

被告人李某,女,21岁。某日李骑自行车途遇一男青年企图抢其自行车,李某不敢反抗,便主动表示"可以把车推走,但不要伤害她",同时李又说车上打气筒是借的,要求留给李某。男青年表示同意。李某趁其不备用气筒男青年击倒在地,并骑车去报案。

当李某来到就近的一个屯子时,四周一片漆黑,只有一户人家尚有灯光,李便投灯光而去。这家有母女二人,李向主人说明遭遇后,母女深表同情,李即留宿该户。母亲恐客人害怕,便让女儿陪宿。

男青年被击倒醒来后,悻悻而归。原来李某借宿的正是男青年的家。他一进门便发现自己抢过的自行车在院内,急忙问明来历,母亲叙说了事情的经过。男青年听后急忙问明李某睡觉的位置及方向,母亲说李某在外侧,女儿睡内侧,头朝北。

男青年遂持铡刀悄悄拨开房门,在黑暗中摸准睡在炕外侧的人头,照颈部猛砍一刀,杀死了被害人。但事后发现被杀害的不是李某,而是男青年的妹妹。原来,李某躺下后,久久未能入睡,男青年与母亲的谈话以及摘铡刀拨门的声音她都听得一清二楚,在极度恐慌中,李某不得已悄悄移动罪犯的妹妹,将其推至土坑外侧,自己睡在她的位置,才幸免于难。

讨论:李某的行为是否构成违法行为?

案例2

北京市海淀区香山派出所的民警发现有4名男子抬着一个可疑的编织袋,将4名男子带回盘查后,警方获悉,该4名男子是河南来京务工人员,编织袋中为其偷来的近25公斤科研用葡萄。案发后,警方查实,这是北京农科院投资40万元、历经10年培育研制的科研葡萄新品种,此次被盗导致了整个研究链的断裂。

讨论:这4名男子的行为是否构成违法行为?

（三）法律行为的基本分类

根据不同的标准，法律行为可以做以下的分类。

1. 个人行为、集体行为与国家行为

根据行为主体的特性不同，可以把法律行为分为个人行为、集体行为和国家行为。个人行为是公民（自然人）基于个人意志和认识所从事的具有法律意义的行为。集体行为是机关、组织或团体的成员基于某种共同意志所从事的具有法律效果、产生法律效力的行为。国家行为是国家作为一个整体或由其代表机关（国家机关）及其工作人员根据国家的意志代表国家并以国家的名义所从事的具有法律意义的行为，如行政机关的执法行为、法院的审判行为。

法律行为的此种分类涉及法律关系性质的确认、诉讼程序的开展等重要方面。比如，某公安局民警李某，开车执行公务。在返回单位途中，路过其小孩正在读书的学校，临时决定先接其小孩回家，然后再回单位。就在其接上小孩回家的路上，李某违章驾驶，撞伤一老太太。该老太太打算去法院提起损害赔偿之诉，但她应当以李某个人为被告提起民事赔偿之诉呢，还是以李某所属的公安机关为被告提起行政赔偿之诉？

2. 单方行为与多方行为

根据主体意思表示的形式，可以把法律行为分为单方行为和多方行为。单方行为，又作"一方行为"，指有法律主体一方的意思表示即可成立的法律行为，如遗嘱、行政命令。多方行为，指由两个或两个以上的多方法律主体意思表示一致而成立的法律行为，如合同行为。此种分类涉及法律行为成立与否与行为主体的意思表示密切相关。

3. 自主行为与代理行为

根据主体实际参与行为的状态，可以把法律行为分为自主行为和代理行为。自主行为，是指法律主体在没有其他主体参与的情况下以自己的名义独立从事的法律行为。代理行为是指法律主体根据法律授权或其他主体的委托而以被代理人的名义所从事的法律行为。此种分类关系到法律行为做出后，由谁来承担相应法律后果，因此，把握二者的特点及区别至关重要。

4. 合法行为和违法行为

根据行为是否符合法律的内容要求为标准，可以把法律行为分为合法行为和违法行为。

合法行为是指行为人所实施的具有一定的法律意义、与法律规范内容要求相符合的行为。违法行为是行为人所实施的违反现行法律规范的内容要求、危害法律所保护的社会关系、应受惩罚的行为。不管是合法行为还是违法行为，都要以法律规范的规定为前提。

也有人认为，法律行为还应包括一种介于合法行为与违法行为之间，虽没有得到法律的允许又没有受到法律的禁止，即处于现行法律的调整范围之外，无法以现行法律规定进行评价的行为。比如，同居行为等，此即中性行为。[1] 对此，笔者的理解是，如果将"法律行为"的概念界定为"法律规定和调整的，人们所实施的、以权利主体的意志为转移，能够引起法律关系形成、变更和消灭的法律事实"，既然法律行为必然是"法律所规定和调整的"，那就不存在"处于现行法律的调整范围之外"的法律行为，否则就是自相矛盾。因此，虽然存在"现行法律的调整范围之外"的行为，比如对于同居行为，如果法律没有规范，则并不属于法律行为，同居也不能引起相应法律关系的产生、变更和消灭。但是，如果法律对同居关系有所调整，那么同居行为就属于法律所调整的范围，就属于法律行为了。

我国最高人民法院关于适用《中华人民共和国婚姻法》若干问题的解释（二）

第一条：当事人起诉请求解除同居关系的，人民法院不予受理。但当事人请求解除的同居关系，属于婚姻法第三条、第三十二条、第四十六条规定的"有配偶者与他人同居"的，人民法院应当受理并依法予以解除。当事人因同居期间财产分割或者子女抚养纠纷提起诉讼的，人民法院应当受理。

---

[1] 高其才：《法理学》，清华大学出版社，2015，第131页。

图 8-7　法律行为与非法律行为关系

5. 公法行为与私法行为

根据行为的公法性质或私法性质，法律行为可以分为公法行为和私法行为。所谓公法行为，是指具有公法效力、能够产生公法效果的行为，如立法行为、司法行为等。

所谓私法行为，是指具有私法性质和效力、产生私法效果的行为，如民事法律行为、商法行为等。

6. 积极法律行为（作为）和消极法律行为（不作为）

根据行为的表现形式不同为标准，可以将法律行为分为积极法律行为（作为）和消极法律行为（不作为）。

积极法律行为：行为人以积极的、直接对客体发生作用的方式进行的活动，表现为一定的动作或者动作系列，能够引起客体内容或性质的变化。

消极法律行为：行为人以消极的、间接对客体发生作用的方式进行的活动，表现为不做出一定的动作，保持客体不变或者容许、不阻止客体发生变化。

在法律上，这两种行为不能反向选择。

7. 抽象法律行为和具体法律行为

抽象法律行为：针对未来发生的不特定事项而作出的、制定和发布普遍性行为规范的行为，如立法行为、司法解释行为。抽象法律行为与不特定相对人的权利义务有关。

具体法律行为：针对特定对象，就特定的具体事项而做出的，只有一次性法律效力的行为。公民个人只能是具体法律行为的主体，不能成为抽象法律行为的主体。

第四节　法律权利与法律义务

法是以权利和义务为机制调整人的行为和社会关系的,权利和义务贯穿于法律现象逻辑联系的各个环节,法律具有权利义务性,法律规范的核心内容(行为模式)是权利义务,法律关系的关键因素(内容)是权利义务,产生和承担法律责任的原因是侵犯了权利违反了义务。因此,权利义务贯穿于法的一切部门和法律运行的全部过程,通贯法在立法、执法、司法和守法等运行和操作的整个过程,是法学的核心范畴。

一　权利的各种学说和法律权利

(一) 权利的各种学说

> 问一位法学家什么是权利,就像问一位逻辑学家什么是真理一样同样使他为难。
>
> ——康德

1. 资格说:把权利理解为资格,即去行动的资格、占有的资格或享受的资格。"权利概念之要义是'资格'。说你对某物享有权利,是说你有资格享有它。"[1] 按照这种理解,权利意味着"可以"这样行为,义务意味着"不可以"这样行为。

2. 利益说:以边沁为代表的功利主义法学派把权利理解为法律所承认和保障的利益,义务则是负担或不利。

3. 自由说:可以把权利理解为自由,即法律允许的自由——有限制,但受到法律保护的自由。

4. 主张说:可以把权利理解为具有正当性、合法性、可强制执行的主张。义务就是被主张的对象或内容,即义务主体适应权利主体要求的作为与不作为。

---

[1] 〔英〕A.J.M.米尔恩:《人的权利与人的多样性——人权哲学》,夏勇等译,中国大百科全书出版社,1995,第111页。

5. 法力说：把权利理解为法律赋予权利主体的一种用以享有或维护特定利益的力量，义务则是对法力的服从，或为保障权利主体的利益而对一定法律结果所应承受的影响，或一个人通过一定行为或不行为而改变法律关系的能力。

6. 可能说：把权利理解为法律规范规定的有权人做出一定行为的可能性，要求他人做出一定行为的可能性以及请求国家强制力量给予协助的可能性。这种可能性受到法律规范所责成的他人的相应的义务的保障。义务是法律所决定的和用国家强制力来保证的一定行为的必要性。

与权利关系密切的另外一个是权力。权力是指一种能力，"权力永远是控制他人的力量和能力"，其特征是能直接以自己的强力迫使相对人服从自己的意志。权力具有支配性、不平等性、强制性（暴力性）等特征。国家权力可能是正当的也可能不是正当的，而权利是规范性的概念，始终具有正当性。

表 8-3 权利与权力的区别

区别	权利	权力
行使主体不同	公民、法人和其他组织	国家机关及其工作人员
表现形式不同	权利、义务	职权、权限、责任
运行方式不同	请求国家强制力保护	始终与强制力相伴
法律要求不同	法律允许处分（专属权除外）	权力必须依法行使，不得处分
推定规则不同	法不禁止即自由	法无规定即禁止
社会功能不同	维护个体自由与利益	保护社会整体利益和秩序

（二）权利的样态

权利在不同的阶段处于不同的样态。自然权利经过一定群体的积淀和传承，上升为法律规范予以调整的法律权利，再历经现实的考验，回应着自然状态下的权利样态。

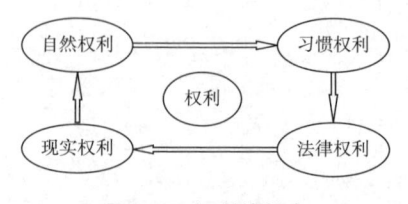

图 8-8 权利的样态

1. 天赋权利（自然权利）

卢梭说：人性的首要法则乃是要维护自身生存，人性的首要关怀乃是对于其自身应有的关怀。而权利首先是来自人类的正当需要，这就是自然权利。自然权利（Natural Right）源于拉丁文"jus nafural"，中文习惯译为"天赋人权"（这种习惯称谓在一定程度上直接造成了其含义被歪曲甚至被妖魔化），指自然界生物普遍固有的权利，并不由法律或信仰来赋予。英国哲学家洛克对"自然权利"的界定是："人们生来就享有自然的一切同样的有利条件，能够运用相同的身心能力，就应该人人平等，不存在从属或受制的关系。""人们既然都是平等和独立的，任何人就不得侵害他人的生命、健康、自或财产。"[1]

这种来自人类自身的正当需要权利，早在两百多年前美国的《独立宣言》（1776年）里就曾经郑重写下了，"我们认为下面这些真理是不言而喻的：人人生而平等，造物者赋予他们若干不可剥夺的权利，其中包括生命权、自由权和追求幸福的权利。为了保障这些权利，人类才在他们之间建立政府，而政府之正当权力，是经被治理者的同意而产生的……"紧接着，法国的《人权宣言》（1789年）也在第一条郑重宣布："在权利方面，人们生来是而且始终是自由平等的。只有在公共利用上面才显出社会上的差别。"1948年《世界人权宣言》第一条也规定："人人生而自由，在尊严和权利上一律平等。他们富有理性和良心，并应以兄弟关系的精神相对待。"

尽管美国的《独立宣言》说权利是"造物者赋予"的，有着宿命论的色彩，被翻译成"天赋人权"后更是被妖魔化；尽管不管是美国《独立宣言》还是法国的《人权宣言》，都是资产阶级为了反对封建制度革命胜利后，在资本主义社会发展阶段为了自身利益而提出的"口号"，但这种"口号"在世界各国人民反对外来殖民主义和反对内在专制主义的时候，成了唤醒民主、自由意识的法宝，为世界各国人民争取民主、自由、和平提供了权利斗争的武器。

自然权利受自然规律所支配，是自然界生物与生俱来的固有权利，尽管它不是由法律所赋予的，但它却是法律权利的基础。

---

[1] 〔英〕约翰·洛克：《政府论》（下），叶启芳、瞿菊农译，商务印书馆，1997，第5~6页。

2. 习惯权利

习惯权利是自然权利在群体内积淀下来，转化为群体内的一种习惯和传统。比如清明节扫墓的权利、春节燃放鞭炮的权利。

3. 法律权利

法律权利是通过法律明确规定或通过立法纲领、法律原则加以公布的权利，是国家通过法律规定对法律关系主体可以自主决定做出某种行为的许可和保障手段。

4. 现实权利

现实权利属于实践范畴，是一个人应该享有的权利在现实生活中能具体实现的权利。现实权利是权利运行的终点，又是新权利运行的起点。

影响法律规定的应有权利向现实权利转化的因素主要有：一个国家的政治体制是专制的还是民主的，这个国家的经济环境是富庶的还是贫穷的，其文化传统是自由的还是保守的，法律制度是健全的还是粗陋的。

（三）法律权利的法定性分析

法律权利就是法律所规定的权利，因此法定性是法律权利最主要的特征。比如，张文显教授就认为，"在没有得到法律或法律机关承认、确认之前，法外的权利主张只能是一种主观的要求，没有客观的法律效力"。[①]

对于权力而言，"法无授权皆禁止"无可厚非，法律之外，国家权力是不能有所作为的。比如，在现实中，法官除了要审理案件，经常承担的职能还有：疏导交通，安保执勤，普法宣传（如庭审进校园），摆摊宣传等；卫生清洁，如有关部门指定一个片区由法院负责；扶贫捐赠，逢年过节的慰问。越往基层，法官和其他公务人员的区别就越小，所谓法定职责的划分怎么和组织安排和人民群众的利益相提并论？法律概念在组织规则和政治术语面前显得卑微而渺小。因此，有人问："法官上街执勤，这是不是个笑话？"[②]

但是，对于权利而言，"法无禁止皆自由"，也就是说法律没有规定人们享有什么权利，不等于人们就不可以自由地行为。在法律上，人们依然是自由的，

[①] 张文显主编《法理学》（第四版），高等教育出版社（北京大学出版社），2013，第94页。
[②] 《法官上街执勤？这是不是个笑话？》：https：//www.toutiao.com/i6283409459108643329/，最后访问日期：2017年11月2日。

只不过当这种自由受到来自别人的侵犯的时候，法律是否能给予人们保护？按照张文显教授的观点，"法外的权利主张只能是一种主观的要求，没有客观的法律效力"，似乎是无法寻求法律保护的。但是，"有权利就有救济"又告诉我们，法官不能以法律没有规定不予裁判。尤其是在当今社会高速发展的时代，各种新的权利观念已经悄然发生着革命，各地法院也正在接受着权利的考验。

权利观念正在发生着一场"静悄悄的革命"。

案例1：悼念权

2012年9月，北京市西城区人民法院公开审理一起特别的案子。兄弟二人对簿公堂，弟弟史广清状告哥哥史广文，在其父亲去世后不尽通知义务，擅自处理先父后事，并未留骨灰。史广清说：他侵犯了我的"悼念权"。但法院并未支持原告的诉讼请求。其中，二审法院认为，死者的亲属对死者进行悼念、哀思，属于我国传统的道德情理和习惯范畴，但是我国并无相关法律规定被告应对其不作为承担法律责任。显然，法院认可了悼念的习惯权利性质，但却又以"于法无据"为由来支持此权利的救济。

案例2："亲吻权"

2001年6月某天四川省广汉市陶莉萍被一辆奥拓车撞伤。陶在这次车祸中被撞伤嘴唇，两颗门牙被撞断。陶起诉司机吴某的行为侵犯了她的身体权、"亲吻权"、健康权、财产权等，请求判令吴某赔偿其损失3.9万元。

广汉市法院有关人士说，"亲吻权"在法律上是没有依据的。本案中，原告出示的许多证据不力，也没有更多的证据表明她亲吻受害的程度。如果说侵害了"亲吻权"，但并没有阻止你接吻嘛。如果仅以"亲吻权"提出诉讼，法院肯定是不会受理的。

案例3："性生活权"

2004年7月某天，沈某被杭州某公司货车违规撞倒和碾压，致其瘫痪。在沈某因交通肇事伤残起诉索赔150多万元之外，其丈夫罗某因妻子伤残失去夫妻性生活索赔精神损害抚慰金10万元。

罗某诉称，其妻子沈某年仅33岁，正处人生最灿烂的时候，却遭此不幸，饱受常人难以想象的痛苦和精神折磨，他与年幼的儿子都非常痛苦。同时，妻子的伤势造成无法履行夫妻性生活的义务，夫妻感情生活遭受巨大的打击与折磨。为此，诉请法院判令上述两被告赔偿原告10万元的精神损害抚慰金。

案例 4：贞操权

2009 年，时年 30 岁的陈小姐通过某交友网站认识了李先生，从 2013 年 9 月开始，陈小姐与李先生频繁约会。李先生以各种方式热烈地追求陈小姐，致使陈小姐认为李先生是一个处于单身状态，无人照顾的单身汉。不久，李先生称为了让陈小姐去新加坡提前熟悉他的事业，共同到了新加坡考察，其间双方发生了性关系。之后，双方多次发生性关系。

2013 年 12 月开始，陈小姐与李先生的关系开始疏远，李先生表示要中断两人的恋爱关系。2014 年 2 月 3 日，陈小姐由于无法联系到李先生便撬门进入位于金桥的李先生家，正好撞到李先生及其妻子从斯里兰卡度假归来。

2014 年 3 月 26 日，受到情感伤害的陈小姐以李先生采取欺骗手段侵犯其贞操权和健康权为由向浦东新区法院提起诉讼，要求判令李先生书面赔礼道歉，赔偿精神损害抚慰金 50 万元，治疗妇科病的医疗费 1540.60 元。

法院审理后认为，所谓贞操是指男女性纯洁的良好品行，其主要表现为性的不可侵犯性，以使民事主体保持自己性的纯洁性。贞操权作为一种独立的以人的性自由、性安全、性纯洁为特定内容的人格权，应当由法律予以保护。本案中，被告隐瞒了已婚的事实，并以结婚为目的与原告交往，诱使原告与其发生性关系，显然已侵犯原告的贞操权。现原告要求被告赔礼道歉并赔偿精神损害抚慰金，符合法律规定，予以支持。然而，原告主张的精神损害抚慰金 50 万元过高，法院根据本案事实酌定为 3 万元。

案例 5：消费歧视案

2000 年 5 月，原告王勇等 3 名四川大学法学院的学生去被告"粗粮王红光店"用餐。被告的广告上写着"每位十八元，国家公务员每位 16 元"。

原告认为这是对非公务员消费者的歧视，违反了《宪法》第三十三条以及《民法通则》第三条关于"当事人在民事活动中的地位平等"原则，侵犯了公民宪法和法律保护的平等权，因而在成都市青羊区人民法院起诉，要求被告撤销广告中对消费者的歧视对待，并返还对原告每人多收的 2 元钱。

一审法院判决，法律并没有明文规定商家不能对公务员消费者予以优惠，也没有明文规定不能对不同的消费者采取不同的收费方式，因而驳回了原告的诉讼请求。

原告上诉后，成都市中级人民法院维持原判。法院认为，原告与被告是"平等的民事主体"。原告"作为消费者有权选择是否消费，对是否消费有充分的自由"。被告并"没有强迫消费者的意图与行为"，"有权处分自己的民事权利，有权决定对某一个群体和个人予以优惠"，且根据不同的群体以不同的价格发出要约，"实为适应市场需要，增强竞争而采取的一种促销手段"。因此，原告认为被告的行为侵犯了宪法和民法基本原则，属于"理解不当"，其诉讼请求"于法无据"，不予支持。后来，被告饭店自行撤除了关于公务员优惠的广告词。

通过以上案例分析可知，法律权利只是权利的四种样态之一，法律权利的合法性并不能否认权利在其他状态之下受到侵犯不能向法律寻求救助，可以通过法律解释、实质推理、价值衡量等多种手段予以实现。

二 义务和法律义务

所谓义务，就是指在一定的社会关系中，义务主体应当根据权利主体的要求而必须进行的行为约束。

关于法律义务的学说，有尺度说（规范说）、责任说、约束说、手段说、利益说（不利说）、意思说和法律上之力说七种学说。[①] 我们认为，法律义务是法律规定或认可的，法律主体应当按照他人的要求为或不为一定行为，以满足他人利益的手段。

义务在结构上包括两部分：作为义务和不作为义务。作为义务是积极义务，是义务人必须根据权利的内容作一定行为的义务。比如，纳税、赡养父母、抚养子女等义务。不作为义务是消极义务，是相对于作为义务而言的，是义务人不得作或者禁止作一定行为的义务。比如，不得破坏公共财产、严禁刑讯逼供、禁止非法拘禁等。

法律义务具有法定性、强制性、从属性的特征。法律义务是由法律规定的义务，因此具有法定性。法律义务是法律主体应当按照他人的要求为或不为一定行为的义务，如果应当为而不为、不应当为而为，就会受到法律的制裁，因此具有强制性。此外，法律义务一般是与权力相随的，履行一定的义

---

① 高其才：《法理学》，清华大学出版社，2015，第 120~121 页。

务必然也享有相应的权利，因此说义务具有从属性。

有的时候，一个行为究竟是权利还是义务，并不是那么绝对，权利和义务有可能相互转化。比如下面这个案例就是如此。

思考：赡养是权利还是义务？

案例：山东省青州市农民刘某今年70岁，他与早亡的老伴共生育五个子女（四子一女），儿女非常孝顺，关系也很好。但正是因为孝顺，却引起一起纠纷。

原来，老人的四个儿子认为老人由他们赡养，万一老人有闪失不好交代。但女儿认为她自己是女性，心细照顾周到，老父由她来照顾更好，因此主张父亲每年应到她家住上一段时间，让自己来照顾。但遭到哥哥们的强烈反对。于是女儿来到法院，要求法院保护她的赡养权，判决她的哥哥同意父亲每年到她的家里住上两个月。

三　法律权利与法律义务的关系理论

拉德布鲁赫曾经说过："我们的权利是以义务之可能履行为基础的权利，是要尽我们的义务的权利，因此，与此相反，义务就是要保证我们权利的实现。"一般地说，任何法律关系都是权利与义务的有机统一。

1. 结构上的相互关系

权利与义务既有对立的一面：正与负的关系，权利是利益，是获取，是行动的自由；而义务是付出，是限制，是被动的不自由。权利与义务也有统一的一面：权利与义务相互依存，紧密联系。正如马克思所说："没有无义务的权利，也没有无权利的义务。"

2. 数量上的等值关系

社会权利总量和义务总量具有均衡关系。不管是在专制社会还是现代民主社会，社会权利总量和义务总量总要保持均衡。

但是，在具体的法律关系中，权利和义务又具有对等的关系。为社会付出较多的人，也往往是获取较多的人。

3. 功能上的互补关系

第一，权利直接体现法律的价值目标，义务保障目标和权利的实现。第二，权利提供不确定的指引，义务提供确定的指引。第三，确定指引与不确定指引标识着义务与权利另一功能上的差别。

4. 价值位阶上的关系

当然，在不同的社会时期，权利与义务的价值位阶是不同的。在等级特权社会，强调义务本位；而在民主法治社会，强调的是权利本位。权利是目的，是第一性的；义务是手段，是第二性的。

在社会生活中，法律上所规定的权利和义务是一般化的法定权利和义务，是属于可能性领域的，其享有权利和履行义务的主体是不确定的。因此，作为法律规范内容的权利义务要转化成现实的实有权利和义务，必须通过具体的法律关系中特定的主体实际行使权利和履行义务，才能使法律对社会的调整达到有效的结果。

我们可以通过"建行大庆分行诉姚丽案"中各方权利义务的分析，来认识法律规范内容上的权利义务如何转化为具体法律关系中权利义务，并从而实现法律规范对社会的有效调整。

建行大庆分行诉姚丽案

1999年7月9日，大庆建设分行景园储蓄所遭到两名歹徒抢劫。女营业员姚丽暗中按下了报警器，但警讯未能发出；另一名女营业员假装找钥匙以拖延时间时，姚丽又暗中再按下报警铃，报警铃仍然失效。结果，歹徒从姚丽的钱箱抢走了13568.46元现金，从另一名女营业员的钱箱抢走了30190元现金。接着，歹徒又威胁姚丽打开保险柜，但被姚丽瞒过，柜中的25万元现金才未受劫难。歹徒逃离现场后，姚丽立即向"110"报警。翌日，姚丽从家里取出了1.3万元交还储蓄所，以弥补单位的损失。

1999年8月，大庆分行对姚丽做出如下处分：姚丽作为一个共产党员，在危急时刻，没有挺身而出，没有发挥共产党员的先锋模范作用，丧失共产党员应有的品质，决定给予行政开除公职，开除党籍处分。

姚丽向劳动争议仲裁委员会申诉。仲裁委员会于1999年11月8日做出裁决，大庆建行对姚丽开除公职的处分决定无效。大庆建行不服，向区法院提起诉讼。2000年1月26日，法院判处建行败诉。建行仍不服，上诉至市中级人民法院。

终审法院认为：景园储蓄所被犯罪分子抢劫，主要原因是该所未安装恐吓报警器和"110"报警装置失灵，使工作人员遭受侵害时不能及时报警，处于孤立无援状态，加之上诉人（建行大庆分行）未按规定男女比例配备人员（按：在场三个营业员全是女士），主要责任在上诉人，而不是被上诉人（姚丽）。当被上诉人面对手持凶器的两名歹徒、人身安全受到威胁时，未能做到为保卫国家财产临危不惧，但为保护金柜中25万元现金一直与歹徒周旋，使国家大额财产未受损失，尽到了一定的责任，不构成严重失职行为。案发第二天，姚丽从自己家拿钱将犯罪分子从自己的钱箱中抢走的现金全部交给了单位，不能认为给上诉人造成重大损害，不具备开除公职的条件。法院终审判定建行大庆分行败诉。

2000年6月7日上午，建设银行大庆分行宣布了大庆建行党委对姚丽的最新处理决定：在开除姚丽党籍的前提下，给予行政记大过处分，并由姚丽补偿歹徒从她手中抢走的1.3万元钱。

在姚丽案中，诉讼双方站在权利和义务分配的不同立场，导致主张不同，通过法律对双方权利、义务的认定，可以显示具体法律关系中权利和义务的一致性，从不同的价值观念出发，将直接导致当事人责任分担的不同。

第九章 法的创制与实施：法如何展开宏观运行？

第一节 法的创制：将自然法转化为人定法的过程

引例1："史上最严交规"——闯黄灯扣六分，暴露制定法规的弊端和草率

2013年1月1日开始施行的《机动车驾驶证申领和使用规定》（公安部令第123号）附件2《道路交通安全违法行为记分分值》第二条规定，"机动车驾驶人有下列违法行为之一，一次记6分：（二）驾驶机动车违反道路交通信号灯通行的"；其中，交通信号灯包括黄灯。因此，该规定被称"史上最严交规"，"闯黄灯扣6分"的处罚规定引起了社会的广泛质疑。

"闯黄灯一律扣6分"不仅挑战牛顿第一定律"$F=ma$"，质量越大越难刹停，更主要的是"闯黄灯扣6分"与上位法抵触。《道路交通安全法》第二十六条明确规定，交通信号灯由红灯、绿灯、黄灯组成。红灯表示禁止通行，绿灯表示准许通行，黄灯表示警示。三个信号灯各司其职，法律定义明确。而相关主管部门将黄灯作用归于红灯，技术上难以做到，也与现有法律相抵触。从各国对"黄灯"的规定来看，设置黄灯的目的在于为驾驶员在红灯和绿灯之间提供一个"缓冲时段"，提醒机动车驾驶员判断是过去还是停下，同时在这个缓冲地带实现清空路口的作用。

因此，《机动车驾驶证申领和使用规定》自实施以来，一些群众对"闯黄灯"的相关处罚规定提出了意见和建议。公安部听取各方面意见后，及时下发"目前闯黄灯行为暂不予以处罚"的通知，要求各地交警部门对目前违反黄灯信号的，以教育警示为主，暂不予以处罚，并表示将加快解决交通信号灯设置和使用不规范等问题。

引例 2：《环境保护法》修正案被指立法不科学

2013 年审议的《环境保护法修正案（草案）》，其中关于环境公益诉讼的规定为："对污染环境、破坏生态，损害社会公共利益的行为，中华环保联合会以及在省、自治区、直辖市设立的环保联合会可以向人民法院提起诉讼。"该条款违反了立法抽象原则和立法的普适性原则，直接规定具体个人或个别组织的权利义务，侵犯行政和司法裁量权，混淆了具体法律行为和抽象法律行为；违反法律面前人人平等原则，形成针对个别组织（而非某类型或达到某条件组织）的"特权条款"。该条款违反法律的稳定性要求，将法律的有效性建立在存续状态不稳定的组织之上。如果联合会注销或转制，该条规定将失去意义。同时，该条款也违反了立法语义严谨要求，"环保联合会"非法律用语，名称选择并不体现组织特征。环保部门主管组织不都叫环保联合会，叫环保联合会的不都具备公益诉讼条件。以"环保联合会"的名称作为限制条件没有合理的立法逻辑支持。

尽管该条款本身仅是授权性法律规定，原文没有限制对《民事诉讼法》中公益诉讼主体的解释空间。但由于部分地区法院面对公益诉讼的保守态度，如果该条款实施，实践中必然会有部分司法机关以"法律没有明确规定"为由拒绝民间环保组织提起的公益诉讼。

因此，2015 年新《环境保护法》对此进行了改进。该法第五十八条规定：对污染环境、破坏生态、损害社会公共利益的行为，符合下列条件的社会组织可以向人民法院提起诉讼：（一）依法在设区的市级以上人民政府民政部门登记；（二）专门从事环境保护公益活动连续五年以上且无违法记录。符合前款规定的社会组织向人民法院提起诉讼，人民法院应当依法受理。提起诉讼的社会组织不得通过诉讼牟取经济利益。

一 立法是将自然法转化为人定法的过程

法的创制，即立法，是一定的国家机关依照法定职权和程序，制定、认可、修改和废止法这种特点社会规范的活动，是将一定阶级的意志上升为国家意志的活动，是将自然法转化为人定法的过程，是对社会资源、社会利益进行第一次分配的活动。

第九章 法的创制与实施：法如何展开宏观运行？

"自然法"通常是指宇宙秩序本身中作为一切制定法基础的、关于正义的基本和终极的原则的集合。而法律是由国家制定和保证实施的社会规范，调整着社会主体之间的权利义务关系，是政治统治的重要组成部分，其必然面临合法性的问题。因此，法律的合法性首先就是指法律应当符合自由、平等、人权等当代社会所普遍认同的价值，也就是要符合自然法的基本理念。

二 立法原则是保证人定法合乎自然法的基本准则

孟德斯鸠在《论法的精神》中说，"当立法权比行政权更腐败的时候，这个国家就要灭亡"。任何一个法律的制定过程都是利益相互较量的产物。在这个利益衡量的过程中必须遵循一定的立法原则，否则就会产生立法腐败。

立法原则是指导立法主体进行立法活动的基本准则，是整个立法过程中应当遵循的指导思想和行为准则。它反映立法主体在把立法指导思想与立法实践相结合的过程中特别注重什么，是执政者立法意识和立法制度的重要反映。

（一）民主立法原则

立法当考虑现实、听取民意。民主立法是保证人民有序参与立法、凝聚社会共识的必然要求。孟德斯鸠说，"在一个自由的国家里，每个人都被认为具有自由的精神，都应该由自己来统治自己，所以立法权应该由人民集团享有。然而这种大国是不可能的，在小国也有许多不便，因此人民必须通过他们的代表来做一切他们自己所不能做的事情"。[①]

一部法律法规是否属于良法，最根本的检验标准就是看它是否体现了人民的意志，是否反映了最广大人民的根本利益。法律作为人民意志的体现，人民当然应该作为立法的主体参与到立法过程中来。如果没有人民主体作用的充分发挥，公众的利益就难以通过立法得到切实保障。具体而言，只有建立社会公众参与立法的保障机制才能保证立法的民主性。

1. 发挥人大主导作用。积极组织人大代表和常委会组成人员深入基层，直接广泛听取社会各界群众的意见，使人民群众主体作用得到切实体现。

[①]〔法〕孟德斯鸠：《论法的精神》，张雁深译，商务印书馆，1997，第158页。

2. 建立社会公众参与立法的保障机制。如果只有让公众参与的愿望，或只作一般性号召，而无具体的保障措施程序，公众参与就会成为空话或形式。因此，要拓展和创新社会公众参与立法的途径和方式，充分体现民情、汇聚民意、集中民智。这是立法工作充分发扬民主、贯彻群众路线的必然要求，也是立法应着力研究解决的短板问题。

（二）科学立法原则

立法造成法的难行的表现主要有如下几点。①立法违背科学，或立法技术存在问题，使法不能实行或难以实行。②许多法的规定不明确、不具体，过于笼统、抽象、原则，使人们在应用和遵守时难以准确把握；或是模棱两可，模糊不清，弹性过大，使人们在应用和遵守过程中各自为政，以致同一规定产生不同实施结果。③许多法的规定不严谨、有漏洞、不合法理，给实施带来很大麻烦。④许多法的规定缺少配套规定，无法实行。⑤大量法的规定滞后问题严重，有的规定也不适当的超前，实施前者往往阻碍社会发展，实施后者往往失却必要的社会基础。⑥有的法是在条件尚不成熟的情况下制定的，有的法是盲目制定的，有的法制定和变动缺乏严肃、慎重的态度，或制定得过于匆忙、草率，变动过于滞后或频繁，也难以实行。⑦有的法虽然本身并无毛病，但起草时没有充分考虑实施它们所需具备的人力和物力保障，法产生后这种人力、物力保障又未能及时具备，因而也难以实行。

因此，党的十八大报告把"科学立法"作为全面推进依法治国战略的一大方针。科学立法的必要条件之一就是逻辑立法，即立法要符合逻辑标准。科学立法的逻辑标准包括：法律词项之明晰性；法律命题之恰当性；法律体系之一致性、完备性和可判定性。

科学立法原则要求在立法过程中要做到以下几个方面。

1. 良好的立法程序

科学立法必须保证自然法的基本价值规范以公意的形式被具体化，并且通过既定的民主程序得到表达，合法性逐步演化为合程序性。在实证层面，只有获得了人们的支持和认同的法律才具有合法性，而未获得人们支持和认同的法律则必然是不具有合法性的。通过立法程序，法律草案获得国家公权力的背书，得到国家的认可与支持，从而上升为法律。立法程序是唯一可以制定或变动法律的程序，法律是否具有合法性以及合法性的强弱都直接取决于立法程序。一个良好的立法程序不仅能够赋予法律以强制力，同时还应当赋予法律以合法性。只有赋予其合法性，才能确保法律获得人们发自内心的服从，使法律成为人们真诚的信仰，从而让法律具有生命力。所以说，立法程序是法律生成的主要场域，也是合法性"流入"法律的管道。但是，人性的偏见和易犯错误、立法机关组成人员的众多性、会议时间的有限性、议事范围的广泛性、立法事务的复杂性和技术性，容易使立法机关产生聚而不议、议而不决、效率低下等弊端。为了防止这些因素影响国家立法活动，保证国家立法活动的客观、理性、公正，人们设计了国家立法活动需要遵循的步骤、方法，称为立法程序。有些国家为了对国家立法权力的运作进行有效规制，在法律中对立法程序做出了专门规定。

2. 法的名称、术语要规范

立法的核心是立法起草。正如多尔西（A. Tobias Dorsey）所说，对立法最大的误解是，把立法起草只看作是处理文字写作。但事实是选择语词并用有效语言来表达，仅仅是立法起草者任务的一小部分工作，因为立法起草过程是一个发现问题、提出问题和解决问题的过程。[1]

《立法法》对此应做出明确要求，杜绝自相矛盾的非法律性术语如"试行办法""暂行条例""规范意见"等之类名称，使名称直接反映出法的立法主体及效力阶位。20世纪50年代以来，在中国的法律体系中，有的法律名称叫《××草案》，有的叫《××试行》，有的叫《××暂行××》，"试行"的法律和"正行"的法律有何效力差别？"暂行"的法律究竟"暂行"多长时间？1984年9月18日《中华人民共和国增值税条例（草案）》《中华人民共和国产品税条例（草案）》公布实施，许多企业和个人的财产就根据这些名叫"草案"的所谓法律被税务机关没收，还有许多人因为违反了这些"草案"而被判了刑。1951年7月20日公布的《预算决算暂行条例》，一"暂"就是四十年，终于于1992年1月1日被废止。

法的语言表述应用陈述的方式来表达，遵循明确、简洁和严谨的规则，符合语言规范和形式逻辑的要求，不能做违反法律基本原则的表述。比如，

---

[1] 熊明辉、杜文静：《科学立法的逻辑》，《法学论坛》2017年第1期。

"电三轮"是机动车还是非机动车,如何界定?2014年成都市人大常委会制定的《成都市非机动车管理条例》第二条规定:本条例所称非机动车,是指以人力驱动上道路行驶的交通工具,以及虽有动力装置驱动但设计最高时速、空车质量、外形尺寸符合有关国家标准的电动自行车、残疾人机动轮椅车等交通工具。根据此规定,依然不能认定电三轮是非机动车,但电动自行车、残疾人机动轮椅车却可能被认定为非机动车。同样的电动车,同样的三轮车,却可能做出不同的认定。这就是法律语言表达不准确带来的问题。

3. 完善立法技术

关于立法技术的完善,我们以《刑法》为例来进行审视。

"破坏市场经济秩序"何必辨姓"社"姓"资"?刑法典分则第三章标题"破坏社会主义市场经济秩序罪",比原刑法同一章标题多"市场"二字,但把"社会主义"四字与"市场"仍放在一起,使人生疑。

疑问1:何必辨姓"资"姓"社"?

为什么一定要在刑法的这一章标题上加上"社会主义"这个定语呢?在分则十章中,仅此一章有"社会主义"这种政治意义的定语。似乎仅此一章中的犯罪最具有政治性,叫人难以理解。

原来的"反革命罪"一章改成比较中性且长久的"危害国家安全罪",没有改成"破坏社会主义政治秩序罪",则平常人们认为最不具政治性的经济犯罪实在没有必要加以"破坏社会主义……秩序"之评定。

旧刑法典在这一章标明"破坏社会主义经济秩序"是有道理的,在新刑法中就不是这样。坦率地说,其中没有一条不是资本主义刑法也禁止的犯罪。换句话,它们都不具备"反社会主义"或"破坏社会主义秩序"的特定属性。

疑问2:保护人身权放在什么位置?

刑法分则关于侵害人身权之犯罪列于什么位置,反映出一国立法对人身权保护之重视程度。近代各国刑法大多列于国事罪、公共危险罪、渎职罪之后,置于第三或第四位。但现代各国刑法大多已经改变,将侵害人身权之罪列于分则首章,以显首重人身权保护之意。

我国1979年刑法典将其置于第四章,修订后刑法典仍旧置于第四章,即置于"危害国家安全""危害公共安全""破坏经济秩序"三章之后,显然与上述国际趋势不符。我国宪法将"公民基本权利和义务"列于总纲以下首章,相应地,刑法典也应置"侵犯公民人身权"之犯罪于分则首章,以显示我国刑法在新时代的价值选择。

第二节 法的实施:将人定法进行自然法检验的过程

引例1:虎妈猛瞪我,观众入戏状告赵薇[①]

最近上海浦东新区的法院接到1件控告赵薇的案件,原告指赵薇在主演的电视剧《虎妈猫爸》播出时,一直瞪他,让他受到惊吓,向法院控告赵薇,索取精神赔偿。

据了解,大陆官方5月4日实施新的"立案登记制",规定符合法定条件,法院必须"有案必立、有诉必理",保障当事人诉权;登记立案后,要出具注明收到日期的书面凭证,并在网络上公开相关讯息,赵薇被告的案件就是因此曝光。

起诉赵薇"电视中瞪他",其实是一个严肃的法治问题。

如何处理"奇葩"案件实际上体现了司法技艺的水准。害怕乃至排斥奇葩案件,不是案件出问题了,而是司法出问题了。对于法官来说,不仅要掌握常规案件的处理能力,也要对反常的案件做出符合法律精神的判断,这种判断的其中一类便包括鉴别具体个案是否适合通过司法审理来解决。这个问题对于发展中的中国法治来说尤为重要。假如法院不能对每一个案件给出是否审理的合理理由,那么人们依然无法消除对法院的疑虑,会怀疑法院是否受到了法外因素的干扰。

起诉赵薇瞪眼的案件在形式上完全符合立案标准,若不开庭审理,便难以解决实体问题,例如观众权利是否的确因为此类电视画面而受到侵害、因此,此案难以仅作形式审查就裁定驳回。有时候个案经常具有更普遍的价值,例如即使瞪眼案被驳回或是败诉了,那么受到这个案件的启发,假如有口吃

[①] 《虎妈猛瞪我 观众入戏状告赵薇》:http://www.zaobao.com/wencui/entertainment/story 20150607-488964,最后访问日期:2017年8月15日。

或是残疾人士起诉某个电视剧有丑化此类群体的情节，损害了他们的人格尊严权，那么法院是否应该受理并且做出判决呢？这类案件明显更为严肃，但和起诉赵薇瞪眼的案件相比，不过是一步之遥。许多法治问题便是如此，奇葩和严肃也常常只是一步之遥。

引例2：美国议员状告上帝遭法庭驳回[①]

2007年，美国内布拉斯加州有个议员把上帝告上了法庭，理由是上帝"在数以百万计的地球居民中间引发了广泛的死亡、破坏和恐怖"。这个议员叫恩尼·钱伯斯，他说打这场官司的目的是让大家明白，不管贫富，如果想通过法庭解决问题，都可以走进法庭。

初审法院驳回。理由是：上帝住址不详。道格拉斯县地方法院裁定，驳回钱伯斯的诉讼请求，理由是根据该州法律，被告必须得到通知才能继续法律流程，否则是对被告的歧视，而上帝的居住地址并没有登记在册，通知无法送达。

议员不依不饶，上诉到州高院，称上帝是全知全能的，因此当他起诉时，上帝理应知道自己被告了，不存在无法送达的问题。

上诉法院驳回理由：法院不处理抽象问题。州高院继续坚持无法送达的驳回理由，案子又上诉到了上诉法院，并召开了听证会，甚至还有人主动出面作为上帝的代理律师出庭辩论。最终上诉法院不再坚持上帝没有住址的驳回理由，而是引用先例称，法院只审理真实存在的纠纷，只裁决事实上受损的权利，而不处理假设或是虚构的抽象问题。罗马尼亚也曾有类似案例，法院的驳回理由是，适格的被告只能是自然人或是法人，而上帝不属于这两种之一。

不管是起诉赵薇，还是起诉上帝，实际上都涉及一个共同的问题，那就是法的实施。法的实施，就是要使得法在社会生活中被人们实际施行，使"书本上的法律"变成"行动中的法律"。

一 执法的基本原则确保对人定法的检验符合自然法理念

法的执行，简称执法，其基本含义是执行法律，也就是说，法律制定出

[①]《美国参议员状告上帝遭法庭驳回》：http://news.ifeng.com/world/oddnews/200810/1018_2593_835980.shtml，最后访问日期：2017年8月15日。

来之后，能在社会生活中实现。一般情况下，执法仅仅指行政执法，即国家行政机关等行政主体依照法定职权和法定程序，行使行政管理职权、履行职责、贯彻和实施法律的活动。

为了保证执法活动是对人定法的检验符合自然法理念，执法必须遵循一定的基本原则。关于行政执法的基本原则，各国学者们进行了非常深入的研究，学说各有不同。德国的哈特穆特·毛雷尔主要提出了依法行政原则，并认为依法行政原则包括法律优先原则和法律保留原则两项内容。[①] 日本的盐野宏认为在明治宪法时代由德国引入的依法律行政原理在日本最为广泛论及的是法律的保留。[②] 英国的韦德则从自然正义出发，提出行政正义的公正程序原则，并进一步论证了公正程序的两项根本规则：反对偏私原则（一个人不能做自己案件的法官）和公平受审权原则（人们的抗辩必须公正地听取）。[③] 我国现代法学先驱、著名宪政学家龚祥瑞先生在比较研究了中外行政法学的基础上提出了行政法治、议会主权（政府向议会负责）、政府守法及越权无效四项原则。[④] 笔者认为，关于行政法基本原则的学说虽多，但不外乎两个方面：合法性原则与合理性原则。

（一）合法性原则

合法性原则，也即依法行政原则，是指行政机关实施行政管理，应当依照法律、法规、规章的规定进行；没有法律、法规、规章的规定，行政机关不得做出影响公民、法人和其他组织合法权益或者增加公民、法人和其他组织义务的决定。行政执法的合法性原则主要包含以下两方面的内容。

1. 法无授权不可为——针对乱作为

新《行政诉讼法》第七十五条规定："行政行为有实施主体不具有行政主体资格或者没有依据等重大且明显违法情形，原告申请确认行政行为无效的，人民法院判决确认无效。"也就是说，行政执法的主体要有合法性资格，执法主体的执法程序和执法内容要有合法性依据，否则，该执法行为是无效的。

[①] 〔德〕哈特穆特·毛雷尔：《行政法学总论》，高家伟译，法律出版社，2000，第103页。
[②] 〔日〕盐野宏：《行政法》，杨建顺译，法律出版社，1999，第50~51页。
[③] 〔英〕韦德：《行政法》，楚建译，中国大百科全书出版社，1997，第93~230页。
[④] 龚祥瑞：《比较宪法与行政法》，法律出版社，2003，第305~314页。

这里的关键问题是：什么是行政执法依据？行政执法依据是国家有权机关制定或认可，由国家强制力保证实施的，用于调整行政执法过程中发生的各种关系的法律规范。那么，如何理解这里的"法"和"依据"？各地制定的红头文件是否可以作为行政执法依据？实践表明，很多侵犯老百姓合法权益的行为是冠冕堂皇打着"红头文件"旗号的。2015年新《行政诉讼法》将"具体行政行为"统一修改为"行政行为"，并规定可以一并审查规范性文件。经审查，"规范性文件不合法的，不作为认定行政行为合法的依据"。

因此，千万别把红头文件作为执法的尚方宝剑！

案例：没有初中毕业证，不能办理结婚证

福建省平和县人民政府办公室于2007年3月13日出台了一份备受争议的"红头文件"。《关于落实政府行为加大执法力度严格控制初中辍学的通知（摘要）》规定，为落实政府、社会、学校、家庭依法履行适龄儿童、少年接受九年义务教育责任，严格控制初中学生辍学，特采取以下措施：乡镇、村和教育、劳动、工商、公安、民政、土地等部门对未取得初中毕业证书青少年不得开具劳务证明，不给予办理劳务证、结婚证、驾驶证等。

2. 法定职责必须为——针对不作为

"法定职责必须为"主要针对行政机关懒政、怠政等不作为行为，克服懒政、怠政，惩处失职、渎职。要注意的是，行政不作为包括不履行职责和不在法定期限内履行职责，还包括许可后不监管，以及发现未经许可从事生产经营活动不监管。

中国政法大学副校长马怀德教授在《人民法院报》上发表文章说，"对行政机关而言，法律法规赋予的职权，既是权力更是义务还是责任。依法应当由行政机关行使的职权，行政机关既不能放弃，也不能任意授予其他组织行使。通过行政诉讼监督行政机关依法行政，把行政权关进制度笼子，其中一个重要标准就是审查行政机关是否超越职权以及是否放弃履行职权"。马教授以当前比较普遍的强拆现象为例进行说明。少数基层政府为了建设项目的快速推进，自己不出面实施强制搬迁，而是由拆迁公司、建设单位等实施违法拆除，意图将行政强制转化为民事侵权，给房屋所有权人维权造成一定障碍。这就不仅是懒政怠政的问题，而是一种以更为隐蔽的方式进行更为严重的违法乱政问题。

（二）合理性原则

合理性原则是指行政机关实施行政管理，应当遵循公平、公正的原则。与合法性原则不同，合理性原则主要是从实质法治方面对执法的实质正当性和自然正义进行检验和拷问。

合理性原则要求执法时要平等对待行政管理相对人，不偏私、不歧视。行使自由裁量权应当符合法律目的，排除不相关因素的干扰；所采取的措施和手段应当必要、适当；行政机关实施行政管理可以采用多种方式实现行政目的，应当避免采用损害当事人权益的方式。因此，在合理性原则之下，行政执法还应当遵守平等对待原则、信赖利益保护原则、比例原则等诸多子原则。

高校处分权的合法合理界限。对于高校的处分权应把握以下四点。

其一，主体与权限要合法，处分必须以高校的名义做出，而不能以其院、系名义做出。

其二，内容要合法，即处分所依据的事实、证据要真实、充分，并且还得符合法律法规规定的处分条件、处分种类与处分幅度。在一般情况下，原则上应"就低不就高"，尽量别往勒令退学、开除学籍上靠。

其三，目的要合法，处分学生必须是为了教育学生、维护教学秩序，提高教学质量等公共目的，而不能纯粹是为了学校本身的利益。

其四，要有程序保障。行政行为必须受到正当程序的限制。

现代行政法的一个发展趋势就是越来越重视程序正当性。高校行使处分权一般应遵循以下程序。首先，是告之相对人做出处分决定的理由与根据，听取其申辩。其次，在做出重大处分时举行听证会，允许相对人进行抗辩、质证。最后，是送达书面处分决定，并告之可以申诉、申请复议或者提起行政诉讼。

当然，并不是所有的处分都要按照这种程序走一遍，这里还存在一个成本的问题，正当程序要与处分的严重程度相适应。对给予警告或记过这样的内部处分是一般不需要举行听证会的，但是，如果做出勒令退学或开除学籍的处分，这时学校与学生之间就转化为一种准外部关系，应该举行听证会和为学生提供复议、诉讼等途径。

二　司法的基本原则确保裁判是对人定法的自然法检验结果

司法是指国家司法机关根据法定职权和法定程序，具体应用法律处理案件的专门活动。世界各国通行的观点认为司法就是审判，故司法权就是审判权，而检察权仅仅是行政权的一部分。但是，在我国，司法权包括审判权和检察权。人民法院和人民检察院是代表国家行使司法权的专门机关。

既然司法是国家司法机关根据法定职权和法定程序，从事案件处理的一项专门活动，故司法具有国家权威性。司法还具有国家强制性，司法以国家强制力为后盾。司法活动必须有表明法适用结果的法律文书（判决书、裁定书和决定书等）。

意大利法学家克拉马德雷在《程序与民主》一书中这样说：司法判决是经过法官良心过滤后的法律。毫无疑问，如果仅以成文法为依据，不但无法处理和解决社会问题，而且会有损法律的权威性。因此，为保证人定法符合内在的自然法精神和理念，司法活动必须要遵循一定的基本原则。

（一）公正司法原则

公正是法律追求的崇高目标和价值理想，是实现法治的灵魂要素和核心基石。公正司法就是要求司法机关要严格按法律程序公正适用法律处理案件，原告和被告都有依法为自己辩护的权利，也有要求陪审的权利，作为公共利益的守护者必须接受监督和制约起因于法律的公正不可违背。

要保证司法的公正性，最为核心的是要做到实体公正和程序公正。实体公正强调司法机关适用法律处理实体问题时，要准确运用法律解释方法将正义的价值理念注入实体的法律规范机制之中。程序公正则要求法官在审理案件时保持中立、当事人的法律地位平等、处理案件的程序公开等。

一般而言，司法公正内在地要求平等地对待司法当事人，因此司法公正原则也包含有平等司法的内容。人人并非平等，但人人在法律面前是平等的。神给予人同样的赐福也给予了人同样的惩罚，不因个人的财富、地位、名望、身世等有丝毫的改变。作为法律的掌管者必须克服偏见歧视，秉持公义、一视同仁地看待所有人。我国签署加入的《公民权利和政治权利国际公约》第十四条第一项规定，"所有的人在法庭和裁判所前一律平等。在判定对任何人提出的任何刑事指控或确定他在一件诉讼案中的权利和义务时，人人有资格由一个依法设立的合格的、独立的和无偏倚的法庭进行公正的和公开的审讯"。我国宪法也明确规定，"中华人民共和国公民在法律面前一律平等"。平等司法作为公正司法原则的一项基本内容和最低标准，也是检验人定法是否符合自然法理念的重要前提。

（二）独立司法原则

人民法院独立行使审判权，任何机关、组织和个人不得对其进行干涉，这成为一条根本法上的原则。司法权只能由国家的司法机关统一行使，任何组织和个人都无权行使此项权力；司法机关行使司法权只服从法律，不受其他行政机关、社会团体和个人的干涉；司法机关行使司法权时，必须严格按照法律规定和法律程序办事，准确适用法律。

马克思曾经说过：法官除了法律，没有别的上司。法官在案件审理中必须坚持自身的独立性。在社会生活中人人都脱离不了相互之间的利益关系和感情羁绊，感情用事和依利分对错常常是人们行事的基本原则。然而感情的冲动、不稳定以及利益的相关性常常会使人枉顾是非，偏向失真，具体事务中不免因程序不当或目的不善越界触犯他人权益。在审判与执行中，法律的神圣和庄严要求法官必须具备独立的品性，在案件中依从法理而不是其他。

某县县委书记杜某为官清廉，受当地群众信赖。一次，当地群众举报，该县法院审判的某起已经发生法律效力的刑事案件不公正。杜某便亲自进行了调查，调查后发现该案件的处理确实有悖于法律规定。于是他便找来法院有关人员进行谈话，通知该法院的审判委员会进行再审。法院在接到通知后迅速再审，使得冤案得以昭雪。杜某因此也大受舆论赞扬。该县委书记的做法，虽然用意是好的，并且取得了好的结果，但是，严格从法治原则对司法的要求来看，他的做法不合法，违反了独立司法的原则。在该案中，该县委书记和法院有关人员谈话并通知法院再审，这不仅干涉了司法机关行使司法权，而且，该县委书记变相地行使了司法权，违背了独立司法的原则。该案还涉及另外一个问题：如何在实践上区分党的监督和党的干涉？党的领导是宪法原则，任何机关都要接受党的领导。党的领导应该仅仅限于政治、思想和组织领导，决不能由地方党委代替司法机关审批具体案件。该案中的县委书记恰恰是代替司法机关审批具体案件。

（三）依法司法

依法司法是指司法机关在审查案件的时候，要严格依照法律规定的实体内容和程序要求进行，法律是处理案件的唯一标准和尺度。一个行为如果没有相关的法律程序去界定或者经过正当法律程序审理，不得进行审判，也不得进行定罪处罚。行为人无论有多大过错，如果控诉方找不到相应的证据，应遵循疑罪从无原则，不能进行无罪推定强制进行审判和定罪。

依法司法原则意味着在整个司法活动中，法律是唯一标准和最高要求。但是，在理解"依法司法"时，要注意不能机械地对"法"做"法条主义"的僵硬死板理解。结合本书前面对法的实然界定以及价值目标、效力渊源等法学理论，运用法律解释、法律推理等一系列法律适用原理，才能真正做到"依法司法"，实现"公正司法"这一崇高价值目标，真正做到司法裁判是对人定法的自然法检验过程。笔者曾办理过一个案子，能充分说明这一点。

黄某工伤认定案：如何理解"程序合法"？

原告黄某从某派遣单位群德小学骑摩托车到宏桥场镇为学校准备第二天煮饭购买食材，途中经过妻子工作地点的宏桥火炮厂时将做好的午饭送给妻子，在购买食材后返回学校途中与张某驾驶的摩托车相撞，导致原告黄某受伤。第三人某派遣单位向市人力资源和社会保障局（以下简称市人社局）提交工伤认定申请，市人社局经过调查后做出不予认定的决定。黄某不服，向人民法院提起行政诉讼。

一审法院经审理后认为：市人社局在做出认定前未告知黄某，听取其陈诉和申辩，径直做出了不予认定工伤的决定。因此，市人社局的行政行为有违程序正当的基本原则，剥夺了黄某的基本权利，其程序违法，依法应予撤销。

市人社局不服一审判决，提起上诉。市人社局认为《工伤保险条例》和《工伤认定办法》均未明确规定社保行政部门在受理用人单位提出的工伤认定申请后，必须在听取受伤害职工的陈诉和申辩后再做出工伤认定决定，因此上诉人做出的不予认定工伤行政行为程序合法，原审判决认定上诉人程序违法明显适用法律错误。

第九章　法的创制与实施：法如何展开宏观运行？

本案的核心争议焦点在于：如何理解"程序合法"？这里的"法"是否必须要求法律规定的法条条款中明确规定"行政机关在做出影响行政相对人权益的行政行为时，向相对人说明行为的根据、理由，听取相对人的陈述、申辩"的字样，还是依据法律规定的原则和精神能推导出上述内容就可以了？前者就是机械主义的理解"法"，后者才属于真正法治意义上的理解"法"。虽然《工伤保险条例》和《工伤认定办法》均未明确规定社保行政部门在受理用人单位提出的工伤认定申请后，必须在听取受伤害职工的陈诉和申辩后再做出工伤认定决定，但是现代法治行政要求行政机关在做出影响行政相对人权益的行政行为时，必须遵循正当法律程序，包括事先告知相对人，向相对人说明行为的根据、理由，听取相对人的陈述、申辩，事后为相对人提供相应的救济途径等。特别是在做出对相对人不利的行为时，必须听取相对人的陈述和申辩，这是法治行政的基本要求。

《工伤认定办法》第九条规定："社会保险行政部门受理工伤认定申请后，可以根据需要对申请人提供的证据进行调查核实。"第十一条规定："社会保险行政部门工作人员在工伤认定中，可以进行以下调查核实工作：（一）根据工作需要，进入有关单位和事故现场；（二）依法查阅与工伤认定有关的资料，询问有关人员并作出调查笔录；（三）记录、录音、录像和复制与工伤认定有关的资料。调查核实工作的证据收集参照行政诉讼证据收集的有关规定执行。"说明工伤认定调查核实有关证据是做出工伤认定的必要程序，而听取当事人陈述和申辩也是调查核实有关情况的调查取证的必要工作内容。本案中，市人社局只对第三人和群德小学校长、保安队长等人进行了调查核实，却没有对伤者本人进行调查询问，因此其做出工伤认定结论的证据应该说均是间接证据、传来证据，这对于查明案件事实很显然是不确实、不充分的。因此，从查明事实真相的角度来看，听取相对人的陈述和申辩也是做出工伤认定的必经程序。

行政执法程序的规范化是建设法治政府的必然要求。行政机关在做出行政行为（尤其作出对相对人不利的行为）时，必须对利害关系人进行调查，听取相对人的陈述和申辩，这是法治行政的基本要求。希望政府有关部门今后在执法过程中加强正当程序意识，规范执法程序，从而保障行政机关做出的行政行为能够做到客观公正。法院在审查行政执法行为是否合法时，也必须抛弃过去那种死守法条的机械主义，才能真正实现依法司法。

第三节 我国少数民族地区习惯法的司法衡平

法官在对少数民族地区"刑事和解习惯法"进行司法衡平时具有一定的法理基础，但是具体到司法实践的具体个案中，面对民族情绪高涨的少数民族刑事纠纷案件，基层法官们在刑事和解制定法与习惯法之间来回穿梭之时，该如何在严格的刑事规则和少数民族习惯法之间寻求平衡，实现法律效果和社会效果的统一，便成了考量基层法官们的一道司法技艺。

（一）衡量刑事和解习惯法本身的正当性

正如法有良法与善法之分，习惯法既然是"法"，具有"法"的本质属性，也会有良法和善法之分，当然刑事和解方面的习惯法也不例外。因此，必须对少数民族地区的刑事和解习惯法，从整个社会的价值观的角度对之进行实质内容的司法审查。"唯有此，才能有效防止对习惯法一味地姑息与纵容，才能竭力遏制司法的软骨化趋向，恰当避免社会保护机能的受挫。"[1] 当然，如何判断刑事和解习惯法是否正当，一般是以是否符合当地的善良风俗为判断标准。一般而言，由于刑事和解习惯法本身的法理基础就是"和"，是为了恢复被破坏的社会生活生产秩序，它更注重"和"而不是"罚"，双方当事人之间本着互谅互让的心态而进行的，因此是符合当地的善良风俗习惯的。但是，也会有例外。比如，现在在某些少数民族地区还有一些非常残忍的处罚方式，如侗族对于违反习惯法的行为，先由寨老进行调解，处罚方式有肉刑（如挖眼睛等）、活埋等。[2] 这种处罚方式在本质上已经不属于"和解"，但却也是在调解之下达成的。这种习惯法虽然符合当地的风俗习惯，但却从本质上看是违反人性的，是不正当的。

---

[1] 杜宇：《重拾一种被放逐的知识传统——刑法视域中"习惯法"的初步考察》，北京大学出版社，2005，第254页。
[2] 高其才：《中国习惯法论》（修订版），中国法制出版社，2008，第350页。

（二）用刑事和解习惯法解释国家制定法

如果刑事和解习惯法是正当的，就可以运用习惯法来对制定法进行解释和说理。"在法律中，习惯最能影响的部分是解释的维度。法官要决定对习惯的阐释，其阐释的基础在于语词的含义，而对于语词来说，除非它被技术性地使用，或是被合同当事人指定了特别的含义，否则其含义都是由普遍实践加以确定的，即习惯。"①

当然，在定罪这种"大是大非"的原则问题上，法官们不会放弃制定法的立场和框架，不敢挑战制定法的权威，但是，也可以适用目的解释，参照一些合理也不明显违法的习惯法进行定罪论理，对制定法的概念和制度予以软化和包装。比如，在蒙古族人民看来喝酒是非常正常的行为，如果因为喝酒而发生我国刑法上交通肇事罪的行为，他们通常会和解处理，而不会有要将肇事者绳之以法的想法。在这种情形下，少数民族不认为是犯罪的，且在民族地区不一定具有严重的社会危害性，不一定带来什么危害后果，就不宜按犯罪论处。② 其实，这就是用刑事和解的习惯法法理对刑罚里规定的"社会危害性"进行解释。

（三）将民族习惯法作为酌定量刑情节的重要参考

司法实践中，对于量刑这种多少属于法官"自由"裁量范围内的事情，法官们则拥有更大程度的活动空间。

1. 判断和解双方是否出自真实意愿

加害人的真心悔改和被害人的真心谅解是达成刑事和解的重要前提。实践中，加害人与被害人都有可能不是出自真实意愿而达成和解，被害人一方可能受到加害人一方的威胁利诱，但也有可能被害人一方以追究国家刑事制裁等为威胁加害人一方。但是要注意的是，"乡民具有很强的实用理性，他们善于灵活运用各种已有的资源去追求自己的目标。并且，习惯法规则具有根植于社区生活的、制定法所不及的种种合理性，它们更符合乡民切身的利益

---

① 〔美〕约翰·齐普曼·格雷：《法律的性质与渊源》（第2版），马驰译，中国政法大学出版社，2012，第251页。
② 清华大学法学院高其才教授对此也有相同的看法。参见高其才《中国习惯法论》（修订版），中国法制出版社，2008，第427页。

需求和价值选择"。① 因而,只要刑事和解是在当事人在经过各种利益权衡之后慎重做出的,不管当事人是从经济利益还是人情世故角度考虑,但只要最后也是经过慎重权衡之后做出的,都不能判断说不是出自真实意愿。

2. 刑事和解习惯法中和解方式可以具体补充制定法中的和解方式

将刑事和解理解为以财产给付为主要或全部内容,无疑是片面的。比如赔礼道歉的方式,也是刑事诉讼法规定的和解方式之一,但是究竟具体该怎么赔礼道歉,我们一般认为就是或口头或书面说声"对不起",大家握握手把酒言欢就可以了。然而,在少数民族地区却有着它自己的赔礼道歉方式。高其才教授曾经就举了一个民事纠纷的例子,就说原告要求被告以放鞭炮的方式向原告赔礼道歉。很显然,在制定法上从来不会认为这种方式也是一种赔礼道歉,而且一般法院也不会支持。但是,"赔礼道歉这样一个抽象的制定法的规定,我想在这个案件中可以用农村惯性的做法或规范来进行补充"。②

(四) 将刑事和解习惯法作为民事部分调解的依据

在刑事附带民事部分调解过程中,将刑事和解习惯法作为民事部分调解的依据,实际上是少数民族地区"刑事和解习惯法"规则作为支持和指导。比如根据苗族地区习惯法"丧葬习俗"所产生的费用,是无法计入我国制定法所规定的丧葬费的,但是如果完全按照国家法来判决,恐怕就会引起被害人以及当地群众的心理对抗。而在黔东南州某县发生的故意伤害致人死亡案,就是法官依照苗族习惯法传统,围绕"丧葬习俗"与国家法之间发生的冲突,进行调处而取得圆满结果的典型司法个案。③ 在该案中,被害人家属就要求五被告人要对其请鬼师作法、驱散冤魂的费用,以及因被杀死而产生的三年后火化等额外费用、不能进祖坟等所产生的精神损害等进行赔付。本案中,作为本乡本土的司法审判人员,熟知本民族习惯法,对习惯法不排斥和反感,

---

① 杜宇:《重拾一种被放逐的知识传统——刑法视域中"习惯法"的初步考察》,北京大学出版社,2005,第263页。
② 高其才:《民间习惯法的司法运用》,http://www.govgw.com/article/6762.html,最后访问日期:2017年8月20日。
③ 李向玉:《苗族习惯法在刑事和解中的地位和作用——以黔东南苗族地区"丧葬习俗"司法个案为例》,《贵州警官职业学院学报》2017年第1期。

对苗族刑事和解习惯法在刑事案件中的地位和作用有较清醒的认知。因此,他们并没有严格按照根据法来直接裁判,而是积极大胆地将苗族刑事和解习惯法运用到司法调解中去,最后非常圆满地解决了本案纠纷。甚至有的地方,在纠纷进入正式刑事司法操作之前,法官便将其进行"刑转民"调解,将案件直接消化。

结　语

正在以某种隐蔽方式在司法实践中真实地发挥作用的少数民族地区刑事和解习惯法,"在当代中国根基之深厚,依然要远远超出我们的自以为是。……习惯法仍然具有顽强的生命力,它仍在长久而深刻地支配着普通民众的心灵"。[①] 这就给少数民族地区的司法机关造成了很大压力。对我国少数民族地区的刑事和解习惯法进行司法衡平,不是要让国家法律对少数民族地区的刑事和解习惯法做出妥协和让步,而是为了少数民族地区的刑事和解习惯法既具有变通施行刑事法的功能,又有克服我国现行刑事法规定固有弊端的优点,并且与少数民族地区的传统法律文化高度契合,因此应作为"我国少数民族地区变通施行刑事法的最佳机制"[②]。法官们应以某种积极的态度来审视甚至迎合少数民族地区刑事和解习惯法的秩序需求,以最终获得少数民族地区民众的认可和支持。

[①] 杜宇:《重拾一种被放逐的知识传统——刑法视域中"习惯法"的初步考察》,北京大学出版社,2005,第263页。
[②] 刘之雄:《我国民族自治地方变通施行刑法之机制研究——以刑事和解为视角的考察》,《法商研究》2012年第3期。

参考文献

费孝通：《乡土中国》，中华书局，2013。

苏力：《法治及其本土资源》（第三版），北京大学出版社，2015。

张文显：《法理学》，高等教育出版社，2007。

张文显：《法哲学通论》，辽宁人民出版社，2009。

张文显主编《法理学》（第四版），高等教育出版社、北京大学出版社，2012。

孙国华：《法理学教程》，中国人民大学出版社，2000。

公丕祥：《法理学》，复旦大学出版社，2008。

高其才：《中国习惯法论》（修订版），中国法制出版社，2008。

高其才：《法理学》，清华大学出版社，2015。

高其才：《乡土法学探索》，法律出版社，2015。

高其才主编《当代中国的刑事习惯法》，中国政法大学出版社，2016。

高其才：《民法典编纂与民事习惯研究》，中国政法大学出版社，2017。

李其瑞：《法理学》，中国政法大学出版社，2011。

孙育玮：《走向法治的法理思考》，中国法制出版社，2013。

徐显明主编《科技、文化与法律——中国法理学研究会 2012 年学术年会论文集》，中国法制出版社，2012。

颜厥安：《法与实践理性》，中国政法大学出版社，2003。

沈宗灵：《现代西方法理学》，北京大学出版社，1996。

沈宗灵：《法学基础理论》，北京大学出版社，1998。

苏力主编《法律和社会科学》（第 2 卷），法律出版社，2007。

周清泉：《文字考古》，四川人民出版社，2003。

萧翰：《法槌十七声》，法律出版社，2013。

吕世伦主编《西方法律思潮源流论》，中国人民公安大学出版社，1993。

梁治平：《清代习惯法：社会与国家》，中国政法大学出版社，1996。

杜宇：《重拾一种被放逐的知识传统——刑法视域中"习惯法"的初步考察》，北京大学出版社，2005。

王果纯：《现代法理学——历史与理论》，湖南人民出版社，1995。

井涛：《法律适用的和谐与归———论法官的自由裁量权》，中国方正出版社，2001。

郑玉波：《民法总则》，中国政法大学出版社，2003。

梁慧星：《民法总论》，法律出版社，2001。

刘星：《法律是什么》，中国政法大学出版社，1998。

熊秉元：《正义的成本》，东方出版社，2013。

陈瑞华：《看得见的正义》，北京大学出版社，2013。

徐亚文：《程序正义论》，山东人民出版社，2004。

张明楷：《刑法的私塾》，北京大学出版社，2014。

〔英〕尼尔·麦考密克、〔奥〕奥塔·魏因贝格尔：《制度法论》，周叶谦译，中国政法大学出版社，1994。

〔美〕E. 博登海默：《法理学——法律哲学与法律方法》，邓正来译，中国政法大学出版社，1998。

中共中央马克思恩格斯列宁斯大林著作编译局编译《马克思恩格斯全集》（第26卷），人民出版社，2006。

〔美〕约翰·齐普曼·格雷：《法律的性质与渊源》（第二版），马驰译，中国政法大学出版社，2012。

〔美〕理查德·A. 波斯纳：《法理学问题》，苏力译，中国政法大学出版社，1994。

〔美〕罗纳德·M. 德沃金：《法律帝国》，李常青译，中国大百科全书出版社，1996。

〔美〕罗纳德·M. 德沃金：《认真对待权利》，信春鹰等译，中国大百科全书出版社，1998。

〔美〕哈罗德·J. 伯尔曼：《法律与革命——西方法律传统的形成》，贺卫方等译，中国大百科全书出版社，1993。

〔美〕布赖恩·H.比克斯：《牛津法律理论词典》，邱昭继等译，法律出版社，2007。

〔美〕富勒：《法律的道德性》，郑戈译，商务印书馆，2005。

〔法〕卢梭：《社会契约论》，何兆武译，商务印书馆，1980。

〔罗马〕查士丁尼：《法学总论》，张企泰译，商务印书馆，1993。

〔德〕卡尔·拉伦茨：《法学方法论》，陈爱娥译，商务印书馆，2003。

〔德〕G.拉德布鲁赫：《法哲学》，王朴译，法律出版社，2005。

〔日〕实藤惠秀：《中国人留学日本史》，谭汝谦等译，三联书店，1983。

〔奥〕凯尔森：《法与国家的一般理论》，中国大百科出版社，1996。

〔法〕孟德斯鸠：《论法的精神》，张雁深译，商务印书馆，1997。

〔法〕托克维尔：《论美国的民主》，董果良译，商务印书馆，1997。

〔古希腊〕柏拉图：《理想国》，郭斌和、张竹明译，商务印书馆，2002。

〔法〕卢梭：《社会契约论》（节选本），何兆武译，商务印书馆，2002。

〔苏〕安杨·维辛斯基：《国家和法的基本理论》，法律出版社，1955。

〔英〕萨达卡特·卡德里：《审批为什么不公正》，杨雄译，新星出版社，2014。

〔英〕雷蒙德·瓦克斯：《读懂法理学》，杨天江译，广西师范大学出版社，2016。

〔英〕A.J.M.米尔恩：《人的权利与人的多样性——人权哲学》，夏勇等译，中国大百科全书出版社，1995。

〔英〕约翰·奥斯丁：《法理学的范围》，刘星译，中国法制出版社，2002。

〔美〕约翰·罗尔斯：《正义论》，何怀宏等译，中国社会科学出版社，2009。

〔英〕彼得·斯坦、约翰·香德：《西方社会的法律价值》，中国人民公安大学出版社，1990。

〔英〕哈特：《法律的概念》，张文显等译，中国大百科全书出版社，1996。

〔英〕约翰·洛克：《政府论》，叶启、瞿菊农译，商务印书馆，1997。

〔美〕约翰·麦·赞恩:《法律的故事》,刘昕等译,江苏人民出版社,1998。

〔美〕H. W. 埃尔曼:《比较法律文化》,贺卫方、高鸿钧译,清华大学出版社,2002。

〔美〕罗斯科·庞德:《通过法律的社会控制》,沈宗灵等译,商务印书馆,1984。

〔美〕本杰明·卡多佐:《司法过程的性质》,苏力译,商务印书馆,1998。

〔德〕哈特穆特·毛雷尔:《行政法学总记》,高家伟译,法律出版社,2000。

〔日〕盐野宏:《行政法》,杨建顺译,法律出版社,1999。

〔英〕韦德:《行政法》,楚建译,中国大百科全书出版社,1997。

龚祥瑞:《比较宪法与行政法》,法律出版社,2003。

图书在版编目(CIP)数据

法的理论逻辑与实践考察/唐芬著.--北京：社会科学文献出版社，2018.11
ISBN 978-7-5201-2814-8

Ⅰ.①法… Ⅱ.①唐… Ⅲ.①法学-研究 Ⅳ.①D90

中国版本图书馆 CIP 数据核字（2018）第 109733 号

法的理论逻辑与实践考察

著　者 / 唐　芬

出 版 人 / 谢寿光
项目统筹 / 芮素平
责任编辑 / 李　晨　芮素平　杨　涵

出　　版 / 社会科学文献出版社·社会政法分社（010）59367156
　　　　　地址：北京市北三环中路甲29号院华龙大厦　邮编：100029
　　　　　网址：www.ssap.com.cn

发　　行 / 市场营销中心（010）59367081　59367083

印　　装 / 天津千鹤文化传播有限公司

规　　格 / 开本：787mm×1092mm　1/16
　　　　　印张：22.5　字数：366千字

版　　次 / 2018年11月第1版　2018年11月第1次印刷

书　　号 / ISBN 978-7-5201-2814-8

定　　价 / 89.00元

本书如有印装质量问题，请与读者服务中心（010-59367028）联系

版权所有 翻印必究